植田和男 編著

世界金融・経済危機の全貌
原因・波及・政策対応

慶應義塾大学出版会

はじめに

　2007年夏にいわゆる「パリバ・ショック」として表面化した今回の世界金融・経済危機はそれから約3年を経過した．一部の予想に反して，2009年春からは多くの金融経済指標が急速な回復局面に入った．震源地である米国の実質GDPで見ると，ピークの2007年第4四半期から2009年第2四半期まで約4.5％減少したが，2010年第2四半期現在，直近のピークまであと1％程度のところまで回復した．金融資本市場のさまざまな変数も2009年前半に最悪期を過ぎたように見える．米国の株価指数であるS&P 500を見ると，2007年10月の1,565から2009年3月には676と6割近い暴落を演じたあと，2010年4月には1,210まで戻している．短期金融市場の緊張度を示す典型的な指標であるTEDスプレッド（LIBOR－財務省証券金利）は3カ月物でピークでは450bpsに迫っていたのが，現在は10-20bpsのあたりで落ち着いている．

　しかし，危機がはっきりと終息したわけではない．先進国の生産，GDPなどの指標は危機前の水準にはあと一歩足りないし，株価は上述のように危機前の水準を大幅に下回ったままである．さらに，本年（2010年）夏場からは急速に回復してきた世界経済のモーメンタムが若干衰える気配が見える．その主な背景は回復を支えてきた政策刺激効果が出尽くしに近くなってきているからである．これに加えて，本年春以降財政問題が深刻化したギリシャを中心に欧州の国債が売られ，金融不安も再燃するという事態が発生した．先進国では財政・金融政策ともにすでに限界に近いところまで発動してしまったために，今後世界経済を襲うかもしれない負のショックに対する抵抗力は極めて弱くなっている．依然，世界経済の先行きが予断を許さないゆえんである．

　また，危機の波及という意味では各国間に大きな相違が見られる．先進国の中ではサブプライム・ローン問題への関与が少なかった日本経済が大きな打撃を受け，実質GDPの水準でも依然ピークの5％近く下の水準にある．

これに対して多くの新興国経済は極めて好調であり，生産やGDPでは危機前のピークを更新したところも多い．

このように，金融・経済危機はいまだ完全には終息していないものの，それが発生したおおよそのメカニズムは判明してきていると言えよう．危機の原因は，米国政府の中低所得者層向け住宅ローン促進策が経済的合理性を欠いた住宅ローンを急成長させた一方，長引いた金融緩和環境のもとで規律の低下した世界中の金融機関が，関連金融商品を大量に組成し，また自らも自己資本規制などを巧妙に逃れる形でそれらを大量に保有したことである．

本書はこうした今次の金融・経済危機の諸側面を分析するために，内閣府の委託研究として実施された「世界金融・経済危機に関する研究」プロジェクトの成果を集めたものである．プロジェクト自体は本年春に終了したが，本書出版に当たってはその後の夏場にかけての事態の展開が織り込まれている．

植田論文（序章）は危機全体に関するオーバービューを提供するもので，危機の原因としてマクロの金融環境，ミクロの金融規制，制度，インセンティブの問題を指摘した後，危機が波及したプロセス，そして危機への政策対応についてまとめている．また本年春のギリシャ危機の意味についても若干の紙幅を割いている．

祝迫論文（第1章）は危機の原因のうちでもミクロ的なものに焦点を当ててより詳細な分析を展開している．同論文によれば，経営者の報酬体系などによるインセンティブのゆがみよりは，グラス＝スティーガル法の撤廃などの投資銀行業務における競争促進策が，投資銀行間の過度の競争を引き起こし，やはり過度のリスク・テイクにつながった可能性が高い．同論文は，さらに格付け機関の問題点を指摘した後，米国の金融監督制度の問題点，その改善の方向に関する議論を提供している．

この間の政策対応については複数の論文が分析を展開している．林論文（第7章）は，各国の金融システム安定化策，金融政策，財政政策についてまとめ，その評価を試みている．それによれば，こうした政策によって短期金融市場，直接金融市場は素早い改善を見せたものの，証券化商品のような市場型間接金融については改善が遅れている．さらには通常の銀行貸出も収縮

が続いており，金融機能の改善度合いにはばらつきが見られる．これを受けて，実体経済も最悪期を脱出したものの，民間需要には力強さが欠ける状態が続いている．

小巻・地主論文（第6章）は，金融政策についてスウェーデンと米国を取り上げてより詳しい検討を展開している．両国とも，特に前者は金融政策に関して極めて詳細に情報が公開されていて，その評価を行いやすい．これらも用いて，同論文は，両国の中央銀行が意思決定を行った各時点でどのような情報を保有していたか，それを用いてどのような判断を下したかを詳しく記述している．そのうえで，同論文の両国の金融政策に対する評価は，2008年半ばの時点で一時的に金融緩和が不十分だったこと，また，金融政策運営手法がはっきりと確立，かつ外部に開示されているという意味で，スウェーデンの政策運営に軍配を上げている．ただし，金融システムの不安定性の問題に中央銀行がいかに関わるべきかという今回の危機で改めてクローズアップされた問題をも同時に考察した場合には，評価は容易でないと考えるべきだろう．

中央銀行にとっての物価安定と金融システム安定という2つの目標の相対的な重要性の変遷について歴史的な観点から分析し，今回の危機における中央銀行の対応をその座標軸の上に位置付けているのが，竹森論文（第5章）である．金融危機では国内における取付けとともに，グローバルな取付け（資金の海外流出）が発生する．こうした金融システムの不安定性を防ぐのが中央銀行の役割であると論じたのがバジョットである．その後，ケインズはより物価の安定を重視する中央銀行像を提唱し，戦後後半の金融政策運営の考え方に影響を与えた．今回は，まさにバジョットが念頭に置いたような取付けが発生し，特に欧州では（ドル）資金の海外流出が目立った．中央銀行の対応もバジョット的だったというのが竹森説である．この対応は成功し，金融機関経営は短期間に安定化した．また，これまでのところデフレが避けられていることを考えれば，金融システム安定化策は物価安定にも一定の貢献をした．ただし，ギリシャ危機のように，国家の安定に疑問がつくような状態になると中央銀行による対応だけでは限界があるというのが同論文の主張である．

白川論文（第3章）は金融危機の日本経済，特にその財政維持可能性に対す

る影響を分析している．同論文によれば，金融危機が日本の潜在成長率に与えた影響は必ずしも明らかではないが，現状，極めて大きな GDP ギャップ，それに伴う資本の過剰が発生していると見られることから，向こう 10 年程度の期間では，設備投資の強い伸びは見込めず，名目 GDP の伸びも平均で 0％程度と見込まれる．このシナリオでは，少子・高齢化による社会保障費の上昇のため，国債の GDP 比などの財政に関する指標は発散を避けられない．消費税率の 30％への引き上げというような事態が現実的ではないとすれば，社会保障費を大幅に削減せざるを得ない．

　伊藤論文（第 4 章）は，今次危機のアジア経済への影響を分析している．1990 年代のアジア通貨危機に比べて，今回はアジア経済の落ち込みは軽微で済んでいるし，危機の影響のチャンネルも金融を通じてというよりは，貿易を通じるものが重要であった．深刻な金融の不安定性が避けられた理由としては，1990 年代の経験も経てアジア諸国が大量の外貨準備を保有していたことが大きい．これもあって，韓国ウォンを除いて，アジア通貨は大幅な減価を経験しなかった．また，財政出動の余地が多くの国で大きかったことも幸いした．

　増島・田中論文（第 2 章）は，危機の 1 つの原因といわれるグローバルな経常収支不均衡の問題を取り扱っている．ただし，不均衡が危機の原因だったかどうかの正面からの分析ではなく，不均衡の現状の分析のうえで，将来の展望を提供するものである．それによれば，米国サイドの支出超過，アジアの支出不足という構造は，危機を経て若干緩和されつつあるが，当面は残存しそうである．また，中長期的に，アジアの高齢化，金融システムの整備などにより，一段の不均衡の緩和が進む可能性もある．ただし，不均衡の維持可能性に対する不安からハード・ランディングが発生するリスクも残存し，それに備えた国際協調の枠組みの整備も期待される．

　以上，本書の考察から浮かび上がる姿は，危機そのものについてまだ予断を許さない状況であること，その 1 つのポイントが中長期的な財政の維持可能性であり，これは特に日本にとっては大問題であること，また今回の危機が提起した物価安定と金融システムの安定という互いに密接に関連しつつも異なる目標を，中央銀行を含む政策担当者にどのように分担，協力して達成

させるかという課題の存在などである．本書が，読者がこうした問題を考える際の一助になれば幸いである．

本書に採用された分析を進めるに際しては，内閣府経済社会総合研究所および野村総合研究所（NRI）の方々には大変お世話になった．加えて，伊藤と植田の分析は一部東京大学金融教育研究センターからの援助も受けて進められた．ここに感謝の意を表したい．

2010 年 8 月
植田和男

目　次

はじめに　　　　　　　　　　　　　　　　　　　　　植田和男　 i

序章　世界金融・経済危機オーバービュー
——危機の原因，波及，政策対応　　　　　　　植田和男　 3

 1 はじめに·· 5
 2 危機の特徴——グローバルな住宅価格・クレジット商品バブル········ 7
 3 マクロの金融環境·· 12
 4 金融規制，金融機関・投資家行動·· 21
 5 危機の波及·· 36
 6 政策対応··· 49
 7 終息しない危機·· 56
 8 おわりに··· 60
   参考文献··· 61

第Ⅰ部　危機の発生とその背景

第1章　サブプライム危機の深層と
　　　　米国金融システムが抱える諸問題　　　祝迫得夫　 67

 1 はじめに·· 69
 2 サブプライム問題の深層
   ——過剰なリスクの追求とレバレッジの拡大······································ 71
 3 金融機関におけるインセンティブの問題·· 82

4　米国金融規制の制度的問題……………………………………… 94
　　　5　結語……………………………………………………………… 104
　　　　参考文献………………………………………………………… 105

第2章　世界金融・経済危機後のグローバル・インバランス調整
増島稔・田中吾朗　109

　　　1　問題意識……………………………………………………… 111
　　　2　グローバル・インバランスの問題点……………………… 111
　　　3　世界金融・経済危機前のグローバル・インバランスの拡大……… 114
　　　4　世界金融・経済危機発生の背景としてのグローバル・インバランスの拡大……………………………………………………………… 129
　　　5　世界金融・経済危機下のグローバル・インバランス調整……… 134
　　　6　グローバル・インバランスの行方………………………… 138
　　　7　求められる政策対応………………………………………… 149
　　　　参考文献………………………………………………………… 150

第Ⅱ部　実体経済への波及

第3章　今次世界金融・経済危機が日本経済に与えたインパクトの考察
白川浩道　155

　　　1　外需変動の内需への波及について………………………… 159
　　　2　負のアウトプット・ギャップとストック調整圧力について……… 171
　　　3　デフレ長期化と財政の維持可能性………………………… 184
　　　　参考文献………………………………………………………… 212

第4章　世界金融危機のアジアへの影響と政策対応
伊藤隆敏　215

　　　1　イントロダクション………………………………………… 217
　　　2　先行研究……………………………………………………… 221

3	成長と貿易チャンネル	225
4	金融チャンネル	234
5	政策対応	245
6	まとめと今後の展望	250
	参考文献	252

第Ⅲ部　危機への政策対応

第5章　世界経済危機と「最後の貸し手」
──復権したのはケインズか，バジョットか？　　竹森俊平　　257

1	序	259
2	マジック・ナンバー	262
3	国際資本取引	265
4	大恐慌との類似性	268
5	クレディート・アンシュタルト・シンドローム	274
6	ドイツはリーダー国になれるのか	279
7	代理リーダーとしてのECB	284
8	ドバイ・ショックからギリシャ・ショックへ	287
9	中央銀行の行動指針はバジョット・ルールだけなのか？	290
10	バジョット的救済者としての中央銀行	292
11	出口戦略と逆ザヤの脅威	304
12	逆ザヤからサブプライム危機へ	307
13	中央銀行に可能なのはバジョット的戦略だけか？	311
14	結論	314
	参考文献	315

第6章　欧米中央銀行の金融政策の危機対応
──米国連邦準備制度と瑞国リクスバンク　小巻泰之・地主敏樹　　317

1	はじめに	319

2　検討対象時期の両国経済の概要……………………………………320
　　3　経済環境の基調判断…………………………………………………325
　　4　金融政策決定のナラティブ分析……………………………………340
　　5　リアルタイム・データとテイラー・ルールを用いた金融政策の
　　　　評価……………………………………………………………………357
　　6　米国連邦準備と瑞国リクスバンクとの金融政策対応の比較……363
　　7　おわりに………………………………………………………………367
　　　参考文献…………………………………………………………………369

第7章　世界金融・経済危機における各国の政策とその効果
　　　　　　　　　　　　　　　　　　　　　　　　　　林伴子　371

　　1　はじめに………………………………………………………………373
　　2　世界金融危機の発生と拡大の経緯…………………………………374
　　3　各国における政策対応………………………………………………379
　　4　政策の効果……………………………………………………………417
　　5　おわりに………………………………………………………………434
　　　参考文献…………………………………………………………………437

索　引………………………………………………………………………………439

世界金融・経済危機の全貌
　　――原因・波及・政策対応

序章　世界金融・経済危機オーバービュー
——危機の原因，波及，政策対応

植田和男

要　旨

　今回の経済金融危機は，世界的な規模で長引いた強力な金融緩和による住宅価格とクレジット関連商品の価格に関するバブルの生成，崩壊が基本的な原因である．これに加えて，さまざまな要因がバブルに関連した金融活動の振幅を大きなものにした．そのひとつが，商業銀行業務に対する自己資本比率規制が，そうした規制の弱いいわゆる影の銀行システム（shadow banking system）での金融仲介を積極化させ，そこを中心としたリスク・テイクの状況を規制当局に見えにくいものにしたことがある．それもあって金融システムのこの部分への適切な規制とセーフティ・ネットが整備されていなかったことが大きな問題であった．さらに，金融業界におけるその他のインセンティブ構造のゆがみ，米国の住宅政策などが果たした役割も大きかった．影のシステムでの金融仲介も基本的には短期調達，中長期運用という脆弱性を持っており，バブル崩壊後は広い範囲の金融機関・ファンドが取付けにあった．その過程で影のシステム特有の危機波及経路も観察された．また，政策当局による危機の本質の把握に時間がかかり，影のシステムのセーフティ・ネット整備が遅れるなかでリーマン・ブラザーズ破産などが発生，危機は一段と深刻化した．しかし，危機の深刻化後，対応はおおむね迅速に進められ，

それもあって世界経済は2009年春から回復軌道にある．しかし，2010年春以降のギリシャ財政危機に端を発する金融不安の再度の高まりは，金融危機がまだ完全には克服されていないこと，危機対応で増大した財政赤字，国債残高が次の大きな問題になる可能性を示唆している．本章は以上の諸点についての文献サーベイを含む分析である．

1 はじめに

　2007年夏にいわゆる「パリバ・ショック」として表面化した今回の金融経済危機はそれから2年半を経てもいまだに完全な収束には程遠い．2008年9月の「リーマン・ショック」後の数カ月にかけて戦後類を見ないような水準にまで高まった短期金融市場などのリスク・プレミアムのかなりのものは，各国政府・中央銀行による未曾有の緩和的金融財政政策の効果により危機発生前の水準にまで低下した．それでも，主要国の株価水準は依然として危機前を3-5割下回る水準であり，金融危機のひとつのホーム・グラウンドであった証券化商品市場の機能は傷ついたままである．実体経済を見ても，例えば，日本の鉱工業生産指数は2007年はじめのピークを100とすると60以下までに急降下したものがようやく85を超えたところであり，危機前の水準に達するにはさらに15%の上昇を必要とする．

　現状は，白川［2009］の表現を借りれば，リーマン・ショックを契機とする「急性症状」はいったん治まったものの，金融機関，欧米の家計などのバランスシート調整圧力に起因する「慢性症状」は持続しており，政策面からの刺激が続いている間に慢性症状も治癒され，民需主導の自律的回復軌道に復帰できるかどうかの見極めの局面にある．これに失敗した場合には，すでに商業用不動産，消費者ローンの分野で見られているような，金融危機の影響で弱体化した実体経済が再び金融セクターに悪影響を及ぼすという金融と実体経済の悪循環に拍車がかかり，世界経済は一段と深刻な局面を迎えることになろう．

　特に2010年春から初夏にかけて深刻化したギリシャの財政危機に伴う金融不安の広まりは，政策対応そのもののコスト，限界に関する不安を市場が敏感に感じた結果と見られ，世界経済の今後についての大きな不安材料となっている．

今回の危機に至る過程では，多くの金融機関，ファンドなどがレバレッジを高めてリスクの高い商品に大量の投資を行っていた．その理由は本章全体で論じるように2つである．ひとつは長い間の金融緩和で相対的に安全な資産の収益率が下がり，よりリスクの高い資産で収益を稼ぐという誘因が働いたことである．低金利の長期化は，2000年代はじめの不況対策という面と，より長期的に過度のインフレの抑制に成功した結果という両面がある．これについて本章では，中央銀行にとって物価の安定と金融システムの安定という2つの目標の重要性のウェイト決定の難しさを論じる．

過大な金融的不均衡のもうひとつの原因は，金融システム全体のインセンティブ体系のゆがみである．その最大のものは金融規制の抜け道を探ろうとする regulatory arbitrage（規制を利用した裁定行動：規制回避）であった．加えて，米国の住宅政策，格付け機関への政策などが金融機関のモラル・ハザード的な行動を後押しした面は否めない．さらに，金融界の報酬体系が短期の高収益を評価し，より長期のダウンサイド・リスクを軽視するようなものとなっていたことも重要である．今回，投資対象となった資産の多くは負債型であったために，リスクが顕現化するまでの間はある程度高い収益が安定的に得られる一方，長期のリスクは大きかった．別の言い方をすれば，これらの商品の保有は，例えば住宅価格に対する「アウト・オブ・ザ・マネー」のプット・オプションを売ったに等しい．住宅価格がある程度以上下がった時のリスクは甚大である．しかし，このリスクが軽視されるなかでハイ・リスクの負債型商品に対する過大評価が発生，継続したと考えられる．また，年金・保険のような機関投資家ではなく，レバレッジの高い金融機関，ファンドがこれら商品に高いエクスポージャーを持っていたために，クレジット・バブルの崩壊は，深刻な影響をその保有者に与えるとともに，波及効果を大きなものとしたのである．

以下，第2節では今回のバブルの実態を簡単に解説する．その後，第3節でバブル生成の原因のうちマクロの金融環境の果たした役割を分析する．続く第4節では，よりミクロの金融規制を含む金融制度の役割を論じる．そのうえで，第5節は，危機の伝播がなぜこれほどまでに急速，深刻なものとなったかについての諸要因を検討する．第6節は危機に対する政策対応を，主に金融政策を中心に評価する．その際，類似の危機を経験した1990年代

から 2000 年代半ばにかけての日本との比較という視点も加えることにする．第 7 節では，2010 年春以来のギリシャ財政危機に端を発する金融不安について触れつつ，今後の展開を考察する．第 8 節は結語に充てられる．

2　危機の特徴——グローバルな住宅価格・クレジット商品バブル

　今回の金融経済危機の特徴は経済活動，資産価格の下落の程度だけでなく，そのグローバルな広がりの大きさにある．Reinhart and Rogoff [2009] が大恐慌に次ぐ "Second Great Contraction" と呼んだゆえんである．

　危機の最大の本質は強力な金融緩和環境のもとでの住宅価格バブルであり，しかもその生成の過程でさまざまな主体（特に家計と金融機関）が，負債を過度に拡大させレバレッジを高めて住宅ないし住宅ローン関係商品に対する投資を進めたことである．Reinhart and Rogoff が指摘するように，この意味では，今回の危機も過去の多くの金融危機と本質を異にするものではない[1]．金融緩和とそのもとでの金融的不均衡の蓄積（今回は負債の大幅な拡大）は米国だけでなく欧州を含めて世界各地に見られた現象であった．

　図表 0-1 はケース・シラー住宅価格指数による 19 世紀終わりからの米国の実質住宅価格の推計値である．驚くべきことに，100 年あまりにわたって，実質住宅価格はおおまかには一定である．ただし，例外が 2 つある．ひとつは 1920-30 年代で，大恐慌も影響して住宅価格は長期の一定値から下方に乖離している．もうひとつは，2000 年前後から大きく上方に乖離，長期の一定値の 2 倍になった後，2009 年後半では上昇幅の 3 分の 2 ほど調整したところにある．まさに今回の危機の根源のひとつに住宅価格バブルがあったという点を示唆する姿となっている．

　より最近について，図表 0-2 は米国，イタリア，英国の住宅価格を示しているが，いずれも 2000 年代前半から 2006 年にかけて 2 倍強となり，米国，イタリアでは 2006 年に，英国では 2007 年にピークを打って下落に転じたことが分かる．米国以外の国は下落に転じた時期が遅かったり，その後の下落スピードが緩やかとなっているが，基本的な姿に変わりはない．こうした住

---

[1]　Reinhart and Rogoff [2009] Part V，あるいは Allen and Carletti [2010] 参照．

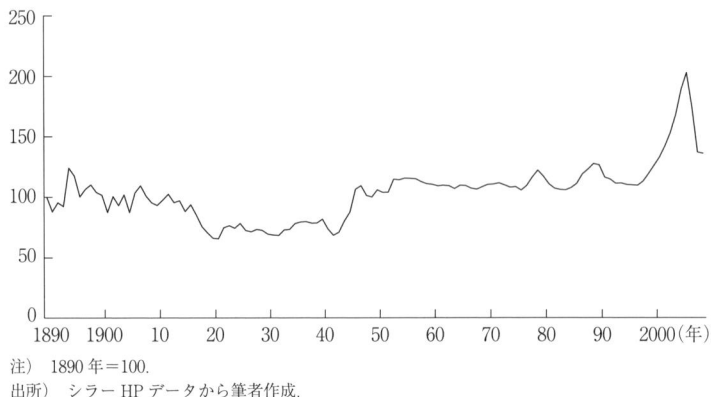

図表 0-1　米国の実質住宅価格

注）　1890 年＝100．
出所）　シラー HP データから筆者作成．

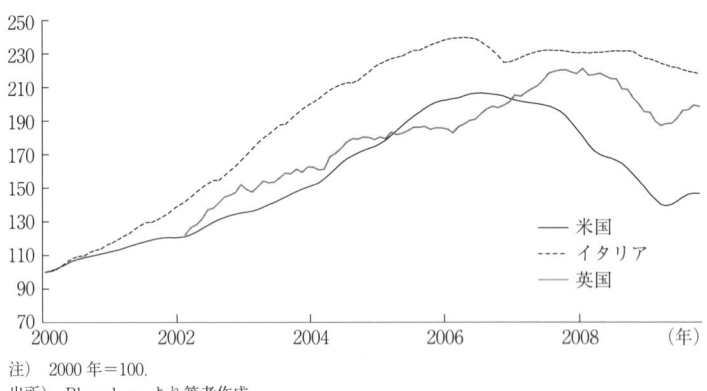

図表 0-2　欧米の住宅価格

注）　2000 年＝100．
出所）　Bloomberg より筆者作成．

宅価格の上昇は幅広い国で発生しており，例外は日本とドイツくらいである．各国と同様の低金利環境のなかでこの 2 国では大幅な住宅価格上昇が発生しなかったのは，1990 年代からの問題の後遺症（日本はバブル崩壊後の不良債権処理，ドイツは東西統合のコスト）を抱えていたからと思われる．

　図表 0-3 では英米について住宅投資の動きを示している．いずれも 2006 年ないし 07 年のピークにかけて急上昇し，その後急落していることが分かる．ただし，ここでは 30 年程度の長期間の姿を描いており，米国の 1995 年

図表 0-3 英米の住宅投資

注) 同前.
出所) Bloomberg より筆者作成.

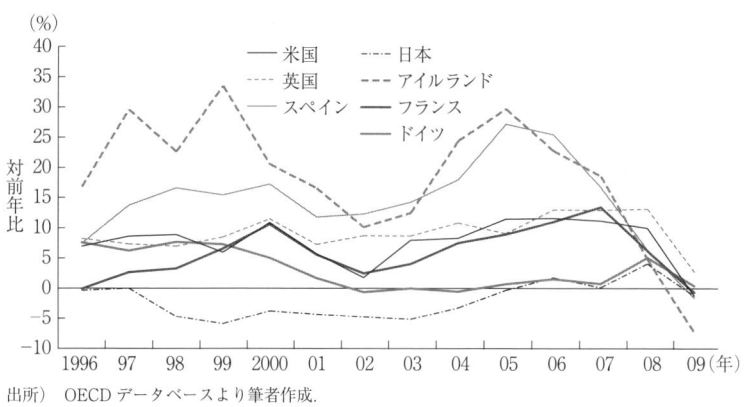

図表 0-4 銀行貸出伸び率

出所) OECD データベースより筆者作成.

以降の住宅投資の上昇，特に 2003 年以降のそれが未曾有のものであったことが分かる．2006 年以降の急降下も稀に見る姿であり，現在は 1996 年ごろからの上昇分をほぼ打ち消すところまで住宅投資が低下している．米国の住宅投資の大きな波は金融的要因だけでなく，政府の住宅投資促進策の影響なども原因となっていると考えられる．

図表 0-4 は最近の銀行貸出の伸び率を示している．やはりドイツと日本を例外として，その他の国では 1990 年代後半と 2000 年代後半に大幅な伸び率

の上昇が観察される．特にスペインやアイルランドのそれは目覚ましく，この地域の金融活動の行き過ぎを示唆しているとともに，後で論じるような米国型の銀行外の金融仲介ではなく，通常の銀行仲介のルートで不動産投資が拡大したことを示している．

　主体別に負債の大きさの推移を示したのが，図表0-5であり，主要国の各主体の負債の対GDP比である．明らかに，1990年代半ばから金融機関のバランスシートが急拡大したことが分かる．その他の主体については，1999年から2000年のITバブルの際に企業部門の負債が拡大したが，それはその後落ち着き，むしろ家計の負債が2000年代後半にかけて着実に拡大したことが分かる[2]．この裏側にはもちろん住宅投資の拡大があったわけである．家計と金融機関が負債を大きく拡大しつつ金融・実物投資を増やしていった姿が現れている．

　バブルが発生した資産としては米国を含む多くの国における住宅価格，そしてさまざまなクレジット関連商品を挙げることができる．後者の代表格は，サブプライム・ローンを組み込んだ証券化商品だが，その他にも社債，M&A関連貸出の証券化商品など多岐にわたった．バブルは住宅価格だけでなく，幅広い金融商品，特に資本市場の社債や証券化商品に広がっていたのである．こうした動きについて，以下ではクレジット・バブルの生成と崩壊という表現を用いることにする．

　図表0-6は米国のBB格社債の対国債スプレッドである．BB格はいわゆるハイ・イールド債の中の最上級格付けである．2003年後半から2007年半ばにかけてこのスプレッドは2％前後という極めて低い値で安定していた．2007年夏に危機が勃発すると急上昇を始め，2008年のリーマン・ショック後は10％程度にまで上昇，その後社債市場の落ち着きとともにリーマン・ショック以前の水準に戻っている．2003年から2007年の2％前後というスプレッドの水準がバブルだったと論じるのはそう簡単ではないが[3]，この時期に極めて強いハイ・イールド債に対する需要が存在し，金融危機とともにそれが霧散してしまったことが分かる．

---

[2] ただし，家計の負債が特に拡大したのは米国である（例えばIMF [2010] 図1.28参照）．
[3] Altman [2007] は金融危機発生前に，米国のハイ・イールド債市場を分析し，投資家の旺盛な需要が長続きはしない，すなわちクレジット・バブルが発生しているリスクを指摘している．

図表 0-5 主要国の主体別負債の対 GDP 比

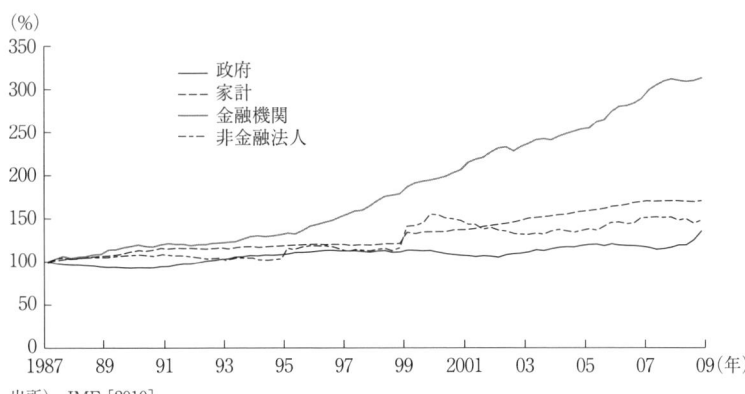

出所） IMF [2010].

図表 0-6 米国の BB 格社債の対国債スプレッド

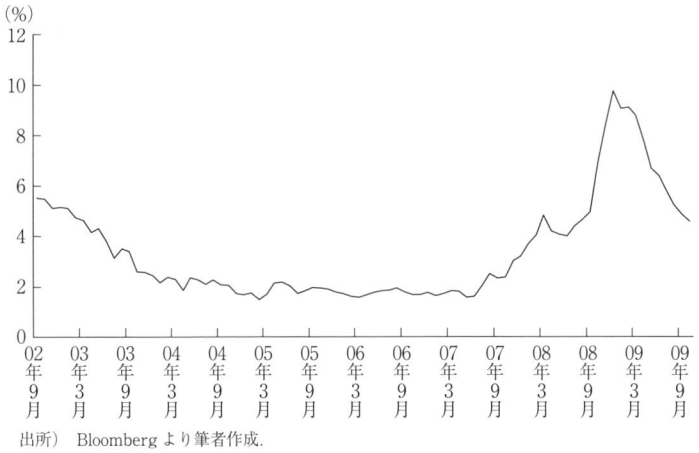

出所） Bloomberg より筆者作成.

　よりバブル的な動きがはっきりしている金融商品としてはサブプライム・ローンを組み込んだ証券化商品がある．よく知られているように，いわゆるサブプライム・ローンは住宅価格の持続的な値上がりを前提とした貸出である[4]．住宅価格にバブル的な上昇傾向が発生しているとすれば，極めてリス

---

[4] 例えば，Gorton [2008] 参照.

キーであり，それを証券化したものも同様である．加えて，すでに述べたように，多様な負債型商品に投資が広がったのが2000年代の特徴である．しかも，第4節で論じるように，投資主体が自ら大量に資金を借り入れ，レバレッジを高めてこのような商品を購入していた．この時期の金融活動が "leveraged play on risky debt" であったと言われるゆえんである．住宅ローン関連の証券化商品ではそのリスクのかなりの部分は住宅価格下落の可能性によって決まっていた．住宅価格が値下がりしない限りは，そこそこの利息収入を得ることができたのに対して，住宅価格の値下がりの程度によっては大きなロスを被るという性格のものであった．2006-07年はじめまでは，住宅価格の大幅な値下がりは顕在化していなかったので，こうしたポジションは "writing out of the money put options on housing prices" にほぼ等しいものであったと見なすこともできる．住宅価格にせよ，その他のクレジット商品の価格にせよ，大幅値下がりの可能性は意識されたものの，その確率は低いと見なされていたとすれば，投資家はテール・リスクを取る一方で，バブル崩壊までは高いリターンを享受していたと言える．

3 マクロの金融環境

歴史上ほとんどすべての行き過ぎた金融活動の高まり，バブルの生成には，やはり過度に緩和的な金融環境が重大な要因となっている．付け加えれば，バブルがバブルでないと思わせるような実体金融経済に関する楽観論も大きな役割を演じることが多い[5]．

1980年代の日本に例を取ってみよう[6]．1985年のプラザ合意以降の円高のデフレ圧力を和らげるため，日本銀行は1986年から87年にかけて5回公定歩合を引き下げるという強力な金融緩和政策を実行，さらにこれを大きな株・土地バブルの生成が懸念された87年から89年にかけて修正しなかった．加えて，当時「ジャパン・アズ・ナンバー・ワン」あるいは「東京ウォーター・フロント構想」などに代表されるような日本の将来に関する楽観論が力を増した．このなかで，地価・株価は急上昇し，その後の経緯はよく知られたと

---

5) Reinhart and Rogoff [2009] はこれを "This-Time-Is-Different Syndrome" と呼んでいる．
6) 例えば，植田 [1992] 参照．

おりである.

今回については，前 FRB（米国連邦準備制度理事会）議長のグリーンスパン（Greenspan, A.）が講演などで繰り返し指摘していたように[7]，米国経済は証券化や派生商品の発達のような金融の技術進歩によって以前よりも効率的なリスクの配分が可能となり，結果として危険資産に対する高い価格も正当化される，米国は過去の金融不安に直面した国とは違うという楽観論がバブル崩壊までは有力であった．強力な緩和的マクロ金融環境については，以下のように2種類に分けて論じることができそうである．

3.1 1998年以降の欧米の金融政策

図表0-7は過去15年程度の米欧の政策金利の動きを示している[8]．主に米国に沿ってこの間の金融政策の流れをまとめれば次のとおりである．1998年後半のいわゆるLTCM（ロング・ターム・キャピタル・マネジメント）危機に際してFED（米国連邦準備制度）は3回迅速に金利を引き下げている．これもあってその直後のいわゆるITバブルは無視できない規模となり，2000年から01年にかけてこのバブルが破裂すると，各国経済は深刻な不況に陥った．これに対応するため，2001年から03年にかけてFEDを含む各国中央

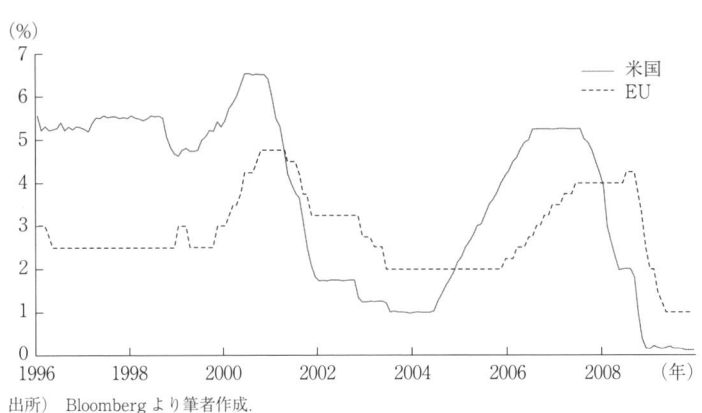

図表0-7 欧米の政策金利

出所）Bloombergより筆者作成．

---

7) Greenspan [2005] 参照．
8) ECB（欧州中央銀行）発足前はブンデス・バンクの金利を用いている．

銀行は強力な金融緩和政策を実行した．特に FED は日本のようなデフレーションを防ぐために，大恐慌時以来の 1％という水準にフェデラル・ファンド・レート（FF レート）を引き下げ，さらにはその前から日本銀行が実施していたいわゆる時間軸政策に例を取る形で 1％の金利が「相当程度の期間続く」ものと表明した[9]．ECB を含む欧州の中央銀行も金利を大幅に引き下げた．

　この強い金融緩和策が住宅投資，地価を強く刺激したと考えられる．すでに第 2 節で見たように，図表 0-2 の米国，イタリア，英国の住宅価格は，いずれも 2000 年代前半から 2006 年にかけて 2 倍強となり，米国，イタリアでは 2006 年に，英国では 2007 年にピークを打って下落に転じたことが分かる．この下落のタイミングは図表 0-7 に示された金融政策の変化と対応している．FED は 2004 年前半から，ECB は 2006 年から金利引き上げに転じ，2006 年ないし，07 年には，ほぼ IT バブル崩壊前の水準に金利水準を戻している．また，図表 0-3 の住宅投資についても同様の指摘が可能である．

　より技術的にこの点を確認したのは Taylor [2009] である．彼は FF レートのテイラー・ルールに基づく水準を計算したところ，2002 年から 2006 年にかけて現実値を上回っていたことを示した[10]．両者のギャップは特に 2003 年後半から 2005 年前半にかけて大きい．これはまさに FED が日本のようなデフレを恐れて通常以上に金融を緩和した時期である．次に Taylor は FF レートが現実値ではなく，テイラー・ルールに沿った値で推移していた場合の住宅投資をシミュレーションによって試算したところ，現実値よりもピークで 20％前後も低かっただろうという結果を得た．通常以上の金融緩和が，住宅投資，（明示的に示されてはいないが）住宅価格に強い影響を与えたという代表的な分析例である．

　Taylor はさらに米国以外で極めて強い住宅ブームを経験したアイルランド，スペインなどでその他の国以上に政策金利がテイラー・ルールから大幅に緩和方向にずれていたことを示している．これはもちろん，ユーロ・ゾー

---

[9] 植田 [2005] 第 3 章参照．
[10] テイラー・ルールは，政策金利がインフレ率と GDP ギャップで決定されるというルールである．テイラー自身が 1990 年代はじめに，米国の現実の政策金利がこの式に近い形で決められていることを指摘した（3.3 節も参照）．

ン内でひとつの金融政策しか採用できないということがもたらしたバイアスであるが，Taylor は ECB の政策金利そのものが FED のそれの影響を受けていた可能性を指摘しており，世界的に平時以上に金利が低めに抑えられていた可能性を示唆している．

以上の結果の意味するところは複雑である．確かに，2003 年前後の世界的なデフレ不安に対応した金融緩和政策が行き過ぎ，住宅，クレジット商品バブルを招いた可能性が高い．しかし，それでは政策金利を例えばテイラー・ルールに沿って推移させていたらどうだったのだろうか．当時のデフレ懸念が行き過ぎたものだったとしたら，デフレにもならず，資産価格も相対的に安定的に推移していたということであろう．しかし，デフレ懸念にかなり根拠があったものとすると，テイラー・ルールを大幅に下回るような政策金利水準が採用されていなければ，現実に世界経済はデフレに陥っていたかもしれないのである．この点の厳密な検証は不可能に近いと思われるが，一段の分析が必要である[11]．

3.2　Saving Glut 仮説と長期金利に関する謎（Conundrum）

住宅，クレジット・バブルの原因として海外から米国などへの資本流入の役割を強調する立場もある[12]．これと関連するのが 2004 年から 06 年にかけての長短金利の動きの乖離である．図表 0-8 にあるように，2004 年はじめより FED は FF レートを引き上げていったが，長期金利はそれには反応せず，むしろわずかながら低下を続けた．これが米国長期金利に関するいわゆる謎（Conundrum）である．

この現象の解釈は一通りでない．FED に対する市場の信認が厚く，政策金利の引き上げにより中長期のインフレーションが抑えられると期待されていたので長期金利は落ち着いた動きをしていた，というのがひとつの仮説である．あるいは FED の政策の透明性が向上し，長期金利に要求されるリスク・プレミアムが低下したという説もある[13]．また別の仮説によれば，中国，

---

11) Taylor と異なる結果としては，Bernanke [2010] がある．彼は，やや異なる時系列分析手法を用いて，当時の FF レートが必ずしも低過ぎるとは言えないこと，住宅価格の上昇には新しい金融商品の発達や，海外からの資本流入の役割がより大きかったことを主張している．いずれにせよ，デフレ懸念の正当性の検証も含めて，一段の分析が必要な分野である．
12) 例えば，Caballero, Farhi, and Gourinchas [2008]．

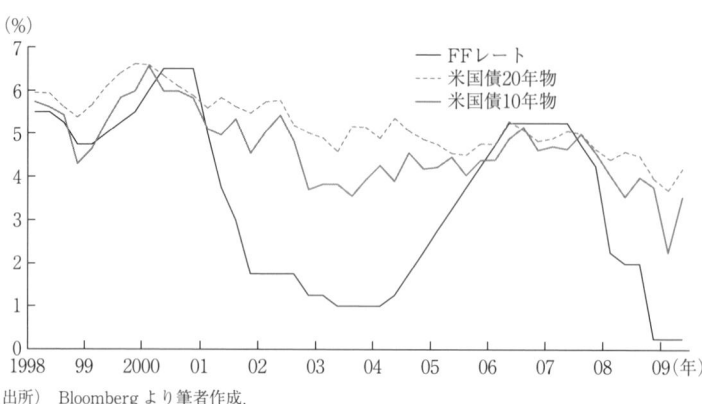

図表 0-8 米国の長短金利

出所）Bloomberg より筆者作成.

日本などのアジア諸国からの大量の資本流入が米国の中長期金利を低位安定化する効果を持ったという．この典型例は Bernanke [2005] である．

現在のところ "Conundrum" の正しい解釈についての決着はついていないが，FED の引き締めにもかかわらず，長期金利が反応しなかったことが住宅価格バブルの長期化を招いた一因だったようである．しかし，金融政策が正しく運営されていたかどうかという点を考えると，住宅価格バブルが懸念される状況で，少々の政策金利の引き上げでも長期金利が反応しないのであれば，一段の政策金利の引き上げを実行するというオプションがあったはずである．2004 年までの強い金融緩和とともに，米国金融当局の政策運営に問題があった可能性は大きい．ただし，住宅価格のような資産価格と金融政策との関係は昔から論じられてきた難しいテーマである．この点については，節を改めて論じたい．

またアジアからの資本流入との関係では，流入した資金の大半は米国債のような安全資産に向かったこと，他方海外からの資金流入という意味では欧州から米国への流入がグロスのフローの量としては圧倒的に多かったこと（Borio and Disyatat [2010] 参照），そしてその大半は住宅ローンの証券化商品に代表されるような今回のバブルに典型的な商品に向かったこと，すなわち

---

13) 例えば，Koeda and Kato [2010] 参照.

図表 0-9　米国における長短スプレッド

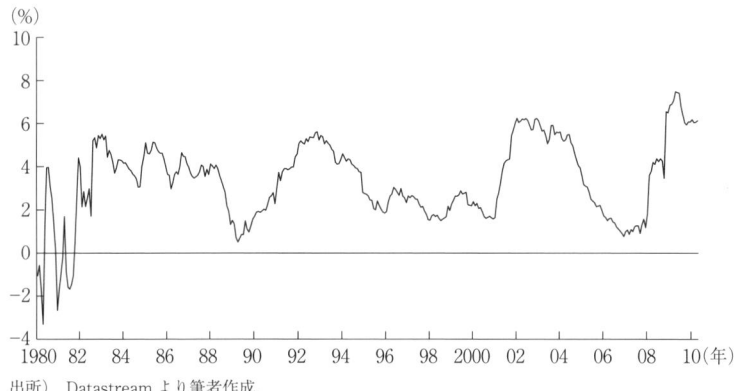

出所）　Datastream より筆者作成．

バブルに絡む主要プレーヤーは欧州，および米国の金融機関であったことを指摘しておきたい．

　金融政策がクレジット・バブルの生成に果たした役割に関する論点をひとつ付け加えよう．第4節で指摘するように，今回のクレジット・バブルでは投資家は購入した証券化商品のかなりの部分を CP の発行やレポ取引でファイナンスした．すなわち，資金コストは短期金利であった．あるいは取引のインセンティブを決めたのは長短スプレッドであった．図表 0-9 は BAA 格社債金利と3カ月物 CD レートとのスプレッドである．2000 年代前半から半ばの長短スプレッドが 1980 年以降では最大であったこと，しかも 2002 年から 05 年までと長期間高スプレッドが持続したことが分かる．この意味では，この時期に短期金利を低位水準で推移させた金融政策の果たした役割は決定的に大きかったと考えざるを得ない．長期金利が上昇しなかったことはむしろ一部の投機を抑制した可能性もある．2009 年以降はスプレッドはそれ以上に高くなっているが，ゼロ近辺まで下げた金利が金融セクターに利益追求の機会を与え，金融危機で傷んだ金融システムに立ち直りのきっかけを与えていることが分かる．

3.3　長期のディスインフレ傾向，資産価格，金融政策

　今回のクレジット・バブルとも関係がある金融政策上の動きとして，より

長期のディスインフレ傾向を挙げることができる．よく知られているように，米国では1960年代後半から70年代を通じてインフレ率が上昇を続け，これがポール・ヴォルカー（Volcker, P.）議長のもとでの強力な金融引き締め政策へとつながった．こうした米国の金融政策の動向は経済学にも影響を与え，インフレ抑制を主眼とする中央銀行政策のあり方に関する理論の発展にもつながった．この動きはインフレーション・ターゲティングなどの枠組みをも用いつつ，一般物価の安定化を最大の責務とすべし，というモデルに結実したと言えよう．この間，インフレ抑制を実効あらしめるため，中央銀行の独立性を高める動きがあったとともに，その説明責任もより重いものとされてきた．現実に，世界各国の中央銀行はインフレ抑制に努め，1990年代半ばを過ぎると高率のインフレを発生させている国は稀になった．他方で，金融システムの安定性の問題については，どちらかと言えば金融政策の直接の決定要因とは見なさないという立場が有力となった．

　よい例はバーナンキが10年ほど前に発表した資産価格と金融政策の関係に関する分析である[14]．その論文では資産価格にバブルが発生し，その崩壊が実体経済に悪影響を与えるということがあっても，金融政策は資産価格に直接には反応しないことが望ましいとされた．むしろ，近い将来のインフレ率予想に基づいて政策金利が決まるべきであり，資産価格動向はインフレ予想に影響を与える限りにおいてのみ，金融政策を動かすべきだと主張された（＝インフレーション・ターゲティング）のである．こうした立場を集約した政策金利決定ルールの典型例がテイラー・ルールである．急激なインフレ抑制が景気を悪化させるリスクにも配慮して，このルールはインフレ率の目標からの乖離とGDPギャップに反応して政策金利を決めることを主張する．金融システムの問題は，これら2つの変数に影響する限りにおいて金利に影響することになる．

　以上に対する有力な反論として，例えば，国際決済銀行（BIS）のエコノミストたちの見方がある．彼らは重要な資産価格にバブルの兆候が見られる時は，その後の物価・金融システムの安定，そして双方に対するリスクに配慮して，金融政策でも対応すべきだという[15]．しかし，この見方に対しては，

---

14) Bernanke and Gertler [1999] 参照．
15) 例えば，Borio and White [2004] 参照．

資産価格のバブルの有無をバブル崩壊の前に把握するのは困難だとの批判が寄せられ，標準的な見方を覆すには至らなかった．

中長期的なディスインフレ傾向のなかで中央銀行の政策金利，その他の主要金利も低位で推移することとなった．図表 0-10 は米国のインフレ率と FF レートを示しているが，1985 年以降インフレ率が落ち着くなかで，政策金利も低下し，1990 年以降は 6 ％台の金利はほとんど観察されていないことが分かる．

図表 0-10 米国の政策金利と消費者物価上昇率

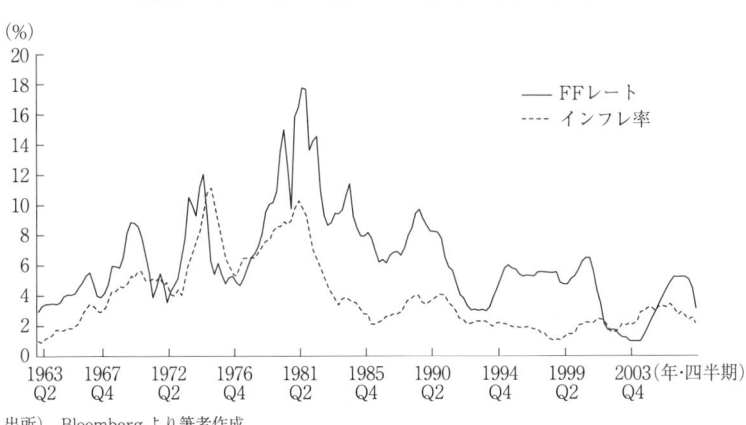

出所）Bloomberg より筆者作成．

図表 0-11 米国のコア CPI インフレ率と株価の安定性

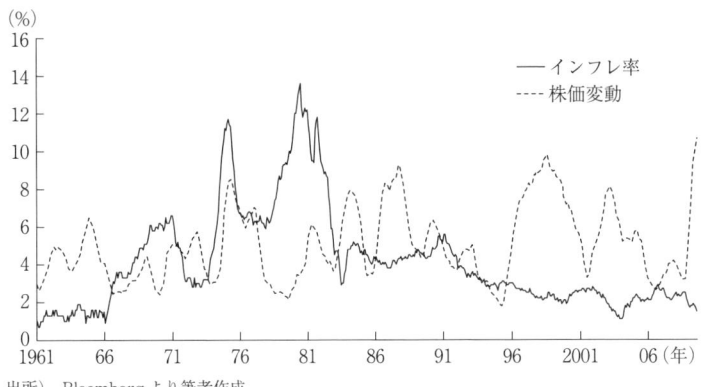

出所）Bloomberg より筆者作成．

他方，因果関係の立証は困難であるが，こうした低金利傾向のなかで資産価格の不安定性が増している．図表 0-11 は米国のコア（除く食料，エネルギー）CPI（消費者物価指数）インフレ率と，金融システムの安定度合いの代理変数として株価（米国の SP 指数）の変動度合い（月次データ過去 2 年半の変動係数）を示している．インフレ率の動向は上で解説したとおりである．株価の変動度合いはこれと逆比例するように時間とともに上昇している．1987 年のブラック・マンデー，1998 年の LTCM 危機，今回の金融危機と，インフレ率の高まりが見られないなかで株価の変動係数は 1960-70 年代よりも高い水準に上昇している．また，1980 年代以降の 3 回の大幅な株価変動時はいずれも深刻な金融的混乱が発生している．

　インフレを抑制しても金融システムは安定しないのだろうか．あるいはむしろ，抑えること自体が金融危機の一因になってしまうのだろうか．インフレ抑制に成功した結果の低金利が投資家たちに強い絶対リターン追求の誘因を与え，場合によっては資産価格バブルを引き起こすのではないかという問題意識が多くの政策担当者・研究者にあることを指摘しておきたい[16]．その意味では 2001 年以降の金融緩和だけでなく，より長期の 1990 年代半ば以降，場合によっては 1980 年代半ば以降の低金利傾向が，今回のクレジット・バブルを含む資産価格不安定化の背景となった可能性がある．

　今回の危機が進行するなかで，金融政策と資産価格に関する議論にも若干の進展が見られる．例えば，テイラー自身は米国議会証言で，今回のような深刻な金融危機時には，テイラー・ルールに，例えば 3 カ月物銀行間金利と政策金利の同期間の予想の平均値のスプレッドに対応するような項を付け加えるべきだと述べた．より理論的には，Curdia and Woodford [2009] は通常のニュー・ケインジアン・モデルに明示的に金融仲介部門を付け加えたモデルを作成し，金融仲介の不完全性が無視できない時には，テイラー・ルールのような関係式に金融仲介の不完全性を表す指標が現れることを示した．ただ，これは金融システムの安定性がそれ自体金融政策の目標になるという主張ではない．依然として近似的には将来のインフレ率と GDP ギャップの動向に応じて金融政策が（広い意味でインフレーション・ターゲティング的に）運

---

16) ここにはある種の名目収益率錯覚，すなわち実質ではなく名目の収益率を追い求める投資家の存在が仮定されていると見るべきだろう．

営されるべきだが，金利だけでなく，金融仲介の不完全性の度合いが総需要に影響するので，後者も金利決定の際に参照されるべきであるというロジックである．また，金融市場の不安定性を金利スプレッドのような変数で捉えるとしても，さまざまなスプレッドに注意を払わないといけないこと，また経済に対するショックの性質によって，スプレッドに対する金利の反応の度合いも異なってくるだろうとしており，現実の政策への応用にはまだ克服すべき問題が多い．

　Peek, Rosengren, and Tootell [2009] は，より実証的な観点から金融システムの安定性と金融政策の関係を分析した興味深い論文である．彼らによれば，銀行検査から得られる金融システムに関する情報を利用した方が将来の景気や物価の予想が改善する．ここまでは上記のウッドフォードたちの論文と同趣旨だが，さらに現実の FED の政策を分析すると，政策金利がこうした金融システム関連の変数に有意に反応しており，しかもその反応の中身には将来の景気や物価予想の改善分以上のものと解釈できる部分があるという．この結果の正しい解釈はさらなる分析を待たねばならないが，金融システムの問題と金融政策の関連の分析が今回の危機を契機に一段と深められつつあるのは間違いない．とりあえず，振り子は金融政策決定において従来よりは金融システム問題を重視する方向に振れるものと思われる．

4　金融規制，金融機関・投資家行動

　低金利に代表されるリスク資産投資積極化のマクロ的背景があったとしても，個々の金融機関，投資家のレベルではリスクに関する判断，さらに収益，報酬体系などの影響を受けてミクロの投資行動が決定される．この節では，こうしたミクロの投資行動をゆがめたかもしれないさまざまな要素について議論することにする．

　第 2 節で指摘したように，今回の金融危機の特徴は，商業銀行の外の「影の銀行システム（shadow banking system）」で大きなポジション・テイクが進められたこと，またそこでの動きに銀行部門が密接な関係を有していたことがある．つまり，資本市場の動きとそれへの銀行部門の関わりの双方が分析されなければならない．さらに付け加えれば，このような資本市場において

クレジット商品を売買するための「インフラ」が必ずしも十分頑健なものではなかった，むしろさまざまな脆弱性を抱えていたというのが今回の危機の大きな原因である．これについて本節と次節で議論する．

4.1 影の銀行システムにおける金融仲介

特に米国においては，クレジット関連商品への投資の多くの部分は商業銀行の外で進められた．また欧州の銀行が米国のクレジット関連商品を大量に購入していたことも事実である．そこで，今回の金融危機のホーム・グラウンドともなった米国における商業銀行の外での金融仲介のあり方について概観しておこう．図表0-12は，過去40年あまりの米国における金融各部門の総資産を家計総資産で割り，その推移を示すことによって金融構造の変化を捉えようとしたものである．保険などが含まれていないが，以下の議論に関係する4つのセクターを取り上げている．商業銀行，民間の年金基金，MMFとヘッジ・ファンドを含む投資信託，そしてその他のノンバンク（GSE（政府援助機関），さまざまな金融特定目的会社，投資銀行，ファイナンス・カンパニー）である．1975年ごろまでは圧倒的に商業銀行のシェアが高かったが，その後年金が1980年代にかけて成長し，さらに1990年代にかけて投資信託とその他ノンバンクが著しい伸びを示し，金融仲介の6割程度を担ったことが分かる．大まかにこの両者を合わせて「影の銀行システム」と呼ぶことが

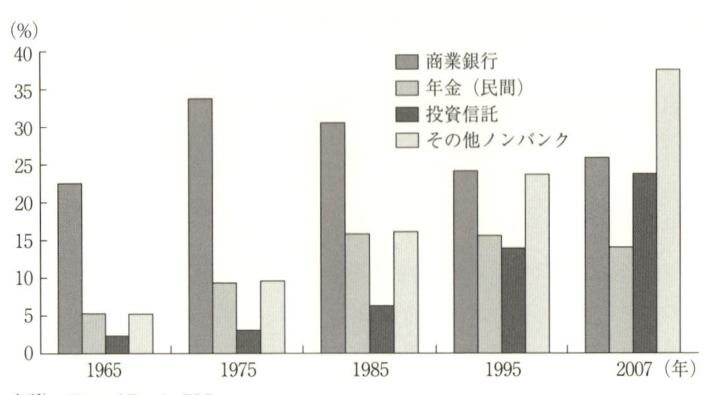

図表0-12　米国の各部門総資産／家計総資産

出所）　Flow of Funds, FRB.

多い[17]．

　「影の銀行システム」成長の背景としては，金融技術革新と金融規制の影響が指摘できる．1970年代以降のIT技術の発達は商業銀行以外のチャンネルで貸し手と借り手の間の情報の非対称性を克服することを可能にした．証券化やファイナンス・カンパニーの融資に用いられる統計的手法がその一例である．このような技術進歩による金融仲介チャンネルの増大とBISなどによる自己資本規制の導入は商業銀行業務の収益性を徐々に低めていった[18]．

　このため，銀行は貸出を実行（originate）しつつも，それを第3者に販売し，自己資本比率規制の負担を軽くするという戦略を多用するようになった．いわゆる "Originate to Distribute"（OTD）モデルあるいは "Credit Risk Transfer"（CRT）モデルである．資金供給者の需要に合った貸出の販売を進めるため，貸出の証券化，その再構築という手段が多用されるようになった．証券化商品の構築には投資銀行が絡み，商品の保有主体としてもさまざまなノンバンクが重要な役割を果たした．こうしたなかで「影の銀行システム」は大きく膨れ上がったわけである．

　「影の銀行システム」という命名はなかなか奥が深い．ひとつには，銀行の外での金融仲介だが，銀行と同じような構造を有していたという面がある．金融仲介者にとって資金のファンディングにはレポ市場が中核的な役割を果たした．つまり，証券化商品の保有をそれを担保に差し出すレポでファイナンスしたわけである．このため，短期借り，中長期固定運用（証券化商品の市場流動性は低かった）という商業銀行と似た取付けにあいやすいバランスシート構造となっていた．また，銀行の外のシステムであったにもかかわらず，以下で述べるような意味で銀行と密接な関係を有していたという点でも「影のシステム」であった．

　これらについて，もう少し詳しく見ておこう．図表0-13は，典型例である証券化商品についての取引の大まかな全体像を示したものである．よく知られているように，住宅ローンなどは銀行やモーゲッジ・カンパニーによってオリジネートされた後，証券化に際して，多くの場合，モノラインと呼ばれる保険会社による保証，格付け会社による格付けを獲得したうえでさまざ

---

[17]　例えば，McCulley [2007] 参照．
[18]　Edwards and Mishkin [1995] 参照．

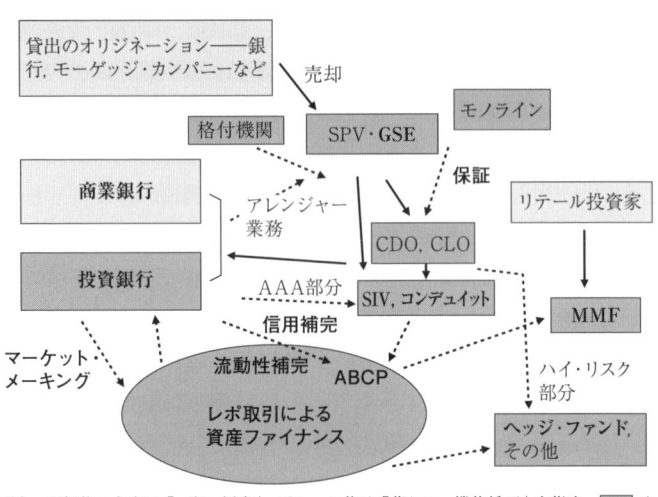

図表0-13 証券化商品市場の構造

注) 明朝体の太字は「一部, 倒産」, ゴシック体は「著しい, 機能低下」を指す. ■ は「影のシステム」.

な投資家に販売された. 購入主体としては, 銀行, SIV (Structured Investment Vehicle), コンデュイット (Conduits, 後述), GSE, ヘッジ・ファンド, 機関投資家などが挙げられる. 証券化商品のうち, 格付けの高いシニア部分は銀行や保険によって, 逆にエクイティ部分はヘッジ・ファンドによって保有されることが多かった (影のシステムの主体は濃いグレーの色で示されている).

銀行や, SIV などを含む投資家は, 証券化商品を購入する資金のかなりの部分を広い意味のレポ市場でファイナンスした. すなわち, 購入した証券化商品を担保に入れて資金を借りたわけである. SIV などは ABCP, つまりこれらを担保とする CP を発行した. いずれにせよ, 証券化商品は中長期の商品, 資金調達側はレポであるので短期の借入という, 運用調達の期間ミスマッチを抱えた投資行動であり取付けには脆弱な構造だったが, 同時にこのミスマッチにより, 長短金利の差が重要な収益源となったわけである.

CP 市場での重要な買い手は MMF である. MMF はリテール中心に実質元本保証との認識がある資金を集め, 政府短期証券だけでなく, 証券化商品の中の格付けの高い階層にも投資をしていたわけである. また, MMF も多

くの場合 AAA などの高い格付けを得ていた．

　全体としては，もともとの例えば住宅ローンをリスクの低い部分と高い部分に再構成し，前者を MMF や銀行に，後者をヘッジ・ファンドに販売しており，投資家のリスク・テイク能力に見合って切り売りするという理にかなった構造だった面があることは否定できない．

　当初の貸出で住宅を購入した家計へ，住宅を売却した主体がその資金の一部で MMF を購入する．これが住宅ローンの証券化商品をファイナンスすると見れば，銀行のオリジネーション能力を利用しつつも銀行の外で信用とマネーが膨張する仕組みができていたのである[19]．

　この仕組みのもとでのマネーの増大に対する制約条件のひとつは，レポ市場におけるヘアカット率であった．ヘアカット率が高まれば，同額の証券化商品で調達できる資金の量は減少するからである．

　表の銀行と「影の銀行システム」の関係は貸出のオリジネーションにとどまらない．以下で議論するように，さらに2つの点で両者には密接な関係があった．ひとつは SIV，コンデュイットなどへの信用，流動性補完を実質的な親銀行が行っていたという点であり，いまひとつは証券化商品のかなりの部分を実は銀行が保有していたということである．

　両システムの大きな相違は，BIS 規制を含む当局の金融規制が影のシステムでは弱かったか，ほとんどなかったこと，同時に預金保険や中央銀行による最後の貸し手機能などのセーフティ・ネットもなかったことである．影のシステムの監視者がいたとすれば，格付け会社である．しかし，後述のように，監視者としてはあまりに弱い機能しか果たさなかったのである．

　いずれにせよ，以上の仕組みを利用して多くの住宅ローン，消費者ローンが証券化されるとともに，LBO（レバレッジド・バイアウト）関連などの貸出も販売されたのが最近における金融仲介の姿である．こうした貸出，証券化商品が極めて大量に，しかも異常に低い金利で販売されたことが危機の背景にあった．

　図表 0-14 は，危機発生後の 2007-09 年について，先の図で見た各セクターの資産がどのように変化したかを明らかにしている．その意味するところは

---

19)　家計の保有する MMF は米国の M2 の構成要素である．

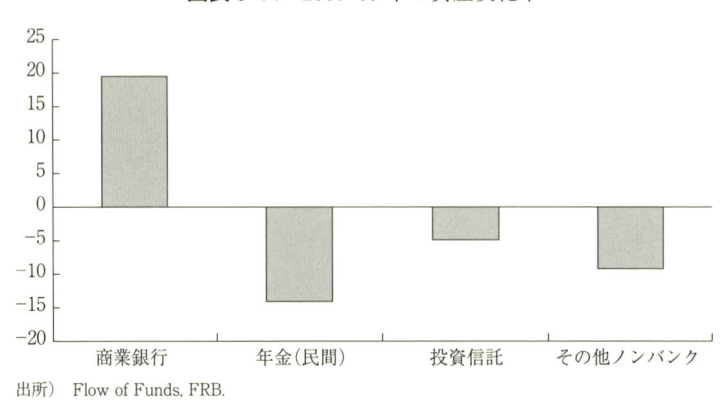

図表 0-14 2007-09 年の資産変化率

出所) Flow of Funds, FRB.

明白である．年金に加えて，「影のシステム」の総資産は危機後大きく下落しているのに対して，商業銀行部門の資産量は急増している．後者の背景は，以下で詳しく説明するように，銀行部門が危機後，資本市場のプレーヤーであった実質子会社のバランスシートを抱え込まざるを得なかったことにある．図表 0-12 と図表 0-14 のコントラストは，特に米国における今回の危機の特徴を如実に物語っていると言えよう．

以下本節では，金融機関，個々のプレーヤーの行動をゆがめて高レバレッジでのハイ・リスクの負債型商品への投資を促進させた経緯について解説する．

4.2　自己資本比率規制による金融機関のインセンティブのゆがみ

今回の危機の側面のひとつは銀行による regulatory arbitrage（規制を利用した裁定行動）である．銀行部門は，自己資本規制のゆがみを突いてレバレッジを高める手段として以下の2つを積極的に用いた．OTD モデルあるいは CRT モデルにおける SIV やコンデュイットの利用と，自らのバランスシート上での AAA 格付けなどの証券化商品保有である．いずれも規制による資本賦課を軽減するために用いられた側面が強い．

伝統的な銀行モデルでは，銀行が貸出をオリジネートしたうえで保有し続けるところを，OTD モデルでは，そのままあるいは多数の貸出をプール，証券化して第3者に販売し，自らは貸出に伴う自己資本負担を減らし，オリジ

ネーション・フィーを収益とする．実際，OTD モデルは自己資本規制と密接な関連をもって発展してきた．貸出債権売却，証券化の大きな契機となったのは，1988 年の BIS 自己資本規制の導入である．この年に，シティバンク傘下の SIV が初めて設立されたという点も興味深い[20]．

伝統的に銀行は借り手に関する情報を生産し，情報に関するフリーライダー問題を避けるために自らその情報を利用して貸付を実施し，その後のモニタリングで得た情報も貸付債権を持ち続けるなかで利用してきた．OTD モデルは，この考え方と直ちには相いれない．貸出債権を売却するのであれば，借り手に関する情報生産がおろそかになるリスクがある．情報の非対称性の問題を解決するには，（暗黙の）リコース付きの売却，劣後部分を自分で保有するなどの工夫があるとされてきた[21]．しかし，劣後部分保有のリスクが正確に評価され，大量の自己資本賦課が発生するのであれば，これは売却のひとつの目的であった自己資本規制回避に十分には成功しない．したがって，欧米の大手銀行は証券化商品などを自身がスポンサーの SIV，コンデュイットなど「影の銀行システム」に売却し，流動性補完あるいは暗黙の信用補完を与えることでこれらの問題をクリアーしようとした．それは，こうした補完措置にかかる BIS 規制上の資本賦課が，自ら証券化商品を保有した場合に比べて格段に低かったからである[22]．1 年未満の流動性ラインの想定元本にかかる掛け目はバーゼル I では 0 %，バーゼル II でも 20 %である[23]．暗黙の信用補完については，資本賦課がかからなかったと見られる．

これに対して SIV，コンデュイットの実態は次のとおりである．これらには，従業員も事務所も存在しないケースが多い．設立した銀行が資産管理者となり，資産運用を行う．銀行はローンを証券化してこれらファンドに移し，彼らの資金調達手段である ABCP に対する流動性ラインと資産毀損に対する保証（credit enhancement）を提供する．どちらも BIS の自己資本賦課は，親銀行が自らをローン保有する場合よりも低下する．Acharya and Richardson [2009] によれば，金融危機後のこれらファンドのたどった道はいくつか

---

20) 例えば，Mauldin [2007] 参照．
21) 例えば，Gorton and Pennacchi [1995] 参照．
22) 例えば，Acharya and Schnabl [2009] 参照．
23) 米国の銀行にはバーゼル II は適用されていないし，バーゼル II でも，任意の時期に無条件で取り消し可能なコミットメントの掛け目は 0 %である（佐藤 [2007] 110 ページ，注 14）．

のパターンに分かれる．Fully supported Conduits では100％の流動性，信用補完が実施され，倒産は見られていない．つまりまだ活動中か，親銀行が吸収した．Partially supported Conduits では流動性ラインのみ100％供与されているが，2007年1月に234社あったうち4社だけが倒産している．SIV はどちらのサポートも不完全で，55社あったが多くが倒産した．しかし，親銀行は契約上不必要でも，多くの場合その資産を継承している．このように，これらファンドへは親銀行による明示的，あるいは暗黙の手厚い保護が存在したわけで，BIS 規制の取扱いが不十分であり，いわゆる regulatory arbitrage につながった．

結果的に，本来の OTD モデルの意図とは異なり，銀行は売却したはずの貸出債権のリスクのかなりの部分を直接・間接に自分で抱え，貸出債権のダウンサイド・リスクに対して脆弱だったのである．

もうひとつの regulatory arbitrage は，銀行部門が自らのバランスシートで大量の証券化商品を保有していたことである．これについて重要だったのは，1996年の BIS 規制改定と見られる．この時，標準的，流動性の高い資産をトレーディングするため，短期間のみ保有する場合には新たなリスク資産計算方法が導入され，この部分の資本賦課が実質的に軽減された．当然のことながら，これは銀行本体による特に格付けの高い証券化商品の保有を促進した．

証券化商品の保有構造を示すのが図表0-15である．LBO 関連の貸出が多く組み込まれている CLO と住宅ローンの2次証券化商品である CDO（債務担保証券）でやや異なるが，いずれも格付けの高い部分は銀行の保有が多く，低いところではヘッジ・ファンドなどの保有が目立つ．図表0-16 はサブプライム・ローンを組み込んだ証券化商品の AAA 部分の主体別保有割合である．銀行，SIV，コンデュイット合わせて約50％となっており，いかに間接的な銀行のエクスポージャーが大きかったかが分かる．

Clementi et al.［2009］による UBS（Union Bank of Switzerland）における実態の描写が本節の叙述と対応しており，興味深い．それによれば，

2005年夏ごろの UBS のサブプライム・ローンを組み込んだ CDO に関する業務は次のようなものだった．UBS はまず，サブプライム・ローン主体

図表 0-15　CLO/CDO の投資家別シェア

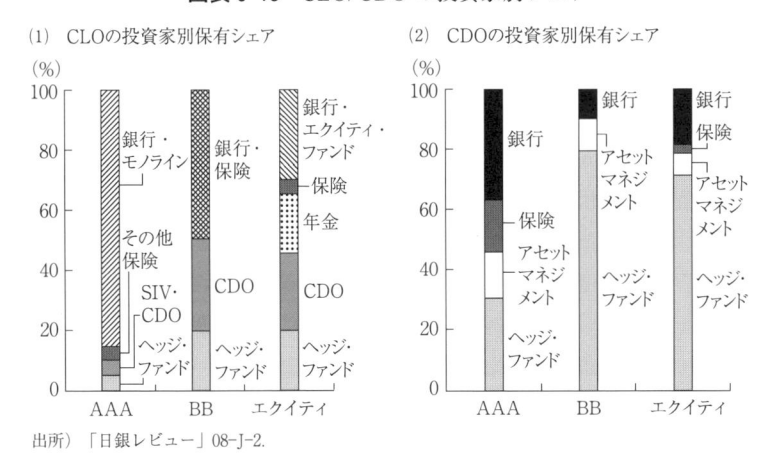

(1) CLOの投資家別保有シェア
(2) CDOの投資家別保有シェア

出所）「日銀レビュー」08-J-2.

図表 0-16　AAA ABS 保有割合

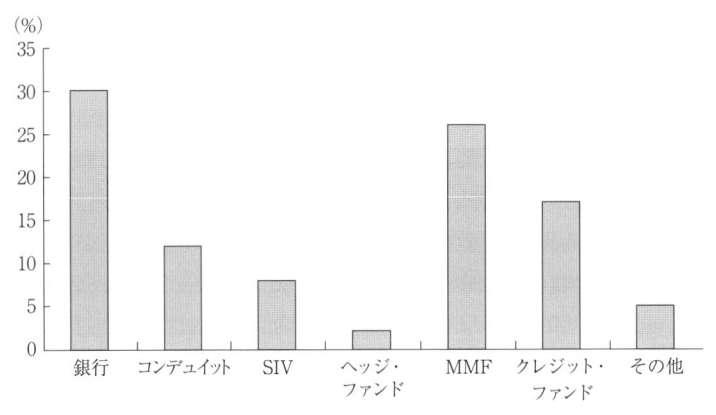

出所）Financial Times, July 1, 2008.

のMBSを購入し，自らの部署で在庫として保管する．その間に一段の証券化を施した仕組債に仕立て上げ，市場で販売する．UBSは想定元本の0.3～1.5％程度の手数料収入を得る．これは2-4カ月間程度であった在庫保有期間におけるリスクに対する対価という面もあった．しかし，2006年になると，UBSはAAAのスーパーシニア部分を自分で保有するようになった．2月には保有量はほぼゼロであったのが，2007年9月には500億

ドルに達した．保有の主な理由は，UBSの資金調達コストが概ねLIBOR（ロンドン銀行間取引金利）であったのに対し，上記スーパーシニアはこれをかなり上回る利回りであったことだ[24]．スーパーシニアの保有量は2007年の前半になっても増え続けていた．さすがに，UBSの財務部門は，特に流動性の低いスーパーシニア保有量を制限することを提案したが，聞き入れられなかった．この部分は非常に高い確率でLIBORを上回る収益率を挙げ，住宅価格が大きく低下した時に損が発生するという商品であり，いわばUBSは安全にLIBORを稼げる商品と，住宅価格に関する極めて深いアウト・オブ・ザ・マネーのプット・オプションを売ったポジションの合成ポートを持っていたことになる[25]．

4.3 米国におけるインセンティブ構造のゆがみ

BIS規制に加えて，今回の危機の震源地であった米国においてはさまざまな規制やインセンティブ構造のゆがみが危機を悪化させたことが知られている．その主なものは以下のとおりである．

4.3.1 格付け機関

Levine [2009] は米証券取引委員会（SEC）の格付け機関に対する政策が，格付けをゆがめ危機の一因になった可能性を指摘している．彼によれば，格付け機関は1970年代までは比較的目立たない役割を果たしていたが，1975年にSECが大手格付け機関にNRSRO（Nationally Recognized Statistical Rating Organization）の認定を与えてから事態は大きく変化した．SECはこの後NRSROの格付けを自らの自己資本規制で利用するようになった．この手法は米国の他の金融規制当局によっても採用され[26]，それもあって一般の金融機関，投資家の意思決定に大きな影響を与えることになった．

以上の動きのなかで，NRSCOはその収益を格付けの投資家への販売ではなく，債券発行者への販売で稼ぐ体質へと変化し，格付けにまつわる利益相

---

[24] 例えば，Ashcraft and Schuermann [2008] によれば，2006年6月においてサブプライム・ローンを組み込んだCDOのスーパーシニア部分の対LIBORスプレッドは18ポイントであったのに対し，通常のAAA社債のスプレッドは11ポイントであった．
[25] Clementi *et al.* [2009]，その198-200ページの抄訳．
[26] この点はもちろんBIS規制も同様である．

反の問題が生じた．利益相反は証券化の進展で一段と深刻化した．証券化に際して，銀行はまず格付け機関にどのようにすれば高い格付けが得られるかについてコンサルティング・フィーを払って助言を求め，次にそれに沿って作り上げた証券化商品を格付けしてもらう手数料を払うようになった．この事態が規制当局によって放置されるなかで，格付けの質は低下していったのである．

4.3.2 米国政府の住宅政策と GSE

1977年に制定されたコミュニティ再投資法（Community Reinvestment Act）は，低所得者層への貸出における差別的な扱いを禁止する法律だったが，1990年代以降政府はさまざまな定量的なガイドラインを用いて，低所得者層への金融機関貸出を推進し始めた．さらに，GSE に対しても実質的にその審査基準を緩めて低所得層向けの住宅ローンを多く買い取るよう圧力をかけることとなった．裏側では，GSE の発行する債券（agency bonds）については政府の暗黙の保証が存在するというのが市場の受け止め方であった．このため，agency bonds の金利は民間の金融機関のそれよりも低めに抑えられた．さらには，1993年には米国財務省はそれまで実施していた GSE の債券発行額に対する指導を取りやめた[27]．

GSE に対する自己資本規制は保有資産に対する 2.5％と低いものであったため，政府による発行債券に対する暗黙の補助金と債券発行限度の撤廃は，GSE のバランスシートを急拡大させ，2000年代半ばには 1993年前後の 8 倍となった．GSE は金利の高いプライム以下の住宅ローン資産の買取にも進出し，2007年には同資産の市場の 10％を保有するに至った[28]．ここには米国政府の住宅保有促進政策の行き過ぎと，そのもとでの GSE の深刻なモラル・ハザードを見てとることができる[29]．

4.3.3 米国投資銀行の自己資本に対する政策

米国の投資銀行については，2004年の投資銀行持株会社の SEC による監

---

27) Fisher [2009] 参照．
28) Jaffe et al. [2009] 参照．
29) さらに Levine [2009] によれば，政治家は GSE からの巨額の寄付を得ていた．

督傘下入りが重要である．この時，欧州の金融界は米国に対して投資銀行規制強化を求め，それが受け入れられなければ投資銀行の欧州での業務に制限を加えるという脅しをかけたと言われている．米国の投資銀行業界は SEC 傘下入りと同時に CSE（Consolidated Supervised Entity）プログラムという枠組みへの参加を条件に，1934 年の Securities Investment Act 以来用いられていたネット・キャピタル・ルールを免除され，実質的にレバレッジ規制の緩和を勝ち取った[30]．ネット・キャピタル・ルールではレバレッジを 15 倍に制限していたが，この時を境に実質的にはバーゼル II に等しい枠組みが投資銀行向けに導入された．欧州系銀行と同じように米国投資銀行についてもバーゼル II ではその過度のレバレッジを抑えることができなかったようである．例えば，ベアー・スターンズの 2008 年 1 月時点での総資産は 4,760 億ドルに対し，120 億ドルの資本しかなかった（レバレッジ約 40 倍）．しかし，SEC はバーゼル II に倣ってリスクでウェイト付けされた資産を計算し，1,200 億ドル，したがって 10 倍のレバレッジという計算結果を出していた[31]．

欧米の 10 大銀行について 2000 年代の総資産と自己資本規制上のリスクウェイト付けをした総資産を比べたのが図表 0-17 である．2004 年以降，リスク資産が伸びないなかで，総資産が急増していることが分かる．ここで述べたこと，および先の 4.2 節で述べたことに対応して regulatory arbitrage がいかに大規模に行われていたかがはっきりする[32]．

米国における金融規制・監督については，以上の点に加えて 2000 年の商品先物現代化法制定前後の動きも重要である．当時急速に広がりつつあった OTC（店頭）デリバティブに対する規制強化の機運に対し，この法律で商品先物委員会の規制対象外とすることを決め，規制強化の動きを抑え込んだわけである．このため，AIG などの保険会社が CDS（クレジット・デフォルト・

---

[30] Halloran [2009] 参照．
[31] やはり，Halloran [2009] 参照．また，祝迫（本書第 1 章）も参照．また，今回カナダでは金融危機が他国ほどは広がらなかった．そのひとつの背景として，大恐慌以降，金融機関の整理統合が進むなかで，実質的にユニバーサル銀行化が進み，商業・投資銀行部門あわせて 30 倍という単純なレバレッジ規制をかけていたことが幸いしたとも言われている．
[32] もちろん，ここには SIV，コンデュイットを利用した regulatory arbitrage は現れていない．

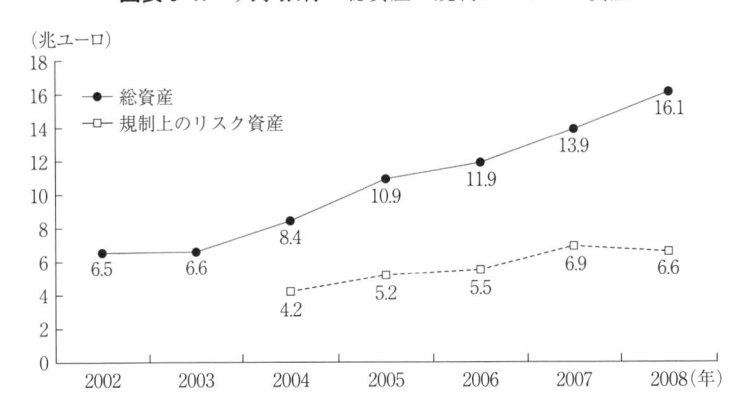

図表 0-17　大手銀行の総資産と規制上のリスク資産

(兆ユーロ)

年	2002	2003	2004	2005	2006	2007	2008
総資産	6.5	6.6	8.4	10.9	11.9	13.9	16.1
規制上のリスク資産			4.2	5.2	5.5	6.9	6.6

スワップ）プロテクション売りのポジションを十分な引当金積立なしに大量に販売し，危機を深刻化させた点は否めない．

4.4　リスク軽視，短期収益重視の背景

前節では規制の間隙を突いてハイ・リスクなポジションを取る誘因が金融機関側に存在したことを説明した．しかし，それにしても今回見られたような損が生じ得ることを十分認識していれば，こうした行動にブレーキがかかったはずである．ブレーキがかからず，結果的に短期的な収益を重視し，より中長期のリスクを軽んじるバイアスが金融機関行動に発生した理由はいくつか考えられる．

第1に，明示的，あるいは暗黙のセーフティ・ネットの影響を挙げることができる．預金保険の存在は，小口預金者による銀行監視インセンティブを弱めている．また，多くの大手金融機関が Too Big To Fail (TBTF) であると見なされてきたと考えると，大口預金，あるいはその他の債権者による金融機関監視機能もあまり強いものとは言えそうにない．また，政府による暗黙の金融機関支援という点では米国の GSE の果たした役割も見逃せない点は先に指摘したとおりである．第2に，大手金融機関は近年その業務内容が多種多様化，精緻化し，株主どころかボード・メンバーでも適切な経営監視機能を発揮することが難しくなりつつあるとの声が多い．

以上に加えて金融機関のハイ・リスク志向を強めたのは，近年における金

融業界に生じた構造変化と,それによるプレーヤーのインセンティブ構造の変化である.すでに述べたように,IT技術の発達に代表される金融の技術進歩のもとで,伝統的な商業銀行の外での金融仲介コストは低下した.もちろん,こうした技術進歩の利用を可能にした金融規制の緩和の影響も見逃せない[33].金融取引は規制色の濃い商業銀行での貸出中心から,クレジット関連商品を含む市場での取引に大きくシフトしたのである.この変化は,金融仲介機関や金融商品の多様化はもちろん,取引コストの低下,より幅広い投資家からの資金調達,一段のリスク分散などを可能にして金融の効率性を上昇させた面があったのは疑いない.

他方で,金融構造の変化が,取引に参加するプレーヤーたちのインセンティブ構造を場合によってはゆがめ,より短期志向のハイ・リスク投資を促進させた可能性がある.金融仲介が自由な市場を通じるものに移るにつれ,貯蓄主体とその資金運用を担当するファンド・マネージャーの関係は,間接的,複雑なものとなり,ファンド・マネージャーの報酬体系が運用パフォーマンスに大きな影響を与えることとなった.典型的な報酬体系は成果主義であり,報酬は成果が高まれば上昇するものの,ダウンサイドは限られているというコール・オプション的なものである.当然,これはファンド・マネージャーのリスク・テイキングを促進する.また,業界の同僚よりもよい成績を挙げるひとつの方法は,第3者には自明でないリスクを取り,それによって高いリターンを挙げ,あたかも自分の能力の結果であるように見せつけることである.特に,かなりの頻度で投資パフォーマンスがチェックされるような場合には,リスクが高い投資であってもそれが滅多には顕現化しないいわゆるテール・リスクであることが望ましくさえある.一方で,同僚のパフォーマンスとの比較が重要な環境では,多数のファンド・マネー

---

33) 米国における規制緩和は,大恐慌後に制定されたグラス=スティーガル法が徐々に撤廃されていった過程として捉えることができる.IT技術の進歩による伝統的な商業銀行の外での金融仲介チャンネルの増大とBISなどによる自己資本規制の導入は商業銀行業務の収益性を徐々に低めていった(Edwards and Mishkin [1995] 参照).このため,商業銀行サイドから投資銀行業務への参入を認めるよう規制当局に対する圧力が継続的にかかることとなった.規制当局は当初は部分的な規制緩和でこれに答えていたが,1999年のグラム・リーチ・ブライリー法の成立で実質的にグラス=スティーガル法は撤廃された.このため,投資銀行業務における競争は一段と厳しくなり,伝統的な資産運用,M&Aアドヴァイス業務からトレーディング業務への傾斜を強める結果となった(例えば,武藤 [2009],第5章参照).

ジャーが取っているポジションを真似る誘因もある．全体が悪い場合のペナルティが小さくなるからである．これは，金融システム全体で一方向の投資を促進するという悪影響をもたらす可能性を作り出す．こうして厳しい競争とそのもとでの報酬体系はシステム全体として，テール・リスクを軽視したpro-cyclical（景気循環と正の相関を持つ）なポジション形成につながってきた可能性がある[34]．

　以上の短期収益志向の報酬体系を別の側面から評価すれば，金融業界全体としてのcoordination failure（協調の失敗）であるとも言えよう．多くの経営者は自分のところで働くファンド・マネージャーの報酬体系が短期志向的でそれが望ましくないことを知っているかもしれない．しかし，この業界の労働市場の特徴として，ファンド・マネージャーたちは現在の職場が気に入らなければ（例えば，長期のパフォーマンスを重視した報酬体系を用いるならば），簡単に他の職場に移動可能であるという点がある．したがって，報酬体系の変更は個別金融機関発では起こりにくく，全体として「囚人のジレンマ」的な均衡に陥っている可能性がある[35]．この議論は業界の報酬体系全体に対する公的介入の余地を示唆している．

　金融機関同士の競争，報酬体系の議論で見逃せないのはヘッジ・ファンド業界の役割である．よく知られているように，ヘッジ・ファンドの運用預かり資産額は1995年ごろから上昇傾向を強め，2000年代半ば過ぎにかけて急上昇した[36]．金融システムのなかの他の金融機関には多かれ少なかれ金融規制がかかっているのに対して，ヘッジ・ファンドは富裕層向けの私募ということで運用上の制限が極めて緩やかである．このこと自体，ヘッジ・ファンドの預かり資産額が大きくなった現在，無視できない問題である．加えて，やはり1990年代半ば以降，既存の業態よりも大幅に高い報酬を提示するヘッジ・ファンド向けに多くのファンド・マネージャーが流出した．人材確

---

[34] 以上の点を説得的に論じ，かつ今回の危機をある意味で予言した興味深い文献はRajan [2005] である．彼は，報酬体系の改善方法としてファンド・マネージャーに現在以上に自らの資金をコミットさせることを提案している．また，Foster and Young [2007] は，派生商品市場の発達が，こうしたポジション形成を容易にし，資金運用能力の乏しいファンド・マネージャーと能力のあるマネージャーの識別を困難にすると主張している．また，問題の解決にはポジションの潜在的な最大損失に制限を課すことが必要としている．

[35] Acharya and Sundaram [2009] 参照．

[36] 例えば，川名，河西，菱川 [2008] 参照．

保の観点から商業・投資銀行がヘッジ・ファンド業界の報酬を意識せざるを得なくなったことはよく知られている．

　金融業界における報酬体系が短期志向のハイ・リスク投資促進的であることは以前からよく知られてきた．しかし，ここでの議論は，ヘッジ・ファンドの成長のように，最近になってそれを促進する傾向が出てきたこと，あるいはマクロ的にバブルのような動きが生じた時に，報酬体系などで左右されるインセンティブがそれを一段と促進する傾向があることを示している[37]．

　しかしながら金融機関，ファンド・マネージャー同士の競争はミクロ経済学的には本来望ましいものである．報酬体系を含めて介入の必要があるとすれば，その根拠となる市場の失敗をよりはっきりと特定する必要がある．金融規制一般も含めて，学界の議論はいまだにこの点の解明を十分進めたとは言えない状況である[38]．

5　危機の波及

　金融資本市場のごく一部に過ぎない米国のサブプライム・ローン関連の金融商品の値下がりに始まった動揺が，瞬く間に世界中の金融システムを揺るがすことになったのはなぜだろうか．もちろん，最大の背景のひとつはサブプライム・ローン関連だけでなく，幅広いクレジット商品へ高レバレッジでの行き過ぎた投資が広がっていたことである．それにしても危機の波及の速さと深度はほとんどの人の想像を超えていた．この節では，その原因を考察しよう．前節でも述べたように，サブプライム・ローンの証券化商品を含むハイ・リスクの資本市場商品の取引を支えるインフラが十分堅固なものではなかったことがポイントと見られる．

　その前に，危機が発生，波及していったプロセスを簡単にBrunnermeier[2009]他に従って振り返っておこう（図表0-18参照）．すでに何度も述べてきたように，今回の危機と最も関連の深い変数のひとつは米国の地価動向である．2006年末に米国の住宅価格が頭打ちに転じると（前出の図表0-1），

---

37)　加えて，投資銀行ゴールドマン・サックスの1990年代終わりの上場も無視できない影響を与えた可能性がある．
38)　例えば，Allen and Gale [2007] Ch. 7 参照．

図表 0-18 金融危機の波及

2007年2月	住宅ローン業者の破綻多発（ニューセンチュリーなど）.
5月	UBSが傘下の投資ファンド（ディロン・リード）を解散.
同	ムーディーズが住宅ローン関連の証券化商品を"downgrade review"に.
6月	ベアー・スターンズ傘下の2つのヘッジ・ファンドが経営危機に.
7月	ABCP市場の機能が急低下.
同	ドイツIKB産業銀行の関連コンデュイットがABCPをロールできず，IKBも約束した支援をできず.
8月	BNPパリバ傘下のファンド凍結.
同	金融市場で流動性問題深刻化，LIBORなど，急上昇.
9月	ノーザン・ロックに取付け.
10月	欧米金融機関の住宅ローン関係損失急上昇.
11月	フレディー・マックが第3四半期赤字決算を発表.
2008年1月	モノライン保険会社のアムバックが格下げ（証券化商品，地方債へ格下げ波及→MMFの投資対象外になるもの増加懸念）.
3月	カーライル・キャピタルがエージェンシー債価格の急落で経営悪化.
同	ベアー・スターンズが実質倒産（カーライル・キャピタルへ融資，自らも大量のエージェンシー債保有）.
6-8月	GSEの経営悪化，エージェンシー債一段と売られる.
9月	GSE 2社を公的管理下に.
同	リーマン・ブラザーズ倒産.
同	リーマンのCPを購入していたMMFに損失発生，MMFに取付け，ABCP，CP市場が機能不全に.
同	投資銀行全体に取付け，また住宅ローン関連のエクスポージャーが多い金融機関全般にも取付け（AIG，シティバンク，ワシントン・ミューチュアル，ワコビアなど）.

　2007年はじめにはサブプライム・ローン関係の焦げ付きが増え始めた．ほぼ同時にサブプライム・ローンを組み込んだ証券化商品の価格も，（特にシングルA格以下のものについて）値下がりを始めたことはよく知られている（図表0-19）．この結果，図表0-18にあるように，これらに投資していたファンドに経営危機が発生し始めるとともに，それらの資金調達市場であるABCP市場が変調となる．これを受けて関連のファンドの問題は一段と深刻化し，いわゆるパリバ・ショックを経て一気に金融市場全般でのリスク・プレミアム上昇を引き起こしたわけである．図表0-20はABCPの金利のフェデラル・ファンド・レートに対するスプレッドを示している．2007年夏，そして2008年秋のスプレッド急上昇が顕著である．

　2008年入り後，今回のサブプライム・ローンをめぐる金融仲介のなかで弱い部分であったモノライン保険会社の格下げは，MMFによる投資意欲を減退させ，一段と関連商品の値下がりに拍車をかけることになった．このなか

図表0-19 サブプライムRMBS価格指数（ABX.HE）

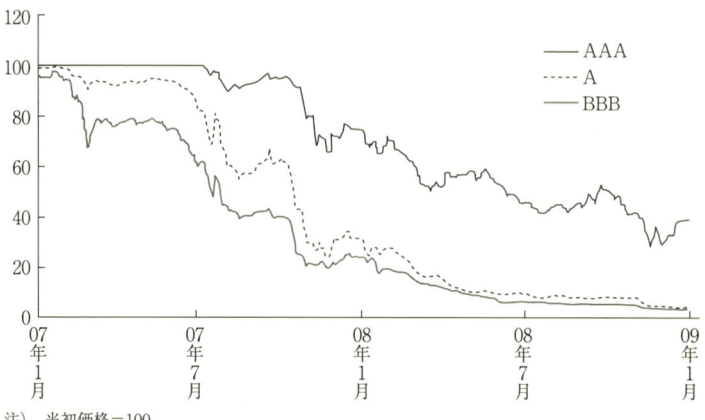

注）当初価格＝100．
出所）日銀『金融市場レポート』2009年1月．

図表0-20 ABCP1月物　FFレート

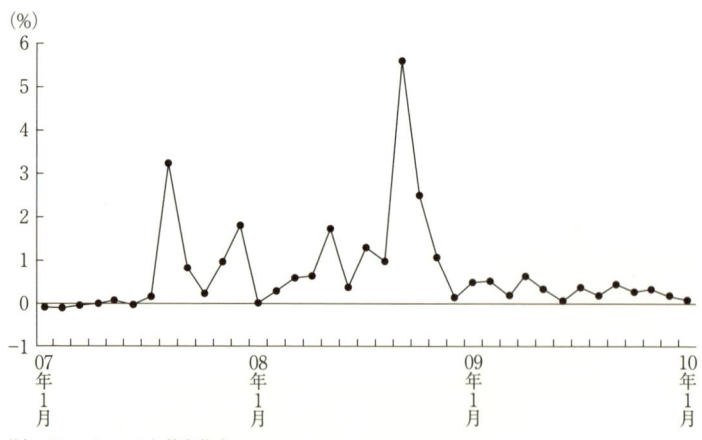

注）Bloombergより筆者作成．

でベアー・スターンズは実質的に倒産に至るし，自らの債券（エージェンシー債）や自らが組成するエージェンシーMBSの値下がりに直面したGSEも結局は秋口に政府管理下におかれることになる．

さらにその直後，リーマン・ブラザーズをはじめとする投資銀行，住宅金融絡みの債権が多い金融機関，CDS市場で大量の売りのポジションを持って

いたAIGなどに取付けが発生する．なかでも政府の救済措置を受けなかったリーマンの倒産は，金融資本市場全体に深刻な機能マヒを発生させた．その際のひとつのポイントは，リーマンの発行していたCPへの投資損失で一部のMMFに元本割れが発生し，MMFへも取付けが発生，CP市場の機能が急低下したことである．例えばABCPの発行レートは10月には急上昇している（図表0-20参照）．

5.1　金融機関に対する取付け

金融危機の展開の姿は概ね以上のとおりであるが，その特徴を一言でまとめるとすれば，幅広い金融機関に対する取付けが発生したということである．しかし，経済学の教科書などでは取付けは狭い意味での銀行，特に商業銀行に対して発生するものと説明されていることが多い．そこでこの点について説明しておこう．

商業銀行が取付けにあうのは，貸付に代表される長期，固定的な資産を持つ一方で，それを要求払い預金のような短期の負債でファイナンスしているからである．このため，根拠のない噂によるものであっても，ある銀行の貸出が焦げ付きつつあるという不安心理が預金者に波及すると，人より先に預金を解約しようという行動が広がり，その銀行は流動性倒産をしてしまうリスクにさらされる．

今回の危機でも商業銀行に対する上記のような古典的な取付けも見られた．しかし，それに加えて資本市場の幅広い金融機関に対する取付けのような動きが見られたことが特徴的であった．その理由は，これらの多くが短期調達，中長期固定運用という商業銀行と同様のバランスシート構造だったからである．典型例は図表0-18でも見たようなコンデュイット，SIVの経営悪化である．これらのファンドは証券化商品などを資産サイドに持ち，これを短期のABCPによりファイナンスしていた．しかも，証券化商品の多くは市場流動性が低いものであった．そのため，証券化商品の価格下落という事態のなかで，ABCPがロールされないという形での取付けが発生することとなった．

投資銀行も資産サイドで証券化商品を保有しており，その価格下落が経営危機の懸念を債権者に抱かせることになった．資金調達サイドで問題となっ

たのはレポとヘッジ・ファンドの預け金である．保有する証券化商品を担保にレポ市場で資金調達をするのが投資銀行の典型的な姿である．ベアー・スターンズのケースでは，triparty（3者間）レポの仕組みを通じて，レポ取引の担保に非流動的な証券化商品を差し出していたが，経営悪化が噂されるに従って，相手方のMMFが担保を現引きさせられるリスクを恐れて，資金供与を中止するに至ったという[39]．さらに影響が大きかったのが，ヘッジ・ファンドによる預け金の引き上げである．これらの「取付け」の結果，2008年3月10日には180億ドルあったベアー・スターンズの現金は13日には20億ドルに急減した[40]．資本市場における取付けが大口の債権者によるものだけに急速だということの典型例である．この他，リーマン倒産後は，CP保有で損失を計上したMMFに対する取付けも目立った．

このように，今回の危機の現象形態はある意味古典的な取付けであったが，その対象が幅広く資本市場の金融機関，ファンドに広がったこと，市場での取付けゆえにその速度が急速であったことが特徴である．

5.2 その他の危機加速化メカニズム

クレジット・バブルの崩壊でバランスシートの痛んだ金融機関・ファンドへの取付けという点が今回の危機の基本的な特徴だが，その蓋然性を高め，その負の波及効果を深刻なものにしたさまざまな要素が存在する．以下では，高レバレッジ金融機関同士の密接なリンケージ，de-leveraging（レバレッジ縮小）の過程を厳しいものにしたさまざまなpro-cyclicalityとクレジット商品市場の流動性の低さの問題を取り上げる．

5.2.1 金融機関に集中したリスク，そのなかでの金融機関同士の結び付きの高まり

図表0-13を振り返ってみよう．図中太字で表示したところは，今回の危機で取付けにあった金融機関であるし，ゴシックの表示は機能の大幅低下を

---

[39] 例えば，Morris and Shin [2008] 参照．Tripartyレポは，通常のレポ取引の当事者の他に，JPモルガンのようなクリアリング・バンクが，セントラル・カウンターパーティとして両者の間に入り，担保の管理や資金の決済などを担当する仕組み．MMFは規則により流動性の低い担保を直接受けることはできないが，Tripartyレポの仕組みを通じてこの問題を回避していた．

[40] Morris and Shin [2008]．

図表 0-21 サブプライム・ローン関連のエクスポージャー割合

	(%)
投資銀行	5
商業銀行	31
GSE	8
ヘッジ・ファンド	21
保険	23
その他ノンバンク	7
投資信託・年金	4
レバレッジのかかった主体	66
それ以外	34

出所) シン [2009].

見た部分である．問題が生じた箇所は，高レバレッジでリスクの高いポジションを取っていた金融機関であったり，彼らが提供する業務である．すでに指摘したことだが，サブプライム・ローン関連の金融商品をはじめとして，この時期に組成された多くのハイ・リスクの金融商品が，OTD モデルの名にもかかわらず，結果的には直接・間接に金融機関によって保有されていた．しかも，レバレッジの高い金融機関による保有額が大きい．図表 0-16 では，AAA 部分の保有割合を見たが，図表 0-21 は，シン [2009] によるサブプライム・ローンへの総合的なエクスポージャーの推計である．上から 3 者を金融機関と見れば，その合計は 44%，さらにヘッジ・ファンドを加えた 65% は，借入を重要な源泉として（レバレッジを利かせて）投資をしている業態である．レバレッジの高い主体がリスクの高い商品を保有していれば，彼らが経営危機に陥る可能性は高いし，その結果，これらの主体と取引関係がある他の主体へ影響が広がりやすくなる．商業・投資銀行の果たしていた図表 0-13 のモデルの中の重要な役割にも問題が発生したわけだが，これについては後で論じよう．商業銀行や投資銀行のレバレッジの問題に加えて，GSE が低い自己資本比率で住宅ローン関連商品へ投資をしていた点はすでに述べたとおりである．

このようにクレジット・リスクのかなりの部分を金融機関が負担し，また彼らのレバレッジが高かった（＝借入が大きかった）ということは，金融機関同士の貸借を通じた連関度合いも高まっていたことを意味する．この場合，一金融機関の倒産がその他へ波及するリスクが無視できなくなる[41]．ただ，

その場合も波及のリスクは金融機関同士のつながりの性格にもよるし,連関のハブに位置するような金融機関の倒産なのかどうかなど,厳密な議論はなかなか難しい.

金融機関の連関について,これまでに指摘したものも含めて例を挙げれば,商業銀行,投資銀行は,関連のSPV (SIV, コンデュイットなど) に貸出資産を売却するとともに,流動性,信用補完をしていた.また,こうしたSPVはABCPを発行し,その重要な買い手はMMFであった.さらに,一般的に米国のCP市場での発行主体の約75％は銀行であり,投資銀行,ノンバンクを加えると90％近くが,広い意味の金融機関である.一方で,CPの買い手サイドは,40％強がMMF,その他国内金融セクターが25％程度である[42].付言すれば,MMFもほとんど資本を持たない投資家であり,リーマンの倒産などで瞬く間に取付けにあったわけだし,クレジット商品の市場は,こうした本来リスクを取る能力の乏しい投資家に結果的に大きなリスクを取らせるという脆弱な構造だったと言えよう.

5.2.2 危機を深刻にしたさまざまな pro-cyclicality

金融機関がBIS規制などの影響もあり自己資本比率を維持しようという姿勢,時価会計のもとでトレーディング資産の損失が直ちに市場に判明することが相まって危機の波及を急速なものにした.

そのメカニズムは次のとおりである.例えば,危機発生前に8％の自己資本比率をぎりぎり維持していた金融機関は,サブプライム・ローン関連の証券化商品の値下がりが発生すると,自己資本比率が8％を割り込むことになる.これを回復させるためには,増資には時間がかかるとすると,値下がりした証券化商品を売却し,現金ポジションを積み上げるか,債務を返済する必要がある(いわゆる de-leveraging のプロセス).多くの金融機関が同様の行動に走れば,証券化商品は一段と値下がりし,悪循環に陥ることになる.

この点は現行の自己資本比率規制の持つ pro-cyclicality の一例であるが,

---

41) 例えば,Adrian and Shin [2008] は,レバレッジを利かせた金融機関同士の連鎖がある場合,どこかでレバレッジを低めようとする動きが発生すると,これがどこかの金融機関の深刻な問題に波及するメカニズムを例示している.
42) 日本銀行 [2009] Box 2参照.そこでは欧州の銀行が米国のCP市場で大量の資金を調達していたことも指摘されており,危機の国際的波及の一因が窺える.

今回の危機では震源地が時価評価対象の証券化商品であり，バランスシートの悪化やそれへの反応が急速であったという点が特徴である．

　加えて，Shin は一連の論文のなかで米国投資銀行のレバレッジ比率がはっきりと pro-cyclical であることを指摘している[43]．自己資本比率やレバレッジを安定的に保とうとする商業銀行に比べて，投資銀行の行動は証券化商品などへの投資を一段と pro-cyclical にした大きな要因だったと考えられる．投資銀行レバレッジの上下は主にレポのポジションの変動による．バブルの生成のプロセスでは，投資銀行は例えば証券化商品を購入したヘッジ・ファンドに対してその商品を担保に資金を貸し付ける．他方で差し入れてもらった担保を用いて自らも資金調達をする．こうしてバランスシートは両建てで膨らみ，証券化商品への投資をサポートすることになる．いわば証券化商品などの市場の広い意味でのマーケット・メイキングをしていたわけである．

　またレポ市場においては担保の掛け目（ヘアカット率）が市場動向に敏感に反応する．例えば，IMF［2008］は危機前には 1～2％であった AAA 格の ABS CDO のヘアカット率が危機後の 2008 年 8 月には，95％にまで急上昇したとしている．一部の証券化商品のレポ市場は危機後には機能不全に陥ったわけである（図表 0-14 参照）．この点も証券化商品への投資を pro-cyclical なものにした重要な要因である．

　別の危機増幅メカニズムとしては，クレジット・バブルの「基軸通貨」が米ドルであり，欧州の各国の金融機関や投資家がクレジット投資を行う際にもドル建ての投資が重要な部分であった点も重要である．De-leveraging の過程で，各国ではドル需要が高まる一方，米国金融市場の混乱のため，著しいドル不足を発生させた．これが米国以外の国に米国の問題が波及したメカニズムのひとつであり，通貨スワップ市場も機能不全を起こすなかで，最終的には中央銀行間の通貨スワップで対応するしかなかったわけである[44]．

5.2.3　証券化商品の低い市場流動性

　危機の波及を幅広く深刻なものにした重要な要因として証券化商品市場の流動性の低さを挙げることができる．上で指摘したような de-leveraging の

---

43)　例えば，Adrian and Shin［2008］参照．
44)　例えば，日本銀行［2009］Ⅰ章参照．

プロセスにおいて売りに出した証券化商品の市場流動性が低ければ，値下がりは大幅なものとなり事態を一段と悪化させる．さらに，市場流動性の低さゆえに売却したい量を速やかに売却することが難しかったと考えられる．その結果，de-leveraging は売却可能な他の流動性の高い金融商品を通じて進めるということになりがちである．このため，株式を含む広範な市場に危機が波及したものと考えられる．この結果，通常効くはずの資産分散効果によるリスクの削減が功を奏さず，多くの投資家の一段のバランスシート悪化につながった．

証券化商品の多くはテーラー・メイドのものであるため，そもそも市場流動性が低い．加えて Morris and Shin [2009] は，証券化商品に付きものの情報の非対称性が危機時に市場流動性を一段と低くした可能性を論じている．今回話題になった証券化商品は債券である．したがって，もともとの債務者の状態がある程度以上良好であれば，大幅な値下がりを心配する必要はない．しかし，ある範囲を超えて債務者の状態が悪化すると急速に値下がりリスクは上昇する．組成の過程でレバレッジを大きく利かせた商品であればなおさらである．こうした領域に入ってくると，原債務者についての情報を十分持っていない投資家がいわゆる「レモン」をつかまされるリスクを意識するようになる．Shin たちは，こうしたリスクが小さくても投資家がレモンを恐れて証券化商品を買おうとせず，市場取引が消滅してしまう状態があり得ると論じた．これは危機時に一段と市場流動性が低下することを指摘したもので，上で整理した pro-cyclicality の一例とも言えよう．特に債券型の証券化商品の市場の流動性低下が著しかった今回の経験について，この論文は重要な示唆を与えていると言えよう．格付け機関などの活用では十分克服できなかった情報の非対称性が危機の拡大につながったひとつのメカニズムである．

資本市場の流動性がいかにして確保されるかという点については，古くから研究の蓄積がある．特に興味深いのは Garber and Weisbrod [1992] の叙述である．そこでは資本市場の流動性，すなわち金融商品がそのファンダメンタルズに近い価格で自由に売買される状態が確保されるためには，資金の意味での流動性の提供が不可欠であることが説明されている．つまり，金融商品の売却によりその価格が仮に一時的にファンダメンタルズを下回った時には買いが入って価格が元に戻ることが望ましい．そのためには潜在的な購

入者に資金が必要である．資金がなければ，銀行から融資を受けられることが望ましい．こうして資本市場のプレーヤーに対して銀行が融資をすることが市場の流動性を担保するのである[45]．Garber and Weisbrod は，例えば CP 市場において，CP 発行者に対する銀行のクレジット・ラインが市場機能，市場流動性を保つために重要な役割を果たしていることを説明している[46]．これは今回まさに SIV やコンデュイットに対して親銀行が流動性ラインを供与していたのと同じ構造である．また，投資銀行がレポで金融商品保有者に資金を融通していたのも同様の機能である[47]．

今回は以上のような資本市場の流動性維持の仕組が少なくとも一時的には機能不全に陥ってしまったわけである．その理由は，投資銀行も商業銀行も自ら証券化商品やその他のリスク資産[48]を大量に保有し過ぎていて自らのバランスシート，資本が傷ついてしまっていたこと，SIV，コンデュイットへの流動性ライン，信用補完などによってクレジット危機が直ちに波及する構造となっていたこと，およびそもそもの情報の非対称性を十分克服できない仕組で住宅ローンなどを証券化したことなどである．

5.2.4　LTCM 危機との異同

資本市場発で急速に金融危機が広まった最近の例としては 1998 年後半の LTCM 危機がある．同年 8 月のロシアの事実上のデフォルト宣言後，さまざまな市場でリスク・プレミアムが拡大した．新興国市場で投資していた多くのファンドが，当時拡大していたスワップ・スプレッドの縮小に賭けるポジションを持っていたことから，逆に同スプレッドは大きく拡大し，そこで大きなポジションを持っていたヘッジ・ファンド LTCM の経営危機を引き

---

[45] また，ファンダメンタルズからの価格の乖離に対してその乖離が縮小する方向にリスクを取って売買をする投資家が必要である．このためにヘッジ・ファンドが大きな役割を果たしてきたことを Bookstaber [2007] が解説している．そのヘッジ・ファンドにレポの形で資金を提供してきたのが投資銀行である．Allen and Gale [2007] Ch. 4 は，この点のモデル化の試みである．
[46] 同，13 章参照．
[47] 投資銀行の経営悪化によりそれがマーケット・メーカーであった市場が深刻な機能不全に陥った例として，日本の物価連動債市場がある．この市場はリーマン・ブラザーズがレポ取引によりマーケット・メイクをしていたことで知られる．しかし，リーマンの倒産後，市場の流動性は一気に失われ，期待インフレ率の指標であるブレーク・イーブン・インフレ率は一時 −4% を下回る理解しがたい値となるに至った．
[48] 例えば M&A 関連の貸出など．

起こした.

　ヘッジ・ファンドが先に述べたようにさまざまな市場の流動性を高める役割をしていたこと，また大手金融機関がマーケット・メーカーの役割を超えて自らが自己勘定で大きなポジションを取っていたこと，金融機関からヘッジ・ファンドへの貸出も無視できない金額に上ったことなどのため，リスク・プレミアムは広範な市場で急上昇した．米国債，社債市場も例外ではなかった．

　このプロセスは上で述べた今回の危機の波及プロセスとよく似ている．経営が悪化したファンドが保有しているポジションだというだけでそれが狙い撃ちされ，ひとつの市場の問題は他の市場に波及した．スワップ市場などでは市場流動性が低下し，当初のポジションを巻き戻すことが不可能となり，これも他市場への波及を促進した．結果として，資産間のリターンの相関の異常な高まりが観察された[49]．傷ついたヘッジ・ファンドが極めて高いレバレッジでの投資を行っていたという点も，今回の問題と共通する．彼らがテール・リスクを軽視した投資行動を取っていたという点も同じである[50]．

　他方で，ニューヨーク連銀による斡旋はあったとは言え，危機が銀行部門全体におよび，大手銀行が倒産するというような事態は避けられた．これは大手金融機関がヘッジ・ファンドと同様のポジションを取ったり，彼らに貸付をしていたといっても，今回の住宅金融，レバレッジド・ローン・ビジネスほどの深入りはしていなかったということであろう．実際，危機により資本市場から流出した資金は銀行部門に還流した．銀行は，この増大した資金を用いてCPのロールが難しくなった発行体にバックアップ・ラインの供与を行い，危機の一段の拡大を防いだのである[51]．今回，銀行本体の問題のために，この機能の継続が難しくなりABCP市場などが大きく縮小したのとは対照的である[52]．

　LTCM危機を経てヘッジ・ファンド自体のリスク管理，またそれに対してプライム・ブローカー業務を提供する銀行サイドのリスク管理もともに強化

---

49) 例えば，三上・四塚 [2000] 参照．
50) やはり，三上・四塚 [2000] によれば，1998年8月20日から27日の間のスワップ・スプレッドの上昇は，正規分布を仮定すると1兆年に1度しか起きない現象のはずだったという（同書，105ページ）．
51) Saidenberg and Strahan [1999] 参照．

されたと伝えられていた．しかし，残念ながら少なくとも銀行サイドのリスク管理が依然として不十分で今回の事態を招いたことは疑いようがない．

5.2.5 システミック・リスクとセーフティ・ネット

当然のことながら，今回の事態を深刻なものにした理由にシステミック・リスクに対する備えが不十分だったことがある．金融当局サイドでは，特に米国を中心に投資銀行発のシステミック・リスクに備えるという意識が希薄だったように思われる．その理由は，伝統的なブローカレッジ，M&A 助言のようなシステミック・リスクにつながる可能性の低い業務を念頭においていたからと思われる．この不備が，投資銀行部門で発生した取付けを深刻なものにしたことは間違いない．危機がかなり進行していた最中にリーマン・ブラザーズを倒産させた意思決定も明らかに事態を最悪の方向へ向かわせる役割を果たした[53]．この点は，米系投資銀行が銀行持ち株会社化し，FED の最後の貸し手機能の傘下に入るにおよんで市場の不安心理の一応の落ち着きが見られたことでも確認できる．モラル・ハザードの問題は別途手当ての必要があるが，資本市場でのセーフティ・ネット不備はプルーデンス政策の失敗点として記憶されねばならない．次節でも日米比較を試みるが1990年代の日本の経験を経た後だけに，この失敗，遅れは重大である．

また個々の金融機関，投資家のレベルでは，自らの行動がシステミック・リスクを増大させる効果を持つとしてもこれを内部化させ，行動を律するということはしないものである．預金保険料率が金融機関の保有資産のリスクに依存したり，資産規模がある程度以上に増大したら，規制自己資本比率が増大するといったシステミック・リスクを内部化させる仕組が必要である．難しいとは言え，今後の重要な検討課題のひとつである．

5.2.6 実体経済との負の相互作用

本章では，金融危機が実体経済に及ぼした影響について詳しい分析を展開

---

52) 今回も図0-14などで示したように，銀行部門のバランスシートは危機後拡大した．しかし，これは関与した実質子会社の資産を当初の意図に反して吸収したからであり，LTCM 危機時のようにリスク資産を売却した投資家が銀行預金を増大させたという動きとは本質的に異なるものである．
53) 植田［2008］参照．

する余裕はない．しかし，金融危機はいくつかのルートを通じて実体経済に強い負の影響を及ぼしたと考えられる．第1に，危機の源泉のひとつは各国の住宅市場にあり，住宅価格の調整が住宅投資，消費に直接のマイナスの影響を及ぼしている点である．これは家計の de-leveraging の動きである．第2に，金融システムの問題が資金調達者に負の影響を与えている可能性である．先に図表0-4において主要国の銀行貸出伸び率を示した．多くの国で2009年に伸び率の低下が見られるが，(図にはないが) 2010年にかけて米国でその傾向が著しい．米国では，証券化商品の市場も資金調達者にとっては重要な役割を果たすが，ここの不振も顕著である．このような金融仲介の動きを見る限り，世界経済が危機から脱したというには程遠いことが分かる．第3に，経済主体のコンフィデンスが，金融危機によって低下し，支出行動を抑制した可能性が強い．例えば，自動車購入などではこのメカニズムは重要だったと思われる．さらにこれらのすべてが貿易を通じて各国に波及した．図表0-22は，世界貿易の伸び率を先進国，Emerging Asia（新興アジア諸国）について輸入の伸び率で把握したものだが，2009年には，アジア危機時のアジア諸国も経験しなかったようなペースで世界貿易が落ち込んでいる．これは，最終需要の落ち込みが貿易に波及した面と，金融システムの問題が貿易金融を直撃した面の両面あると思われる．特に，日本はこの世界貿易の急降下の影響を強く受けた．

図表 0-22 輸入額の伸び率

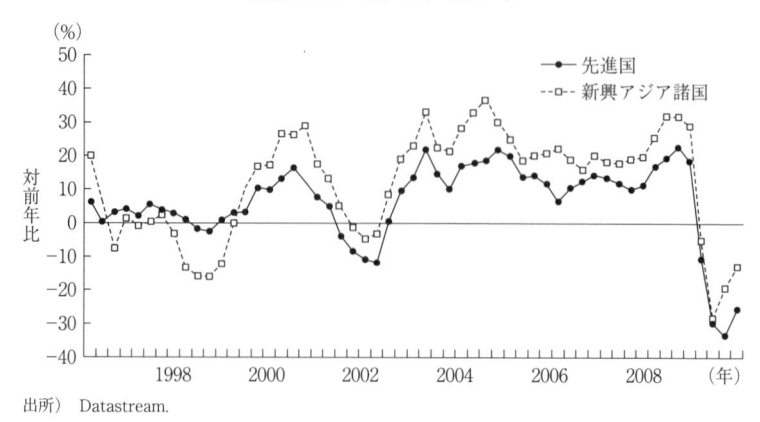

出所）Datastream.

1990年代の日本では，金融システムの問題が長引くなかで，実体経済が悪化し，それが一段の金融システムの悪化につながった．そのメカニズムは，金融システム（不良債権問題），株価・地価などの資産価格，実体経済の負のスパイラルであった．今回も金融システムの問題が実体経済へ波及した．さらに今回は第7節で議論するように，これがまた財政問題へと波及する兆しを見せている点が気がかりである．

6　政策対応

危機自体が未曾有の深刻さであったため，政策対応も稀に見る手段の連発であった．金融財政当局によって採用された政策については林（本書第7章）が詳しい．ここでは1990年代半ばから類似の危機を経験した日本との対比という視点から中央銀行の対応を中心にいくつかの論点を提供してみたい[54]．

大恐慌と今回の危機を比較したEichengreen and O'Rourke [2010] によれば，危機の深刻さでは今回は一部の変数について大恐慌と同じかそれを上回るほどである．これに対して財政金融政策の対応という意味では，大恐慌時よりもはるかに迅速であり，近い将来の世界経済の回復を期待させるという．図表0-23は今回の危機時のFEDによる政策金利引き下げの動きを1990年

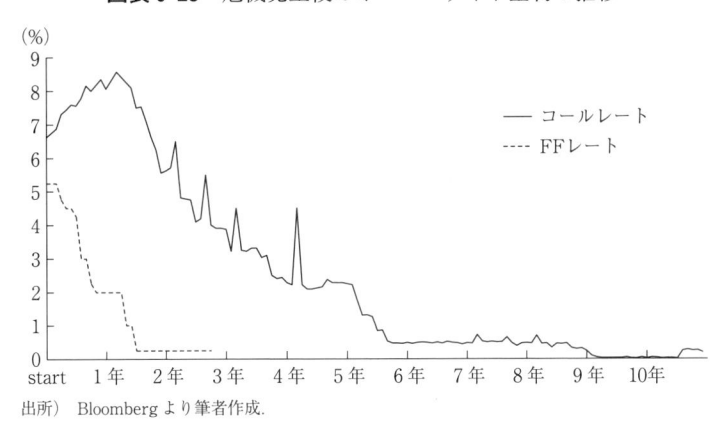

図表0-23　危機発生後のオーバーナイト金利の推移

出所）Bloombergより筆者作成．

---

54) 以下についてより詳しくはUeda [2009a, b] 参照．

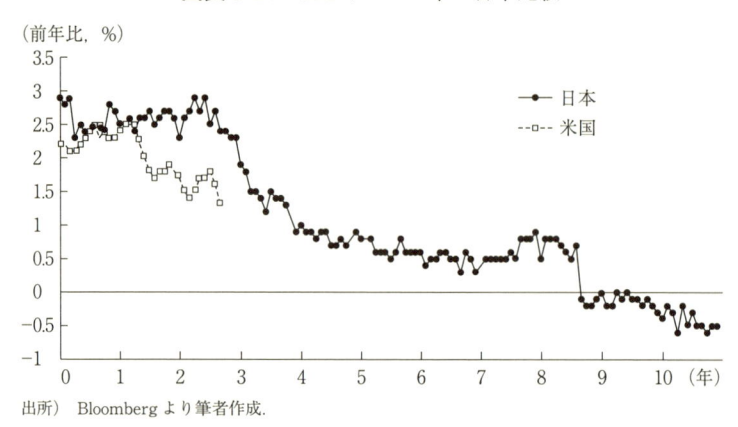

図表 0-24　CPI インフレ率の日米比較

(前年比，％)

出所）Bloomberg より筆者作成．

代の日本と比較してみたものである．横軸はバブルのピークからの時間の経過を示しており，今回は 2007 年夏が，日本のケースは 1990 年はじめが開始時点となっている．明らかに今回の FED の方が 1990 年代の日本銀行よりも対応が迅速である．FED は 1 年半でほぼゼロ金利まで引き下げたのに対して，日銀は同様の動きに 5 年半以上を要している．もちろん，政策対応の速さは経済実態の悪化のスピード次第なので，図表 0-24 では代表的な変数としてエネルギー・食料を除いた CPI インフレ率の日米比較を同様の方法で行っている．こちらは 1990 年代前半の日本でのインフレ率低下スピードが，今回の米国と比べて極めて緩慢なものであったことを示しており，ゆっくりとした金利引き下げペースも場合によっては正当化できるかもしれないことを示している．

より厳密には，何らかの適正な金利の低下ペースとの比較で論じる必要がある．図表 0-25 は，極めて簡単なテイラー・ルールとの相対で金利を見たものである．ここでは日本の均衡成長率・自然利子率を 3 ％，米国のそれを 2.5 ％，両国の目標インフレ率を 2 ％としている．また，インフレギャップと成長率ギャップにかかる係数はそれぞれ 0.5 である．計算結果は興味深い．日本の 1990 年代前半のオーバーナイト・レートはほぼテイラー・ルールに沿って低下している．それをはっきり下回るのは 5 年目，つまり 1995 年にゼロ金利に引き下げた時である．これに対して，今回の米国では（現実の時

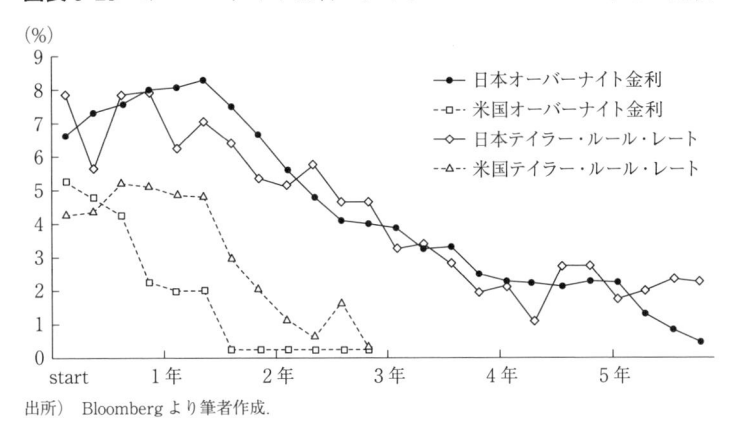

図表 0-25　オーバーナイト金利　テイラー・ルール・レートとの比較

- 日本オーバーナイト金利
- 米国オーバーナイト金利
- 日本テイラー・ルール・レート
- 米国テイラー・ルール・レート

出所）Bloomberg より筆者作成.

間で）2008年入りくらいから政策金利がテイラー・ルールを大幅に下回っていることが分かる.

この結果が意味するところは，日本銀行の1990年代前半の政策対応にはテイラー・ルール的な意味では大きな問題がなかったと言えるが[55]，今回のFEDはテイラー・ルールを超える果敢な対応をしたということである．その背景には言うまでもなく急激に深刻化した金融システムの不安定性への配慮があったわけである．

非伝統的な金融政策の採用においても，今回の各国中央銀行は迅速な動きを見せた．金利がゼロ近辺に引き下げられてしまうと，いわゆる「名目金利のゼロ制約」に直面することになり，政策金利の次元ではそれ以上の緩和余地がなくなる．このため，短期金利引き下げ以外の政策手段が工夫されてきた．それらは大別して3つの戦略に分類できる．これらを簡潔にまとめたのが図表 0-26 である．それぞれの詳しい解説は植田［2005］，Bernanke and Reinhart［2004］などに譲るが，若干のコメントを付け加えれば，戦略1は別名「時間軸政策」と呼ばれるアプローチであり，現在の政策金利引き下げ余地がなくても将来政策金利を上げられるような状態になった時にそう簡単には上げないというコミットメントがポイントである．

---

[55] Bernanke and Gertler［1999］は，生産指数などのデータを使い，当時の日本のテイラー・ルール・レートがここで示したものより低かった可能性を指摘している．

実はクルーグマンが以前に提唱した「量的緩和政策」は正しくはこの戦略1と同じものである[56]．戦略2は，少なくとも2通りの解釈が可能である．ひとつは，外国為替市場への介入のように，オペによって市場価格を新しい水準にシフトさせ，それにより刺激効果を狙うというものであり，いまひとつは価格に影響を与えるという意味では同じだが，むしろ市場機能の低下により流動性やリスク・プレミアムが異常な水準にまで高まっている場合に，これを何らかのオペで正常化しようというものである．後者については，資産の買取でなくて，その資産を資金供給オペの担保に取るというだけでも効果があると言えよう[57]．戦略3はいわゆる量的緩和である．

この3種類の戦略のいずれもが，日本銀行によって1990年代後半から2000年代にかけて採用された．これをまとめたのが，図表0-27である．こうした政策がどれくらい有効であったかはさまざまな評価が存在するが，戦略1は中長期金利の抑制効果を持った．戦略2は，一部のリスク，流動性プレミアムの抑制に成功した．戦略3の効果ははっきりしないが，量の拡大が増えるに従って戦略2を用いざるを得ず，その部分についての効果は認められる，といったところが平均的な評価だろう[58]．

これに対して，今回の危機に対応して主要中央銀行が採用した政策をまとめたのが，図表0-28である[59]．戦略1の時間軸政策はごく弱い方式を若干の国が採用したにとどまっている[60]．戦略2はほとんどの中央銀行が多様な方式で採用している．戦略3は，ベースマネー増大のマネーサプライへの効果を期待する点を明示的に表明したイングランド銀行（BOE）以外は，積極的に採用した国は無い．ただし，戦略2で供給された資金の回収オペを実行していないという意味では，ほとんどの国が消極的，受動的に戦略3を採用していると言えようか．

またこれらの非伝統的政策の採用は日本銀行の場合は，危機の発生後，9年前後を経過した1998年後半から1999年前半を待たねばならなかったが，

---

56) Krugman [1998] および植田 [2005] 第5章参照．
57) 例えば，Allen and Gale [2008]，第9章参照．
58) Ueda [2005] 参照．
59) 以下は Ueda [2009a] に基づいている．
60) ただし，日本銀行も2009年12月より「物価安定の定義」の再確認をすることにより，弱い意味の時間軸政策を採用していると見なすことができよう．

図表 0-26　非伝統的金融政策手段

戦略1	中長期の政策金利に対する期待を制御 　これによって現在の中長期金利を引き下げ，刺激効果を狙う．
戦略2	非伝統的資産の購入 　資産価格への影響，ないし流動性プレミアムの引き下げを狙う．
戦略3	量的緩和 　ベースマネーの拡大が持つ刺激効果に期待．

図表 0-27　日銀の採用した非伝統的政策　1998-2006 年

戦略1	「デフレ懸念払拭までゼロ金利を継続」(1999 年 4 月-2000 年 8 月) 「量的緩和を CPI インフレ率が安定的にプラスになるまで継続」(2001 年 3 月-2006 年 3 月)
戦略2	CP オペ 極めて長いターム物資金供給 銀行からの株式買取 ABCP/ABS の買取
戦略3	日銀当預をオペの目標とする量的緩和 (2001 年 3 月-2006 年 3 月)

図表 0-28　非伝統的金融政策の例　2007-09 年

戦略1	「2010 年第 2 四半期までオーバーナイト金利は 0 ％と予想される」(カナダ銀行) 「経済情勢は当面の FF レートが極めて低い水準で推移することを正当化しよう」(FRB)
戦略2	非伝統的資産の購入：社債 (BOJ, BOE), CP と株式 (BOJ), カバード・ボンド (ECB), GSE 債, 長期国債 (FRB) 固定金利での無制限ターム物資金供給 (ECB, BOJ) 国債と非流動的債券のスワップ (FRB, BOE) ドルと他通貨のスワップ (ほとんどの中央銀行)
戦略3	BOE の資産購入スキーム 　マネーサプライの拡大を通じての経済刺激効果を期待． 戦略 2 による資金供給を回収しないという消極的量的緩和 (ほとんどの中央銀行)

今回は 1, 2 年の間に採用されており，ここでも各国中央銀行の対応は迅速であった．

戦略 2 は，最近では credit easing (信用緩和) と呼ばれることがある点からも判明するように，今回の危機で中央銀行が置かれた状況を反映して多用されている．すなわち，日本を除くほとんどの国では，今回デフレはこれまでのところ直接の問題ではなく，前節までに議論したような金融システム機能の麻痺およびその実体経済への影響の緩和が最大の関心事であった．した

図表 0-29　不良債権処理，資本注入の日米比較

・日本（1994-2005 年）：		・米国（2007 年-）：	
不良債権処理関連費用総額	約 113 兆円	損失予想（IMF 推計）	約 100 兆円
・金融機関による不良債権処分損	93.6 兆円	政府による資本注入	20 兆円
・預金保険による支払	8.3 兆円	・その他 TARP による金融支援	25 兆円
・財政負担	10.4 兆円		
資本注入額	12.4 兆円		
・うち回収済み	9.2 兆円		

がって，そこへの直接の影響が期待できる戦略2が採用されたと考えられる．戦略2は広い意味での最後の貸し手機能と考えることもでき，それゆえ各国の金融システムの特徴を反映して採用された手法は各国さまざまである[61]．別の表現をすれば，迅速な非伝統的政策の採用はやはり通常の金融政策の延長線上での対応というよりは，急速に広がった金融システム不安対策だったのである．

金融政策に加えて，経営悪化金融機関への資本注入に類する政策の採用スピードも1990年代の日本に比べれば，極めて早かったのが特徴である．図表0-29において日米の不良債権処理に関するデータ比較をしてみた．日本については現実に発生した損，米国についてはIMF［2009］による推計を用いているが，危機による損失の発生額はGDP比では今回の米国は日本の半分から3分の1程度である．日本での資本注入は損失の1割程度でしかもそれが実施されたのはバブル崩壊後10年近く経ってからである．これに対して，米国では直接の資本注入でも損失の2割程度，より広い政府による金融支援策を含めると5割近くまでの金額を危機発生から2年以内に実施している．このスピード感の違いは大きい．

以上のような積極的な金融政策，金融システム対策，さらにはここでは論じなかったが，財政政策の効果もあり，2009年春以降世界経済は回復に転じている．金融面での典型例として，いわゆるTEDスプレッド（LIBOR—財務省証券利回り）を見ると，いったんリーマン危機後，ブラック・マンデー時を

---

[61] 積極的な形での戦略3の不採用は，日本銀行の経験の学習に基づいているという解釈が可能だろう．また，今回2000年代前半の日本銀行のように文字通りのゼロ金利まで政策金利を引き下げた中央銀行は存在しない．これも日本銀行の経験に学んで短期金融市場の機能維持に配慮した結果であろう．

上回るところまで上昇したスプレッドは現在では危機発生前の水準にまで低下している.

　以上のような今回の各国当局の対応と 1990 年代の日本の当局の対応の相違から 1990 年代の「日本の失敗」についてどのような教訓を引き出せるかは微妙である．起こったことは，日本銀行の金融政策としての対応はそれほどまずいものではなかったが，ゆっくり進行した金融危機への対応が政府・日本銀行ともに結果として遅れ，金融危機が長期化したこと，また，それゆえゼロ金利，あるいは非伝統的政策も金融システム不安対策としても効果が極めて大きかったとは言いにくいし，デフレ対策としての力も弱くなってしまったということである．

　それでは今回の危機発生後の各国の政策対応は万全なものだったのだろうか．いくつかの重要な点で不満が残ると言わざるを得ない．ひとつは，危機発生直後，その実態を把握するための時間がかかり過ぎたと見られる点である．今回の危機が金融当局にとって情報を得やすい銀行部門ではなく，「影の銀行システム」で発生したという点が主因だろうが，認識ラグはやや深刻な対応の遅れを引き起こした．例えば，King [2007] は，2007 年 10 月時点でも危機の速やかな収束よりも銀行のモラル・ハザード抑制に重点を置いた政策対応が重要だとしている[62]．こうした認識もあり，危機発生後，各国とも数週間までの短期だけでなく，中長期，あるいは特殊な資金供給を危機後増大させているが，そのタイミングは危機発生から数カ月遅れている．例えば FED の場合ではターム物資金供給のための Term Auction Facility が設置されたのは危機発生から 4 カ月以上経過した 12 月中旬過ぎであった．当時，特に逼迫していたのはオーバーナイトの資金ではなく，数カ月物のターム物資金であった．裏では数カ月程度の ABCP のロールができないという現象が発生していたわけである．この点は，LIBOR と OIS スワップ・レートのスプレッドを示した図表 0-30 からも明らかである．今回の危機の重要な一側面が流動性危機であったという点の認識が遅れた当局の行動は，流動性危機を solvency（支払い余力）の問題に転化させた可能性があると言えよう．

　当局の対応についてのいまひとつの問題点は，すでに前節で指摘したこと

---

62) 学界での事態の認識も大同小異であったとも言えよう．例えば，Kane [2007] 参照．

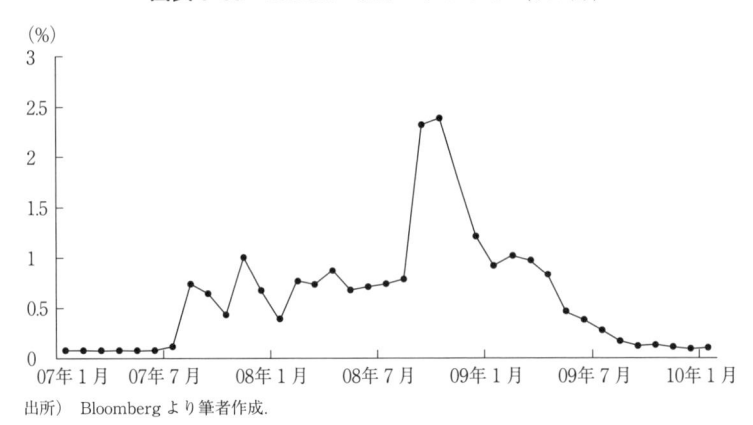

図表 0-30 LIBOR−OIS スプレッド（3 カ月）

出所）Bloomberg より筆者作成．

だが，特に米国において，商業銀行部門以外へのセーフティ・ネットの配備が遅れ，その分危機を一段と深刻化させたことである．この点はリーマン・ブラザーズ倒産以後の動きに明らかであるが，さらに言えば，少なくともベアー・スターンズの実質倒産後には，その後の事態を予想して対応を急いでいないといけなかったと言えよう．ただし，金融機関への資本注入その他の危機対応策が極めて政治的な意思決定であり，リーマン・ブラザーズのような大型金融機関の倒産とそのコストの大きさを見てからでないと世論の支持が得にくいという点は，1990 年代の日本の金融危機でも経験された問題である[63]．しかし，そうした日本の 1990 年代の経験を経た後だけになおさらそこから学習するべきだったとの批判は残ろう．

7　終息しない危機

2009 年春以降，世界経済は順調な回復局面にある．例えば，先進国では最も経済活動水準が低下した日本でも 2009 年第 1 四半期からの 1 年間で実質 GDP は 4.6％上昇した[64]．景気回復の原動力は上述の強い金融緩和政策，金融機関への資本注入策でいったん金融システムが落ち着いたこと，低金利，

---

[63]　例えば，Ueda [2009b] 参照．
[64]　ただし，その前に 1 年間に 8.9％低下した後でのリバウンドである．

図表 0-31 主要国のソブリン CDS スプレッド

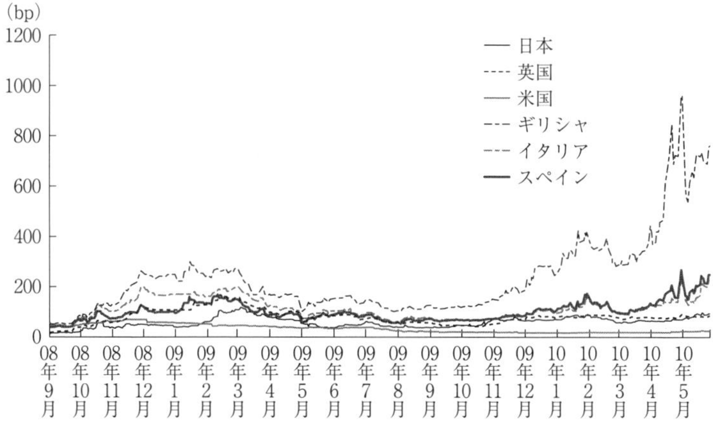

出所）Bloomberg より筆者作成．

財政支出，耐久消費財支出支援策などで総需要が回復したことにある．

しかし，ギリシャの財政危機に端を発した本年春以降のユーロ地域，そしてグローバルな金融資本市場の動揺は，金融経済危機がまだまだ終息には至っていないことを示している．図表 0-31 は，主要国のソブリン CDS スプレッドを示しているが，EU 当局，IMF によるさまざまな対応が発表された 5 月はじめ以降もギリシャだけでなくスペイン，イタリアのスプレッドも高止まりの状態にあるし，日本のそれも不気味に上昇を続けている．また，こうした CDS 市場の動揺は各国の国債市場は，言うまでもなく株式市場，短期金融市場にも波及している．

もちろん，問題の何割かは純粋に EU 地域に関するものである．まずギリシャの財政問題が発端であるし，そのうえでギリシャが含まれるユーロ地域の統一通貨ユーロ体制の脆弱性が市場による攻撃を受けたわけである．すなわち，経済的に困難な状況にあるギリシャは統一通貨のため金融緩和のオプションはない．同じことだが，ユーロ圏にとどまる限り通貨切り下げという選択もない．深刻さの程度は若干低いものの，類似の状況を抱えるポルトガル，スペインなどのユーロ諸国に問題は波及した．また，苦境にあるギリシャなどをとりあえず支えるためには他のユーロ参加国による財政支援が必要だが，そもそも財政政策の協調体制はできていなかった．最終的には

EU-IMFによる最大7,500億ユーロの緊急融資制度が設立されたものの，逆にギリシャをはじめとする相対的に脆弱な諸国の問題にユーロ圏全体が引きずられるという状況になっている．さらにECBが実施を始めたユーロ圏諸国の国債購入では，最初の3週間に購入した400億ユーロのうち，ギリシャ国債が250億ユーロであり，しかもその大半がフランスの銀行による売却だったことが判明し，ECBの信認の大幅な低下が懸念されている．

しかし，このユーロ圏発の問題は2007年以来の世界金融・経済危機と深い関係を持っている．まずギリシャの財政悪化は何割かは世界経済悪化の余波である．特に観光収入の落ち込みは大きい．スペインをはじめとする南欧経済，金融機関の問題は今回のバブル全体と強い相関を持っている．第2節で述べたように，米国だけでなく欧州でも強い金融緩和基調のもとで不動産バブルが発生した．特に経済が好調だった南欧諸国の不動産価格は大きく上昇した．その反動による不良債権問題に直面しているのが，これらの国の現状である．世界金融・経済危機によるバランスシート悪化から立ち直れないうちにユーロ圏国債の評価損が発生し，両面から深刻な影響を受けているのが欧州の金融機関である．金融機関同士の取引の連関が金融のグローバル化のなかで密になっている，あるいは一地域の金融機関は他の地域でも活発に業務を展開しているため，欧州の金融経済の問題はその他地域の金融機関，あるいは資産価格に影響を及ぼしていると見ることができる．

より深刻と考えられるのは，金融機関および世界経済の脆弱性が依然として懸念される状況下で，市場の関心が財政の問題に向き始めていると見られる点である[65]．Reinhart and Rogoff [2009] は，深刻な金融危機の後には高い確率で国債残高が大幅に増大すると指摘している．彼らによれば，第2次世界大戦後の金融危機後には平均で国債残高が86%上昇したという．その一部は金融危機対応のための財政支出増大によるが，危機による経済活動の落ち込みが税収を低下させることの影響も大きい．今回も金融機関への資本注入策，総需要喚起のための財政政策，税収の落ち込みのため，主要国の財政赤字はGDP比10%前後にまで拡大している．この財政赤字がどのようにバランスに向かうのかはそれ自体大きな問題だが，当面の問題として，金融

---

[65] IMF [2010] も同様の認識を示している．

経済危機対応のための一段の財政支出にブレーキがかかりつつあるように見られる点が重大である．すなわち，ギリシャをめぐる状況は一般的に財政収支が悪化した国の国債が市場の攻撃の的になるという可能性を高めたと見られる．各国政府としては一段の財政支出には慎重にならざるを得ないわけである．経済が順調に回復を続けるなら財政規律の回復努力に問題はないが，逆に近い将来再度下降局面に入るようなことがあれば，事態は深刻である．金融政策は多くの国で大まかにはゼロ金利制約がかかった状態にある．そのうえ，財政政策も出動できないとなると政策対応余地は極めて限られたものになってしまうからである．2010年4月後半以降，ユーロ地域だけでなくグローバルに不安心理が広がり，株価等が大幅に下落した背景には，こうした認識の広まりがあったと考えられる．

さらなる懸念材料として，止まらないディスインフレ傾向がある．図表0-32は日米欧のコアインフレ率を示している．今回の危機においては日本の1990年代後半以降と比べて欧米のインフレ率が高いことが，デフレのリスクが小さいという意味では安心材料であった[66]．しかし，1年強に及ぶ景気の回復のなかでもインフレ率は着実に下がり続け，図にあるように欧米でも1％を切る水準にまで低下している．今後，一段の力強い回復がないなかで

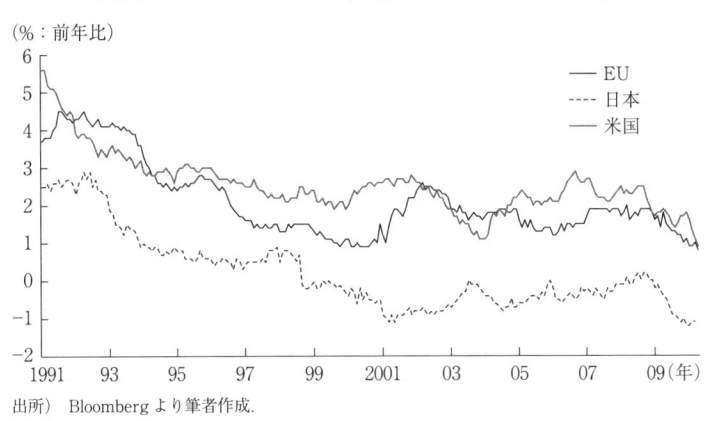

図表0-32 CPIインフレ率（除く食糧・エネルギー）

(%：前年比)

出所）Bloombergより筆者作成．

---

[66] もちろん，近い将来インフレ率がはっきり反転を始めれば，逆方向の不安が生じてくるのは言うまでもない．

景気が下向けば，デフレのリスクは高まるとともに，金融政策の対応余地は非常に限られている．世界経済の今後は予断を許さない状況にあると言えよう．

8 おわりに

本章では，2007年以降の世界経済・金融危機について，その原因をマクロ・ミクロ両方から考察，さらに危機の波及が深刻化した点の分析を行ったうえで，各国当局の政策対応を評価した．相対的に素早い政策対応によって当面最悪の事態は免れたものの，政策対応そのものが財政赤字，国債残高の顕著な増大という次の深刻な問題を引き起こしたこと，ディスインフレ傾向が続いていることから世界経済の今後は依然として不透明である点も指摘した．

いまひとつ懸念される動きは，日本では1990年代に経験したものだが，金融セクター発で深刻な経済危機が発生すると，世論の金融機関批判が過熱し，政治がこれに迎合する動きを見せる点である．すでに指摘したように，金融規制の体系にはかなり大きな修正が加えられなければならないし，規制強化となる部分も多いと想像される．金融業での報酬体系についても考えなくてはいけない面はありそうである．しかし，こうした動きが行き過ぎると，金融仲介が極めて非効率的なものとなり，それは実体経済にはね返ってくるものである．より遠い過去の例としては，大恐慌，戦間期の混乱を経た後の第2次世界大戦後前半の金融規制のあり方を挙げることができよう．戦間期の混乱のかなりの部分が，自由な金融制度のもとでの投機的な金融取引，国際資本移動に起因したとの認識を強めた各国金融当局は，国内金融だけでなく国際金融取引についても規制色を強め，ブレトン・ウッズ体制では民間部門の国際資本移動は原則禁止となったわけである[67]．こうした恐らくは行き過ぎた金融規制の動きが，今回は支配的にならないよう祈らざるを得ない．

---

67) 例えば，Obstfeld and Taylor [2004] 参照．

参考文献

植田和男［1992］,『国際収支不均衡下の金融政策』東洋経済新報社.
植田和男［2005］,『ゼロ金利との闘い――日銀の金融政策を総括する』日本経済新聞社.
植田和男［2008］,「事態急転,当局大きな賭け」『経済教室』日本経済新聞,9月19日.
川名洋平,河西慎,菱川功［2008］,「近年のレバレッジ動向とヘッジ・ファンドの関わり――リスク管理上の視点を踏まえて」『日銀レビュー』,08-J-2.
佐藤隆文編［2007］,『バーゼルⅡと銀行監督――新しい自己資本比率規制』東洋経済新報社.
シン,ヒュン,ソン［2009］,「金融危機後の新しい金融システムの枠組み」『Business & Economic Review』9月号,日本総合研究所.
日本銀行［2009］,『金融市場レポート』1月.
日本銀行［2010］,『金融市場レポート』1月.
白川方明［2009］,「最近の金融経済情勢と金融政策運営」名古屋での各界代表者との懇談における挨拶,11月30日.
三上芳宏,四塚利樹［2000］,『ヘッジ・ファンド・テクノロジー――金融技術と投資戦略のフロンティア』東洋経済新報社.
武藤敏郎［2009］,『米国発金融再編の衝撃』日本経済新聞出版社.
Acharya, V. V. and M. Richardson (eds) [2009], *Restoring Financial Stability: How to Repair a Failed System*, New York University Stern School of Business, John Wiley & Sons.
Acharya, V. V. and P. Schnabl [2009], "How Banks Played the Leverage Game," in Acharya, V. V. and M. Richardson (eds), ibid.
Acharya, V. V. and R. K. Sundaram [2009], "Governance, Incentives, and Fair Value Accounting: Overview," in Acharya, V. V. and M. Richardson (eds), ibid.
Adrian, T. and H. S. Shin [2008], "Liquidity and Leverage," Federal Reserve Bank of New York Staff Reports 328.
Allen, F. and D. Gale [2007], *Understanding Financial Crises (Clarendon Lectures in Finance)*, Oxford: Oxford University Press.
Allen, F. and E. Carletti [2010], "Financial Regulation Going Forward," paper presented at the 2010 International Conference of the Bank of Japan, May 26-27.
Altman, E. L. [2007], "Global Debt Markets in 2007: New Paradigm or the Great Credit Bubble?" *Journal of Applied Corporate Finance*, 19(3), pp. 17-31.
Ashcraft, A. and T. Schuermann [2008], "Understanding the Securitization of the Subprime Mortgage Credit," Staff Report, No. 318. Federal Reserve Bank of New York.
Bank of Japan [2009], *Financial Markets Report*, Financial Markets Department, August 31.
Bernanke, B. S. [2005], "The Global Savings Glut and the U.S. Current Account Deficit," speech delivered at the Sandridge Lecture, Virginia Association of Economics, Richmond, Virginia, March 10.

Bernanke, B. S. [2009], "Reflections on a year of Crisis," speech at the Federal Reserve Bank of Kansas City's Annual Economic Symposium, Jackson Hole, Wyoming.

Bernanke, B. S. [2010], "Monetary Policy and the Housing Bubble," speech given at the Annual Meeting of the American Economic Association, Atlanta, Georgia, Jan. 3.

Bernanke, B. S. and M. Gertler [1999], "Monetary Policy and Asset Price Stability," paper presented at the Federal Reserve Bank of Kansas City's Annual Economic Symposium, Jackson Hole, Wyoming.

Bernanke, B. S. and V. R. Reinhart [2004], "Conducting Monetary Policy at Very Low Short-Term Interest Rates," *American Economic Review*, 94(2), pp. 85-90.

Blanchard, O., G. Dell'Ariccia, and P. Mauro [2010], "Rethinking Macroeconomics Policy," IMF.

Bookstaber, R. [2007], *A Demon of Our Own Design: Markets, Hedge Funds, and the Perils of Financial Innovation*, John Wiley & Sons. (遠藤真美訳 [2008], 『市場リスク　暴落は必然か』日経 BP 社)

Borio, C. and W. White [2004], "Whither Monetary and Financial Stability?: The Implications of Evolving Policy Regimes," BIS Working Paper, No. 147.

Borio, C. and P. Disyatat [2010], "Global Imbalances, Interest Rates and the Financial Crisis: A Reconsideration," mimeo.

Brunnermeier, M. K. [2009], "Deciphering the Liquidity and Credit Crunch 2007-2008," *Journal of Economic Perspectives*, 23(1), pp. 77-100.

Caballero, R. J., E. Farhi, and P. O. Gourinchas [2008], "Financial Crash, Commodity Prices, and Global Imbalances," *Brookings Papers on Economic Activity*, Fall, pp. 1-55.

Clementi, G. L., T. F. Cooley, M. Richardson, and I. Walter [2009], "Rethinking Compensation in Financial Firms," in Acharya and Richardson (eds), op. cit.

Curdia, V. and M. Woodford [2009], "Conventional and Unconventional Monetary Policy," paper presented at the conference "Debt, Financial Markets, and Monetary Policy," Federal Reserve Bank of St. Louis, October 15-16.

Edwards, F. R. and F. S. Mishkin [1995], "The Decline of Traditional Banking: Implications for Financial Stability and Regulatory Policy," *FRBNY Economic Policy Review*, July, pp. 27-45.

Eichengreen, B. and K. H. O'Rourke [2010], "A Tale of Two Depressions: What Do the New Data Tell Us?," Vox Column, March 8.

Fisher, P. [2009], "The Market View: Incentives Matter," in J. D. Ciorciari and J. B. Taylor (eds), *The Road Ahead for the Fed*, Stanford: Hoover Institution Press.

Foster, D. P. and H. P. Young [2007], "The Hedge Fund Game: Incentives, Excess Returns, and Piggy-Backing," Economics Series Working Papers, No. 378, University of Oxford.

Garber, P. M. and S. R. Weisbrod [1992], *The Economics of Banking, Liquidity, and Money*, Lexington, MA: D. C. Heath and Company. (吉野直行他監訳 [1994], 『最新アメリカ金融入門』日本評論社)

Gorton, G. [2008], "The Panic of 2007," paper presented at the Federal Reserve Bank Of Kansas City, Jackson Hole Conference, August.

Gorton, G. and G. G. Pennacchi [1995], "Banks and Loan Sales: Marketing Nonmarketable Assets," *Journal of Monetary Economics*, 35(3), pp. 389-411.
Greenspan, A. [2005], "Economic Flexibility," speech given before the National Italian American Foundation, Washington D.C., October 12.
Halloran, M. J. [2009], "Systemic Risks and the Bear Stearns Crisis," in Ciorciari J. D. and J. B. Taylor (eds), *The Road Ahead for the Fed*, Stanford: Hoover Institution Press.
IMF [2008], *Global Financial Stability Report*, October.
IMF [2009], *Global Financial Stability Report*, October.
IMF [2010], *Global Financial Stability Report*, April.
Jaffee, D., M. Richardson, S. Van Nieuwerburgh, L. J. White and R. Wright [2009], "What to Do about the Government Sponsored Enterprises?", in Acharya, V. V. and M. Richardson (eds), op. cit.
Kane, E. J. [2007], "Incentive Conflict in Central-Bank Responses to Sectoral Turmoil in Financial Hub Countries," NBER Working Paper, No. 13593.
King, M. [2007], Speech at the Northern Ireland Chamber of Commerce and Industry, Belfast, October 9.
Koeda, J. and R. Kato [2010], "The Role of Uncertainty in the Term Structure of Interest: A Macro-Finance Perspective," CARF Working Paper, No. F-207.
Krugman, P. [1998], "It's Baaack: Japan's Slump and the Return of the Liquidity Trap," *Brookings Papers on Economic Activity*, No. 2.
Levine, R. [2010], "An Autopsy of the U.S. Financial System," NBER Working Paper, No. 15956.
Mauldin, J. [2007], "Taking Out the Structured Investment Vehicle Garbage," http://www.tigersharktrading.com/articles/10353/1/-Taking-Out-the-Structured-Investment-Vehicle-Garbage/Page1.html
McCulley, P. [2007], "Minsky and Neutral: Forward and in Reverse," Global Central Bank Focus, PIMCO, December.
Morris, S. and H. S. Shin [2008], "Financial Regulation in a Systemic Context," *Brookings Papers on Economic Activity*, Fall 2008.
Morris, S. and H. S. Shin [2009], "Contagious Adverse Selection," Discussion Paper, Princeton University.
Obstfeld M. and A. M. Taylor [2004], *Global Capital Markets: Integration, Crisis, And Growth*, Cambridge: Cambridge University Press.
Peek, J., E. S. Rosengren, and G. M. B. Tootell [2009], "Should Financial Stability be Included as an Independent Goal in the Central Bank's Objective Function?" paper presented at the Federal Reserve Bank of Boston 54th Economic Conference "After the Fall," Chatham, MA October 21-23.
Rajan, R. G. [2005], "Has Financial Development Made the World Riskier?" paper Presented at the Federal Reserve Bank of Kansas City's Annual Economic Symposium, Jackson Hole, Wyoming.
Reinhart, C. M. and K. S. Rogoff [2009], *This Time is Different: Eight Centuries of Finan-*

cial Folly, Princeton: Princeton University Press.

Saidenberg, M. R. and P. E. Strahan [1999], "Are Banks Still Important for Financing Large Businesses" *Current Issues in Economics and Finance*, 5(12), Federal Reserve Bank of New York.

Taylor, J. B. [2009], "The Financial Crisis and the Policy Responses: An Empirical Analysis of What Went Wrong," NBER Working Paper, No. 14631.

Ueda, K. [2005], "The Bank of Japan's Struggle with the Lower Bound on Nominal Interest Rates: Exercises in Expectations Management," *International Finance*, 8(2).

Ueda, K. [2009a], "Non-Traditional Monetary Policies: G7 Central Banks during 2007-2009 and the Bank of Japan during 1998-2006," CIRJE Discussion Paper, No. F692, The University of Tokyo.

Ueda, K. [2009b], "The Structure of Japan's Financial Regulation and Supervision and the Role Played by the Bank of Japan," CIRJE Discussion Paper, No. F703, The University of Tokyo.

第Ⅰ部
危機の発生とその背景

第1章 サブプライム危機の深層と
米国金融システムが抱える諸問題

祝迫得夫

要　旨

　世界金融危機の出発点となったサブプライム問題は信用供給バブルであり，金融工学の暴走や過度に緩和された金融政策といった一面的な説明では，その全体像を理解することはできない．本章では，まずこの点に関する実証研究のレビューを行ったうえで，住宅ローンの証券化市場で危機を引き起こしたミクロ経済的・制度的要因，特に米国金融機関（格付け機関を含む）におけるインセンティブ／ガバナンス問題と，分断化された米国の金融規制制度に焦点を絞って検討を行う．一般に批判の対象になっている金融機関の経営陣の高額な報酬よりも，株式市場の短期的な評価に影響を受けやすいガバナンス構造と，米国系投資銀行のビジネスモデルの限界と自壊の影響が大きいことが強調される．また分断された米国の金融規制システムの失敗が，これらの要因によるサブプライム危機の進行を増幅させた．章の最後では，今後の政策運営・制度改革へのインプリケーションについて議論する．

面談に応じて頂いた John C. Coffee 教授（コロンビア大学ロースクール），Edwin Truman 氏，Joseph Gagnon 氏（ともにピーターソン国際経済研究所）に深く感謝する．またリサーチを手伝ってくれた野村総合研究所の方々，いろいろなコメントを頂いた研究会メンバー，岩田一政・内閣府経済社会総合研究所所長，翁邦雄教授（京都大学）にも御礼申し上げる．なお，本章の内容はあくまで祝迫個人の見解を反映したものであり，財務省および上記の方々の見解を表すものではない．

1 はじめに

2008年9月のリーマン・ブラザーズの破綻とAIGの救済によってひとつの頂点（あるいは底）を迎えた米国発の世界金融危機については，すでに多くの論文が書かれ，本が出版されている．これに伴って，世界金融危機に先立つ2000年代中盤の米国金融システムにおいて何が起こっていて，最終的に何が今回の金融危機を引き起こした要因なのかについては，比較的早い時期から大まかなコンセンサスが成立しているように思われる．例えばDiamond and Rajan [2009] は，そのようなコンセンサスを以下の3点に要約している．① 2000年代に米国の金融セクターによる，低所得層に対する住宅ローン貸付が急増したが，そのような貸付の大部分は新しく開発された奇抜な金融商品（exotic new financial instruments）によってファイナンスされていた．② この時期の米国金融機関はリスクを取ることに極めて積極的であり，この種の新しい金融商品のかなりの部分が直接・間接に商業銀行・投資銀行によって保有されることになった．③ これらの米国金融機関による投資の大部分は，短期の負債によってファイナンスされていた．

これらの出来事の背景には，今世紀初頭のITバブル崩壊後の連邦準備制度理事会（FRB）の過剰に緩和的な金融政策（Taylor [2009]），グローバル・インバランスの拡大（Bernanke [2005], Caballero, Farhi, and Gourinchas [2008]），証券と銀行の間のファイアー・ウォール（グラス＝スティーガル法の壁）の崩壊と規制緩和といった，さまざまな要因が指摘されている．ただ，当たり前のことではあるが，今回のような大惨事を引き起こす原因がひとつであるわけはなく，そのような複数の要因のなかで何が最も重要であったのかという評価については，意見が分かれている．特に米国では，個々の論者の政治経済学的な立場の違いもあり，大きく評価が分かれている．

一方，1990年代初頭の日本のバブル経済崩壊，1990年代後半の東アジアの

経済危機，今世紀初頭の先進諸国におけるITバブルの崩壊，そして今回の米国のサブプライム金融危機という，近年のバブルの生成と崩壊のパターンを振り返ってみると，いくつかの重要な論点が浮かんでくる．このうち事後的な景気後退が比較的軽微で済んだITバブルを除くと，いずれのエピソードにおいても銀行信用の急激かつ過大な膨張が発生している．特に日本の80年代末と2000年代中盤の米国の状況に共通する性質として，2つの点が指摘される．まず第1に，日米両国のバブルは本質的には不動産価格バブルであり，特に実物経済へのインパクトを考えた時，同時期の株式市場のバブルは基本的に「わき筋（sideplot）」の出来事であった．第2に，銀行が投機的な不動産投資への積極的な貸出を行ったという意味において，これらのバブルは信用供給バブルである．コフィー［2009］は資産価格バブルを，「需要に起因するバブル（demand-driven bubble）」と「供給に起因するバブル（supply-driven bubble）」に分類しているが，彼に従えば80年代の日本のバブル経済や2000年代の米国における住宅市場バブルは，いずれも典型的な供給に起因するバブルである．単なる投資家による資産価格の過大評価，すなわちコフィーの言う「需要に起因するバブル」という捉え方では，これらのバブルの規模の大きさや時間的な持続性と，その後の実物経済へのダメージの大きさを説明できない．

しかしさらに踏み込んで，なぜ信用供給バブルが発生したのかという問題については，日米の経験に共通する自明な要因・メカニズムを指摘するのは，さほど簡単なことではない．そこで本章では，ミクロの視点を敢えて重視する立場に立ち，今回の世界金融・経済危機の最大の震源地である米国のサブプライム危機について，それが米国に固有の金融制度・システムと，それに対応する金融規制の歴史的な変遷に大きく影響を受けているという視点に立って分析・検討を進める．金融政策の役割やグローバル・インバランスの影響を軽視するわけではないが，前者については本書の第6章で詳しく分析しているし，後者については第2章において概観されている．さらに序章では周到なサーベイが行われているので，そのような論点については，他の研究における議論に譲ることとしたい．また第4節の最後では，今回の世界金融経済危機を経て，米国および世界の先進諸国のプルーデンス政策・規制が，今後どのように変わっていくか／いくべきかについて若干の考察を試みる．

以下の本章の構成は次のとおりである．第2節では，まず2000年代の米国住宅市場バブルの原因について学術的な分析結果を概観するとともに，それが主に不動産担保証券（Mortgage-backed Securities：MBS）やクレジット・デフォルト・スワップ（Credit Default Swap：CDS）を乱造した大手金融機関が引き起こした問題であることを強調する．そのうえで，金融機関同士の過当競争・規制の失敗に加え，格付け機関によるMBS・CDSの格付けの失敗が大きな要因のひとつであることを指摘する．第3節では，米国金融機関の過剰なリスク追求とレバレッジ拡大の要因としての，ガバナンス・報酬制度問題を取り上げる．第4節では，分断化されて統一の取れていない米国の金融システム規制について検討するとともに，サブプライム危機発生後の改革の進展と，それがはらむ潜在的な問題点についても議論を行う．第5節は章全体のまとめである．

2 サブプライム問題の深層
——過剰なリスクの追求とレバレッジの拡大

2.1 低所得者層向けの住宅ローン拡大の要因

第1節でも述べたように，2000年代の米国の住宅価格バブルの発生は，信用供給バブル／供給に起因するバブルであった．この点に関しては，新聞・テレビなどでも報道されているし，解説論文の類も多いが，本小節では学術研究による実証上の証拠について簡単にまとめておく[1)2)]．なお以下では，MBSやそれを再証券化した債務担保証券（Collateralized Debt Obligation：CDO）を含む不動産証券化商品・市場全般に関し，もっぱらMBSもしくはMBS市場という用語を当てることにする．

不動産担保証券の基本的アイデアは，大量かつさまざまな住宅ローンをプールしてポートフォリオを作ることでリスクの分散化を図り，そのポートフォリオを証券化して金融商品として第3者に売るというものである．金融商品としてのMBSは古くからあり，そのアイデア自体には，住宅市場バブルを生み出すような要因が含まれているわけではない．今回の米国の住宅市

---

1) 以下の記述はBethel, Ferrell, and Hu [2008] とRajan [2009] に多くを負っている．
2) より生々しい記述としては，McDonald and Robinson [2009] の第5章を参照．

場バブルとそれに続く危機のなかで問題視されているのは，証券化の急激な拡大に引っ張られる形で，サブプライムと呼ばれる主に低所得者向けの住宅ローンの貸出が急増したという点である．結果的にそれが，その後の住宅ローンのデフォルト率の上昇につながり，最終的には MBS 市場全般の価格の大幅な下落・デフォルトの上昇につながった．

　この点について Mian and Sufi [2009] は，地域別の貸出データを用いて分析を行い，1990 年代に需要に見合うだけの住宅ローンの供給を受けていなかった，主に低所得者層の居住する区域における貸出が，2001 年から 2005 年までの住宅ローンの貸出ブームの最中に飛躍的に上昇したことを示している．同じ期間のこれらの地域における所得および雇用の成長は，全国平均より低い水準にとどまっており，したがって，借り手の需要の増加や質の向上が住宅ローン貸付の増大をもたらしたとは考えにくい．また Bethel, Ferrell, and Hu [2008] によれば，2001 年から 2006 年にかけてのサブプライム向け貸出では「貸出額／住宅価値」比率や「返済額／所得」比率には大きな変化は無いものの，借り手の返済能力を保証する証拠書類の無い貸付（Low or No Document）のシェアが 28.5％から 50％超に急増し，また変動金利貸出のシェアも 74％から 91％に増加している．さらに住宅の転売を主な目的としていると推測される，利払いのみを行う貸出（Interest-only）のシェアも，ゼロから 22.8％へと増えている（図表 1-1 を参照のこと）．Mian and Sufi [2009] は，これらの低所得者層向けの貸付の大部分が住宅ローンの証券化事業向けに金融機関に売却されたこと，また 2005 年から 2007 年の期間にこれらの貸付のデフォルト率が大幅に上昇したことを示している．さらに Keys *et al.* [2010] は，不動産証券化に用いられた住宅ローン・ポートフォリオの方が，そうでないポートフォリオよりも，10％から 25％デフォルト率が高かったことを報告している．

　したがって 2000 年代の米国住宅市場バブルの要因が，借り手の側の需要の増大よりは，主に住宅ローンの貸し手の側の理由による供給の増大にあったのは間違いない[3]．その一方で，直接に借り手と対峙している住宅ローン業者（mortgage bank）が，新しい借り手の質が低く，潜在的なデフォルト率が高いことをまったく認識していなかったというのは，非常に考えにくい．したがって彼らが住宅ローンの貸付を増やしたのは，証券化のための需要の

図表 1-1 サブプライム貸出市場における貸出基準の変化　2001-06 年

(%)

	十分な信用情報がない貸出 [Low/No-Doc] のシェア	返済額／所得の平均	貸出額／不動産価値の平均	変動金利貸出のシェア	利払いのみ [Interest-Only] 貸出のシェア
2001	28.5	39.7	84.0	73.8	0.0
2002	38.6	40.1	84.4	80.0	2.3
2003	42.8	40.5	86.1	80.1	8.6
2004	45.2	41.2	84.9	89.4	27.2
2005	50.7	41.8	83.2	93.3	37.8
2006	50.8	42.4	83.4	91.3	22.8

(出所) Bethel, Ferrell, and Hu [2008] の Table 4 より.

増大によるもの，あらかじめ証券化業者への売却を前提にしたものであった．つまり住宅ローン業者の取った行動は，大手金融機関がローンを大量に買い取ってくれるという状況があった以上，それ自体としては十分に合理的なものであったと言える．

2.2　投資銀行のモラルハザードとレバレッジの拡大

2.1 節での議論から，2000 年代の米国住宅市場ブームにおけるバブルの発生の問題の核心が，なぜ住宅ローン業者が貸出を大幅に増やしたかではなく，なぜ大手金融機関が闇雲に住宅ローンを買い付けたか，という問題であることが分かる．このことは，買い付けた住宅ローンから組成された MBS の取引において，大規模なリスク評価とプライシングの失敗が発生していたことを意味する．別の言い方をすれば，なぜ MBS・CDO のアンダーライターである大手投資銀行・商業銀行は，そこまで過剰なリスクを取りに行ったのかが，本当の問題の焦点である．この点に関するさまざまな議論については，序章でより詳しく取り上げられており，重複する部分もあるとは思うが，以下では本章の文脈において簡単に議論しておく．

---

3) ここでは検討されていないが，米国の住宅貸付が基本的にノンリコース・ローンであり，借り手に過剰なリスクを追求するインセンティブを生み出していた可能性はある．またより大きな社会的な背景として，クリントン政権以降の米国における，持ち家促進政策の流れがあることも，見逃せない事実である．

2.2.1　ファイアー・ウォール撤廃以後の規制の失敗

　米国の大手金融機関が2000年代に入って大幅に借入を拡大し，過剰なリスクを追求した理由の第1は，米国当局による規制改革の失敗である．大手投資銀行のレバレッジ拡大路線を決定付けたという点で多くの実務家・研究者が揃って問題視するのが，2004年の米国の証券取引委員会（SEC）によるCSE（Consolidated Supervised Entity）プログラムの施行である．CSEプログラムの詳細については序章を参照してもらうこととして，以下ではSECがなぜCSEプログラムを採用し，それがなぜ失敗に終わったのかという点について，第4節での米国の金融監督・規制システムについての議論と結びつけるために若干言及しておく．

　グラス＝スティーガル法に基づく大恐慌以来の証券・銀行の分離という大原則，いわゆる「ファイアー・ウォール」は，1970年代以降の規制緩和や金融機関同士のM&A，金融イノベーションなどによって有名無実化していた．そのような事実を踏まえ，法的にもファイアー・ウォールの撤廃を明確にしたのが，1999年に成立したグラム・リーチ・ブライリー法（以下GLB法；「Financial Services Modernization Act／金融サービス近代化法」という呼び方もされる）である[4]．GLB法の施行以降，投資銀行の持ち株会社を監督する権限を与えられていなかったSECは，CSEプログラムを大手投資銀行に対する権限強化のチャンスと捉え，その代わりに個々の金融機関独自のリスク管理モデルを負債／資本比率規制のために利用することを認めた．しかしこのことは，結果として2000年代中盤以降の大手金融機関によるレバレッジの急拡大を許容することになってしまった（コフィー［2009］）．つまり，本章の最初で取り上げたDiamond and Rajan［2009］が挙げているサブプライム危機の③の要因，短期の借入でファイナンスされたリスク投資の急拡大に，大きく寄与することになってしまった．

　このようなSECの態度は，当時合意が最終段階を迎えつつあったバーゼルⅡに依拠する形で，CSEによる規制を実行しようとしたものと解釈できる[5]．しかしCSEプログラムの開始時点では，FRBはバーゼルⅡの最終的な承認には至っておらず，結果として米国の規制当局間の縄張り争いを象徴

---

4)　以上の点に関して，詳しくはHubbard［2007］の第12章・第14章を参照．
5)　バーゼルⅡの成立過程と内容の詳細については佐藤［2007］を参照．

する出来事になってしまった．またバーゼルⅡが標榜していた目標のひとつは，バーゼルⅠにおけるエコノミック・キャピタルとレギュラトリー・キャピタルの差に着目した，「規制を利用した裁定行動（regulatory arbitrage）」の解消であった．にもかかわらず，バーゼルⅡを意識したCSEプログラムが，結果として，典型的な「規制を利用した裁定行動」の材料として使われてしまったことは皮肉である．

CSEプログラムの失敗によって明らかになったもうひとつの問題点は，SECのような法律と会計の専門家集団では，大手の投資銀行が用いているような複雑なリスク管理モデルに関して規制を行うのは極めて困難であるという点である．この点は2つの重要なインプリケーションを持っている．

第1に，バリュー・アット・リスク（Value at Risk）のような統計的・数量的な手法で武装した大手金融機関を直接に規制・監督しようとすれば，規制当局の側にもそれなりの準備・人材が必要である．それが無理だとすれば金融機関の自発的努力に期待する以外にないが，米国だけでなく欧州の金融機関においても，2000年代半ばからリーマン・ショックまでの期間，広範かつ急激なレバレッジの拡大が起こったことを考えれば，これは甘過ぎる期待であろう．規制当局に十分な準備・能力がなく，業界の自主規制にも期待できないとなれば，金融機関の健全性・リスク管理に関する規制は，より単純なルールに基づく負債資本比率規制に後戻りせざるを得なくなるのかも知れない（Bookstaber [2007]）．

第2のインプリケーションは，もし規制当局が十分な能力や人材を備えて厳密なプルーデンス規制を行うことを目指すにしても，誰があるいはどの規制機関が，そのような役割を担うのかという問題である．特に世界金融危機後の，プルーデンス規制に積極性・機動性が強く求められるようになってきた現在の状況を踏まえて考えると，これは極めて複雑かつ微妙な問題である．この第2の点については，第4節でより詳しく取り上げて議論することにする．

2.2.2　金融機関同士の競争の激化と投資銀行の衰退

2000年代の米銀によるレバレッジの拡大と過剰なリスク・テイキングに話を戻そう．その蔓延の第2の理由は，この時期の金融業界，特に投資銀行業

界における競争の激化である．金融イノベーションや金融機関同士の M&A によって，投資銀行と商業銀行の間のファイアー・ウォールが実質的に崩壊していくなかで，投資銀行，特にトップ・グループ以外の規模において見劣りする投資銀行は，社債や株式の引き受けのような伝統的な投資銀行業務における競争力を失いつつあった．そのような，いわば第 2 グループに属していたのが，リーマン・ブラザーズやベアー・スターンズである．図表 1-2 には，2000 年以降の米国における，社債と株式のアンダーライティングのシェアの推移が示されている．図表 1-2 の 2 つのパネルを見ると，今世紀初頭の時点ですでに，大手商業銀行のシティグループや JP モルガンが，社債や株式の引き受けにおいてマーケットのトップを占めていたことが分かる．これに対し，5 大投資銀行と呼ばれていたゴールドマン・サックス，メリルリンチ，モルガン・スタンレー，リーマン・ブラザーズ，ベアー・スターンズの各社のシェアの合計は，2000 年から世界金融危機が発生する直前の 2007 年までの間に，社債で 11％，株式で 26％もシェアを減らしていることが分かる．

　一方，MBS 市場のような非伝統的な金融商品・業務の市場では比較的競争相手が少なく，大手投資銀行がこの分野で先発組の優位を生かして，ポジションを確立することに躍起になっていたことは想像に難くない．実際，図表 1-3 に示されているとおり，社債・株式では大きくシェアを失っていたリーマン，ベアー・スターンズが先行しており，ゴールドマン・サックスなどの最大手の投資銀行や，シティなどの大手商業銀行がそれに続いている．このような状況が，投資銀行による過剰なリスクの追求を促した側面があることは間違いない．

　このような競争の激化は，もうひとつの規制を利用した裁定行動を促進させ，米国金融機関の短期負債による資金調達の急拡大に寄与した．すなわちレギュラトリー・キャピタルに関する資本規制制約を回避するために，大手金融機関は SIV（Structured Investment Vehicle）やコンデュイット（conduit）と呼ばれる特別目的会社を設立し，これらの会社を通じて MBS を保有した．SIV やコンデュイットは，通常，短期のコマーシャル・ペーパーの発行によって資金調達を行うが，実際には大手金融機関が全面的な保証を行っているので，これらの特別目的会社の被った損失は，最終的には金融機関の負担となる．不動産の証券化は本来リスクを分散させるはずのものであるが，分

図表1-2 社債・株式のアンダーライティングのシェアの変遷

パネルA 社債

(%)

順位	2000 金融機関名	シェア	2003 金融機関名	シェア	2005 金融機関名	シェア	2007 金融機関名	シェア	2009 金融機関名	シェア
1	JPモルガン	12.9	シティグループ	14.9	シティグループ	13.2	シティグループ	12.0	JPモルガン	13.3
2	メリルリンチ	12.8	JPモルガン	10.1	JPモルガン	10.3	JPモルガン	11.5	シティグループ	12.6
3	シティグループ	12.8	モルガン・スタンレー	10.1	メリルリンチ	8.2	ゴールドマン・サックス	8.4	バンク・オブ・アメリカメリルリンチ	11.3
4	モルガン・スタンレー	11.0	リーマン・ブラザーズ	9.2	ゴールドマン・サックス	8.0	メリルリンチ	8.1	バークレイズ・キャピタル	10.6
5	ゴールドマン・サックス	10.2	メリルリンチ	8.4	モルガン・スタンレー	7.8	リーマン・ブラザーズ	7.5	モルガン・スタンレー	9.5
6	クレディ・スイス・ファースト・ボストン	8.5	ドイツ銀行	7.5	リーマン・ブラザーズ	7.3	バンク・オブ・アメリカ	7.5	ゴールドマン・サックス	7.9
7	リーマン・ブラザーズ	8.1	ゴールドマン・サックス	6.6	バンク・オブ・アメリカ	6.8	モルガン・スタンレー	7.1	ドイツ銀行	7.1
8	UBS	4.3	クレディ・スイス・ファースト・ボストン	6.4	ドイツ銀行	6.5	ドイツ銀行	6.7	HSBC	4.2
9	バンク・オブ・アメリカ	4.0	バンク・オブ・アメリカ	5.4	クレディ・スイス・ファースト・ボストン	4.6	バークレイズ・キャピタル	5.7	クレディ・スイス・グループ	4.2
10	ドイツ銀行	3.1	UBS	4.2	UBS	4.6	ワコビア	4.5	ロイヤルバンク・オブ・スコットランド・グループ	3.8
11	ベアー・スターンズ	2.6	ベアー・スターンズ	3.2	HSBC	4.4	UBS	3.9	UBS	3.5
12	ABNアムロ銀行	1.8	バークレイズ・キャピタル	2.3	バークレイズ・キャピタル	3.8	クレディ・スイス・グループ	3.9	BNPパリバ	2.3
13	ワコビア	1.5	ABNアムロ銀行	1.7	ワコビア	3.4	HSBC	2.2	ウェルズ・ファーゴ	1.9
14	バークレイズ・キャピタル	1.1	バンク・ワン	1.7	ベアー・スターンズ	2.4	ロイヤルバンク・オブ・スコットランド・グループ	2.1	RBCキャピタル・マーケッツ	1.0
15	モルガン・キーガン	0.6	HSBC	1.6	BNPパリバ	1.5	ベアー・スターンズ	2.0	TDセキュリティーズ	0.5
5大投資銀行合計		44.7		37.5		33.7		33.1		17.4

図表 1-2 続き
パネル B 株式

(%)

順位	2000 金融機関名	シェア	2003 金融機関名	シェア	2005 金融機関名	シェア	2007 金融機関名	シェア	2009 金融機関名	シェア
1	ゴールドマン・サックス	17.3	モルガン・スタンレー	15.7	ゴールドマン・サックス	12.7	ゴールドマン・サックス	12.0	JPモルガン	19.1
2	クレディ・スイス・ファースト・ボストン	16.0	ゴールドマン・サックス	12.6	シティグループ	12.4	JPモルガン	11.2	バンク・オブ・アメリカ メリルリンチ	14.4
3	メリルリンチ	15.8	シティグループ	11.6	モルガン・スタンレー	11.0	シティグループ	10.9	モルガン・スタンレー	13.8
4	モルガン・スタンレー	14.2	メリルリンチ	8.7	リーマン・ブラザーズ	10.6	メリルリンチ	9.5	ゴールドマン・サックス	13.4
5	シティグループ	9.6	JPモルガン	8.6	メリルリンチ	9.1	UBS	8.5	シティグループ	7.9
6	リーマン・ブラザーズ	6.4	リーマン・ブラザーズ	7.9	JPモルガン	8.2	モルガン・スタンレー	8.1	バークレイズ・キャピタル	5.9
7	UBS	4.0	クレディ・スイス・ファースト・ボストン	7.0	UBS	6.5	バークレイズ・キャピタル	7.5	ドイツ銀行	5.6
8	JPモルガン	3.6	UBS	6.0	クレディ・スイス・グループ	5.6	バンク・オブ・アメリカ	6.9	クレディ・スイス・グループ	4.5
9	バンク・オブ・アメリカ	2.8	FBRキャピタル・マーケッツ	3.8	ドイツ銀行	3.7	クレディ・スイス・グループ	5.2	UBS	3.9
10	ドイツ銀行	2.0	バンク・オブ・アメリカ	3.0	バンク・オブ・アメリカ	2.8	ワコビア	3.8	ウェルズ・ファーゴ	2.4
11	ベアー・スターンズ	1.9	ドイツ銀行	2.9	ベアー・スターンズ	2.6	ドイツ銀行	2.7	サンドラー・オニール	1.7
12	FBRキャピタル・マーケッツ	1.1	ベアー・スターンズ	1.5	ワコビア	2.4	HSBC	1.9	キーフ・ブリュイエット・アンド・サックス	1.4
13	CIBC	1.0	ワコビア	1.2	ジェフリーズ・アンド・カンパニー	1.5	レイモンド・ジェームズ	1.4	ジェフリーズ・アンド・カンパニー	0.7
14	USバンコープ	0.7	レイモンド・ジェームズ	1.1	パイパー・ジャフレー	1.0	キーフ・ブリュイエット・アンド・サックス	0.7	RBCキャピタル・マーケッツ	0.6
15	AGエドワーズ	0.7	RBCキャピタル・マーケッツ	0.7	レイモンド・ジェームズ	0.9	ジェフリーズ・アンド・カンパニー	0.6	HSBC	0.5
5大投資銀行合計		55.6		46.4		46.0		29.6		27.2

注）太字は、いわゆる5大投資銀行。なお2009年には、このうちリーマン・ブラザーズとベアー・スターンズが、倒産・消滅している。
出所）Bloombergのデータより作成。

図表 1-3 2007 年の MBS のアンダーライティングのシェア

順位	金融機関名	発行数	シェア (%)	総額 (百万米ドル)
1	リーマン・ブラザーズ	120	10.80	100,109
2	ベアー・スターンズ	128	9.90	91,696
3	モルガン・スタンレー	92	8.20	75,627
4	JPモルガン	95	7.90	73,214
5	クレディ・スイス	109	7.50	69,503
6	バンク・オブ・アメリカ・セキュリティーズ	101	6.80	62,776
7	ドイツ銀行	85	6.20	57,337
8	ロイヤルバンク・オブ・スコットランド	74	5.80	53,352
9	メリルリンチ	81	5.20	48,407
10	ゴールドマン・サックス	60	5.10	47,696
11	シティグループ	95	5.00	46,754
12	UBS	74	4.30	39,832

出所）Coffee [2009] の Table より．

散させたはずのリスクの大部分を保証している／間接的に保有しているということは，結局，本当のリスクの分散にはつながっていないことになる．つまり証券化の拡大と特別目的会社の利用は，実際にはいずれも，金融機関がリスク資産をオフバランス化するための道具に過ぎなかったと言える．

2.3 ゲートキーパーとしての格付け機関の機能不全

2000 年代の米国住宅市場バブルをめぐるもうひとつの重要な問題は，MBS 市場における格付けの失敗と，その結果発生した格付けのインフレーションである（コフィー[2009]）．今世紀初頭の IT バブル崩壊に続くエンロン・ワールドコムのスキャンダルにおいては，最終的に大手会計事務所のアーサー・アンダーセンが消滅に追い込まれ，金融システムのゲートキーパー＝門番としての，会計事務所（accounting firm）の機能不全が注目された．一方，2000 年代後半のサブプライム問題において焦点になったのは，ゲートキーパーとしての格付け機関である[6]．

---

[6] ただしリーマン・ブラザーズの経営実態の検証が進むにつれて，不正会計操作の問題が，思われていたよりも深刻であったことが明らかになりつつあり，特にアーンスト・アンド・ヤングによる監査の適切さが強く疑問視されるようになっている（Financial Times [2009a, b]）．今後の事実解明の進展によっては，エンロン・ワールドコム・スキャンダルの際と同じように，再び会計事務所に非難の矛先が向かう事態もあり得る．

2.3.1 格付け機関のビジネスモデルが内包する問題

格付け機関 (rating agency) のビジネスモデルは，一般に考えられているよりはずっと微妙なバランスの上に成り立っている．まず，格付け機関の収益のもととなる費用の支払いは，現実にはほとんどの場合，格付けされる企業の負担である．つまりアンダーライティングの過程では，より高く評価して欲しいと考えている主体が，本来，公正であることが望ましい「格付け」という財の供給に対価を支払っているという，ねじれを伴った状態が日常になっている．また格付けを利用する投資家には，財としての「格付け」の品質がすぐには観察／判断できないため，格付け情報の品質を確保するためには，格付け機関の利益が十分に確保されていなければならない点も重要である[7]．

2000年代に入って，投資銀行が伝統的な業務で利潤の機会を失っていたのと同じように，競争の激化により，格付け機関にとっても社債や株式の格付けは利潤の低い業務になっていた．格付け業務は，米国では長い間スタンダード＆プアーズ (Standard & Poors) とムーディーズ (Moody's) の寡占市場であったが，1990年代以降，フィッチ (Fitch Rating) が買収などによって大幅にシェアを伸ばしていた．そして，フィッチのシェア拡大などの要因による競争の激化が，社債・株式市場における格付け基準の緩和傾向，すなわち格付けの品質の低下をもたらしていた (Becker and Milbourn [2009])[8]．そのような状況を背景として，格付け機関にとっても，MBS市場はより大きい利潤の期待できる分野であった．

2.3.2 MBS市場における格付けの失敗

以上のような背景に加え，さらに3つの要因がMBS市場における格付け機関の業務のスタンダードを低下させることとなった．第1に，極めて多数

[7) 一般論として，消費者と生産者の間に情報の非対称性があり，消費者が商品の品質を直接確認できない状況では，将来の利潤が十分に大きくないと，生産者には品質の良い財を供給し続けるインセンティブが存在しない可能性がある．つまり，供給した財の品質が悪いことが露見した際の逸失利益が，それなりに大きいものである必要がある．そのような市場において競争が激化した場合，結果として財の品質の大幅な低下が発生する可能性がある (Klein and Leffler [1981])．
8) 理論的には，競争の激化が「必ず」格付けの品質の低下をもたらすわけではない (Hörner [2002])．しかし Becker and Milbourn [2009] は，フィッチ参入後の米国の社債の格付け市場のデータを分析し，実際に「格付け」の低下が発生した明確な証拠を示している．

の顧客企業の格付けを行う株式市場や社債市場と異なり，MBS の発行市場では顧客の数がより少なく，いわば買い手の側の寡占市場であった．例えば社債の場合，図表 1-2 にシェアが挙げられているアンダーライターの後ろには，何千という社債の発行企業がいるわけであるが，個々の企業の発行額は社債発行額全体に比べると微々たるものである．一方，MBS 市場の場合は，図表 1-3 のアンダーライターのシェアが事実上の発行体のシェアであり，トップの 5 社だけで約 44％を占めている．したがって顧客である金融機関は，よりよい格付けを行う格付け機関を選択する，いわゆる「レーティング・ショッピング」によって，格付け機関に格付けを吊り上げさせる圧力をかける力を有している．

第 2 に，MBS や CDO のような複雑な金融商品の格付けに関しては，社債や株式のようなシンプルな商品に比べると，そもそも個々の格付け機関の格付けが大きく異なる傾向にあると思われる．その場合，それぞれの格付け業者の行った格付けにバイアスが無かったとしても，アンダーライターの金融機関の側がより有利な評価を採用することによって，結果として格付けのインフレーションが発生していた可能性がある．

第 3 に，（第 2 の説明とは部分的に相反するかもしれないが）伝統的な MBS を加工した CDO のような新たな金融商品の組成が技術的に複雑化・高度化する一方で，十分に確立された客観的な格付けの方法論がないために，格付け機関がその格付け基準をある程度明示的に示す必要に駆られていたという実態がある．その結果，金融機関の側が格付け機関のモデルに合わせ，高格付けを得ることだけを目的とした一面的な CDO の組成を行うようになってしまったため，逆に CDO の本当のリスクと格付けの関係が曖昧になってしまったという指摘もある（Benmelech and Dlugosz [2009]）．

金融市場のゲートキーパーとしての格付け機関の権威・評判を決定付けるのは，あくまでもマーケットにおける彼らの「評判（reputation）」である．そのため，これまで格付け機関が直接的な規制強化や投資家の訴訟の明確な対象となることはなかったが，世界金融危機の深刻化に伴い状況は一変した（New York Times [2008b, 2009]）．サブプライム問題は，格付けされる側の発行体が主に料金を支払うという格付け機関のビジネスモデルが，潜在的に大きな問題を抱えていることを明らかにした．格付け機関の格付けをある程度

信頼できるのは，株式や社債や古くからあるタイプの MBS といった，昔から存在し，その評価方法がかなり確立している金融商品に限定される．一方 MBS・CDO 関係の特に新しい証券化商品については，そもそも格付け機関が，そのような複雑な商品を審査する能力を有していたかどうか怪しい．また，投資家が格付け業務の質を評価するために必要な，十分なデフォルト発生のデータと歴史にも欠けていた．そのため「評判」を確保するために，格付け業者が供給する商品の質を下げないようにするというインセンティブ・メカニズムが，上手く機能していなかったと考えられる．この点については，MBS の格付け市場がより競争的であったとしても大きな違いはなかったかも知れないし，むしろ逆に競争の増加が事態を悪化させていた可能性もある．

無論，格付けに問題があったにしても，住宅価格が上昇を続ければ，多少のデフォルトの増加が起こっても大きな問題は発生しなかっただろう．しかしこの点に関しては，単純に金融機関・格付け機関とも判断を間違っていた．つまり Reinhert and Rogoff [2009] の言う「今度は違う（This Time is Different）」症候群に陥っていたと言える．

3 金融機関におけるインセンティブの問題

前節では，サブプライム問題の本質が信用供給型のバブルであり，問題は住宅ローンの貸出市場ではなく，MBS 市場における，投資銀行を中心とした大規模なレバレッジを用いた過剰なリスク・テイクにあることを指摘した．これを受けて第3節と第4節では，その背後にあるより長期的・制度的な要因について議論する．まず第3節では，金融機関におけるインセンティブ問題を，特に経営陣のインセンティブ問題を中心に検討する．次の第4節では，米国の金融規制の問題点について議論する．

3.1 金融機関のインセンティブ問題と過剰なリスクの追求

サブプライム危機について議論するに当たって，ありがちな主張は「インチキ金融商品を作って売っていたから」というものである．これは認識としては正しいが，残念ながら陳腐で役に立たない決まり文句の類でしかない．明らかな犯罪であるマドフ（Madoff）・スキャンダルのようなケースは，完全

に切り離して考えることはできないにせよ，やはり例外である．したがって，サブプライム問題の本質的な問題点を理解し，今後の政策・制度改革を考えるに当たって本当に考えなければいけないのは，なぜMBSのような金融商品のリスクの過小評価が起こったか，特にMBSの供給者である大手金融機関において，なぜリスクの過小評価が起こったのかである．この点について理解するために，本節では，近年の米国における金融機関の過剰なリスク・テイクを助長した要因としての，経営陣・従業員の報酬システム（インセンティブ・スキーム）の問題と，企業組織としての米国金融機関が抱えていた問題について，詳しく検討することにする．

3.1.1 経営陣の報酬制度の経済学的分析の前提

　サブプライム問題に関する制度改革の議論のなかで，真っ先に取り上げられたのが，高過ぎる金融機関の経営者報酬に対する規制の強化である．そのような議論は金融危機以前から間違いなくあったが，特にリーマン・ショック後，「投資銀行の経営陣は短期的な業績の上昇を目的として，過剰なリスク・テイクを行った」という批判が噴出し，米国議会やG20などの国際会議では経営者報酬規制が盛んに論議された．そして金融機関の経営陣の報酬を短期ではなく，少なくとも数年といった長い期間を取った業績にリンクさせるべきだといった提案がなされている．

　これらの制度改革は，一般論として望ましい方向に進んでいるのだろうが，現実の問題はさほど単純ではない．まず議論の前提として，ここで本来問題にすべきなのは経営者の報酬体系の「デザイン」の問題であって，経営者報酬の絶対的水準はその一部であるにしても，必ずしも最も本質的な問題ではないということである．

　この点については，プロ・スポーツ選手の報酬体系について考えてみると分かりやすい．野球やサッカーなどのチーム・スポーツにおいて，一部の「スター・プレーヤー」の報酬が極端に高くなっている事態に対する批判は，この20年近くにわたってよく聞かれてきた議論である．しかし，スポーツ選手の報酬体系のデザインにおいて最も重要なのは，彼・彼女が試合で十分に実力を発揮し，チームの勝利に貢献するようなインセンティブを与えられるかどうかである．つまり，報酬体系の経済学的分析において主に問題とな

るのは，まず第1に，どうやって個人のパフォーマンスを測るのか，そしてどのようなパフォーマンスの時にどれくらいの報酬を払うかという，成果と報酬の関連付けの問題である．第2に問題になるのは，他の選手／経営陣メンバーと比較してその選手にどれくらいの報酬を支払うべきかという，相対的な水準の問題である．一方，報酬の絶対水準そのものは，所属チームやリーグ全体の収益，マクロの景気が観客動員に与える影響など，さまざまな外生的要因に大きく影響されており，それが個人のインセンティブに直接関係してくる部分はさほど大きくない．

　金融業界に限らず，米国のビジネスにおける一部の「スター経営者」の報酬水準が度を越えたものになってしまっており，効率性の観点から見ても問題があるという批判は十分あり得るし，説得力もあるものである（Groysberg [2010]）．ただスポーツ選手の報酬の高騰を問題視する議論と，それが野球やサッカーがつまらなくなったとか，危険なものになったとかいう議論は直接には結び付かない．同じことはウォール街の報酬制度をめぐる議論についても言えるのであって，米国の投資銀行の CEO の報酬の水準が妥当なものかどうかは議論の余地が大いにあるところだが，貰い過ぎであるにしても，それがサブプライム問題を引き起こした経営判断の間違いにつながったという証拠にはならないことは注意すべきである[9]．

　もうひとつの重要な論点は，経営者のパフォーマンスを何で測るか，報酬を何に連動させるかという問題である．1980年代後半から90年代にかけて，米国の企業経営者の報酬体系は，企業業績，特に株価で測った企業業績と強く連動したものに，極めて短期間の間に大きく転換した（Hall and Murphy [2003]）．この背景には，資本主義経済における企業の所有と経営の分離という，Berle and Means [1932] 以来の問題意識があり，エージェンシー問題を解決するために，経営者の報酬を株主の利益に強くリンクさせるべきであるという考えがあった．その目的のためには，経営者の報酬水準自体ではなく，報酬をどのように株主の利益と連動させるかが最大の焦点である．したがって，近年のトップ経営者の報酬水準の急激な高騰は，本来の目的からすれば副次的な結果に過ぎない．また，経営陣の報酬を企業の株価に強く連動させ

---

[9] この点については Squam Lake Group [2010] も，経営者報酬の絶対額を規制することに対して，疑問を呈している．

ることを批判するのであれば，代替的な株主の利益の指標として何を使うべきか，ということについても何らかの提案をするべきであろう．

3.1.2 本当に金融機関の報酬制度が原因だったのか？

以上のような経済学的分析の前提の上に立って見ると，経営者の報酬制度が米国金融機関の過剰なリスクの追求を助長したという，実証上の明確な証拠はほとんど見つからない．例えば Fahlenbrach and Stulz [2009] は，2008年の金融危機の前後における金融機関の CEO の株式オプションなどを含む報酬制度と自社株の保有状態を調べ，経営陣の所得・富が，株主のそれとかなり強くリンクしていることを発見している．より具体的に言えば，リーマン・ブラザーズの CEO であったリチャード・ファルド (Richard Fuld) のような破綻した大手金融機関の経営者は，2008年の金融危機によって自身も多くの資産を失っている．したがって，高額報酬を受け取りつつ「稼ぎ逃げ」，「貰い逃げ」を意図して在任中に過度のリスク・テイクを行ったという，古典的なエージェンシー問題の問題意識は現実の状況には当てはまらない．また Adams [2009] は，米国では金融機関のガバナンスの方が非金融企業のガバナンスより一般に優れており，業績と報酬の連動についても金融機関以外の業種の方がより極端であることを指摘している．

McDonald and Robinson [2009] によるリーマン・ブラザーズの従業員に関する記述や，筆者が，米国の投資銀行に勤める／ていた大学院時代の知り合いに個人的にインタビューした範囲でも，在職中もしくは退職直後に自社株を売却することは契約上許可されていないことが多く，個人レベルで多額の損失を被った投資銀行退職者の例は非常に多いと言われている．したがって，米国系金融機関における経営陣および大半の幹部職員の報酬体系は，株主の利益とほぼ整合的であったと考えられる．つまり株主と経営陣の間のエージェンシー問題は，自動車産業のビッグ3のようなケースと比較すると，かなり限定的であったと考えるべきであろう．

また，現在の規制論議は経営者報酬の問題に集中しているが，MBS・CDO などの金融危機の直接の原因となった商品の開発・取引を実際に行ったのは，もっと下のレベルの中間管理職である．例えば McDonald and Robinson [2009] の記述によれば，リーマン・ブラザーズの CEO であったファルドは

「象牙の塔の男」であり，専制君主であったが，実際のビジネスの状況を的確に把握できていなかった．ファルド自身の判断でモーゲージ業務を積極的に推し進めたというよりは，潜在的なリスクを十分認識しないまま，高い収益を挙げている担当部門にお墨付きを与えていただけ，というのが実像であると考えられる．

リーマンの倒産と同時期に深刻な経営危機に陥って，政府による救済を仰いだ保険会社の AIG のケースでは，MBS から組成された債務担保証券 CDO に関するクレジット・デフォルト・スワップ (Credit Default Swap) の大量購入が，最大の失敗であった．しかし米国 AIG 本体は，そのような取引にはまったく関係がなく，実際に行っていたのはロンドンにある，「AIG Financial Products」と呼ばれる AIG グループの子会社に過ぎない．1万2千人近い AIG グループの社員のうち，たった 400 人弱が所属する海外子会社の損失が，AIG を倒産直前の危機に追い込んだのである (New York Times [2008a])．このケースでもやはり，経営者の意図的なリスクの追求というよりは，単なる無知・無能という捉え方のほうが，より妥当性が高いと考えられる（Tett [2009] も参照のこと）．

3.1.3 経営陣報酬を株価に連動させることの問題

以上のことを踏まえると，金融機関の経営陣のインセンティブが株主のそれと一致していることを前提としたうえで，それでも経営陣による過度のリスク・テイクが行われるような説明が必要になってくる．株価が短期的には多くのミスプライシングを含んでおり，それに報酬制度をリンクさせることで，企業の経営判断がかえって非効率的・近視眼的になるという議論は古くからある．例えば Stein [1989] は，80 年代後半当時に好調だった日本やドイツの企業との対比で，株価偏重主義の米国企業が近視眼的な経営に陥っているという理論モデルを提示している．今回の金融危機の原因についても，Shleifer and Vishny [2009] などがこのタイプの分析を展開しており，株式市場からの圧力が米国金融機関による過度のリスク・テイクの主要な要因であることを示唆している．

また Diamond and Rajan [2009] は，今回の危機の主役であるクレジット系の派生証券は，デフォルトのような比較的稀にしか発生しないリスク，い

わゆるテール・リスクもしくはレア・イベントに関するリスクを取っている金融商品であることを指摘し，株価変動のような短期的なリスクだけを勘案した報酬制度では，経営陣がテール・リスクを無視した意思決定を行うことを避けられないと論じている．ただし，金融機関の経営陣が意図的にテール・リスクもしくはレア・イベントのリスクを無視したのか，単にそのようなリスクの存在を把握していなかっただけなのかは，さほど自明ではない．

代替的な説明として，「株主＝経営陣」vs.「負債の保有者」というエージェンシー問題を考え，過剰なリスクの一部が負債の保有者にトランスファーされていたと考えることができよう．もうひとつの代替的な説明は，大手金融機関の経営陣が，「大き過ぎて潰せない (Too Big To Fail)」の考え方に従って，最後は政府が自分たちを救ってくれるだろうと考えていた，というものである．この場合は，政府が金融機関を救済することによって，過剰なリスクの追求によって発生したコストは最終的には納税者の負担になる．したがって，「株主＝経営陣」vs.「政府＝納税者」というエージェンシー問題が発生していることになる．

個人的に，これらの説明が部分的には正しいにせよ，それだけでは十分に説得的ではないと考えるのは，いずれのケースでもリスクが顕在化した際には，トップの経営責任が厳しく問われて辞職せざるを得ない可能性が高いからである．米国の大手金融機関の経営陣の個人的な優先順位を考えると，その最大のモチベーションはライバルに対する強烈な競争意識であり，たとえ金銭的な見返りが大きいにせよ，地位を失う大きなリスクを積極的に犯すとは考えにくい[10]．サブプライム危機の結果その地位を追われた経営陣たちが，事前にそうなる可能性を十分理解したうえで，敢えて MBS 市場でのリスクを取り，レバレッジを増加させていたとは考えにくい．

さらに複数の大手金融機関で，ほぼ同時期によく似た問題が発生していることを考えると，個別企業における「株主＝経営陣」vs.「債権者」というエージェンシー問題のフレームワークだけでは，タイミングの同時性を十分に説明できない．大手金融機関の間で，同業他社を少しでも上回ろうという強烈

---

[10] McDonald and Robinson [2009] と Tett [2009] はともにリーマンが倒産に至った一因として，CEO のファルドが，当初，吸収合併されるという形での救済を強く拒んだことを指摘しており，その背景として彼が極めて独立心・敵愾心の強い人物であったことを指摘している．

な競争意識が働いていたことは疑いようもなく,その結果として同じ方向に間違うという,一種の群衆行動（herd behavior）が発生していた可能性が極めて高い.もう少し具体的に言うと,ある投資銀行がモーゲージの証券化業務で大きな利益を挙げている状況では,他の投資銀行はたとえリスクが高いと判断したような場合でも,それに追随せざるを得なくなっていたと考えられる.この点については,すでにさまざまなところで引用されているシティグループのCEOだったチャールズ・プリンス（Charles Prince）の,

> 音楽が止まれば,流動性については困難な事態が発生するだろう.しかし,音楽が流れている限り我々は踊り続けなければならない.我々は今まさに踊っているのだ[11].

という発言が,サブプライム・バブル期における金融機関の行動の群衆行動的側面を象徴している.したがって,金融機関の相対的なパフォーマンスを測る指標としての株価の役割が,非常に重要であったことは間違いないであろう.

米国系金融機関に限れば,もうひとつの大きな潜在的問題は,そのコーポレート・ガバナンスの構造,すなわち株主構成が極端に分権化している点である.他の先進諸国の株主構成は,程度の違いこそあれ米国よりは遥かに集中度が高く,大株主がある程度まで集中的にモニタリングの役割を担っていると考えられる.これに対し米国企業では,不特定多数の株主が株式市場を通じたモニタリングに頼る状況がより一般的であり,経営陣は良くも悪くも短期的な株価の動向に強く影響される傾向がある.そのような傾向が一方的に悪いというわけではないが,個々の株主のレベルでは,大きくレバレッジをかけてリスクを取るという経営方針をけん制するインセンティブも能力も存在しなかったことは,事後的には明白であろう.この点は次の3.2節でより詳しく議論する,米国系投資銀行のパートナー制から公開企業への移行の問題とも,深く関係している.

---

11) "When the music stops, in terms of liquidity, things will be complicated. But as long as the music is playing, you've got to get up and dance. We're still dancing."（Financial Times [2007]）

3.2 ビジネスモデルとしての米国系投資銀行の限界
3.2.1 パートナー制から公開会社への転換

サブプライム金融危機の金融危機の主役となった，米国の大手投資銀行の発展は，1930年代初頭の一連の銀行危機を教訓として1933年に制定されたグラス゠スティーガル法による，商業銀行と投資銀行業務の分離（いわゆるファイアー・ウォール）という米国特有の制度的要因に，非常に強く影響されている．このため，個人の預金を受け入れる商業銀行が主にFRBの監督下にあるのに対し，投資銀行は伝統的にSECの監督下にあった．

しかし2.2.2節でも議論したように，1970年代以降の規制緩和や，繰り返されるM&A，金融イノベーションの進展などによって[12]，商業銀行と投資銀行の間の区分は時代とともに曖昧になり，最終的にはクリントン政権下の1999年に成立したGLB法によって，グラス゠スティーガル法の壁の崩壊は既成事実化された[13]．米国系の投資銀行のビジネスモデルが大きな転機を迎えたのは，このグラス゠スティーガル法の壁が崩壊していく過程であり，商業銀行との競争が激化するなかで，規模に劣る投資銀行の相対的な地位は低下し，結果として，利潤の源泉をトレーディング部門や，より近年では不動産部門などに求めていかざるを得なくなっていた．

投資銀行は歴史的にはパートナー制を敷いており，1970年代までは規制によって株式の公開を制限されていた．しかし1985年のベアー・スターンズを皮切りに，1999年に株式を公開したゴールドマン・サックスを最後として，ウォール街のメジャーな投資銀行はすべて株式会社化してしまった．このような投資銀行の株式会社化には，2つの大きな理由がある．第1に株式の新規公開（IPO）による資本の増強は，すなわち経営規模の拡大を意味し，グラス゠スティーガル法の壁を乗り越えて投資銀行業務に参入してきたシティグループやバンク・オブ・アメリカなどの大手商業銀行と対抗するために，投資銀行にとってぜひとも必要なことであった．第2に，1980年代以降の米国における株式を用いた報酬体系の急速な広がりを受けて[14]，パートナー以外

---

12) 例えばメリルリンチなどの証券会社は，銀行預金と相当まで代替的な金融サービスを提供するマネーマーケット・ミューチュアル・ファンドを積極的に展開した．またグラス゠スティーガル法は国際的な銀行業務を念頭においていなかったため，米国の商業銀行はユーロ・ボンドのアンダーライターを行うことができた．
13) GLB法の詳細については，野々口・武田 [2000] を参照．

の従業員に対する報酬としても自社株を用いることが可能になった.

その一方で株式会社化以降の投資銀行の経営は,他社による M&A の可能性を含め,株式市場からの短期のプレッシャーに必然的にさらされることとなった.預金によって大半の資金調達を行う商業銀行と異なり,短期の負債に依存している投資銀行では,このことは極めて重要なインパクトを持つ.投資銀行のさまざまな業務の成否は,かなりの部分を投資銀行自体の評判に依存しており,株価の低下という形での評判の低下は,自己実現的に資金繰りの悪化をもたらす可能性がある.その結果,常に株式市場において同業他社との比較にさらされることになり,それが投資銀行の群衆行動を発生させた可能性が高い.

以上の点は 3.1 節で議論した,エージェンシー問題に関する議論と深く結びついている.パートナー制から公開会社に移行したことが,米国の投資銀行による過剰なリスク追求に駆り立てた要因だと考える議論は数多くあるようである(例えば Welch and Welch [2008]).しかし投資銀行の株式の公開は,従業員の報酬の株価へのリンクの強化とほぼ同時期に起こっているため,原理的には「株主」vs.「経営陣」というエージェンシー問題は,あまり重要ではなかったはずである.したがって公開会社化によって,投資銀行が「他人の金でリスクを取るようになったことが問題だ」という主張は,さほど根拠がない.一番重要なのは,繰り返し述べているように,株式市場で同業他社と直接に比較されることのプレッシャーが増し,結果として過当競争が発生し,群衆行動的にリスクの過剰な追求が起こったという点であろう.さもなければサブプライム問題の負の側面は投資銀行に集中していたはずであるが,実際にはゴールドマン・サックスのようにかつての投資銀行の中にも(相対的な)ゲームの勝者はいるし,AIG やシティグループのように重大な損失を被った投資銀行以外の金融機関も存在する.

3.2.2 「影の銀行システム(shadow banking system)」の拡大

その一方で,1990 年代以降,ヘッジ・ファンドに代表される「影の銀行システム(shadow banking system)」と呼ばれる業務形態が急速に普及した(Lo

---

14) 近年の米国企業における,株式オプションをはじめとする自社株を用いた従業員に対する報酬制度の拡大をめぐる論点については Hall and Murphy [2003] を参照.

[2008]，祝迫［2009］)．米国系投資銀行の公開会社化とシンクロする形で，先鋭的なリスクと収益利の追求という役割はヘッジ・ファンドや，SIV・コンデュイットなどの大手金融機関の特別目的会社のような，いわゆる「影の銀行システム」に移っていく．

　投資銀行が規模を追求して公開会社化すれば，結局のところ組織が保守化・官僚化するのは避けられないし，かといってパートナー制を貫けば，規模に関しては預金という裏付けのある大手の商業銀行に太刀打ちできない．人材の確保という視点からも，野心的で束縛を嫌う優秀な人材については，ヘッジ・ファンド業界との獲得競争になってしまう．その結果，大規模で保守的な本体の傘下に別会社として利潤を追求するヘッジ・ファンド部門を抱える，もしくは積極的な資産運用は外部のヘッジ・ファンドにアウトソーシングするというのが，生き残りに最適な組織形態ということになる．逆に言うと，規模が中途半端な投資銀行は，積極的にリスクを追求することもできないし，株式・社債のアンダーライティングなどの利潤率の低い安定的な市場では十分なマーケット・シェアを確保できないという意味で，その歴史的な役割を終えつつあったと言えるのだろう．

3.3　金融工学の進歩とリスク管理の失敗

　すでに部分的に言及しているが，サブプライム危機の無視できない重要な要因のひとつは，米国金融機関の実務におけるファイナンス・金融工学の急激な発展・普及と，ある意味での「暴走」である．

3.3.1　金融工学の進歩とその影響

　著者自身が，その真っ只中で研究者としてのトレーニングを受けていたために意識することはあまりなかったが，確かに1980年代の後半以降，この分野は学問・実務の両面において急速な成長を遂げた．ただし，ブラック＝ショールズ式に代表される学術的な裁定理論，いわゆる「アカデミック・アービトラージ」の考え方が，今回の金融危機の発生に寄与した証拠は皆無である．この種の理論では金融市場が効率的であることが前提とされ，市場価格の理論値からの一時的な乖離を見つけ，そのミスプライシングを利用して利益を上げる．原則として，そのようなファイナンス／金融工学の利用は

市場の効率性を高める方向に機能するはずである．

その一方，1998年に破綻したLTCM（Long-Term Capital Management）が行っていたと言われるコンバージェンス・アービトラージをはじめとして，実務で一般に金融工学という名のもとに括られている金融取引戦略の多くは，「市場価格の理論値からの乖離」を利用するという行動原理は同じだが，何らかの潜在的リスクを含む取引であるという点で「アカデミック・アービトラージ」の考え方からは逸脱している．金融工学が「暴走」していたとすれば，この種の「プロフェッショナル・アービトラージ」と呼ばれる取引においてである．また，マーケットにおける利潤が徹底的に追求された結果，金融機関の取引戦略は複雑化し，非伝統的な金融商品・取引の開発が盛んになった．その種の金融商品・取引に共通する特徴は，平均＝分散分析の枠組みでは捉えられないリスクを積極的に取ることによって，利潤を挙げようと試みていることである．デフォルト・リスクを取っているCDSやMBSなどのクレジット系の金融商品は，そのような典型例である．またヘッジファンドの取引戦略の一部では，ポジションの流動性の低さがそのようなリスクに相当するものだと見なされている（Lo [2008]，祝迫 [2009]）．

3.3.2 リスク管理の失敗

このような金融工学・ファイナンスの急激な進歩・拡大は，2つの重要なインプリケーションを持つ．第1に技術的な進歩があまりに急速であったために，金融機関の経営陣が，最新の金融商品・取引の持つ本当のリスクを，十分に理解していなかったであろうことは想像に難くない．この点に関する具体例としては，リーマンに関するMcDonald and Robinson [2009] の記述やTett [2009] を参照して欲しい．

第2の問題として，既存の金融工学・ファイナンスのフレームワークにおける，テール・リスクやレア・イベントのリスクの計測の困難さが指摘される．これは世界金融危機が発生する以前から，多くの実務家によって指摘されていた点である（Bookstaber [2007]，Rebonato [2007]）．この種のリスクは，その名前が指し示すとおり観察される回数が少ないために，統計学的なリスク管理の手法に本質的に馴染まない部分がある．例えば住宅ローンのデフォルトが多数同時に発生するというレア・イベントのリスクの計測は，マー

ケット全体の状態が常に一定なら比較的容易なはずである．しかし住宅ローン市場では，デフォルトの発生確率や相関の高さは景気循環に伴って変化するし，景気循環は数年に1回という頻度でしか発生しないイベントである．なおかつ2000年代の米国では，大量のMBS・CDOが発行されるのと同時に，原資産である住宅ローンについても，借入の飛躍的拡大とともにサブプライム貸付が増え，借り手の質に大きな変化が発生していた．したがって，必然的にローン・ポートフォリオの質も大きく変化していたものと考えられる．

そのような状況でMBSのような金融商品の持つリスクを，完全に統計的手法のみに頼って計測しようとする試みには，ほとんど意味がない．確かに「相対的」に発生確率が低い現象を取り扱う統計的手法は存在するが，「絶対的」な観察数が少ない現象となると話はまったく別である[15]．そのような状況でも何らかのリスク管理は必要であろうが，その場合，判断の非常に重要な部分を，人間の「常識的判断」に頼らざるを得ない．しかし実際には，技術的には複雑で洗練されているように見えるが，本質的な部分では過度に単純化された状況を想定した方法で，リスク管理が行われていた．つまり統計的なリスク管理手法は，利用した人間が意図してそうしたのかどうかは別として，結果的にMBSやCDOを乱造するための免罪符としての役割を果たしていたのである[16]．

3.4 まとめ

本節のここまでの議論を踏まえると，巷で行われている議論とは裏腹に，金融機関の経営陣の金銭的なインセンティブが，過剰なリスクの追求を促進した真の原因であったという説明は，必ずしも十分に説得的であるとは言えない．大手金融機関の報酬額の高さが，経済学的に正当化できるものなのかどうかは大いに疑問だが，一方でそのことが，短期負債で資金調達をして，レバレッジをかけつつリスクを取るという，2000年代の米国系投資銀行に代

---

15) 金融機関のリスクや管理クレジット系の金融商品の評価に使われる統計学的手法の解説としては，例えばMcNeil, Frey, and Embrechts [2005] を参照．
16) Tett [2009] によれば，1990年代後半にJPモルガンでクレジット系の商品を最初に開発したチームのメンバーは，世界金融危機発生後にベア・スターンズやリーマンなどで行われていたクレジット関係の金融商品の組成やそのリスク管理の実態を知って，そのずさんさに驚いたと言われている．

表される経営のあり方の直接的な説明になっているとは考えにくい．むしろ，自社のパフォーマンスが同業他社のそれを大きく下回ると経営陣が職を追われるとか，企業買収の対象となるとかいった，より直接的な株式市場からのプレッシャーが金融機関の経営陣に与えた影響の方が，遥かに重要であったと考えられる．

また別の重要な要因として，大恐慌以降の金融規制の変遷の歴史的産物とも言える米国の投資銀行のビジネスモデルが，時代の変化とともにその役目を終えつつあったことを指摘できよう．特に大手のなかでも，規模の面でゴールドマン・サックスなどに劣る第2グループに属するリーマンやベアー・スターンズは，伝統的な投資銀行業務において長期的な低落傾向にあり，そのためMBSのような非伝統的な金融商品の市場での過剰なリスクの追求に走ったと考えられる．

最後に付け加えておくと，長期にわたった好景気と市場の活況による，ウォール街全体としての自分たち自身の能力への過信も，かなり大きな役割を果たしたのかもしれない．古くから業界の言い伝え（forklore）のように言われてきたことであるが，金融業界のように，運不運が少なからず業績を左右する業界においては，他人はもちろん本人にとってすら，どこからどこまでが実力によるもので，どこまでが単なる幸運によるものなのかを区別するのは難しい（Taleb [2001]）．1990年代以降の15年以上にわたる好景気が，米国経済全体に自信過剰の傾向をもたらしていたことは想像に難くないし，その傾向が最も顕著であったのはウォール街においてであっただろう[17]．

4 米国金融規制の制度的問題

本節ではサブプライム問題をめぐるもうひとつの重要な制度的要因として，米国金融規制の問題を取り上げる．まず最初に4.1節では，米国の金融規制

[17) LTCMの経営者であったジョン・メリウェザー（John Meriwether）や，アジア通貨危機で同じようにファンドの閉鎖に追い込まれたヴィクター・ニーダーホッファー（Victor Niederhoffer）は，その後2000年代に入って復活し，それぞれ自分のヘッジ・ファンドを経営していたが，サブプライム危機に巻き込まれる形で再度ファンドの清算に追い込まれた．彼らがそれぞれに優秀なファンド・マネージャーであったことは確かなのだろうが，それぞれに自信過剰な性格を持つ人物であったこともまた明白であるように思われる．

に固有の問題として，極端に分断化 (fragmented) された規制・監督体制の問題について議論する．4.2節では，より一般的な文脈で，金融危機の潜在的要因に臨機応変に対応し，プルーデンス政策を行うための規制・監督体制のあり方について，プルーデンス政策としての金融政策との関係も含めて議論する．

なおプルーデンス政策を考えるに当たっては，金融危機を事前に防止するため (crisis prevention) の政策と，危機が発生してしまった際にその影響を最小限に抑える (crisis management) 政策の2つの側面がある．4.2節の議論では，世界金融危機の原因を検討するという本章の元々の問題意識から，主に前者の防止措置としてのプルーデンス政策に焦点を当てることにする[18]．

4.1 米国の金融規制システムの欠陥と改革の方向性
4.1.1 米国の金融規制システムの問題点

ここまで議論してきたさまざまな問題に共通する背景として，米国の金融規制システムにおける全体的な統制の欠如がある．これまで経済学者よりは，実務家や法律家によって強調されてきた点であるが，米国の金融規制システムは，どの規制機関がどの金融機関・金融サービスに対して規制権限を持つかという点において，極めて分断された状況にある．その一方で大手金融機関のコングロマリット化が大幅に進行したため，複数の規制機関の権限が重複するような，想定外の状況が発生するようになっており，全体として規制のバランスや整合性が取れていない状態に陥っている．

米国の金融規制については，「機能主義 (functional regulation)」であり，証券・銀行・保険といった異なる金融サービス機能を，それぞれ異なる規制当局が監督しているという記述がなされることが多い（図表1-4参照）．この見方は，ファイアー・ウォールの撤廃を決定付けた1999年のGLB法においても取られている．しかしながらGLB法においては，SECは商業銀行の国債の販売に関する監視・規制の権限を与えられていない．同じようにGLB法は，商業銀行による証券取引業務の監督権限をSECではなく，銀行の監督当局に与えている．この結果，GLB法施行以降の短い期間だけに限っても，銀

---

18) 金融危機が発生してしまった際の対応としてのプルーデンス政策については，例えばKroszner [2010] を参照．

図表 1-4 Group of 30 による金融監督規制システムの4分類

①**機関主義アプローチ（the institutional approach）** は，金融機関の法的形態ごとに（例えば銀行，ブローカー＝ディーラー，保険会社など），どの規制当局が監督を担当するかを定め，その当局が金融機関の安全性・健全性と，業務執行の適正性の両面について監督を行うものである（中国，香港，メキシコなどが採用）．

②**機能主義アプローチ（the functional approach）** は，対象企業の法的形態とは関係なく，金融機関の行っている業務ごとに監督を行う方法である．業務分野ごとに，その機能に対応する規制当局が存在することが多い（ブラジル，フランス，イタリア，スペインなどが採用）．

③**統合アプローチ（integrated approach）** とは，唯一の統一的な規制当局がすべての金融サービスの業務分野を対象に，安全性・健全性についての監督と，業務執行規制の監督の両方を行う（カナダ，ドイツ，日本，カタール，シンガポール，英国などが採用）．

④**ツイン・ピークス・アプローチ（the twin peaks approach）** とは，規制の目的別に2つに規制当局を分けるもので，一方が安全性・健全性の監視を行い，もう片方は業務執行の適正性の問題に専念する（現在はオーストラリア，オランダが明示的にこのアプローチを採用しており，スペイン，イタリア，フランスにおいて採用が検討されている）．

⑤**例外**：米国の金融規制の構造は，機関主義の側面を持った機能主義であり，州レベルでの複数の規制当局・機関の存在が複雑さを増幅している．最近の財務省による報告書は，現在の米国の状況の弱点を認識し，若干修正されたツイン・ピークス・アプローチを長期的な目標としている．

金融規制の主な政策目標には，以下の4つが含まれる：[1] 金融機関ごとの安全性（safety）と健全性（soundness），[2] システミック・リスクの抑制，[3] 金融市場の公正性と効率性，[4] 顧客・投資家の保護

出所）Group of Thirty [2008] から，杉田 [2009] を参考にしつつ筆者が翻訳．

行規制当局と SEC は，銀行の規制権限をめぐって縄張り争いを続けている．

また銀行の規制についても，図表 1-5 に見られるように全国銀行（national banks）は通貨監査局（OCC），連邦準備制度に属する州域銀行（state-chartered banks）は FRB，連邦準備制度に属さないが預金保険制度には属している銀行は連邦預金保険公社（FDIC）と，極めて似通った3種類の金融機関に対し，それぞれ個別の規制当局が存在している．このように，金融システムに関する監督・規制権限が極めて分断化されているため，権限の重複（overlapping）と不足（underlapping）の両方が同時に発生している．このような状況が米国の金融システムに不安定性をもたらす可能性については，サブプライム・ショックの発生以前から多くの指摘がなされていた[19]．

4.1.2 サブプライム危機以前の米国金融規制改革の方向性

以上のような点を意識して，サブプライム危機が深刻化する直前の2008

---

19) サブプライム危機発生以前の米国の金融規制の状況については，Hubbard [2007] の第14章を参照．

図表 1-5 米国の金融規制システム　金融システムが提供する機能と規制当局の担当範囲の対応

	リスク分散	流動性の供給	情報の生産
証券取引委員会 （Securities and Exchange Commission）	―	取引所における取引の監督	ディスクロージャーの義務付け・監督
商品先物取引委員会 （Commodities Futures Trading Commission）	―	先物市場における取引ルールの設定	―
通貨監査局 （Office of the Comptroller of the Currency）	全国的に認可された商業金融機関の保有資産の監督	―	全国的な商業金融機関の認可と監督
連邦預金保険公社 （Federal Deposit Insurance Corporation）	銀行預金保有者に対する保険の提供	銀行預金の流動性の促進	預金保険に属している金融機関の監視
連邦準備制度 （Federal Reserve System）	連邦準備制度に属する金融機関の保有資産の監督	預金金融機関の流動性促進	連邦準備制度に属する商業銀行の監督
各州の銀行・保険監督当局 （State Banking and Insurance Commissions）	州法銀行の保有資産の監督と出店規制	―	州法銀行・保険会社の許認可と監視
貯蓄金融機関監督局 （Office of Thrift Supervision）	貯蓄貸付金融機関（S＆L）の保有資産の監督	―	貯蓄貸付金融機関（S＆L）の監視
全国信用組合監督庁 （National Credit Union Administration）	信用組合（Credit Union）の保有資産の監督	―	各州の信用組合の認可と監視

出所）　Hubbard［2007］Table 3.1 より筆者が翻訳．

年3月に出された米国財務省による報告書（The Department of Treasury［2008］）においても，規制権限と機関の当局の統合整理の方針が示唆されている．そのなかで米国は，日本や英国の金融庁／FSAのような一元化された監督機関による監視・規制，すなわち Coffee and Sale［2008］の用語を借りれば，シングル・ピーク型の規制システムを目指すべきであるということが示唆されている[20]．ただし，これはあくまでも財務省案に過ぎず，それぞれの監督機関に対応する連邦議会内の委員会同士の権限争いもあり，世界金融危機の発生とは別の問題として，このような規制の一元化が政治的に達成可能であったかどうかは，かなり疑問である．

いずれにせよ，図表1-5にまとめられているような過剰に分断・分権化さ

---

[20]　ただし Group of Thirty［2008］の議論の中では，報告書は「修正されたツイン・ピークス・アプローチ」を目指しているとされている．

れている金融規制システムのもとでは，いわゆる「規制を利用した裁定行動」が発生する．金融機関は，自分たちに都合のよい規制をしてくれる規制当局に擦り寄り，規制当局の方でも権限拡大のため民間金融機関の期待に応えようとするインセンティブが働く．その結果，規制は必要以上に緩和され，システミック・リスクを増大させるバイアスが発生する．2.2.1節で議論したように，SECによるCSEプログラムのコントロールの失敗と，それに伴う大手投資銀行の大幅なレバレッジの増加は，そのようなバイアスが生み出した「規制を利用した裁定行動の発生＝金融規制の失敗」の結果であったと見なすことができる．

4.1.3 サブプライム危機後の規制改革の方向性

サブプライム危機発生以降，当然のことながら金融規制監督システムの改革が議論されるようになり，改革の方向性にも大きな変化が見られるようになってきた．第1に，今回のサブプライム危機では，1930年代の大恐慌以降初めて，金融バブルの崩壊が実物経済に大きな負の影響を与える事態が発生したため，システミック・リスクを予防するためのプルーデンス規制に，より大きな比重が置かれることになった．また英国でも同じように，バブルの発生と崩壊による金融危機が発生したため，日本・英国型のシングル・ピーク規制を目指すとしていた米国の改革方針も，当然，再検討の対象となった．その結果として，投資家保護のようなミクロの規制を行う規制機関と，プルーデンス規制を行う規制機関を分離することの必要性が強調されるようなってきている（Coffee and Sale [2008]）．

このような変化の背景には，マクロのシステミック・リスクのマネジメントをSECに委ねるのは困難だという認識がある．第1に，リーマン・ショックを経て，大手の米国投資銀行はすべて商業銀行に転換するか倒産するか，もしくは吸収合併されてしまった．したがってSECは，もはやシステミック・リスクの震源となるような大手金融機関に対する直接の監督権限を有していない．第2に，プルーデンス規制の対象として重要なのは金融コングロマリットであり，商業銀行に加え，AIGのような保険会社やヘッジ・ファンドもその範疇に入ってくる．2.2.1節で述べたように，これらの金融機関のリスク・マネジメントの規制に関わる業務は，ファイナンスや経済学の高度

な専門知識が要求される分野である．また 2000 年代に入って急増した新世代 MBS のような複雑で新しい金融商品について，マーケットの発達を見据えつつ柔軟に規制を適用し，必要に応じて規制を変更していくという作業についても，同じことが言える．したがってこれらの業務については，SEC よりは銀行監督・規制当局に明らかな比較優位がある．

　以上のような理由から，投資家保護のような純粋にミクロ経済学的な観点からの規制は SEC に任せるべきだが，システミック・リスクに対応して，柔軟で素早い対応が求められる対症療法的なプルーデンス規制については，その権限は，今後は FRB もしくは他の銀行監督当局に委ねられることとなるであろう／あるべきだという考え方が勢いを増してきている．この点に関して Coffee and Sale [2008] は，米国はシングル・ピーク型ではなく，オランダやオーストラリアのようなツイン・ピークス型（図表 1-4 参照）の規制システムを追求すべきだと論じている．

4.2　誰がプルーデンス規制を担うのか？

　4.1 節では，サブプライム危機の発生原因としての米国金融規制システムについて，主にミクロの視点から検討した．しかし世界金融危機の経験を経て，自由な金融取引と金融イノベーションを保障しながら，すべての投機の目を「事前の」ミクロの金融規制で完全に摘んでしまうのは，事実上不可能だという認識が共有されつつある．したがって，金融システム全体の動向を観察しながら，システミック・リスクを引き起こすような問題に臨機応変に対処するような，対症療法的なプルーデンス規制を行うことがどうしても必要になってくる．すなわち，サブプライム問題における 2000 年代に入ってからの MBS 市場の変質とそれに伴う加熱をけん制するような，金融機関・市場に対する直接的な監督・規制が必要になる．

　一方で，世界金融危機後の規制改革の議論のなかで，状態依存型のプルーデンス規制とでも呼ぶべき提案が数多くなされている．例えば，著名な金融・ファイナンス研究者の政策提言グループである Squam Lake Group [2009] は，普段は長期債だが，金融危機発生の際には株式に転換し，自動的に金融機関の資本増強を行うような証券の導入を提言している．このような状態依存型の規制ルールは，確かに紙の上では優れたアイデアであるが，金

融危機が発生したことを誰が認定するのかという点について曖昧さが残ることは，提案者たちも認識している．その意味では，状態依存型のマクロ・プルーデンス規制においても，誰がどのような基準でトリガーを引くのかについての恣意性は残らざるを得ない．

では誰がこのようなプルーデンス政策，いわゆるマクロ・プルーデンス政策を担うべきなのであろうか．4.1 節で見たように，Coffee and Sale [2008] のようなミクロ的な視点に立った議論では，プルーデンス規制全般を FRB が担うべきであるということが，暗黙のうちに示唆されていた．しかし 2 つのかなり異なる理由で，実際の議論はそこまで単純ではない．

FRB が，米国のマクロ・プルーデンス政策を担うことの困難の第 1 の要因は，米国に特有な政治経済学的な問題である．今回の米国発世界金融危機について，その原因の少なくとも幾分かは，グリーンスパン（Greenspan, A.）議長時代の FRB による過度な金融緩和が大きな原因であったと考えられている（Taylor [2009]）．また現在のバーナンキ（Bernanke, B. S.）議長に対しても，グリーンスパン時代の 2002 年から 2005 年の間，FRB 幹部であったという経緯があり，またその時期にいわゆる「バーナンキ・ドクトリン」と呼ばれる，金融緩和を強く推し進めるような主張（Bernanke [2002]）を行っていたことに対する批判がある（Santow [2008]）．金融危機への対応においても，ポールソン（Paulson, H.）財務長官とともにバンク・オブ・アメリカに対し，メリルリンチの買収から撤退しないように極めて強く働きかけたことや，（FRB 議長に主たる責任があるかどうか明らかではないが）金融機関の救済に多額の政府支出を行ったことに対する，議会保守派の反発が強い．

その結果，米国の総合金融規制改革に関する財務省案においては，マクロ・プルーデンスの視点から金融規制監督を行う機関として金融サービス監視委員会（Financial Services Oversight Council：FSOC）を新たに設置する方針が示され，FRB は主にミクロ・プルーデンスの役割を担うことが示唆されている．ただし本章執筆時点（2010 年 5 月）では，金融サービス監視委員会がどのような組織になるのかについては，具体案はまったくと言ってよいほど決まっておらず，米国の金融規制改革が最終的にどのような決着に至るかについては，決定的なことは何も言えない状態である．

FRB がマクロ・プルーデンス政策を担うことの第 2 の問題は，中央銀行が

マクロ金融政策とプルーデンス規制の両方に関して独占的にその任を担うことに伴って発生する，より普遍的な問題点である．1970年代から80年代はじめにかけてのインフレとの戦いを経て，世界金融危機発生前までの先進各国の中央銀行の最優先の政策課題は，多少のウェイトの置き方の違いはあるにせよ，インフレをできるだけ低く抑えつつ，景気を悪化させないという，フィリップス曲線が体現しているトレードオフについてのバランスを，どう上手く取るかという問題であった．1980年代初頭のヴォルカー・デフレーションを経て，80年代後半以降，先進国においては景気の振幅の減少とインフレ率の顕著な低下が観察されるようになり，「グレート・モデレーション（great moderation）」という表現とともに，このような中央銀行の政策目標は完全に達成されたかのように見なされるようになっていた[21]．

しかし本章の冒頭で述べたように，1980年代後半における我が国のバブル経済に始まる，世界各国における金融バブルの発生とそれに続く金融危機の経験は，このような認識が希望的観測に過ぎなかったことを意味している．すなわち，実物経済に効率的な投資機会が十分存在しない時に，低インフレに強くコミットしつつ金融政策によって実物経済を強く刺激することは，金融システム内の金余り現象を引き起こし，それはしばしば資産価格バブルを引き起こす．振り返ってみれば，ITバブル崩壊後の米国の状況は，80年代末の日本の状況とともに，まさにこのような条件に当てはまるような状態にあったと考えられる．また2009年後半の米国でも，実物経済の回復が緩慢な一方で，大手金融機関はいち早く復活しており，2010年に入ってギリシャとユーロ圏の危機が顕在化する以前は，商品市場などにおいて投機的な価格高騰が発生していた．

つまり1980年代後半以降の先進国の経験は，①インフレ期待を非常に低く抑えたままにする，②実物経済を刺激するのに十分な金融緩和を行う，③資産価格バブルを起こさない，という3つの政策目標を同時に達成するのは，極めて困難であることを強く示唆している．したがって中央銀行が直面している真のジレンマは，かつて想定されていたフィリップス曲線に体現されるインフレと景気のトレードオフよりもずっと困難な，3方向のトレードオフ

---

21) Blanchard and Simon [2001]，Stock and Watson [2002] を参照．

あるいはトリレンマであると言えるだろう[22]．

80年代後半のプラザ合意・円高不況後の日本や，グリーンスパン議長の後期のFRBは，①と②の同時達成に高いプライオリティを置いた結果，③の資産価格バブルに足をすくわれる形になった．これに対し現在の日銀の白川方明総裁は，中央銀行が資産価格バブルに対する積極的な抑制策を取ることは可能か，またそうすべきかという問題をめぐる「BIS view 対 FED view」論争に関する議論の文脈において，積極的に対応すべきというBIS viewを支持していると解釈できる発言を行っている（白川［2009］）．したがって1980年代の日銀やサブプライム危機以前のFRBと比較した場合，21世紀の日銀が③に相対的に高いプライオリティを置いていることは間違いない．

一方，サブプライム危機以降の米国の規制改革の議論における，FRBの当初の立場は，①と②も引き続き追求しながら，③もやるから，その分の追加的なプルーデンス規制・政策の権限を自分たちに与えることを要求するものであった．本章の冒頭で強調したように，すべての資産価格バブルが大きな負の影響を実物経済に与えるわけではなく，マクロ経済的に本当に深刻な問題となる可能性があるのは信用供給バブル型のバブルである．そのような視点に立てば，金融緩和策を維持しつつ，ミクロの規制によって「供給に起因するバブル」に直接的に対応するという考え方には，確かにそれなりの合理性があるように思われる．しかしながら本節の始めに述べたように，米国議会ではFRBの住宅市場バブルに対する責任とサブプライム危機の処理の適正さを問題視する意見が強く，2010年3月に提案された上院の金融改革法案は，むしろFRBの規制監督権限を限定し，マクロ・プルーデンスについては新たな規制機関を設立する提案がなされている（New York Times［2010b］）．

中央銀行にマクロ・プルーデンスの権限を集中させるという改革の方向性は，より普遍的な大きな問題点をはらんでいる．例えば日本のバブル経済期を振り返ってみると，大蔵省銀行局による総量規制の実施は1990年3月であり，当時も現在も，遅過ぎた対応であるという見方が支配的である（西村［1999］）．ひとつの思考実験として，仮に総量規制の権限を日本銀行が持って

---

[22] 筆者の考え方と完全に一致しているとは言えないのかもしれないが，同じようにマクロ経済政策に関する現状のコンセンサスを根本的に見直すべきだという主張の例として，Blanchard, Dell'Ariccia, and Mauro［2010a］がある．

いたとすると，より早い時期に金融政策と連動させて発動することで，より効率的に不動産バブルの抑制に成功していた可能性がある．しかし総量規制のような明確なルールに基づかない，恣意的（discretionary）な部分のある政策に関しては，その妥当性について政治家や民間からの圧力が発生するのは避けられない．また中央銀行がマクロ・プルーデンス政策全般を担うということになれば，その権限は非常に強大になるため，政策決定に関するより明確な説明責任（accountability）を求められることになるし，少なくとも事後的には極めて広範囲にわたる説明責任が発生することは避けられない．したがって中央銀行に，資産市場の規制も含めたマクロ・プルーデンス政策全般に関する責任を一手に担わせるという改革は，実際には中央銀行の独立性に直接関わってくる問題である．そのような改革が，本当に機能するかどうかに関しては，もっと徹底した議論・検討が必要である．

　同じような論点の存在は，他の資産価格バブルのエピソードに関しても指摘できる．2000年代のFRBが，投資銀行を含む金融機関全般に対してレバレッジの拡大やMBSの販売の抑制させるような権限を持っていたとして，そのような政策を行うことが，政治経済学的に考えて可能であったかどうかは疑問である．また近年の英国において，シングル・ピークの金融規制監督機関であるFSAが，結果として積極的なマクロ・プルーデンス政策の遂行に失敗したことは明らかである．翻って，ツイン・ピークス型規制の議論を最初に提唱したイングランド銀行（BOE）出身のマイケル・テイラー（Michael Taylor）の重要な意図は，シングル・ピーク型の規制のもとで，中央銀行であるBOEがマクロ・プルーデンス政策の責任を全面的に負うことになった場合，金融機関の保護という理由で，金融政策の独立性，特に利上げに関するフリーハンドが限定されてしまうことを回避することにある．

　しかしバブル経済期の日本の経験は，大蔵省銀行局のような，中央銀行とは独立のプルーデンス政策の遂行機関があったとしても，それだけで問題が解決するわけではないことを示唆している．中央銀行とも，ミクロのプルーデンス政策を担う機関とも別個に，機動的なマクロ・プルーデンス政策を行う金融規制監督当局を作るとしたら，それは具体的にどのような組織になるのか？　中央銀行との役割分担やコミュニケーションはどのように行うのか？　ツイン・ピークス型規制にはこのような，今後詳細に検討されていか

なければならない問題が山積している．その一方で金融庁やFSAを中心とした日本や英国のシングル・ピーク型の規制システムは，どのように変化していくべきなのかという問題も，金融システムの未来像・規制改革のあり方を考えるに当たっては極めて重要である．

5 結語

本章では，世界金融経済危機の震源であるサブプライム危機について，その最大の原因が米国住宅市場，特にMBS市場における信用供給バブルであったという認識に立ち，その背景にあるさまざまな制度的要因について検討した．特に，MBS・CDOの格付けの失敗と，米国金融機関のガバナンス・経営陣の報酬制度の問題，そして米国の金融監督規制システムの抱えていた諸問題について焦点を当てた議論を行った．最後にサブプライム危機後の金融規制改革の方向性と，それがはらむ潜在的な問題点についても検討を行った．

将来の規制改革の方向性については，筆者としても現時点で確信を持った強い主張・答えがあるわけではなく，考えが今後大きく変わる可能性もある．今回の世界金融・経済危機は，研究者・専門家に対して，ミクロの金融規制に関して大きな考え方の見直しを迫っただけでなく，マクロ経済安定化政策の在り方全般に関しても，これまでのコンセンサスの大きな見直しを迫るものである可能性が高い[23]．そのような点も含め，今後の議論がどのように展開し，それが現実の政策・制度改革にどのように反映されていくことになるかは予断を許さない．厄介な問題ではあるが，同時に研究者にとっては極めて興味深い問題であり，個人的にも引き続き主要な研究課題としていこうと考えている．

---

[23] 例えばBlanchard, Dell'Ariccia, and Mauro [2010]，およびNew York Times [2010] の記事内のRogoffとRajanによる，Blanchardたちの論文に対するコメントを参照．

参考文献

祝迫得夫 [2009]，「アメリカ発世界金融危機とヘッジファンド，影の金融システム (Shadow Banking System)」『フィナンシャル・レビュー』平成 21 年（2009 年）第 3 号（通巻第 95 号）．
コフィー・ジュニア，ジョン・C [2009]，渡邉雅之訳「何が問題だったのか——2008 年金融危機に関する検証」『NBL（商事法務）』2009 年 1 月 1 日号（No. 896）．
佐藤隆文編 [2007]，『バーゼル II と銀行監督——新しい自己資本比率規制』東洋経済新報社．
白川方明 [2009]，「マクロ・プルーデンスと中央銀行」日本証券アナリスト協会における講演，12 月 22 日，http://www.boj.or.jp/type/press/koen07/ko0912c.htm
杉田浩治 [2009]，「世界の金融規制改革の骨組み——トップ経済人グループ「G30」が提案」，トピックス，日本証券経済研究所，2009 年 3 月．http://www.jsri.or.jp/web/topics/pdf/0903_01.pdf
西村吉正 [1999]，『金融行政の敗因』文春新書．
野々口秀樹・武田洋子 [2000]，「米国における金融制度改革法の概要」日本銀行調査月報，2000 年 1 月号．http://www.boj.or.jp/type/ronbun/ron/research/data/ron0001a.pdf
Adams, R. B. [2009], "Governance and the Financial Crisis," ECGI Finance Working Paper 248/2009, April 2009.
Becker, B. and T. Milbourn [2009], "Reputation and Competition: Evidence from the Credit Rating Industry," Harvard Business School Working Papers, 09-051.
Benmelech, E. and J. Dlugosz [2009], "The Alchemy of CDO Credit Ratings," *Journal of Monetary Economics*, 56(5), pp. 617-634.
Berle, A. A. and G. C. Means [1932], *The Modern Corporation and Private Property*, New York: Macmillan.
Bernanke, B. S. [2002], "Deflation: Making Sure "It" Doesn't Happen Here," remarks before the National Economists Club, Washington, D.C., November 21, 2002.
http://www.federalreserve.gov/boardDocs/speeches/2002/20021121/default.htm
Bernanke, B. S. [2005], "The Global Saving Glut and the U.S. Current Account Deficit," speech at the Sandridge Lecture, Virginia Association of Economics, Richmond, Virginia, March 10, 2005.
http://www.federalreserve.gov/boarddocs/speeches/2005/200503102/default.htm
Bethel, J. E., A. Ferrell, and G. Hu [2008], "Law and Economic Issues in Subprime Litigation," Harvard John M. Olin Discussion Paper Series, No. 612.
Blanchard, O., G. Dell'Ariccia, and P. Mauro [2010], "Rethinking Macroeconomic Policy," IMF Staff Position Note, SPN/10/03.
http://www.imf.org/external/pubs/ft/spn/2010/spn1003.pdf
Blanchard, O. and J. Simon [2001], "The Long and Large Decline in U.S. Output Volatility," *Brookings Papers on Economic Activity*, 32(2001-1), pp. 135-164.
Bookstaber, R. [2007], *A Demon of Our Own Design: Markets, Hedge Funds, and the Perils*

of Financial Innovation, New York: John Wiley & Sons.(遠藤真美訳 [2008],『市場リスク 暴落は必然か』日経 BP 社)

Caballero, R. J., E. Farhi, and P. O. Gourinchas [2008], "Financial Crash, Commodity Prices, and Global Imbalances," *Brookings Papers on Economic Activity*, Fall, pp. 1–55.

Coffee, Jr., J. C. [2009], "What went wrong? A Tragedy in Three Acts," lecture at Disenberg School of Finance. http://www.duisenbergschooloffinance.com/home/events/publiclectures/lecturesarchive/johnccoffee

Coffee, Jr., J. C. and H. A. Sale [2008], "Redesigning the SEC: Does the Treasury Have a Better Idea?", November 2008 Columbia Law School working paper No. 342.

The Department of Treasury [2008], *Blueprint for a Modernized Financial Regulatory Structure*, http://www.ustreas.gov/press/releases/reports/Blueprint.pdf.

Diamond, D. W. and R. Rajan [2009], "The Credit Crisis: Conjectures about Causes and Remedies," *American Economic Review*, 99(2), pp. 606–610.

Fahlenbrach, R. and R. M. Stulz [2009], "Bank CEO Incentives and the Credit Crisis," NBER Working Paper No. 15212.

Farhi, E. and J. Tirole [2009], "Collective Moral Hazard, Maturity Mismatch and Systemic Bailouts," NBER Working Paper No. 15138.

Financial Times [2007], "Bullish Citigroup is 'still dancing' to the beat of the buy-out boom," July 10, 2007.

Financial Times [2009a], "Criticism of Ernst & Young sends shock waves through accounting fraternity," March 13, 2010.

Financial Times [2009b], "Lehman report casts auditors in poor light," March 13, 2010.

Group of Thirty [2008], "The Structure of Financial Supervision: Approaches and Challenges in a Global Marketplace," G30 Press Release, October 6, 2008.

Groysberg, B. [2010], *Chasing Stars: The Myth of Talent and the Portability of Performance*, Princeton: Princeton University Press.

Hall, B. and K. Murphy [2003], "The Trouble with Stock Options," *Journal of Economic Perspectives*, 17(3), pp. 49–70.

Hörner, J. [2002], "Reputation and Competition," *American Economic Review*, 92(3), pp. 644–663.

Hubbard, R. G. [2007], *Money, the Financial System, and the Economy*, 6th ed., Boston: Pearson Addison-Wesley.

Keys, B. J., T. Mukherjee, A. Seru, and V. Vig [2010], "Did Securitization Lead to Lax Screening? Evidence from Subprime Loans," *Quarterly Journal of Economics*, 125(1), pp. 307–362.

Klein, B. and K. B. Leffler [1981], "The Role of Market Forces in Assuring Contractual Performance," *Journal of Political Economy*, 89(4), pp. 615–641.

Kroszner, R. S. [2010], "Regulatory Reforms to Reduce Financial Fragility," 内閣府世界金融経済危機調査研究プロジェクト提出論文. 2010 年 3 月.

Lo, A. L. [2008], *Hedge Funds: An Analytic Perspective* (Advances in Financial Engineering), Princeton: Princeton University Press.

McDonald, L. S. and P. Robinson [2009], *A Colossal Failure of Common Sense: The Inside Story of the Collapse of Lehman Brothers*, New York: Crown Business.（峯村利哉訳 [2009],『金融大狂乱——リーマン・ブラザーズはなぜ暴走したのか』徳間書店）

McNeil, A. J., R. Frey, and P. Embrechts [2005], *Quantitative Risk Management: Concepts, Techniques and Tools*, Princeton: Princeton University Press.（塚原英敦ほか訳 [2008],『定量的リスク管理——基礎概念と数理技法』共立出版）

Mian, A. and A. Sufi [2009], "The Consequences of Mortgage Credit Expansion: Evidence from the U.S. Mortgage Default Crisis," *Quarterly Journal of Economics*, 124(4), pp. 1449-1496.

New York Times [2008a], "Behind Insurer's Crisis, Blind Eye to a Web of Risk," September 27, 2008. http://www.nytimes.com/2008/09/28/business/28melt.html?_r=1

New York Times [2008b], "Credit Rating Agency Heads Grilled by Lawmakers," October 22, 2008. http://www.nytimes.com/2008/10/23/business/economy/23rating.html?r=1

New York Times [2009], "Calpers Sues Over Ratings of Securities," July 14, 2009. http://www.nytimes.com/2009/07/15/business/15calpers.html

New York Times [2010a], "Global Crisis Leads I.M.F. Experts to Rethink Long-Held Ideas," February 21, 2010. http://www.nytimes.com/2010/02/22/business/22imf.html

New York Times [2010b], "Reform Bill Adds Layers of Oversight," March 15, 2010. http://www.nytimes.com/2010/03/16/business/16regulate.html

Rajan, R. [2009], "NBER Program Report: Corporate Finance," NBER Reporter 2009, Number 4.

Rebonato, R. [2007], *Plight of the Fortune Tellers: Why We Need to Manage Financial Risk Differently*, Princeton: Princeton University Press.（茶野努・宮川修子訳 [2009],『なぜ金融リスク管理はうまくいかないのか』東洋経済新報社）

Reinhart, C. M. and K. S. Rogoff [2009], *This Time Is Different: Eight Centuries of Financial Folly*, Princeton: Princeton University Press.

Santow, L. J. [2008], *Do They Walk on Water?: Federal Reserve Chairmen and the Fed*, Westport, CT: Praeger.（緒方四十郎・漆嶋稔訳 [2009],『FRB 議長——バーンズからバーナンキまで』日本経済新聞出版社）

Shleifer, A. and R. W. Vishny [2009], "Unstable Banking," NBER Working Paper, No. 14943.

The Squam Lake Group on Financial Regulation [2009], "An Expedited Resolution Mechanism for Distressed Financial Firms: Regulatory Hybrid Securities," available from http://www.squamlakegroup.org/

The Squam Lake Group on Financial Regulation [2010], "Regulation of Executive Compensation in Financial Services," available from http://www.squamlakegroup.org/

Stein, J. [1989], "Efficient Capital Markets, Inefficient Firms: A Model of Myopic Corporate Behavior," *Quarterly Journal of Economics*, 104(4), pp. 655-669.

Stock, J. and M. Watson [2002], "Has the Business Cycle Changed and Why?" in M. Gertler and K. Rogoff (eds), *NBER Macroeconomics Annual*, Cambridge: National Bureau of Economic Research.

Taleb, N. N. [2001], *Fooled by Randomness: The Hidden Role of Chance in Life and in the*

Markets, New York: Random House.(望月衛訳 [2008],『まぐれ——投資家はなぜ,運を実力と勘違いするのか』ダイアモンド社)

Taylor, J. B. [2009], *Getting Off Track: How Government Actions and Interventions Caused, Prolonged, and Worsened the Financial Crisis*, Palo Alto: Hoover Institution Press.(竹森俊平監修,村井章子訳 [2009],『脱線 FRB』日経 BP 社)

Tett, G. [2009], *Fool's Gold: How Unrestrained Greed Corrupted a Dream, Shattered Global Markets and Unleashed a Catastrophe*, Boston: Little, Brown.(平尾光司監修,土方奈美訳 [2009],『愚者の黄金——大暴走を生んだ金融技術』日本経済新聞出版社)

Welch, J. and S. Welch [2008], "Murder on the Financial Express: There are plenty of guilty passengers on this train — and all should get their due," *Business Week*, September 25, 2008.

第2章 世界金融・経済危機後のグローバル・インバランス調整

増島稔　田中吾朗

要　旨

　世界金融・経済危機を経て，世界的な経常収支や資本収支の不均衡（グローバル・インバランス）は縮小している．米国では民間部門の貯蓄が増加し投資が減少する形で貯蓄・投資バランスの調整が進んでいる．しかし，新興国の外貨準備が米国の経常収支赤字をファイナンスする構造は変わっていないし，米国の財政赤字の削減や人民元レートの調整といった政策対応も課題として残されたままだ．このように，危機前のグローバル・インバランスの拡大を招いた構造は危機後も残っている．

　そのため，グローバル・インバランスは，危機前よりは縮小するものの，当面は無視できない規模の不均衡が残ると見られる．

　一方，中長期的には，人口高齢化や金融・資本市場の整備などに伴ってアジア諸国の貯蓄超過は縮小し，新興国の外貨準備の増加にもブレーキがかかると見られる．また，米国の対外資産取引に伴うキャピタル・ゲインやインカム・ゲインが経常収支赤字の持続可能性を高める面もある．したがって，ハードランディングが生じる可能性は大きくはないと考えられるが，そのリスクには備えておくべきだ．

　危機後に残るグローバル・インバランスが世界経済の不安定要因とならな

いためには，インバランスの是正に向けた政策対応が必要となるが，それは，インバランスの原因となっている政策や市場のゆがみを正すことが基本である．その際には，国際的な協調も必要となろう．

本章の作成に当たって，植田和男氏（東京大学），伊藤隆敏氏（東京大学），祝迫得夫氏（財務省財務総合政策研究所），竹森俊平氏（慶應義塾大学），岩田一政氏（内閣府），C. Adams 氏（シンガポール国立大学），Y. Jinjarak 氏（シンガポール・南洋理工大学），S. Kirchner 氏（オーストラリア独立研究センター）他から有益なコメントをいただいた．ここに記して感謝したい．ただし，ありうべき誤りは筆者個人のものである．

1 問題意識

　世界金融・経済危機が発生する前の世界経済は，大幅な経常収支や資本収支の不均衡（グローバル・インバランス）を抱えていた．すなわち，1990年代半ば以降，米国や英国の経常収支赤字と中国をはじめとするアジア諸国や産油国の経常収支黒字が拡大しており，世界をめぐる活発な資金の流れがそれを可能にしていた．

　しかし，こうした状況はサステイナブルではなく，米国に対する資本流入が突然停止してドルが暴落し，金融市場の大幅な調整と世界的な景気後退が発生するのではないかとの懸念が指摘されていた（「ハードランディング・シナリオ」）．

　現在の世界金融・経済危機は，このハードランディング・シナリオとは異なる危機であるが，危機の発生によってグローバル・インバランスは縮小（リ・バランス）しつつある．一方，危機前のインバランスの拡大が現在の危機発生の原因であるかどうかがひとつの論点となっている．

　そこで，本章では，危機発生前後における経常収支，貯蓄・投資バランス，世界的なマネーフローなどの変化を見ることによって，①1990年代半ば以降のグローバル・インバランスの特徴，②世界金融・経済危機のもとでそのリ・バランスが生じているメカニズムを明らかにする．それを踏まえて，③今後のグローバル・インバランスを展望するうえでの留意点について考察する．

2　グローバル・インバランスの問題点

　本節では，グローバル・インバランスの何が問題なのかを整理する[1]．

2.1 「悪いインバランス」とは？

人口高齢化の進展度合い，資本の収益率，金融市場の厚みなどが国ごとに違うことによって，経常収支の赤字や黒字が発生しているのであれば，経常収支のインバランスはそれ自体が悪いわけではない．例えば，人口高齢化が進展する過程で将来に備えて貯蓄を行っている国の経常収支が黒字になり，収益率の高い投資機会のある途上国や先進国の中でも厚みのある金融市場を持つ国に他国の貯蓄が集まり経常収支が赤字になるのは，むしろ自然なことだ．

しかし，インバランスが政策や市場のゆがみによって生じている場合にはそれらを正すべきである．また，インバランスの存在が経済に悪い影響を与える可能性がある場合にはインバランス自体を縮小させる必要がある．したがって，こうしたインバランスは「悪いインバランス」と言うことができるだろう．

インバランスの原因に問題があるケースとしては，例えば，社会保障制度の不備や企業のガバナンスの欠如などによって貯蓄が過大になっている場合，資産バブルや楽観的な成長見通しなどによって消費や投資が過大になっている場合，知的財産権保護の不備や強い金融規制のために投資が過小になっている場合，財政規律が弱く政府貯蓄が過小になっている（つまり財政赤字が拡大している）場合などが挙げられる．また，将来の通貨危機に備えるために，あるいは割安な為替レートを維持するために外貨準備を積み増す国が増えれば，世界的に見た資金や資源の配分の効率性を損なうことになる．

インバランス自体が非効率な資源配分を生じたりリスクを高めたりして経済に悪い影響を与えるケースとしては，例えば，資金流入の増加によって通貨が増価し製造業が衰退する場合（いわゆるオランダ病），経常収支が赤字となっている小国において急激な資金流出が起こりやすくなっている場合などが挙げられる．これらに加えて，世界金融・経済危機の前にとりわけ注目を集めていたのは，いわゆるハードランディングのリスクであった[2]．

---

1) ここでの整理は Blanchard and Milesi-Ferretti [2009]，Obstfeld and Rogoff [2009]，白井 [2009]，萩原 [2008] などによる．
2) 例えば IMF [2005]，Krugman [2007]，Obstfeld and Rogoff [2007] など．

2.2 ハードランディングのリスク

1990年代半ば以降,米国の経常収支は大幅な赤字が続き,対外純債務が拡大して,海外の投資家が保有するドル資産が増加している.こうした傾向がさらに続けば,投資家は外国の資産よりも自国の資産により多く投資する傾向(ホーム・バイアス)があるので,海外の投資家はやがてドル資産への投資に消極的になり,ドル安が生じる.調整が緩やかなペースで進めば問題はないが,海外の投資家のマインドが急激に変化すれば,米国への資本流入が急速に減少したり,資本流出が生じたりする.その場合には,ドルの急落,金利急騰などが生じ,価格メカニズムを通じて不均衡の調整が行われる.しかし同時に米国の株価が暴落して米国経済が失速し,世界的な経済の停滞や金融市場の混乱につながりかねない.このハードランディング・シナリオは,世界金融・経済危機が発生する前において,世界経済が直面する主要なリスクのひとつであると考えられていた.つまり,グローバル・インバランスは,世界経済の大きなリスク要因として認識されていたのである.

そして,例えば,Obstfeld and Rogoff [2005] や Blanchard, Giavazzi, and Sa [2005] は,米国の経常収支が均衡するためには,ドルが30～40%程度減価する必要があると試算していた.

2.3 均衡状態としてのインバランス

このように,グローバル・インバランスは文字通り不均衡な状態であり是正すべきであるという考え方に対して,グローバル・インバランスはひとつの均衡状態であり,持続可能なので修正する必要はないとの主張も見られる.

例えば,Dooley, Folkerts-Landau, and Garber [2003] は,米国が中国をはじめとするアジア諸国に対して経常収支赤字を計上し,逆にアジア諸国が米国債投資を行う関係は,お互いにメリットがあるため持続可能であると主張している.すなわち,アジア諸国は輸出主導の成長戦略を取っており,米国への輸出が拡大すれば,より高い成長を実現することができる.そのため,政府が外国為替市場に介入して自国通貨の増価を防ぎ,その結果生じた外貨準備は米国債として保有される.一方,米国でも,アジア諸国から流入した資金によって国内貯蓄を上回る国内投資を行うことができ,より高い経済成長を実現することができるというのである.彼らは,このようなアジア諸国

の固定相場制度（実際には管理通貨制度）を特徴とする近年の世界通貨システムを戦後のブレトン・ウッズ体制にならって「ブレトン・ウッズⅡ」体制と呼んだ．

　また，例えば Caballero, Farhis, and Gourinchas [2008] は，国境を越えた金融仲介活動の重要性に着目し，米国，日本・欧州，アジアなど新興国の3カ国・地域からなるポートフォリオモデルを用いて分析を行っている．彼らのモデルは，日本や欧州に比べて米国は成長率が高く，また，新興国は魅力的な金融資産を十分に提供することができないという前提を置いており，そうした前提のもとで，経常収支不均衡が持続し，ドルの暴落は生じないことを示している．また，グローバル・インバランスは現在の危機の原因ではないと指摘している．

　このように，グローバル・インバランスについては，それが不均衡なのか均衡なのか，調整が必要なのか否かといった基本的な点についてもコンセンサスが得られていないのが実状である．とは言え，グローバル・インバランスが拡大している場合には，経済政策や市場のゆがみがその原因となっていないかどうか，また，グローバル・インバランスの拡大自体が世界経済のリスク要因となっていないかどうかを常にチェックしておく必要がありそうだ．

3　世界金融・経済危機前のグローバル・インバランスの拡大

　本節では，世界ならびに各国・地域の経常収支とその背景にある貯蓄・投資バランス，国際的な資金フローの動向について概観し，1990年代半ば以降のグローバル・インバランスの特徴を整理する．

3.1　グローバル・インバランスの拡大

　1996年から2008年までの主要国・地域の経常収支（対世界GDP比）を見ると（図表2-1），各国・地域の赤字と黒字，それぞれの合計は，1996年には世界GDPの0.5％程度に過ぎなかったが，2006年には2％台半ばとなっており，単純に考えれば，この期間にグローバル・インバランスは約5倍に拡大したと言える．

　内訳を見ると，赤字国（米国，英国など）と黒字国（中国，日本，ドイツ，産

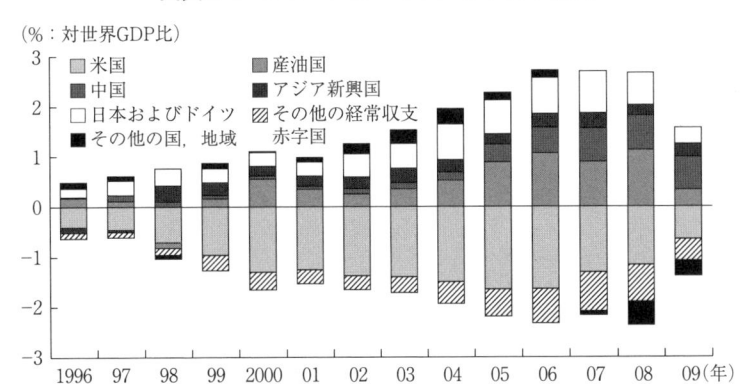

図表 2-1 グローバル・インバランスの拡大

(%：対世界GDP比)

注） 2009年の値はIMF予測値．「アジア新興国」：香港，インドネシア，韓国，マレーシア，フィリピン，シンガポール，タイ．「産油国」：イラン，ナイジェリア，ノルウェー，ロシア，サウジアラビア，ベネズエラ．「その他の経常収支赤字国」：ブルガリア，チェコ，エストニア，ギリシャ，ハンガリー，アイルランド，ラトビア，リトアニア，ポーランド，ポルトガル，ルーマニア，スロバキア，スロベニア，スペイン，トルコ，英国．

出所） IMF, *World Economic Outlook*, Oct. 2009, International Finacial Statistics.

油国など）は固定的であり，特に2000年代以降は主要な国・地域で，赤字から黒字もしくは黒字から赤字に転じたところは無い．

経常収支赤字の最も大きな国は米国であり，世界GDPに対する比率は2006年以降は低下しているものの，1996年から2006年にかけておよそ4倍に上昇している．この米国の赤字の急拡大がグローバル・インバランスの問題を考えるうえで最大の焦点となっている．また，その他の経常収支赤字国（英国，欧州周辺国など）の赤字は2008年まで拡大し続けてきた．

一方，経常収支黒字国・地域としては，伝統的な黒字国である日本とドイツに加え，中国とアジア新興国[3]，さらに産油国が存在する．そのシェアは時期によって変化しており，1990年代には日本およびアジア新興国が大きなシェアを占めていたのに対し，2000年代前半からは産油国が，そして2000年代後半からは中国がそれぞれシェアを高めている．

---

[3] アジア新興国は，香港，インドネシア，韓国，マレーシア，フィリピン，シンガポール，タイの7つの国・地域を指すものとする．

図表 2-2 米国の経常収支とその相手国

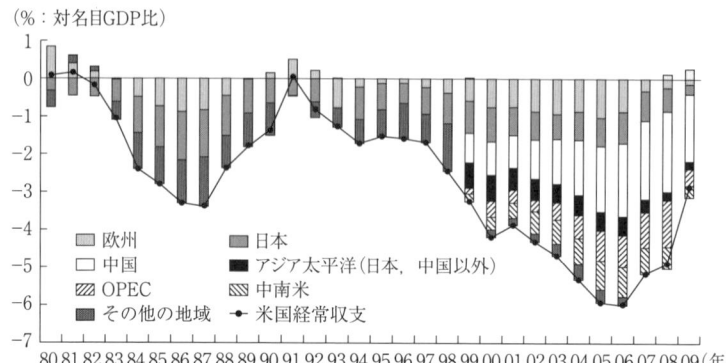

(％：対名目GDP比)

凡例：
- 欧州
- 日本
- 中国
- アジア太平洋(日本，中国以外)
- OPEC
- 中南米
- その他の地域
- ●米国経常収支

横軸：80 81 82 83 84 85 86 87 88 89 90 91 92 93 94 95 96 97 98 99 00 01 02 03 04 05 06 07 08 09(年)

注）1. 2009年の経常収支は第3四半期まで実績値，第4四半期の値については前3四半期の平均値と仮定した．
2. 1999年以前の，「その他の地域」は，「中国」，「アジア太平洋(日本，中国以外)」，「OPEC」，「中南米」を含む．

出所）米国商務省．

3.2 米国の経常収支赤字と貯蓄・投資バランス

米国の経常収支は（図表2-2），1987年にGDP比−3.4％の赤字を記録し，最初の赤字のピークを迎えたが，1991年にはわずかながら黒字を計上するまでに回復した．1992年に再び赤字に転じると，1998年以降は急速に赤字幅が拡大し，2006年にはGDP比−6％を超え2度目のピークを迎えた．このように大幅な赤字が長期間にわたって継続したため，米国の対外純債務も2006年にはGDP比で21％に上り，米国の経常収支赤字の持続可能性が懸念されるようになった．

米国の経常収支を相手国・地域別に見ると，1980年代から1990年代にかけて，米国の赤字の最も大きな相手は日本であり，恒常的に3割以上のシェアを占めてきた．しかし2000年代に入ると，中国，OPEC諸国，および中南米に対する赤字が急激に拡大している．その結果，2008年には，米国の赤字に占める日本のシェアは10％程度まで低下する一方，最大の赤字相手国となった中国が40％，OPEC諸国が25％までそのシェアを拡大している．米国の赤字拡大はこれらの国・地域に対する大幅な赤字の拡大によるものである．

米国の経常収支赤字が拡大した背景を米国内の貯蓄・投資バランスの変化というマクロ均衡の切り口からも確認しておこう．米国の部門別の資金過不

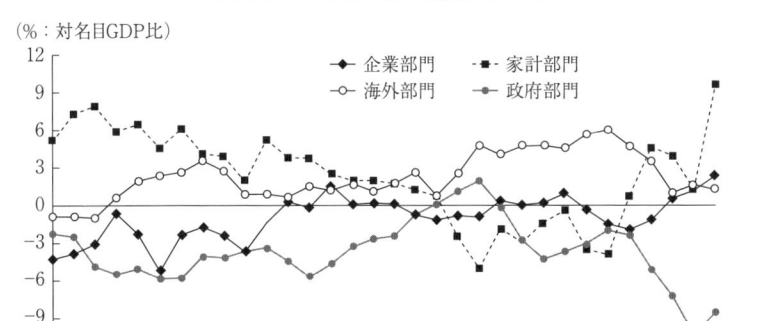

図表 2-3　米国の部門別資金過不足

(％：対名目GDP比)

凡例：企業部門、家計部門、海外部門、政府部門

注）ローマ数字は四半期を表す．
出所）FRB, Flow of Funds，米国商務省．

足を見ると（図表2-3），1990年代末のITバブル期の投資ブームにより企業部門（非金融法人部門）が資金不足に転じている．続いて2000年代に入ると住宅投資ブームを背景に米国の家計貯蓄率は低下し，今日の危機が表面化する2007年まで家計部門は資金不足となっていた．さらに2000年代には高齢化や対テロ戦争などにより財政赤字が拡大し，政府部門も資金不足となった．海外部門はこうした国内各部門の資金不足を補うように資金余剰が拡大した．このような米国内における貯蓄・投資の動向は，米国の経常収支赤字拡大の重要な要因となっている．

3.3　アジア諸国の経常収支黒字の拡大とその背景

1990年代半ば以降のグローバル・インバランスの拡大は，米国の経常収支赤字が拡大する一方で中国とアジア新興国の経常収支黒字が急激に拡大したことによるところが大きい．アジア諸国の経常収支の推移を見ると（前掲図表2-1），アジア新興国はアジア通貨危機以降，恒常的な黒字へと転換し，世界GDPの0.3％前後の黒字を継続している．中国は90年代後半以降，小幅ながら黒字を維持していたが，2001年末に世界貿易機関（WTO）への加入を果たし2000年代半ばよりその黒字幅を急激に拡大させた．その後，2006年に世界第1位の経常収支黒字国となると，2008年にはその黒字幅は世界

GDP の 0.7％となり，日本とドイツの黒字の合計を超える水準にまで拡大している．

アジア諸国の貯蓄・投資バランスを見ると（図表2-4），アジア新興国ではアジア通貨危機以降，中国では 2000 年代に入ってから貯蓄超過傾向が続いている．Bernanke［2005］は，こうしたアジア諸国などの過剰貯蓄（Saving Glut）が，世界的な低金利と米国の過剰支出を招き，グローバル・インバランスの原因となっていると主張している．アジア新興国の貯蓄は GDP 比 30％以上で安定的に推移しているが，投資を見るとアジア通貨危機後に 20％台前半に落ち込み，その後回復していない．このように，アジア新興国の経常収支黒字拡大は，過剰貯蓄というよりも過少投資によるものであると考えられる．一方，中国では 2000 年以降，貯蓄も投資も増加しているが，貯蓄の上昇幅が投資のそれを上回っている．中国の経常収支黒字は，投資不足というよりも過剰貯蓄によるものであると考えられる．

アジア通貨危機後にアジア諸国の経常収支の黒字が拡大した理由として，これらの国々が，アジア通貨危機の教訓を踏まえて，将来の通貨危機に備えるために，また輸出主導の経済成長を遂げるために，外貨準備を蓄積して自国通貨の増価を抑え貿易黒字の拡大を目指したことが指摘されている．

アジア新興国通貨の対ドルレートは，1997 年にアジア通貨危機の影響で大きく減価した後，2000 年代に入ってからは緩やかな増価傾向にあるが，その多くが通貨危機前より割安な状態にある（図表2-5）．人民元の対ドルレートも，2005 年の人民元改革以降，増価しているものの，そのスピードは緩やかなものにとどまっており，2008 年 7 月からは再び事実上のドル・ペッグ制に復帰した．

これは，経常収支黒字や旺盛な資本流入による通貨増価圧力に対して，各国の通貨当局がドル買い介入を行ったためである．結果として，アジア新興国の外貨準備はアジア通貨危機以降，着実に増加しており，中国の外貨準備は特に 2000 年代後半に著しく増加している（図表2-6）．アジア諸国の外貨準備は 1995 年には世界の外貨準備の 2 割をやや上回る程度であったが，2009 年 6 月末には総額で 3 兆ドルに上り世界の外貨準備の約 4 割以上を占めている．この巨額の外貨準備は大部分がドルで保有され，その多くは米国に還流して米国債に投資されていると見られる[4]．

第2章 世界金融・経済危機後のグローバル・インバランス調整　119

図表 2-4 中国とアジア新興国の貯蓄・投資バランス

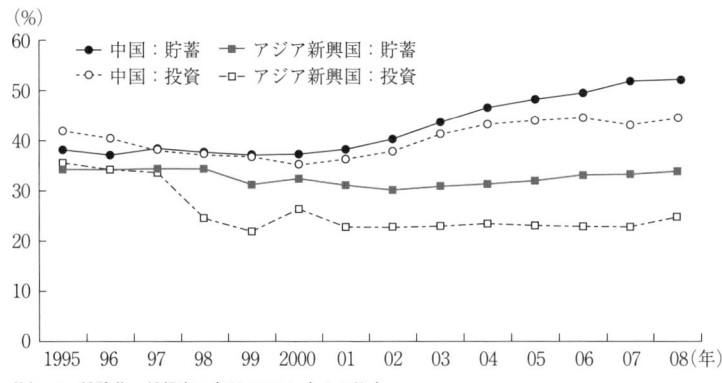

注) 1. 総貯蓄, 総投資の名目 GDP に占める比率.
　　2. 1995 年, 1996 年のアジア新興国の貯蓄に香港は含まない.
出所) ADB.

図表 2-5 アジア通貨の対ドルレート

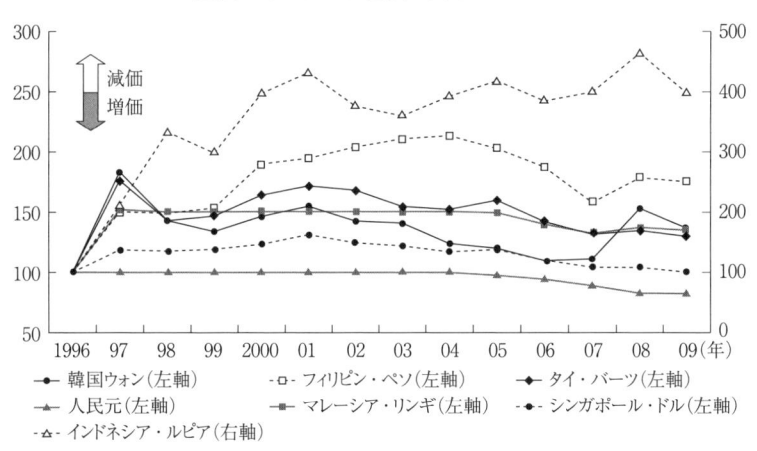

注) 為替レートは年末値, 1996 年を 100 とした.
出所) Bloomberg.

---

4) 詳しくは 4.2 節参照.

図表 2-6 新興国の外貨準備

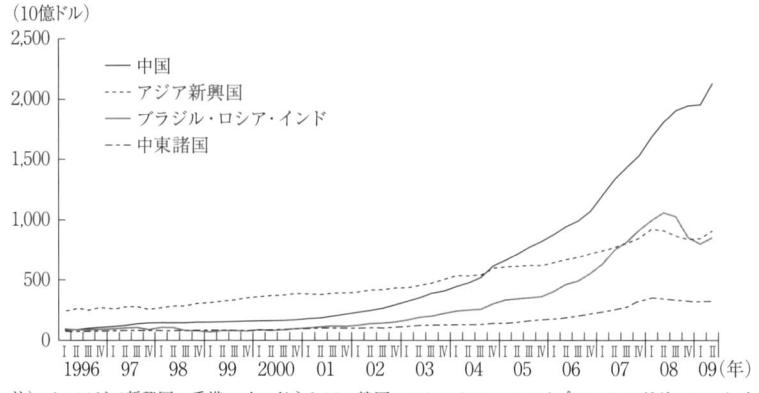

(10億ドル)

凡例:
― 中国
‥‥ アジア新興国
― ブラジル・ロシア・インド
--- 中東諸国

注) 1. アジア新興国：香港, インドネシア, 韓国, マレーシア, フィリピン, シンガポール, タイ.
 2. 中東諸国：バーレーン, エジプト, イラン, イラク, ヨルダン, クウェート, レバノン, リビア, オマーン, カタール, サウジアラビア, シリア, アラブ首長国連邦, イエメン.
 3. ローマ数字は四半期を表す.

出所) IMF.

3.4 欧州諸国および産油国の経常収支

3.4.1 欧州域内の経常収支のインバランスの拡大

欧州全体の経常収支は，2000年代半ばに赤字に転じ，その後，赤字幅が拡大している．また，2000年代に入って，域内で経常収支のインバランスが拡大している（図表2-7）．米国の赤字が2006年にピークを打ったのに対して，2008年までインバランスが拡大し続けている点が欧州地域の特徴となっている．欧州における主な黒字国はドイツ，オーストリア，オランダおよび北欧諸国である．なかでもドイツの黒字幅は特に大きく，東西統一の影響から一時的に赤字化した経常収支は2000年代に入って再び黒字化し，その後黒字幅は拡大し続けている．一方，主な赤字国は南欧諸国，東欧諸国および英国である．

次にEU諸国の経常収支の変化と住宅価格の変化の関係を見てみよう（図表2-8）．2001年においては，GDP比で−10％以上の経常収支赤字を計上した国は存在しなかった（最も悪いポルトガルが−9.9％であった）が，2008年には域内で7カ国が−10％以上の赤字を計上している．こうした経常収支の悪化は特に東欧およびバルト諸国で激しい．また住宅価格は欧州全域で上昇

第2章 世界金融・経済危機後のグローバル・インバランス調整　121

図表2-7　EU加盟国の経常収支

（10億ドル）

凡例：
- ドイツ・オーストリア
- オランダ・ルクセンブルク
- 北欧諸国
- 南欧諸国
- フランス・ベルギー
- 英国・アイルランド
- 東欧・バルト諸国
- ●― EU（27カ国）合計

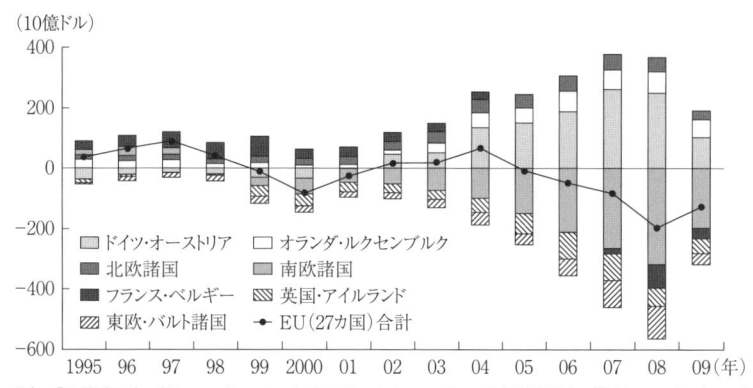

注）「北欧諸国」：デンマーク，フィンランド，スウェーデン，「南欧諸国」：ギリシャ，キプロス＊，イタリア，マルタ＊，ポルトガル，スペイン，「東欧・バルト諸国」：ブルガリア＊＊，チェコ＊，エストニア＊，ハンガリー＊，ラトビア＊，リトアニア＊，ポーランド＊，ルーマニア＊＊，スロバキア＊，スロベニア＊（＊は2004年より，＊＊は2007年よりEU加盟）．
出所）IMF（2009年はIMF予測値）．

図表2-8　EU加盟国の経常収支と住宅価格の変化（2001年と2008年の比較）

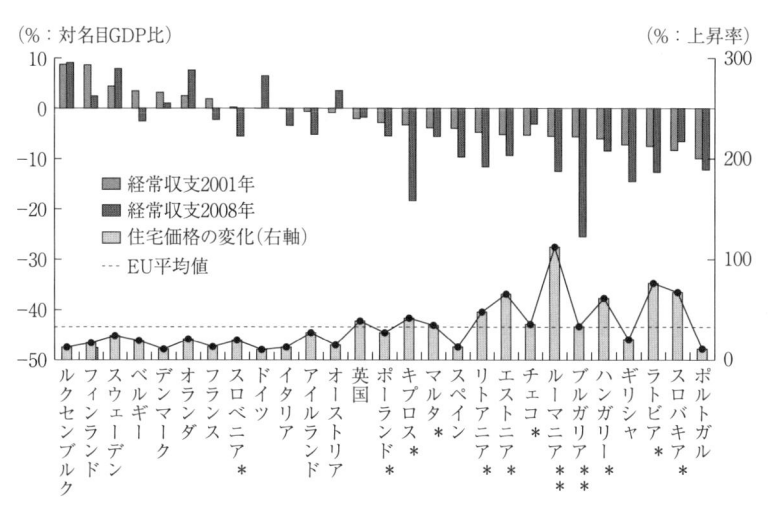

（％：対名目GDP比）　　　　　　　　　　　　　　　　（％：上昇率）

凡例：
- 経常収支2001年
- 経常収支2008年
- 住宅価格の変化（右軸）
- ---- EU平均値

国名（左から右）：ルクセンブルク，フィンランド，スウェーデン，デンマーク，オランダ，フランス，ドイツ，ベルギー，スロベニア＊，イタリア，アイルランド，オーストリア，英国，ポーランド＊，キプロス＊，マルタ＊，スペイン，リトアニア＊，エストニア＊，チェコ＊，ルーマニア＊＊，ブルガリア＊＊，ハンガリー＊，ギリシャ，ラトビア＊，スロバキア＊，ポルトガル

注）1．住宅価格の変化はHCPIにおける住宅物価指数と住宅以外の物価指数との上昇率の差，ただし住宅には光熱費を含む．
　　2．＊は2004年より，＊＊は2007年よりEU加盟．
出所）IMF, EuroStat.

傾向にあるが，経常収支赤字国の住宅価格上昇率（平均39％）は黒字国の上昇率（平均16％）よりも高い．EU域外のアイスランドなどにおいても経常収支の悪化と住宅価格の上昇がこの期間，同時に見られており，欧州地域の経常収支の悪化には資産価格の上昇がひとつの背景となっていることが示唆される[5]．

3.4.2　産油国の経常収支黒字の拡大

中東やロシアなどの産油国は2004年以降，急速に経常収支黒字を拡大させており，その世界GDPに対する比率は2003年の0.4％から2008年の1.1％へとおよそ3倍になっている（前掲図表2-1）．原油価格は，2003年ごろから2008年半ばにかけて高騰したが，世界金融・経済危機による世界同時不況で2009年はじめにはピーク時の3分の1以下に下落し，その後，やや回復している．産油国の経常収支の推移は，こうした原油価格の動向を反映したものである．

産油国は多くの国が自国通貨を対ドルでペッグしているため[6]，経常収支黒字が拡大するにつれて外貨準備が増加している．中東諸国の外貨準備は2000年から2008年までの8年間でおよそ3倍に拡大して約3,200億ドルとなり，世界の外貨準備の約4.7％を占めている（前掲図表2-6）．産油国は，また，外貨資産の一部をソブリン・ウェルス・ファンドなどの形で積極的に運用しており，世界の資本市場に無視できない影響を与えている．

3.5　世界の資金フロー

グローバル・インバランスの背景にある世界の資金フローと，米国や新興国の資本収支の動向について見てみよう．

世界の資金フロー[7]を流入と流出とに分けてグロスで見ると（図表2-9），1990年代後半から2002年までは，1997年のアジア通貨危機とそれに続く1998年のロシア経済危機，2001年のITバブル崩壊などの影響を受けつつも，

---

[5]　経常収支と住宅価格の一般的な関係については4.1節参照．
[6]　サウジアラビア，バーレーン，オマーン，アラブ首長国連邦，カタールなどの多くの産油国通貨はドルペッグ制を採っている．
[7]　ここでは資金フロー＝直接投資（出資割合が10％以上の直接投資）＋ポートフォリオ投資（債券や株式などへの投資）＋その他投資（貿易信用，銀行貸出など）＋外貨準備増減のこと．

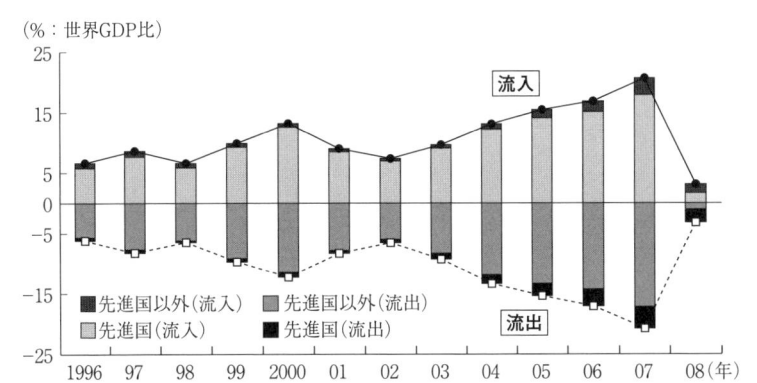

図表 2-9　国境を越える資金の流れ

注)　グラフの資金流入・流出＝直接投資＋ポートフォリオ投資＋その他投資＋外貨準備増減，先進国とは IMF 定義による以下の国・地域を指す．オーストラリア，オーストリア，ベルギー，カナダ，キプロス，チェコ，デンマーク，フィンランド，フランス，ドイツ，ギリシア，香港，アイスランド，アイルランド，イスラエル，イタリア，日本，韓国，ルクセンブルク，マルタ，オランダ，ニュージーランド，ノルウェー，ポルトガル，シンガポール，スロバキア，スロベニア，スペイン，スウェーデン，スイス，英国，米国．
出所)　IMF．

　世界 GDP の 10％程度の安定的な資金が国境を越えて流れていた．2002 年以降は，世界経済が安定成長を遂げ金融面でのグローバル化が進むなかで，国境を越える資金フローは着実に拡大し，2007 年には世界 GDP の 20％を超える水準にまで達した．また資金フローを先進国とそれ以外に分けた場合，先進国以外の資金フローが世界全体のフローに占める割合が年々増加している．

　こうした資金フローを流入から流出を差し引いたネットで見ると，先進国以外の資金フローは純流出であり，逆に先進国の資金フローは純流入となっている．国・地域別に見ると，米国への資金の純流入が大幅に拡大する一方，中国をはじめとするアジア諸国，中東諸国，ロシアといった新興国からの資金の純流出が拡大してきた．また，2000 年代半ばには，ユーロ圏および英国に対する資金の純流入が増えている．世界の資金フローを大きく捉えると，新興国から先進国への資金フローが増加したと言える．

　次に，米国の資本収支を見ると（図表 2-10），1990 年代末から資本の純流出が続き，2000 年代に入ってから 2007 年にかけては，対内投資，対外投資ともに増加している．資金需要が旺盛で高い収益率が期待できる米国に対して資

図表 2-10　米国の投資収支（対地域別）

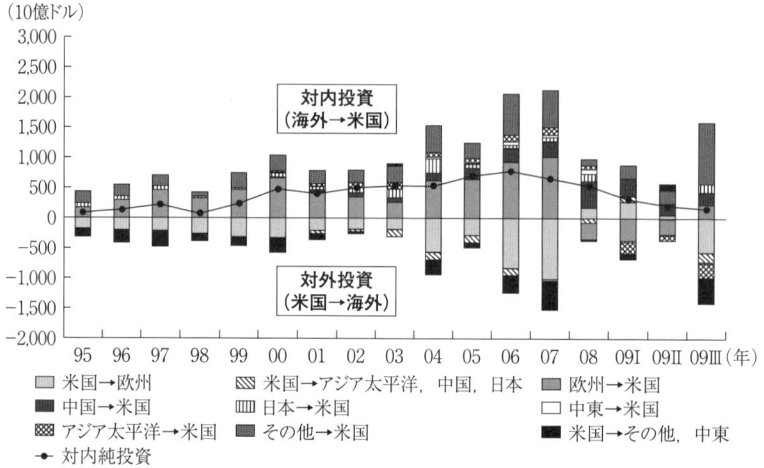

（10億ドル）

凡例：
- 米国→欧州
- 米国→アジア太平洋，中国，日本
- 欧州→米国
- 中国→米国
- 日本→米国
- 中東→米国
- アジア太平洋→米国
- その他→米国
- 米国→その他，中東
- 対内純投資

注）ローマ数字は四半期を表す．2009年は四半期ベースのため値を4倍し表示した．
出所）米国商務省．

金が流入する一方で，米国から海外に資金が還流し世界経済の成長を促進していたことが分かる．これを主要国・地域別に見ると，まず欧州地域との間の資金フローの拡大が顕著である．これは，世界経済の成長に伴い米国と欧州の金融市場がより密接に結び付くようになったことを示している．また，特に欧州から米国への対内投資の拡大については，産油国などの余剰資金が英国などを経由して米国へと再投資されていることも影響していると見られる．中国，アジア太平洋および中東から米国への直接的な資金フローも拡大しているが，逆方向の資金フローはそれほど増加していないため，ネットで見てもこれらの新興国から米国への資金流入が拡大していることが分かる．すなわち，米国の経常収支赤字（＝貯蓄不足＝過剰支出）はアジア諸国や中東諸国からの資金流入（＝貯蓄超過＝過少支出）によって支えられていたと言える．

最後に，新興国をめぐる資本の動きを見るため，代表的な新興国であるBRICs諸国の資本の動きを確認してみよう（図表2-11）．BRICs諸国は経常収支黒字国であることから，2002年以降ネットで資本が流出している．ただしその内訳を見ると，近年，外貨準備が著しく増加しており，政府部門を通

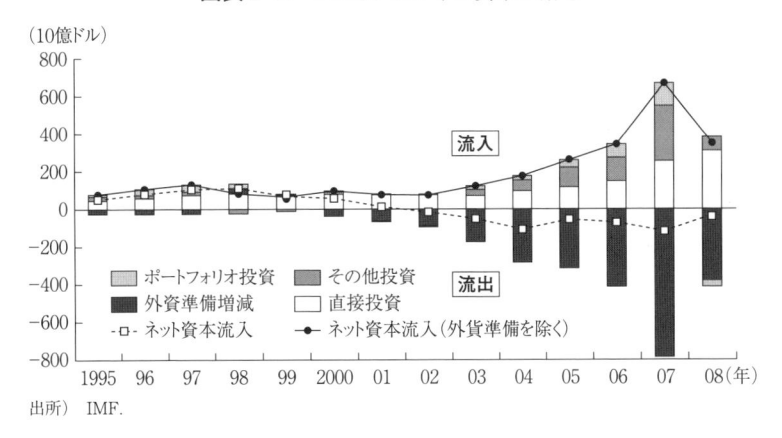

図表 2-11 BRICs をめぐる資本の動き

(10億ドル)／ポートフォリオ投資／その他投資／外貨準備増減／直接投資／流入／流出／ネット資本流入／ネット資本流入(外貨準備を除く)

出所) IMF.

じて資本が流出している．一方で，直接投資，ポートフォリオ投資，銀行貸出など外貨準備以外の投資は，2002年以降も流入超過が続いている．このように，全体としては新興国から先進国へと資本が流れているが，民間資金に限って見れば先進国から新興国への流れが多いことが窺われる．

3.6 グローバル・インバランスの時期的な特徴

前節まではグローバル・インバランスの拡大について国・地域別にその特徴を見てきた．本節では，グローバル・インバランスが時間とともにどのように拡大してきたかを改めて整理する[8]．

3.6.1 拡大初期 (1996年から2000年まで)

初期のインバランス拡大の特徴は，米国の経常収支の悪化とアジア新興国の経常収支の黒字化であり，期待収益率の高い米国に資金が流入したことである．

90年代後半，米国においてIT革命により国内の生産性が高まった．その結果，高い収益率を期待して世界から資金が米国に集中し，ITバブルと呼ばれる投資ブームを引き起こすとともに経常収支赤字が拡大した．

---

[8] ここでの整理は Blanchard and Milesi-Ferretti [2009], Obstfeld and Rogoff [2009], Bernanke [2005] などによる．

一方,アジア新興国では,アジア通貨危機以降,長く国内投資が回復せず慢性的な貯蓄超過状態となった.また,各国は自国通貨安による輸出主導の経済成長戦略へとシフトしていったため,経常収支が赤字から黒字へと転じるとともに,余剰資金が米国へと還流する構造がこの時期に形成され,以降長期的に継続することとなった.

3.6.2 拡大中期(2001年から2004年まで)

この時期の特徴は,貯蓄不足を背景に米国の経常収支赤字がさらに拡大する一方で,黒字国・地域が多様化したことである.

米国ではITバブルの崩壊以降の思い切った利下げを背景に,不動産価格の上昇が加速した.ITバブル期に米国の家計は資金不足に転じていたが,続く住宅ブームの到来は家計貯蓄率の低下に拍車をかけ,家計の過剰消費体質が強まった.それに加え,高齢化に伴う医療支出の増加や対テロ戦争のための戦費の増加が米国の財政赤字を悪化させ,経常収支赤字をさらに拡大させる結果となった.

一方,黒字国・地域では中国が貿易黒字幅を着実に拡大させた.同時に中国をはじめとする新興国の生産力の急激な拡大によって,世界的に生産資源の需要が増加した.需給が逼迫した原油価格は2003年ごろより上昇傾向を見せ始め,産油国の黒字が拡大した.こうして日本とアジア新興国の黒字に加え,中国や産油国の黒字が拡大する米国の赤字を支える構造が明確となり,グローバル・インバランスはより多くの地域を巻き込んだ構造へと変化していった.

3.6.3 拡大後期(2005年から2008年まで)

この時期の特徴は,米国と欧州の赤字国における不動産価格の上昇を背景とした経常収支赤字の拡大と,中国および産油国の黒字のさらなる拡大にある.また,アジア諸国や産油国の外貨準備が拡大する世界の経常収支赤字をファイナンスする傾向が強まった[9].

米国では,2004年後半より金融引き締めに転じていたものの長期金利は上

---

[9] この時期の経常収支赤字の拡大と住宅価格の上昇との関係,米国の低金利とアジアの資金フローとの関係については第4節を参照.

昇せず，2006 年まで不動産価格が上昇し，過剰消費と投資ブームが生じて経常収支の悪化が続いた．不動産価格の上昇と投資ブームは海外，特に英国，スペイン，アイルランド，中東欧などの欧州諸国でも見られ，これらの国で 2008 年まで経常収支の赤字が拡大することとなった．

一方，中国の経常収支黒字は国内の貯蓄率の上昇と割安な人民元を背景に加速的に拡大し続けた．残高において世界一となった中国の外貨準備は大部分がドルで運用され，米国の経常収支赤字を支えたと見られる．また，同時期に原油価格が大幅に上昇したため，産油国の経常収支黒字が急激に拡大し，中国と同様に世界の経常赤字国に資金を供給する役目を担った．こうしてグローバル・インバランスがさらに拡大した．

3.7 80 年代のインバランスとの比較

3.2 節でも触れたように米国の経常収支赤字は，80 年代にも大幅に悪化している．この背景にはレーガン政権下の軍備拡張と減税による財政赤字の拡大があったため「双子の赤字」と言われ，主に日本との間で厳しい貿易摩擦が生じた．その後，85 年のプラザ合意を経て経常収支赤字は縮小し，1991 年には均衡を回復した．この 80 年代のインバランスは，1990 年代後半以降のグローバル・インバランスと比べて規模は小さいものであったが，質的な面ではどのような違いがあるだろうか[10]．

第 1 に，80 年代のインバランスは，貿易摩擦が大きな問題となっていたことからも分かるように，どちらかと言えばフローの経常収支の問題として議論されていた．近年のグローバル・インバランスにおいては，米国の対外純債務（ストック）が現実に大幅なものとなっており，グローバル・インバランスの持続可能性が議論の焦点となっている．また，資産と負債の構造やそれぞれの収益率の差が米国の経常収支赤字の持続可能性に影響を与えるようになっている．このようにストック面まで考慮する必要がある点で，近年のグローバル・インバランスはより深刻化，複雑化していると言える[11]．

第 2 に，80 年代のインバランスにおいては，米国の経常収支赤字の原因としてドルのミスアライメント（均衡からの乖離）が原因として注目され，プラ

---

[10] ここでの整理は吉冨 [2006] などによる．
[11] 米国の対外純負債をめぐる問題については 6.2.2 節で考察する．

ザ合意によって変動相場制を採っていた先進国通貨間の為替レートの調整が行われた．一方，現在のグローバル・インバランスにおいては，ドル相場の全面的な調整が求められているわけではないが，中国のように固定相場制に近い管理通貨制度を採る国が深く米国の経常収支赤字に関わっており，管理通貨制度を採っている途上国通貨とドルの間の部分的な為替調整が求められている[12]．

第3に，80年代のインバランスにおいては，米国の経常収支赤字の大きな要因は日本に対する貿易赤字であった．しかし，近年のグローバル・インバランス下での米国の赤字は主に中国，アジア新興国などとの貿易赤字によって生じている．前者は米国対日本という先進国間の問題であったが，後者は米国対アジア諸国の問題であるという点で異なっている．それだけでなく，80年代の貿易構造は先進国同士の間の水平分業と先進国と途上国の間の垂直分業という比較的単純な構造であった．しかし，現在は80年代に比べて生産ネットワーク[13]や資金フロー[14]の相互依存関係が深化している．その分，インバランスの調整が生じた場合の影響が世界規模で広がりやすいと言えよう．

3.8 グローバル・インバランス是正に向けた取り組み

こうしたグローバル・インバランスの拡大を問題視する意見は1990年代後半より散見されたが，2000年代前半よりG7などの国際会議の場においても，インバランスの原因となっている政策や市場のゆがみの是正について議論されるようになった．

G7では，特に2003年以降，グローバル・インバランスの是正に関わる議論がしばしば行われるようになった．例えば2003年の秋の会合では，日本と中国に対し為替介入を控えるべきであるとの圧力が高まったし，同年末の会合では米国の貯蓄増加や欧州の生産性向上に向けた取組が表明された．さらに2004年2月の会合では，その声明において「中期的に健全な財政政策が，

[12) 新興国の通貨制度については6.2.4節で考察する．
[13) 例えば現在のアジア地域の貿易構造を見ると，先進国企業が中国を中心に東南アジア地域に複雑な生産ネットワークを築いており，これらの企業がアジアで生産する消費財が米国を中心とした先進国の市場へ供給されることで，アジア諸国に貿易黒字が生じている．
[14) 先進国間だけでなくアジア新興国や産油国から先進国への資金フローが大きくなっている．

国際的な経常収支不均衡への取組における鍵」であると明確に述べられている．続く 2005 年の会合の声明でも「世界的不均衡への中期的な対処という課題は，国際社会の共同責任であり，持続的な成長を最大化するように取り組まれなければならない」としており，インバランスへの対応が国際的な共同責任であることを改めて確認している．

また，IMF でも，2006 年 6 月に，米国，欧州，日本，中国，サウジアラビアが参加してグローバル・インバランスに対処することに焦点を当てた多国間協議が始まった．ここでの議論は 2007 年 7 月に政策計画としてまとめられ，①米国は財政健全化を進め，国内貯蓄を高める税制を検討すること，②ユーロ圏は金融市場の統合を進め，労働市場改革を行うこと，③日本は海外からの投資を誘導し，財政再建を進めること，④中国は人民元レートの柔軟性を高め，内需の拡大や金融システムの改革を行うこと，⑤サウジアラビアは国内の社会保障やインフラ整備に政府支出を向けること，などが提言された．

前節で述べた通り，グローバル・インバランスの問題には，G7 参加国以外の新興国（特に中国）が深く関わっている．これらの国々を含めた，より広範囲な政策協調の試みは，グローバル・インバランスの是正に不可欠であり，今日の危機を契機に今後さらに拡大・深化していくものと考えられる．

4　世界金融・経済危機発生の背景としてのグローバル・インバランスの拡大

グローバル・インバランスの拡大が世界金融・経済危機の発生の主因であるとの見方がある．これによれば，アジア諸国と産油国の過剰貯蓄（Saving Glut）が米国に流入して低金利をもたらし，住宅ブームと過剰消費が生じて経常収支赤字が拡大した．同時に，これらの国々の外貨準備が増大し，米国債などの低リスク資産に投資された．その結果，民間投資家はサブプライム・ローンを組み込んだ金融商品など，高収益で比較的低リスクだと思われていた資産への投資を拡大した．こうして過剰な金融投資（Financial Excess）が生じ，金融危機につながったということになる．そこで，本節では，グローバル・インバランスの拡大が，2000 年以降の米国の長期金利の下押し

圧力となり，不動産価格の上昇に影響を与え，世界金融・経済危機の発生の原因となった可能性について検討する．

4.1 経常収支赤字の拡大と住宅価格の上昇との関係

今回の世界金融・経済危機の直接的な原因は米国の住宅ブームとその後の不動産市況の悪化にあった．そこで，まず単純に住宅価格と経常収支の関係について見てみよう．住宅価格の上昇は2000年代以降，多くの国で見られた現象であるが，アジア新興国や日本およびドイツのような経常収支黒字国においては，住宅価格の上昇があまり見られなかったのに対して，米国や欧州諸国の一部では住宅価格が大きく上昇している．特に，アイスランド，バルト諸国などでは世界金融・経済危機の発生する直前の数年間のうちに激しい住宅価格の上昇が生じると同時に経常収支が大幅に悪化した．住宅価格ほど明確ではないものの，株価についても欧州周辺国の株価は大きく上昇しており，住宅価格に類似した傾向が見られる．

世界各国の経常収支の変化と住宅価格の変化の関係を見ると（図表2-12），経常収支の変化と地価の上昇率には結果として負の相関があったことが分か

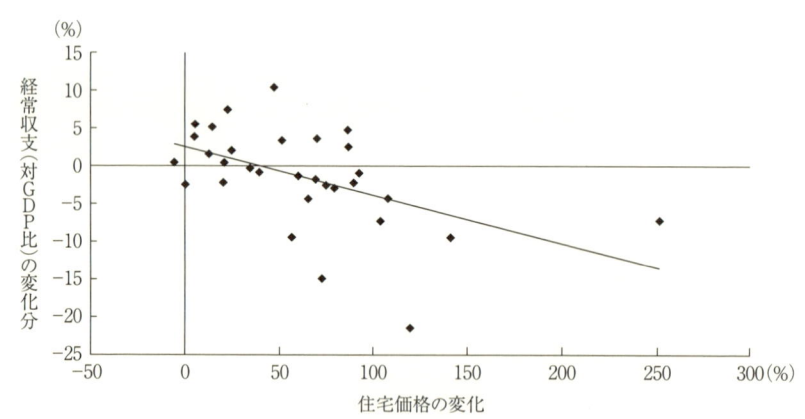

図表2-12 住宅価格と経常収支との相関（2002-07年）

注）調査対象国：オーストラリア，オーストリア，ベルギー，コロンビア，クロアチア，チェコ，デンマーク，エストニア，フランス，ドイツ，香港，ハンガリー，アイスランド，アイルランド，イスラエル，ラトビア，リトアニア，マレーシア，マルタ，オランダ，ニュージーランド，ノルウェー，ポーランド，ロシア，セルビア，シンガポール，スウェーデン，スイス，タイ，英国，米国（計31カ国）．
出所）各国中央銀行および統計局など．

る[15]．Aizenman and Jinjarak [2009] は，金利や人口などの影響をコントロールしたうえで，1995年以降の世界各国の住宅価格に経常収支が与える影響を分析し，GDP比1％の経常収支赤字の拡大は10％の住宅価格の上昇をもたらすとしている．

4.2 米国の低金利とアジアの資金フローとの関係

米国の政策金利は2000年代はじめにITバブルの崩壊を受けて引き下げられた後，2004年には引き締めに転じたが，一方で長期金利は引き締め後も低水準にとどまり続けた．当時のグリーンスパン（Greenspan, A.）FRB議長は，この長期金利の低水準での停滞を「長期金利の謎（Conundrum）」と呼んだが，こうした米国の金融緩和と引き締め後の低水準の長期金利が住宅ブームを招いたとの指摘はすでに複数の識者よりなされている[16]．

米国の長期金利が上昇しなかった理由としては，アジア諸国などの経常収支黒字国から米国への資本流入が影響を与えた可能性が指摘されているが，特に外国政府からの資金流入に着目した研究が存在する[17]．そこで，本節では2000年代のアジア諸国の政府による米国債保有の推移をいくつかのデータを手掛かりに確認する[18]．

フローのデータを見ると，海外から米国資産への純投資（純購入）のうち海外政府によるものは，2002年以降増加傾向にあり，2007年には2002年の約4倍の額となっている．これは規模としては対内純投資（海外から米国資産への純投資－米国から海外資産への純投資）の約7割に相当する[19]（図表2-13）．

次にどの地域の海外政府が米国資産を購入したのかを見ると，アジア地域の占めるシェアが非常に大きく，2002年から2007年まで平均して8割程度

---

15) もっとも住宅価格と経常収支の間には，双方向の因果関係が考えられるので，これだけで経常収支から地価への一方的な影響があるとは必ずしも言えない．また，米国と欧州各国の住宅価格は国により上昇時期や上昇率にかなりのばらつきが存在する．
16) 代表的なものにテイラーによるグリーンスパン批判がある（Taylor [2009]）．
17) Warnock and Warnock [2005] は外国政府の米国債購入によりこの時期の米国債金利が60ベーシス・ポイント程度抑制されたとしている．また Krishnamurthy and Vissing-Jorgensen [2008] は海外政府の米国債に対する特殊な保有動機（利回りよりも流動性を重視する傾向など）が米国債金利を押し下げた可能性を指摘している．
18) アジア諸国の政府は外貨準備における米国債の保有額などを公表していないため，その正確な運用実態は不明である．
19) 海外から米国資産への純投資に対しては，その約2割を占めている．

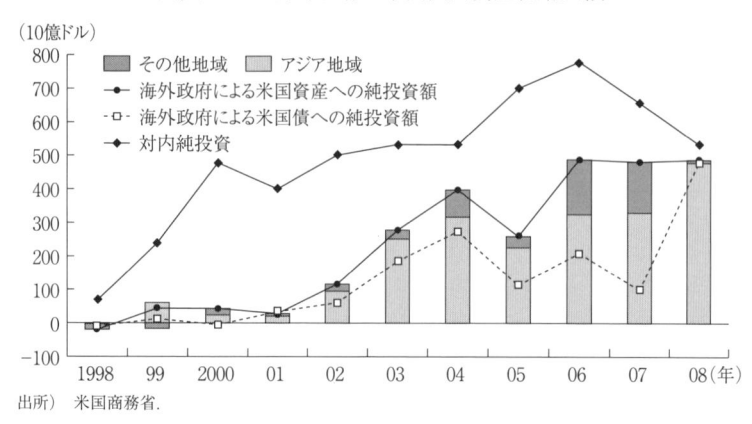

図表 2-13 海外政府の米国国内資産純購入額

(10億ドル)
凡例：その他地域／アジア地域／海外政府による米国資産への純投資額／海外政府による米国債への純投資額／対内純投資

出所）米国商務省．

のシェアを占めている．また，海外政府の購入した米国資産のうち米国債の占める割合は，年毎に変動はあるものの，平均して約5割を占めている．さらに，海外主体による米国債購入額のうち海外政府の占めるシェアは平均して7割程度となっており，海外の民間主体に比べてかなり大きな役割を果たしている．

一方ストックのデータを見ると，海外主体による米国債保有残高は，2002年以降，着実に増加しており，2007年の保有額は2002年のおよそ2倍となっている（図表2-14）．国・地域別にその推移を見ると，先進国の保有残高が2004年以降変化していないのに対して，新興国による保有残高が増加し続けている．新興国のうち，特に中国の保有残高の増加は著しく，追って近年ではブラジル，ロシア，インドの保有残高も急増している．またアジア新興国の保有残高も2000年代を通じて漸増傾向にある．

米国債保有残高には海外の民間主体の保有分も含まれているため，海外政府がどの程度の米国債残高を持つのかを断定はできない．ただし，フローの海外主体による米国資産の純購入の状況については，先に確認したように，2002年以降，①海外政府による米国資産の純購入額が年々増加してきたこと，②海外政府による米国資産の純購入にはアジア地域の政府が占めるウェイトが非常に大きいこと，③海外政府による米国資産の純購入の約5割が米国債であること，④海外主体による米国債購入のかなりの部分が海外政府による

図表 2-14 海外主体による米国債保有残高（地域別）

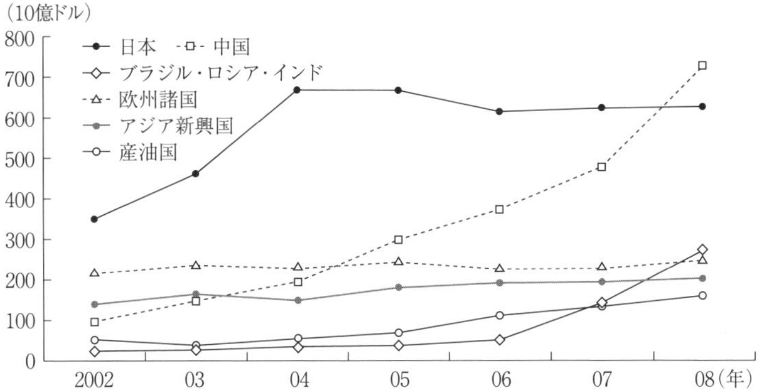

（10億ドル）

凡例：日本、中国、ブラジル・ロシア・インド、欧州諸国、アジア新興国、産油国

注）値は各年の 6 月末のもの．ただし 2008 年の「日本」，「中国」，「ブラジル・ロシア・インド」については 12 月末の値を使用．「産油国」：バーレーン，イラン，イラク，クウェート，オマーン，カタール，サウジアラビア，アラブ首長国連邦．「欧州諸国」：ドイツ，英国，オランダ，スウェーデン，スイス，ベルギー，アイルランド，フランス，イタリア，スペイン，デンマーク．「アジア新興国」：香港，韓国，マレーシア，インドネシア，フィリピン，タイ，シンガポール．
出所）Treasury International Capital System.

ものであること，の 4 点を考え合わせれば，海外主体による米国債の保有残高の増加の多くがアジア諸国の政府によってもたらされた可能性が高い．さらに日本の米国債保有残高が 2004 年を境にあまり増加していないことを考えると，アジア政府の中でも中国政府の米国債購入額がかなりの部分を占めていると推測される．

このようなアジア諸国による米国債の購入額の増加が米国内の長期金利の引き下げの主因であったか否かは不明であるが，その規模を考えれば[20] 金利低下圧力のひとつの要因として働いた可能性は否定できないと考えられる[21]．

4.3　グローバル・インバランスは金融・経済危機の原因であったのか

このように，いくつかの事実は，海外からの，とりわけアジア諸国の政府

---

[20] 米国財務省によれば 2008 年末の米国債残高は 10 兆ドル（うち市場性米国債の残高が 5.2 兆ドル）．一方，米国債の海外保有分は 3.1 兆ドル（うち海外政府保有分は 2.1 兆ドル）である．

[21] Greenspan [2005] は長期金利の低下要因について，海外資金の米国流入の効果を肯定しているが，同時にその効果は限られたものであり金利低下の主因ではないとしている．

による米国への資本流入が米国の低金利と住宅バブルを起こし，その後のバブルの崩壊が世界的な金融危機の発生を招いた可能性を示唆しているが，決定的な証拠とはなっていない．仮に因果関係があるとしても，グローバル・インバランスが危機発生の主因とまでは言えそうもない[22]．それは，第1に，米国がより早いタイミングで金融を引き締めていれば，住宅バブルの規模は小さなものとなり，大規模な金融危機の発生は回避できたと考えられるからである[23]．第2に，資産価格のひとつに過ぎない不動産価格の変動がここまで深刻な危機をもたらしたのは，低金利以外にも，金融の技術革新とそれに対応できなかった金融規制・監督の不備などの要因が重要な役割を果たしているからである．これらの要因がなければ，低金利の長期化のもとで住宅バブルが発生したとしても，深刻な金融危機には発展しなかったであろう．

Obstfeld and Rogoff [2009] は，グローバル・インバランスは金融危機の原因ではなく，両者は同じ経済政策の失敗から同時に生じた経済現象であると述べている．また，Bernanke [2007] も各国の経常収支はその国内の経済状況を反映したものであり，経常収支の異常な変化は国内経済の異常を捉えるために重要であると指摘している．一方で Bernanke [2005] は当時の米国経済について，成長率，インフレ率，失業率などの指標は良好であるが，経常収支のみが異常な動きをしているとも述べている．世界金融・経済危機とグローバル・インバランスとの因果関係を読み解くにはさらなる研究が必要であろうが，グローバル・インバランスの拡大が各国のマクロ経済の異常を示すひとつの重要なシグナルとなっていたことは間違いないと言ってもよいだろう．

5 世界金融・経済危機下のグローバル・インバランス調整

今回の危機を経て，グローバル・インバランスは大幅に縮小したが，それはどのようなメカニズムで生じているのであろうか．

---

[22] 以下の議論は谷内 [2010] などによる．
[23] Taylor [2007] はテイラー・ルールに従って FRB が利上げを行っていれば，バブルを避けることができたと述べている．

5.1 縮小したグローバル・インバランス

世界全体の国・地域の経常収支の赤字と黒字，それぞれの合計が世界のGDPに占める割合は（前掲図表2-1），2009年には1.5％程度となり，2008年に比べて4割程度縮小すると見られている．世界金融・経済危機によってグローバル・インバランスが大幅に縮小していることが分かる．

世界貿易が縮小するなかで，多くの国・地域で赤字幅，黒字幅が大幅に縮小している．赤字国（米国，アイルランド，スペイン，英国，中東欧諸国など）では，資産価格が急落し，内需が急激に減少して収支が大幅に改善した．特に，不動産バブルが生じていた欧州の周辺国（アイスランド，バルト諸国など）では，深刻な景気後退や大幅な通貨の下落により赤字が劇的に縮小している．

一方，黒字国（日本，ドイツなど）では，耐久消費財や投資財の輸出が急減し，黒字幅が縮小した．また，石油価格が顕著に下落したため，産油国の黒字の世界GDPに占める割合は，2008年の水準の約4分の1にまで低下している．石油価格の下落は，石油輸入国の赤字を縮小する効果も持った．

こうしたなかで，中国およびアジア新興国の黒字幅は危機後も変化しておらず，大幅な黒字が続いている．新興国の外貨準備の危機後の状況を見ると（前掲図表2-6），2008年の世界経済の大幅な落ち込みを受け，一時的に伸びが鈍化もしくは減少した．これは，貿易黒字の縮小や資本流入の鈍化によるものである．しかし，2009年に入ると再び各国・地域で外貨準備が増加している．特に，中国は危機の影響が比較的小さく引き続き巨額の経常収支黒字を維持しており，2009年に入ってからの増加幅が大きい．

5.2 米国の経常収支と貯蓄・投資バランスの変化

米国の経常収支の変化を詳しく見てみよう（前掲図表2-2）．米国の経常収支赤字は，2006年のGDP比6.0％をピークに減少しており，2009年には同2.9％まで低下している．各国・地域に対する赤字がいずれも減少するなかで，中国に対しては依然として高水準の赤字が続いており，赤字全体に占める中国のウェイトはむしろ高まっている．

こうしたなかで，2008-09年にかけて，米国の貯蓄・投資バランスにも大きな変化があった．米国の部門別の資金過不足を見ると（前掲図表2-3），企業部門は設備投資を大幅に抑制したため資金余剰に転じた．また，家計部門は

住宅価格の下落と不況のなかで,消費や住宅投資を抑制してバランスシートを改善しているため資金余剰幅が大幅に拡大した.一方,政府部門は税収減少と景気対策による政府支出拡大で財政赤字が増加し資金不足が大幅に拡大している.企業部門と家計部門の資金余剰(貯蓄超過)の拡大が,政府部門の資金不足(貯蓄不足)の拡大を上回っているため,海外部門の資金余剰が縮小し,経常収支の赤字も縮小している.

5.3　世界の資金フローの変化

1990年代半ば以降拡大が続いてきた世界の資金フローは,2008年に大幅に収縮した(前掲図表2-9).世界的に投資のホーム・バイアスが強まり,マネーの本国回帰(Repatriation)とも言える動きが生じている.

米国の投資収支を見ると(前掲図表2-10),2008年中ごろから英国を中心とする欧州と米国との間の資金循環は急速に収縮している.欧州ほどではないものの,中東,アジア,中南米などとの間の資本取引も著しく減少している.ただし,中国からの資金流入は続いている.

米国への証券投資は,欧米金融機関の信用力低下を受けた投資家の安全指向を反映して,米国債に集中する構造となり,株式や社債などの購入は著しく減少している.2009年第3四半期に入ると,米国では対外投資,対内投資

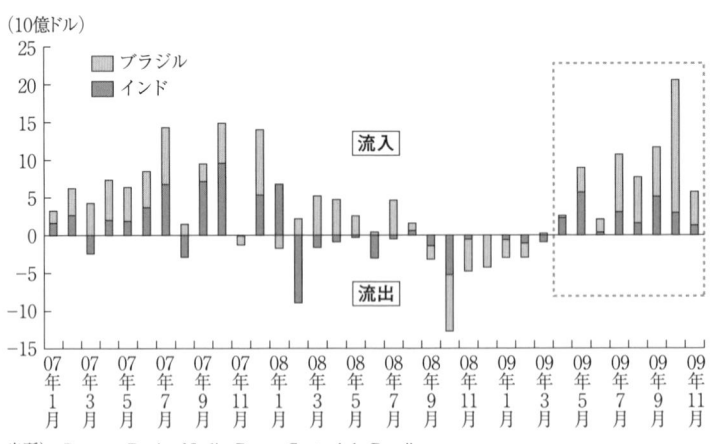

図表2-15　新興国への資本流入

出所)　Reserve Bank of India, Banco Central do Brasil.

ともに回復が見られており，マネーフローの急激な収縮過程はやや落ち着きを取り戻しつつある．

こうしたなかで，危機対応として取られた世界的な低金利政策のなかで生じた過剰流動性が，新興国投資へと向かう兆候が見られる．例えば，BRICsへの資金流入は 2009 年春以降活発化しており（図表 2-15），新興国では新たな株式・不動産などの資産バブル発生が懸念されている．

5.4 ハードランディング・シナリオとは異なる調整プロセス

これまで見てきたように，今回の世界金融・経済危機を経て，2009 年のグローバル・インバランスは図らずも大きく縮小した．この不均衡是正のプロセスは，世界同時不況という大きな混乱を伴うものではあったが，かねてより懸念されていた，いわゆるハードランディング・シナリオとは異なったものであった．

そもそも，今回の危機は，米国の対外債務拡大に対する投資家の懸念が高まり，米国への資本流入に問題が生じたことによるものではなかった．そのため，ハードランディング・シナリオにおいて予想されていたドルの大幅な減価や金利の高騰は生じなかった．ドルは，2009 年春以降は減価傾向にあるが，リーマン・ショック発生直後は多くの通貨に対して増価したし，米国債は，投資家のリスク回避指向が強まった結果，むしろ安全資産と見なされ，投資が増加した（flight-to-quality）．

危機後の調整も，ドルの減価や金利の上昇という「価格調整」によるものではなかった．まず金融危機が発生し，それが実体経済の悪化を招き，貯蓄・投資バランスの変化を生じるという「数量調整」メカニズムが働いて経常収支の不均衡が調整されていったのである．

その結果，確かに，米国の民間部門の貯蓄・投資バランスは貯蓄が増加し投資が減少して貯蓄超過方向への調整が進んでいる．しかし，グローバル・インバランスの拡大を招いた構造は，危機後も残っている．新興国の外貨準備が米国の経常収支赤字をファイナンスし続ける構造は変わっていないし，米国の財政赤字の削減や元の為替レート調整など，グローバル・インバランスの縮小に向けた政策対応も課題として残されたままだ．

6 グローバル・インバランスの行方

世界金融・経済危機後に縮小したグローバル・インバランスは，今後どのように推移するのであろうか．また，グローバル・インバランスは引き続き世界経済にとって問題であり続けるのであろうか．

6.1 標準的なシナリオ
6.1.1 シナリオの概要

IMFの世界経済見通し（2009年10月）をもとに，2014年にかけてのグローバル・インバランスの標準的なシナリオを見てみよう（図表2-16）．2014年の経常収支を世界のGDPに対する比率で見ると，米国とその他の赤字国（英国，欧州周辺国）の赤字はそれぞれ －0.6％，－0.4％となり，2009年に比べればやや拡大するものの，危機前のピークに比べて米国は3分の1（対2006年比）程度，その他の赤字国は半分（対2008年比）程度まで赤字幅が縮小すると予測されている．黒字国のうち，日本とドイツの黒字も，あわせて0.3％となり，2004-07年のピーク期の3分の1程度にとどまると見られる．一方，

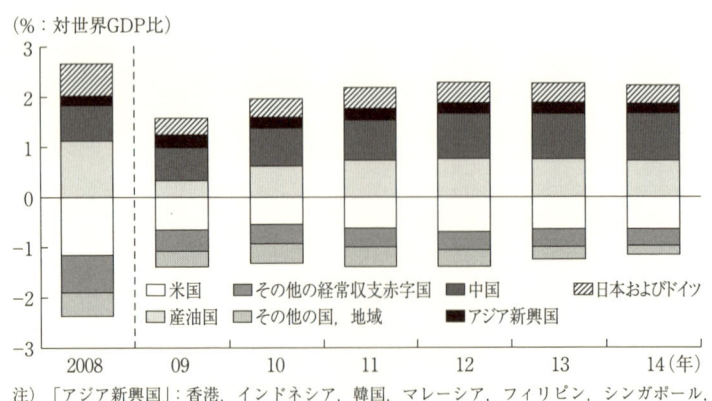

図表2-16　グローバル・インバランスの標準的シナリオ

注）「アジア新興国」：香港，インドネシア，韓国，マレーシア，フィリピン，シンガポール，タイ．「産油国」：イラン，ナイジェリア，ノルウェー，ロシア，サウジアラビア，ベネズエラ．「その他の経常赤字国」：ブルガリア，チェコ，エストニア，ギリシア，ハンガリー，アイルランド，ラトビア，リトアニア，ポーランド，ポルトガル，ルーマニア，スロバキア，スロベニア，スペイン，トルコ，英国．
出所）IMF, *World Economic Outlook*, Oct. 2009.

中国とアジア新興国の黒字は，あわせて1％を超え，2009年に低下した水準から再び拡大して，危機前の2007年の高い水準が持続すると予測されている．産油国の黒字は，2008年から2009年にかけて1.2％から0.3％へと大幅に縮小したが，2014年にかけて0.8％まで徐々に拡大すると見られる．その結果，各国・地域の経常収支黒字の合計は世界のGDPの2％を超え，無視できない規模のグローバル・インバランスが残ると見られる．

6.1.2 シナリオの背景にある要因

こうした標準的なシナリオの背景には以下のようなグローバル・インバランスを縮小する要因と拡大する要因が働いていると考えられる．そのうち，インバランスを縮小する要因としては，第1に，民間貯蓄が危機前に比べて高まることが挙げられる．生産が潜在的な水準に戻ったとしても，資産価格は危機前の水準には戻らないと考えられるからだ．特に米国の家計貯蓄率は危機前にはこれまでになく低い水準にあったが，危機後に生じている家計のバランスシート調整と過剰消費体質の見直しが続き，貯蓄は顕著に増加すると見られる．その結果，米国の経常収支赤字は減少し，グローバル・インバランスは縮小する．

第2の要因は，投資率が危機前に比べて大幅に低下することだ．金融規制の強化や金融機関のバランスシートの毀損によって貸出が低迷し，また資本コストも高まるため，投資のファイナンスが難しくなるであろう．米国やスペイン，アイルランドなど，危機前に住宅ブームを経験した国々では，住宅投資もしばらく低調なものとなろう．それらの国々の経常収支赤字は減少し，グローバル・インバランスは縮小する．

第3に，危機対応で大きく悪化した財政の健全化圧力が高まり，政府貯蓄が増加して赤字国では赤字が縮小することになる．

第4に，国際的な資本取引におけるリスク・プレミアムは，危機直後のピーク時に比べれば低下しているが，危機前に比べれば高い水準にとどまり，対外的なファイナンスへの依存度が低下するであろう．これもまた，グローバル・インバランスを縮小する方向に作用する．

一方，インバランスを拡大する要因として挙げられるのは，第1に，新興国の外貨準備の拡大が続き，世界の経常収支赤字をファイナンスし続ける可

能性が高いことである．新興国，特に中国をはじめとするアジア諸国は，危機後も外国為替市場に介入して外貨準備を積み増し，為替レートの安定を図っている．今回の危機では，東欧諸国のように急激な資本の流出を経験した国もあることから，新たな危機に備えてより大幅な外貨準備を保有することが望ましいと考えるようになるかもしれない．

第2に，世界経済が回復するに従って，原油価格は上昇し，産油国の黒字が再び拡大するであろう．先述のIMFの見通しでは，原油価格は2009年の1バーレル62ドルから，2010年には72ドル，2011年には82ドルへと上昇すると想定している．

世界金融・経済危機を経て，2009年のグローバル・インバランスは大幅に縮小した．しかし，グローバル・インバランスの拡大を招いた構造は，危機後も残っている．そのため，グローバル・インバランスは，危機前よりは縮小するものの解消されるわけではなく，無視できない規模の不均衡が残ると見られる．ハードランディングが生じる可能性は小さいとしても，そうしたリスクの存在を念頭に置いておく必要はあろう．

6.2 今後のグローバル・インバランスを考える視点

こうした標準的なシナリオにはどのようなリスクがあるのだろうか．以下では，グローバル・インバランスの中核にある米国と中国をはじめとするアジア諸国から見て，今後のグローバル・インバランスを展望するうえで重要と思われるいくつかの視点について考察する．

6.2.1 米国の財政赤字

第1の視点は，米国の財政赤字の行方である．

米国の財政赤字は，経常収支赤字の原因ではないとの議論もある[24]．1990年代後半の投資ブームの時には，米国の財政収支は黒字であったにもかかわらず，経常収支の赤字は拡大した．しかし，1980年代と2000年代のグローバル・インバランスの拡大期においては，米国では財政赤字の拡大に伴って経常収支赤字が拡大している．今後の米国の経常収支の行方を占ううえで，

---

24) 例えば，Bernanke [2005].

図表 2-17 米国の財政収支見通し

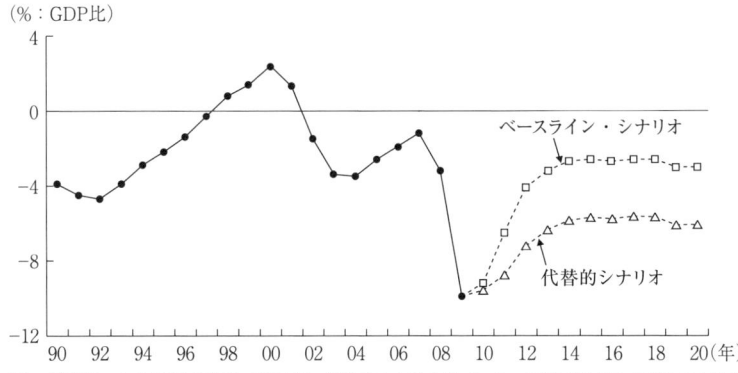

(％：GDP比)

注) 暦年データは2009年度まで実績値．代替的シナリオはブッシュ減税の延長とAMTの上昇を考慮したシナリオ．
出所) 実績値：Office of Management and Budget, "Historical Tables (Fiscal Year 2011)"，見通し：CBO "The Budget and Economic Outlook".

財政収支の動向は無視できない要因であると考えられる．

財政収支の見通しを，米国議会予算局（CBO）の「財政・経済見通し：アップデート」（2010年1月）に基づいて見てみよう（図表2-17）．税制や社会保障制度などの制度や政策について，現状において予定されている変更を織り込んで推計したベースライン・シナリオでは，財政赤字は2009年には大幅に拡大してGDP比で−9.9％となり，2010-13年にかけて縮小した後，同−3％前後で推移すると見込まれている．前節で見たIMFの見通しにおける米国の財政政策の想定も，このCBOのベースライン・シナリオ（ただし2009年8月時点のもの）と2009年度予算をもとにしたものである．

しかし，実際には，2010年に期限が来るブッシュ減税の期限延長，代替ミニマム課税（AMT）関連の減税が実現する可能性も高い．そうした政策変更を仮定した代替的シナリオでは，2012年以降米国の財政収支はGDP比−6％前後で高止まると見られる．また，医療費の増大などによって，ベースライン・シナリオを上回る歳出の増加が生じる可能性もある．そうしたケースでは，経常収支の赤字もより大幅なものとなり，その持続可能性への懸念が高まるおそれもある．

仮にベースライン・シナリオに沿って財政赤字が順調に縮小した場合でも，

米国では大幅な財政赤字が続き，公的債務が累積することになる．世界経済・金融危機前には投資家のホーム・バイアスが弱まり，国境を越える資金フローが拡大したが，危機後は逆の動きが見られており，海外の投資家による米国資産の購入が急減している．そうしたなかで，あまり高い確率ではないとしても，米国財政の持続可能性への懸念が高まれば，海外の投資家が米国債に投資し続けるとは限らない．そうなれば，財政赤字をファイナンスできなくなり，ドルが急落する可能性も出てくる．また，インフレ期待が高まり，インフレをコントロールできなくなる可能性もあろう．

6.2.2 米国の対外純債務

第2の視点は，米国の対外資産取引にかかるキャピタル・ゲイン（評価益）とインカム・ゲイン（所得収支の黒字）の行方である[25]．

米国は1986年に純債務国に転落したが，その後，米国の対外純債務残高は，経常収支赤字（＝資本収支黒字）が続いたことから増加する傾向にある（図表2-18）．しかし，2000年以降，経常収支赤字が拡大しているにもかかわらず，対外純債務残高は安定している．その増加幅は毎年の経常収支赤字の規模に比べて著しく小さく，対外純債務が減少している年すらある．この差は，資産価格の変化や為替レートの変化によって，米国の対外総資産・対外総負債からネットのキャピタル・ゲイン（評価益）が生じていることによるものである．また，米国は，世界最大の純債務国であるが，それにもかかわらず，インカム・ゲイン（所得収支）は2008年で約1,200億ドルの黒字（経常収支赤字の約6分の1）となっている（図表2-19）．このキャピタル・ゲインとインカム・ゲインは，国境を越える資金取引が拡大し，グロスで対外資産と対外負債が増加した2000年以降，大幅に拡大している．

純債務国である米国が巨額のキャピタル・ゲインを得，インカム・ゲインが恒常的にプラスであるのは，米国の対外資産・債務の構成の違いによるものである．米国が保有している対外総資産の約6割は直接投資と株式であるのに対して，対外総負債の約7割は米国債などの債券や銀行融資である．すなわち，米国は低コストで資金を借り，リスクは高いがリターンも高い国外

---

25) ここでの整理は岩本［2009］，竹中［2010］などによる．

図表 2-18　米国の累積経常収支赤字と対外純負債残高

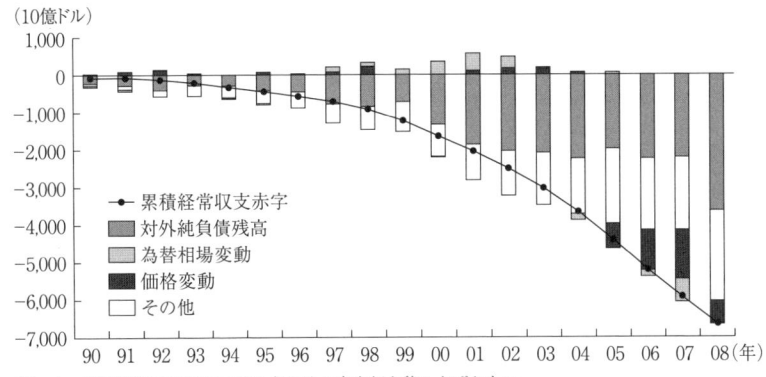

注）1.　累積経常収支赤字は 1990 年以降の赤字額を積み上げたもの．
　　2.　価格変動：社債・国債の時価変動等による変化分．為替相場変動：名目為替レートの再評価による外国通貨建ての資産や負債の利益・損失による変化分．その他：カバレッジの変化や直接投資のキャピタル・ゲイン，キャピタル・ロス，その他資産や負債の評価損益による変化分．
出所）米国商務省．

図表 2-19　米国のインカム・ゲインとキャピタル・ゲイン

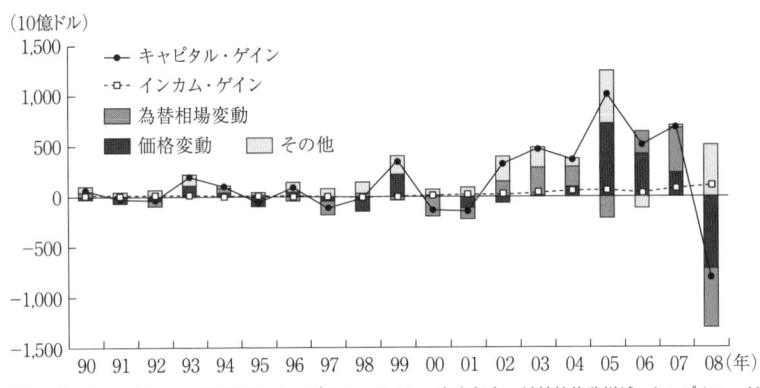

注）インカム・ゲイン＝所得収支，キャピタル・ゲイン＝資本収支－対外純債務増減，キャピタル・ゲインの要因分解については図表 2-18 の注 2 を参照．
出所）米国商務省．

の資産に投資する，いわば，「世界のベンチャー・キャピタリスト（World Venture Capitalist）」としての役割を果たしていると言える[26]．そうした構造のもとで，2002年から2007年にかけては，米国の金利が低く利払いが少なかったことや世界経済が比較的好調に推移したことから，インカム・ゲインが拡大し，キャピタル・ゲインも大幅なものとなったのである．

　また，米国は対外資産の約3分の2を現地通貨建てで保有しており，対外負債はほぼ全額がドル建ての債務である．したがって，2000年代のようにドルが傾向的に減価する局面では，対外負債はほとんど変化しないが，ドル評価の対外資産は増加するため，ここからもキャピタル・ゲインが生じた．

　ただし，2008年には，これまでとは逆に，米国の経常収支赤字はやや縮小したが，対外純債務は大幅に増加した．米国の経常収支赤字は7,000億ドルをやや上回る程度であったが，対外純債務は金額で1兆3,000億ドル程度，GDP比で9％程度増加した．

　米国のキャピタル・ゲインを要因分解してみると，2002年から2007年にかけてのキャピタル・ゲインには，債券や株式の価格上昇が約4割，直接投資のキャピタル・ゲインとドルの減価がそれぞれ約3割ずつ寄与している．また，2008年のキャピタル・ロスは，債券や株式の価格下落とドルの増価によるものであり，直接投資のキャピタル・ゲインがある程度それらを相殺していたことが分かる．

　2008年に米国が対外資産取引からキャピタル・ロスを被ったことは，米国が常にキャピタル・ゲインを期待することができるわけではないことを認識させた．米国は危機前にベンチャー・キャピタリストとして世界にリスク・マネーを供給する役割を果たしてきたが，危機発生により米国の金融機関は大幅なバランスシート調整を余儀なくされている．こうした調整を経て，今後とも米国が世界にリスク・マネーを供給する役割を果たし続けることができるのかどうかは必ずしも明らかではない．また，今後景気が回復して米国金利が上昇すれば，インカム・ゲインを縮小させる効果を持つことになろう．しかし，世界金融・経済危機前の米国の資産・債務構造が変わったわけではないし，変わるとしても時間がかかるので，2000年代ほど大きくはないとし

---

[26]　Gourinchas and Rey［2005］参照．

ても，一定のキャピタル・ゲインやインカム・ゲインを期待することはできそうだ．

また，ドルの減価は，米国の貿易・サービス収支を改善するだけでなく，キャピタル・ゲインを通じて対外純債務の増加にブレーキをかける効果を持つため，それが緩やかなものであれば，より小幅な為替レートの調整でも，経常収支赤字の持続可能性を確保できることになる．ただし，ドルの継続的な減価によって，海外の投資家がキャピタル・ロスを被り続ければ，海外投資家の米国資産への投資選好が弱まる可能性もある．そうなれば，米国への資本流入そのものが減少したり，米国金利が上昇してインカム・ゲインが減少したりすることになり，この面からは，経常収支赤字の持続可能性の低下につながることに留意が必要だ．

6.2.3 アジアの貯蓄超過の持続性

第3の視点はアジアの貯蓄・投資バランスの行方である．

アジア諸国では，当面の景気対策によって貯蓄超過幅が縮小（Saving Drain）し，経常収支黒字を縮小させる要因となっている．しかし，やがて財政赤字は縮小せざるを得なくなるし，民需主導の内需拡大は実現するとしても時間がかかるので，短期的には貯蓄超過が拡大する可能性がある．

中長期的には，中国の貯蓄過剰とアジア新興国の過少投資の動向が重要であろう．このうち，中国の貯蓄率が高い原因としては，①貯蓄率の高い生産年齢人口の比率が高く，しかも上昇している．②近い将来，成長率が低下すると予想されることから，現在の所得増が恒常所得と見なされず貯蓄に回されている．③所得格差が大きく拡大しているため，貯蓄率の高い高所得層の影響が大きく出ている．④金融・資本市場が未発達であるため，家計や企業が将来必要となる場合に備えて貯蓄を行っている．⑤計画経済時代に人民公社や国有企業が果たしていた社会保障機能を代替する社会保障制度が整備されておらず，雇用や老後の不安に対する予備的な動機による貯蓄が多い．⑥独占力の強い国有企業の収益が内部留保として蓄積されている．といった点が指摘されている[27]．中国政府は，所得格差の縮小，金融・資本市場の発展，

---

27) 関志雄［2006］参照．

図表 2-20 日米とアジア諸国の労働人口比率

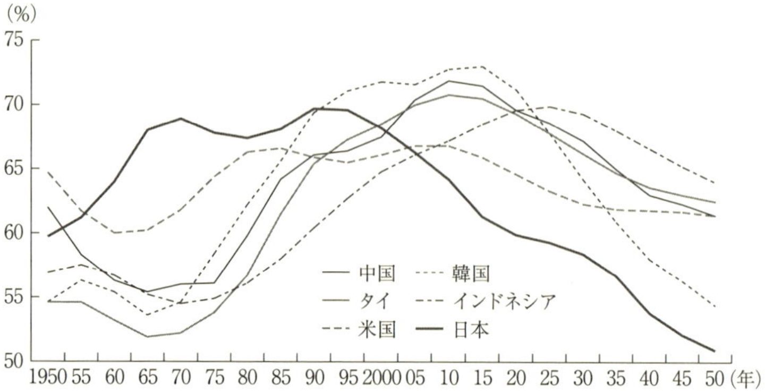

注) 労働人口は 15 歳より 64 歳までとした.
出所) 国連人口推計（2008 年版）.

社会保障制度の整備，国有企業の改革に向けた取組を行っており，その成果が出れば，貯蓄率の低下につながると考えられる．

上記の要因のうち，人口高齢化や未発達な金融・資本市場は，アジア諸国に共通する課題である．アジアの人口の年齢構成の変化を見てみると（図表2-20），中国では，1人っ子政策の影響で，2010年以降，全人口に占める労働人口の比率が低下して本格的な高齢化社会を迎え，成長率が低下すると見られる．アジア新興国も時期に若干の違いはあるものの，労働人口比率は近い将来ピークを迎える．こうした人口動態は，アジア諸国の貯蓄率を引き下げる影響をもたらすであろう．

アジアの人口動態に関連して，労働人口がピークにさしかかる過程においては，足元で成長が加速する一方で，先行きは労働人口の減少が中長期的に持続すると予想されるため，実質利子率が低下して住宅価格が上昇しやすく，バブルを生成しやすい環境が作り出される可能性があることが指摘されている[28]．日米の労働人口は，日本では1980年代はじめから1990年代半ばにかけて，米国では1990年代半ばから2007年にかけて増加しピークアウトした．こうした人口動向は，日本の1980年代，米国の2000年代のバブルの発生の原因となった可能性もある．アジアでも，現在までのところ労働人口の割合

---

28) 岩田・服部 [2009] 参照.

が高まっているが，近い将来この比率が急落することが予想されているため，バブルが発生しやすい条件が整っていると言えよう．

金融・資本市場の整備もアジア諸国に共通の課題であるが，金融・資本市場の発展は経常収支黒字の縮小にも寄与すると考えられる．家計や企業の金融・資本市場へのアクセスが改善すれば，予備的な貯蓄が減少する．また，アジア諸国では，国内で魅力的な金融資産が十分に提供されていないために，流動性と収益性の高い米国の金融資産への投資が行われていると指摘されている[29]．そうであれば，金融サービスの自由化や資本市場の発展を通じて国内の金融仲介機能が効率化すると，米国への資本流出が抑制されることになり，経常収支の不均衡を是正する力が働く可能性がある．

6.2.4 アジア諸国の外貨準備

第4の視点は，中国をはじめとするアジア諸国の外貨準備の行方である．

アジア諸国は，外貨準備を蓄積して米国の経常収支赤字をファイナンスし，グローバル・インバランスを支える役割を果たしてきた．「ブレトン・ウッズⅡ」仮説によれば，こうした関係は，アジア諸国と米国の双方にメリットがあるため，サステイナブルであるとされているが，そうした見方は正しいのだろうか．

アジア諸国による外貨準備の蓄積は，「ブレトン・ウッズⅡ」仮説では，通貨の増価を抑えて輸出主導の経済成長を実現しようとした結果であるとされている．また，「自己保険 (self-insurance)」動機による説明では，1990年代後半のアジア通貨危機のような国際金融危機が再び発生したときの悪影響を軽減するためであるとされる．

こうしたメリットがあると考えられる一方で，外貨準備の保有にはコストも存在する．通貨当局はドル買い・自国通貨売り介入によって外貨準備を積み増す場合には，通常，同時に保有する国債などを売却して通貨供給量が増加しないよう不胎化を行う．しかし，アジア諸国の場合，外貨準備資産の金利が自国債券の金利よりも低いことが多いので，その差が外貨準備保有のコストとなる．また，通貨当局が保有する国債には限りがあるので，中央銀行

---

[29] Prasad, Rajan, and Subramanian [2006] 参照．

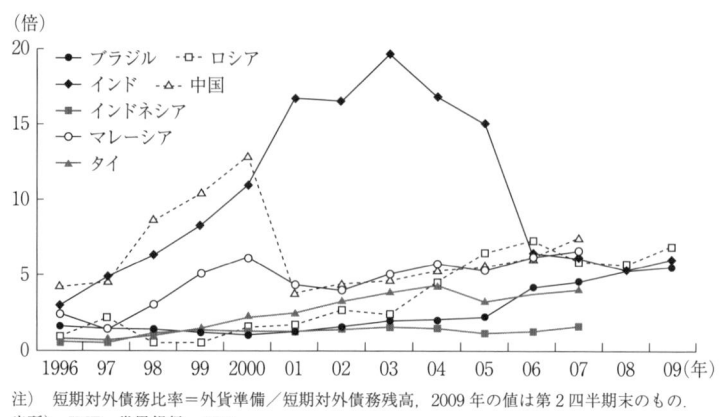

図表 2-21 新興国の短期対外債務残高比率

注) 短期対外債務比率＝外貨準備／短期対外債務残高，2009 年の値は第 2 四半期末のもの．
出所) IMF，世界銀行，ADB．

債を発行して不胎化を行う場合には中央銀行の財務の健全性を損ないかねない．そのため，不胎化政策の継続は次第に難しくなり，不胎化が不十分な場合には，その分だけ通貨供給量が増加してインフレ圧力や資産価格の上昇圧力が高まる．さらに，ドルが減価した場合には評価損を被ることになる．

アジア諸国の外貨準備の満期 1 年未満の短期対外債務に対する比率（短期対外債務比率）を見ると（図表 2-21），アジア経済危機の前の 1996 年から 2007 年にかけて，中国では 4.2 倍から 7.5 倍に，アジア新興国のうち，例えば，タイでは 0.8 倍から 4.0 倍に，マレーシアでは 2.4 倍から 6.6 倍に，インドネシアでも 0.6 倍から 1.6 倍にそれぞれ高まっている．アジア通貨危機のような資本収支危機に対する備えとしては，短期対外債務 1 年分の外貨準備がひとつの目安とされているが，それを大幅に上回る外貨準備をすでに蓄積していることが分かる．

アジア諸国の保有する外貨準備が増加するほど[30]，不胎化政策の限界が明らかとなり，インフレや資産バブルを抑制するのが難しくなる．また，ドルが減価した場合に生じる評価損も大きくなる．すでに，中国など外貨準備が高い国では，収益性の低い米金融資産での保有を見直す動きが見られる．米国の側でも，アジア諸国との間の貿易赤字が拡大し続けているため，アジ

---

30) 近年，資本の流動性が高まっていることも，介入額が大きくなる要因である．

ア諸国の製品と競合する製造業を中心に，アジア通貨の大幅切り上げが必要との保護主義的な政治的圧力が強まっている．

こうしたことから，外貨準備の増大にはいずれ歯止めがかかり，その運用先も多様化して，アジア諸国の外貨準備が米国の経常収支赤字をファイナンスする構造にも変化が生じる可能性が高いと考えられる．

7　求められる政策対応

今後のグローバル・インバランスの動向を展望すると，当面は無視できない規模のインバランスが残る．しかし，中長期的には，①人口高齢化や金融・資本市場の整備などに伴ってアジア諸国の貯蓄超過が縮小する，②アジア諸国の外貨準備が米国の経常収支をファイナンスする傾向が弱まることから，インバランスを縮小する力が働くと考えられる．また，③米国の対外資産取引に伴うキャピタル・ゲインやインカム・ゲインが経常収支赤字の持続可能性を高める面もある．したがって，ハードランディングが生じる可能性は大きくはないと考えられるが，そのリスクには備えておくべきだろう．

危機後に残るグローバル・インバランスが世界経済の不安定要因とならないようにするためには，インバランスの是正に向けた政策対応が求められる．

まず，インバランスの原因となっている国内の政策や市場のゆがみを正す必要がある．米国では，財政赤字を削減し国内の貯蓄不足を是正しなければならない．新興国では，社会保障制度の整備や金融・資本市場の整備などを通じて過剰貯蓄を減らしていかなければならない．より柔軟な為替制度のもとで為替レートが切り上がる必要もあろう．

こうした政策対応は，危機前に望ましいと考えられていた政策対応と同じものであり，決して目新しいものではない．ただし，黒字国と赤字国では，調整のインパクトが非対称なので，G20のような場を通じて協調して対応していくことが重要になっている[31]．新興国が消費を増やし，実質為替レートの増価を許容すれば，それらの国々の経常収支黒字が減り，米国の経常収支赤字は減って，財政赤字の削減もやりやすくなる．こうした変化は，特に米

---

[31]　2009年9月のG20金融サミットでは，「強固で持続可能なバランスの取れた経済成長のためのフレームワーク」が合意された．

中間の保護主義的な圧力を弱めることにもつながる．また，危機が生じたときに協調して流動性を供給する枠組みを整えることによって，自己保険動機による外貨準備の蓄積を抑制していくことも重要だ．

参考文献

岩田一政・服部哲也［2009］,「アメリカの住宅価格と人口構成の変化」『住宅土地経済』No. 73, 2009 Summer, 日本住宅総合センター.

岩本武和［2009］,「金融危機とグローバルインバランス――米国の高レバレッジ型対外ポジションの脆弱性を中心にして」『JBIC 国際調査室報』第 3 号, 2009 年 11 月, pp. 17-30.

小野有人［2005］,「グローバル・インバランスと BRICs――外貨準備増大を通じた資本輸出の持続可能性」『みずほ政策インサイト』2005 年 12 月 9 日, みずほ総合研究所.

関志雄［2006］,「高投資を支えている高貯蓄――持続性に疑問」http://www.rieti.go.jp/users/china-tr/jp/ssqs/061227-2ssqs.htm（2010 年 5 月 31 日アクセス）

白井さゆり［2009］,「世界経済危機とグローバル・インバランス国際経済秩序へのインプリケーション」SFC ディスカッションペーパー, 2009 年 11 月.

鈴木将覚［2005］,「ブレトンウッズ 2 仮説と国際的不均衡の調整――人民元の大幅切り上げはあるか」『みずほマーケットインサイト』2005 年 8 月 24 日, みずほ総合研究所.

竹中正治［2010］,「グローバル・インバランスとドル機軸通貨体制の行方」, 日本総合研究所『Business & Economic Review』, 2010 年 2 月.

谷内満［2010］,「グローバル不均衡――世界金融危機との関係とゆくえ」『日本経済の主要な対外リスクに関する研究報告書』第 3 章, 慶應義塾大学／内閣府経済社会総合研究所 2010 年 3 月.

内閣府［2008a］,『世界経済の潮流 2008 I 変化するグローバルな資金の流れ 減速しつつも回復を続ける世界経済』.

内閣府［2008b］,『世界経済の潮流 2008 II――世界金融危機と今後の世界経済』.

内閣府［2009］,『世界経済の潮流 2009 I――世界金融・経済危機の現況』.

萩原景子［2008］,「経常収支不均衡の調整過程：近年の理論的分析の展望」, 日本銀行金融研究所『金融研究』第 27 巻第 4 号, 12 月, pp. 87-124.

藤原裕之［2010］,「新興国への資金流入と出口戦略の行方――先進国の出口戦略は時期尚早」『リサーチ総研 金融経済レポート』No. 17, 2010 年 1 月 29 日.

吉冨勝［2006］,「8000 億ドルの経常赤字を解決するパン・パシフィック合意」『週刊エコノミスト』, 2006 年 8 月 14 日号.

Aizenman, J. and Y. Jinjarak [2009], "Current Account Patterns and National Real Estate Markets," *Journal of Urban Economics* 66(2), pp. 75-89.

Bernanke, B. S. [2005], "The Global Saving Glut and the U.S. Current Account Deficit," speech at the Sandridge Lecture, Virginia Association of Economics, Richmond, Virginia, March 10, 2005.

Bernanke, B. S. [2007], "Global Imbalances: Recent Developments and Prospects," speech at the Bundesbank Lecture, Berlin, Germany, September 11, 2007.

Blanchard, O., F. Giavazzi, and F. Sa [2005], "The U.S. Current Account, and the Dollar," NBER Working Papers, No. 11137, 2005.

Blanchard, O. and G. M. Milesi-Ferretti [2009], "Global Imbalances: In Midstream?", IMF Staff Position Note, December 22, 2009.

Caballero, R. J., E. Farhis, and P.-O. Gourinchas [2008], "An Equilibrium Model of 'Global Imbalances' and Low Interest Rates," *American Economic Review*, 98(1), pp. 358-393.

Dooley, M., D. Folkerts-Landau, and P. Garber [2003], "An essay on the revived Bretton Woods system," NBER Working Papers, No. 9971, 2003.

Frankel, J. [2006], "Global Imbalances and Low Interest Rates: An Equilibrium Model vs a Disequilibrium Reality," KSG Faculty Research Workshop Paper Series RWP06-035, 2006.

Gourinchas, P.-O. and H. Rey [2005], "From World Bankers to World Venture Capitalist, U. S. External Adjustment and Exorbitant Privilage," NBER Conference in G7 Current Account Imbalances, 2005.

Greenspan, A. [2005], "Remarks to the International Monetary Conference," Beijing, People's Republic of China (via satellite), June 6.

IMF [2005], *World Economic Outlook*, September 2005.

IMF [2007], "The Multilateral Consultation on Global Imbalances," IMF Issues Brief, April 2007.

Krishnamurthy, A. and A. Vissing-Jorgensen [2008], "The Aggregate Demand for Treasury Debt," Mimeo, Northwestern University, Evanston, IL.

Krugman, P. [2007], "Will There Be a Dollar Crisis," *Economic Policy*, 22(07), pp. 435-467.

Obstfeld, M. and K. Rogoff [2005], "Global Current Account Imbalances and Exchange Rate Adjustments," *Brookings Papers on Economic Activity*, 36(2005-1), pp. 67-146.

Obstfeld, M. and K. Rogoff [2007], "The Unsustainable U.S. Current Account Position Revisited," in Richard H. Clarida, ed., *G7 Current Account Imbalances: Sustainability and Adjustment*. Chicago: University of Chicago Press.

Obstfeld, M. and K. Rogoff [2009], "Global Imbalances and the Financial Crisis: Products of Common Causes," Federal Reserve Bank of San Francisco Asia Economic Policy Conference, October 2009.

Prasad, E., R. Rajan, and A. Subramanian [2006], "Foreign Capital and Economic Growth," paper presented at the Federal Reserve Bank of Kansas City, 2006 Economic Symposium August 24-26, Jackson Hall, Wyoming.

Taylor, J. B. [2007], "Housing and Monetary Policy," paper presented at the 2007 Jackson Hole Conference, August 2007.

Taylor, J. B. [2009], *Getting Off Track: How Government Actions and Interventions Caused, Prolonged, and Worsened the Financial Crisis*, Stanford: Hoover Institution Press.

Warnock, F. E. and V. C. Warnock [2005], "International Capital Flows and U.S. Interest Rates," International Finance Discussion Paper 2005-840, September 2005.

第Ⅱ部
実体経済への波及

第3章 今次世界金融・経済危機が日本経済に与えたインパクトの考察

白川浩道

要　旨

　本章の最終的な目的は，世界的な金融・経済危機の発生という大きなデフレ・ショックを受けた日本経済の財政維持可能性を考察することである．

　信用バブル崩壊を受けた世界経済・金融危機発生後，アイスランド，ドバイ，ギリシャなどでは国家破綻のリスクが顕在化し，それを契機に，国際金融資本市場では一部諸国のソブリン・デット・リスクが注目されるようになった．危機発生に伴う需要下押し圧力が徐々に低下することに伴って，他の多くの諸国が財政・金融政策の正常化，あるいはいわゆる出口戦略を模索し始めている状況にあるのとは対照的である．

　日本では，これまでのところ，国債市場の流動性不足や長期金利の急上昇といった事態は避けられており，国家破綻のリスクが顕在化したこれらの小国とは一線を画した状況にある．しかしながら，長期的な視点に立った場合には，財政の維持可能性（政府負債GDP比の長期的な収束可能性）が大きく低下しつつあると見られ，財政健全化に向けた取組が喫緊の課題になっていると考えるべきであろう．日本経済は，1990年代はじめの国内資産バブル崩壊以降直近の世界金融・経済危機に至るまで4度の需要ショックを経験したが，負のアウトプット・ギャップが趨勢的に拡大しており，デフレ圧力が徐々に

大きくなるという状態に置かれているためである．

本章では，こうした問題意識に立って，以下の3点を分析した．①今回の外需ショックによってGDP成長率が下方屈折した可能性はあるのか，②アウトプット・ギャップはどの程度と推計され，その先行きはどのように見通されるのか，③名目成長率の低迷が長期化した場合，財政の維持可能性を担保するためには，どの程度ドラスティックあるいは非現実的な政策対応が必要となるのか，である．

本章の分析から得られた結論を要約すると，以下のとおりである．

1. 2002年からの景気拡大局面および2008年4-6月期から2009年1-3月期にかけての急激な景気後退局面のいずれにおいても，外需の変動が内需の変動に与える効果が定量的に見てそれなりに安定的であることが確認される．しかしながら，2009年4-6月期以降の外需急回復局面では，内需とりわけ企業設備投資の回復力が鈍く，少なくとも短期的に見た場合，外需回復が内需回復に波及するメカニズムが不安定化した可能性が示唆される．
2. しかし，設備投資関数等の推計からは，外需と企業設備投資の関係が不安定化したとの結論を導き出しにくい．足元の外需の回復に比べて企業設備投資の回復力が弱い点については，急激なマイナスの外需ショックに対する企業設備投資の調整が緩やか，かつ長期間にわたるものとなったことによって説明できる可能性が高い．その意味において，今回の外需ショックが日本のGDP成長率を下方屈折させたかどうか，現時点では明らかではない．
3. しかし，楽観はできない．成長会計の考え方に基づいた生産関数アプローチを採用した場合，2009年中のアウトプット・ギャップは－8％程度と推計される．トレンド実質GDP成長率，およびトレンドTFP（全要素生産性）成長率が変化していないと考えた場合，向こう10年程度のうちに負のアウトプット・ギャップ（デフレ・ギャップ）が解消されるシナリオを描くことは極めて困難である．すなわち，労働におけるデフレ・ギャップは高齢化進展による労働力人口の自然減によって解消される可能性もあるが，資本におけるデフレ・ギャップの解消を予想することは困難である．後者が解消されるためには，新規設備投資額が2009年平均から50％超縮小し，向こう10年間回復しないことが要求される（資本減耗率を一定と仮

定した場合）が，こうした状態を想定することは非現実的である．
4．したがって，少なくとも向こう10年程度については，インフレ率が安定的にプラスの領域で推移することを展望しづらく，実質GDP成長率が高まらない限り，名目GDP成長率は0％近傍にとどまる可能性が高い．より長期的には，高齢化・人口減を受けて，技術革新力と1人当たり実質賃金の趨勢的な低下が生じるものと予想される．生産性の低下が対外黒字の縮小あるいは対外収支の赤字転換を経由して為替相場を下落させ，それによってインフレ率が上昇する可能性は否定はできないが，その裏側では実質成長率が低下していると見られ，トレンド名目GDP成長率がプラス化する保証はない．その意味では，日本のトレンド名目GDP成長率が長期にわたって0％近傍で推移するとの前提を置くことは妥当であろう．
5．トレンド名目GDP成長率を0％と仮定し，少子・高齢化が社会保障収支を中心とした財政収支に与える影響を明示的に取り込むと，政府負債GDP比が発散的な上昇を示す可能性が強く示唆される．ここで，将来における政府負債GDP比の発散を増税のみで回避しようとすることは現実的ではない．シミュレーション分析によれば，2055年度における政府負債GDP比の収束をもたらす消費税率は30％を超えるためである．財政の維持可能性を担保するためには，社会保障支出を含む政府歳出の大幅な削減を行うことも不可避であると考えざるを得ない．なお，デット・マネタイゼーション（日銀による政府負債引受）を利用することで大幅な財政緊縮を回避しつつ，財政維持の可能性を担保するというオプションも理論的にはあり得る．しかし，必要となるデット・マネタイゼーションの規模が極めて大きくなる可能性があるため，為替相場の大幅下落や国内貯蓄流出のリスクを無視し得ない．デット・マネタイゼーションも現実的な政策オプションとは言えない．

1 外需変動の内需への波及について

1.1 外需ショックと日本経済——日米欧三極の比較を交えて

　日本経済は，世界的な金融・経済危機の震源地であったわけではないにもかかわらず，いわゆるサブプライム・ショックを受けた2008年春から2009年前半にかけての世界景気後退局面において先進国経済のなかで最も大きな経済活動水準の落ち込みを経験した．すなわち，景気後退局面入り直前のピークからの実質GDP水準の下落率は8.6％（2010年1-3月期GDP統計の1次速報段階，以下すべて同様）となり，米国の3.8％，ユーロ圏の5.2％を大きく上回った（図表3-1）．

　三極経済における，こうした景気後退のマグニチュードの差異をもたらした最大の要因は純輸出の動きの違いである．米国では2009年前半にかけての景気後退局面における純輸出の実質GDP寄与度が＋1.1％ポイント（年率換算ベース）となり，景気を下支えする方向に寄与した．内需の大幅な減少を受けて財・サービス輸出よりも財・サービス輸入の減少が大幅なものになったためである．対照的に，日本では，外需の寄与度が－4.1％ポイントとなり，実質GDP下落幅の50％弱を説明する形となった．ユーロ圏は，日本と同様，外需がマイナスの寄与となったものの，寄与度は－1.1％ポイントと日本の外需のマイナス寄与度の4分の1程度にとどまった（図表3-1）．

　外需寄与度の日米格差が5％ポイント強にも上ったことは特筆に値する．こうした外需寄与度の格差は，「金融危機発生による世界的な生産・貿易活動の収縮は，危機が発生した当該国ではなく，（金融危機発生前に世界景気拡大の恩恵を強く受けた）対外黒字国の経済により深刻なダメージを与える可能性が高い」ことを端的に示している．

　なお，2009年前半にかけての景気後退局面における内需寄与度（年率換算ベース）を見ると，危機の震源地であった米国が－4.9％ポイントと三極で最

図表 3-1 米国，ユーロ圏，日本の実質 GDP 成長率の比較

(%)

実質 GDP		年率換算ベース		
		実質 GDP	外 需	内 需
① 2002 年から 2008 年前半にかけての景気拡大局面				
米国	17.9	2.6	0.0	2.6
ユーロ圏	13.3	2.0	0.1	1.9
日本	13.2	2.0	0.9	1.1
② 2008 年前半から 2009 年前半にかけての景気後退局面				
米国	−3.8	−3.8	1.1	−4.9
ユーロ圏	−5.2	−4.2	−1.1	−3.1
日本	−8.6	−8.6	−4.1	−4.5
③ 2009 年前半からの景気回復局面（2010 年 1-3 月期まで）				
米国	2.7	3.6	−0.4	4.0
ユーロ圏	0.7	0.9	n.a.	n.a.
日本	4.2	4.2	3.5	0.7

注）三極の実質 GDP のピーク／ボトムは以下のとおり．
　　米国：2008 年 4-6 月期／2009 年 4-6 月期
　　ユーロ圏：2008 年 1-3 月期／2009 年 4-6 月期
　　日本：2008 年 1-3 月期／2009 年 1-3 月期
出所）米国 BEA, Eurostat, 内閣府，クレディ・スイス証券．

大となった．日本，ユーロ圏はそれぞれ −4.5％ポイント，−3.1％ポイントであった（図表 3-1）．米国では内需の自律的な調整によって景気後退が発生したが，日本では外需のマイナス・ショックが実質 GDP 寄与度で見てほぼ同程度の内需の落ち込みを誘発した．外需ショックが内需に波及するメカニズムが引き続きロバストであったために日本の景気後退は深いものとなった．

　日本経済におけるこうした内需の外需に対するセンシティビティの高さは，当然のことながら，2002 年から 2008 年 1-3 月期にかけての景気拡大局面においても確認される．すなわち，同期間について日本の実質 GDP は年率で平均 2.0％の成長を達成したが，外需の寄与度は 0.9％ポイント，内需の寄与度は 1.1％ポイントであった（図表 3-1）．外需，内需がそれぞれ +1％ポイント程度のプラス寄与となったわけであり，2009 年 1-3 月期にかけての景気後退局面において外需，内需の寄与度がともに −4％強であったことと合わせて考えると，外需の変動が内需の変動に与える効果は定量的に見てもそれなりに安定的である可能性が示唆される．

1.2 2009年4-6月期以降の外需回復局面における内需のセンシティビティ低下

しかしながら，2009年4-6月期から2010年1-3月期にかけての実質GDP成長率（年率4.2%，季節調整済・実質GDP金額を用いて計算）の寄与度分解を見ると，2002年以降の景気拡大局面，2008年以降の深い景気後退局面のいずれにおいても成立していたと見られる外・内需の間の安定的な関係が，少なくとも短期的には崩れている可能性があることに気がつく．在庫調整の進展を受けた世界生産のリバウンドに伴って外需が力強い回復を示した（寄与度 +3.5%ポイント）ものの，内需の回復力は限定的なもの（寄与度 +0.7%ポイント）にとどまっているからである．

足元における内需変動の外需変動に対するセンシティビティの低下についてはどのように考えればよいのであろうか．

外需の回復が鉱工業生産，雇用の回復などを経由して設備投資や個人消費に波及するまでのタイム・ラグが不安定化している，というのはひとつの有力な仮説である．2008年4-6月期から2009年1-3月期にかけての景気後退局面では，マイナスの外需ショックが内需の減退となって顕在化しており，外需ショックが内需に波及するラグは1,2四半期程度の短期間であったと見られる．しかし，こうした短いラグは景気後退局面の特徴であり，景気回復局面では外需の回復が内需の回復に波及するまでにより長いラグを必要とするのではないか，という考え方も成り立ち得る．景気後退局面で悪化した企業や個人のマインドが立ち直り，それが実際の支出行動に現れるまでには一定の時間を要するということはあり得るかもしれない．

別の仮説としては，直近の外需回復局面では何らかの構造変化が生じているというものである．効果波及のラグが長期化しているというよりも，外需が内需に波及するメカニズムそのものが弱くなっているという解釈である．企業の期待成長率が下方に屈折したことなどを反映し，外需の回復が企業設備投資や雇用の回復に結び付きにくくなった，という仮説である．こうした見方に立った場合には，世界金融・経済危機発生を受けた外需のボラティリティの上昇が企業のリスク・テイク能力に大きな影響を与えたとの議論も展開され得る．

後者の仮説を支持するような材料を探すことは必ずしも困難ではない．最

も単純な手法は局面比較である．過去の景気後退局面——1970年代以降の5度の景気後退局面（SNA統計が不連続となるため，1980年初の第2次石油危機後の局面は対象外）——についてその回復パターンを比較をすることで構造的な変化の可能性を指摘することは可能である．

まず，足元の世界金融・経済危機局面における実質GDP下落率は8.6％と過去4回平均（2.1％）を大きく上回る落ち込みとなった．他方，景気後退局面脱却後の4四半期における同増加率を見ると，過去4回平均が3％弱（+2.9％）であるのに対して足元の局面では4％強（+4.2％）となっている（図表3-2）．確かに足元の局面の方が実質GDPの絶対的な回復幅は大きいが，落ち込みの大きさを考えると，相対的に見た回復幅は大きく見劣りすると言える．実際，景気後退局面脱却後4四半期の時点における実質GDP水準を危機発生前のピーク水準と比較した場合，過去4回の局面では前者が後者並みか，それを超えていたが，足元の局面では前者が後者を依然として5％弱も下回っている．このように足元の景気回復局面では，景気の谷が深かった分だけ景気後退局面脱却後のリバウンドが大きくなる，という状況とはなっておらず，日本経済（特に内需）の成長力が減退した可能性が示唆されると言えなくもない．

ここで，景気後退局面脱却後4四半期における主要需要項目の実質GDP増加率に対する寄与度を見ると，「過去の平均を大きく上回る外需の急激な回復（寄与度で+3.5％ポイント）が生じたにもかかわらず，企業設備投資の縮小（寄与度で−0.5％ポイント）が継続したこと」が景気の立ち上がりを弱めた主因であることがはっきりと分かる（図表3-3）．他方，個人消費は，足元の局面では明確に回復しており，設備投資とは異なった動きを示している．急激な下向きの外需ショックは世界生産循環の変動のもとで短期間のうちに上向きのショックに転じたが，企業設備投資が外需の急回復を無視する形で低迷したため，深い景気後退局面から脱却する際の回復力が弱くなった．こうした事実を捉えて，内需，とりわけ企業設備投資の外需に対するセンシティビティが構造的に低下したと論じることも可能かもしれない．

もっとも，実質GDP水準で見た景気が底打ちして1年程度しか経過しておらず，現状では，足元の内需（企業設備投資）回復力の弱さが，単なる外需からの効果波及ラグの長期化・不安定化に起因するものなのか，あるいは構

図表3-2　実質GDPの景気後退局面におけるピーク・ボトム変化率と後退局面脱却後4四半期の変化率

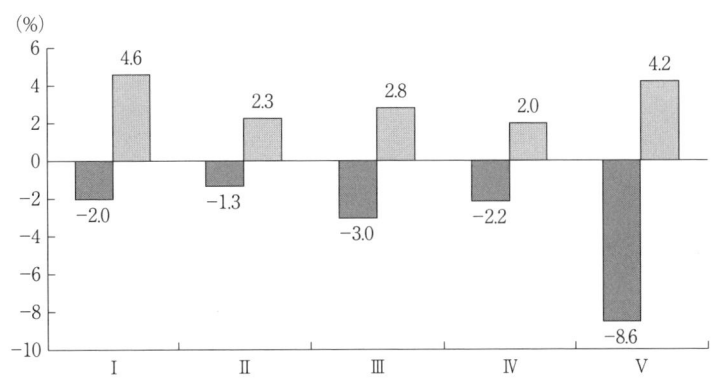

(%)

局面	ボトム変化率	脱却後4四半期変化率
I	-2.0	4.6
II	-1.3	2.3
III	-3.0	2.8
IV	-2.2	2.0
V	-8.6	4.2

注）　各景気後退期（I-V）におけるボトム，ピークは以下のとおり．
　　I：74Q4, 73Q4（第1次石油危機後）　　II：93Q3, 93Q1（国内資産バブル崩壊後）
　　III：99Q3, 97Q1（国内金融危機）　　　IV：01Q4, 01Q1（ITバブル崩壊後）
　　V：09Q1, 08Q1（世界金融・経済危機）
出所）　内閣府，クレディ・スイス証券．

図表3-3　景気後退局面脱却後4四半期における主要需要項目変化率（GDP寄与度）

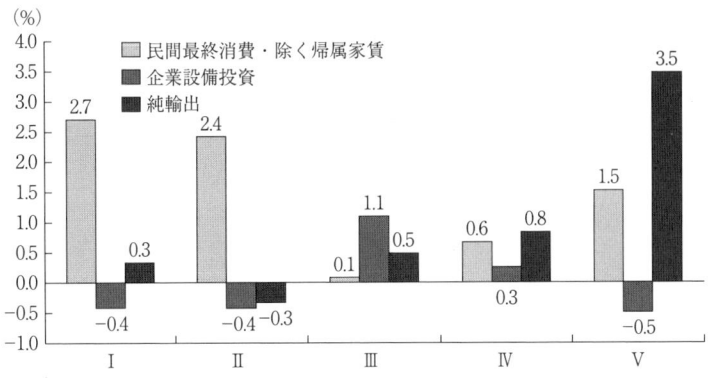

(%)

局面	民間最終消費・除く帰属家賃	企業設備投資	純輸出
I	2.7	-0.4	0.3
II	2.4	-0.4	-0.3
III	0.1	1.1	0.5
IV	0.6	0.3	0.8
V	1.5	-0.5	3.5

注）　各景気後退期（I-V）におけるボトム，ピークは以下のとおり．
　　I：74Q4, 73Q4（第1次石油危機後）　　II：93Q3, 93Q1（国内資産バブル崩壊後）
　　III：99Q3, 97Q1（国内金融危機）　　　IV：01Q4, 01Q1（ITバブル崩壊後）
　　V：09Q1, 08Q1（世界金融・経済危機）
出所）　内閣府，クレディ・スイス証券．

造的なセンシティビティの低下を意味するものなのか，局面比較のみから結論を出すことは困難である．

1.3 外需変動と設備投資

局面比較分析の限界を補うという目的から，簡単な関数推計によって「外需ショックが鉱工業生産の変動等を経由して企業設備投資の変動に波及するトランスミッション」の安定性を確認することは有用である．

関数の推計期間については，「1994年1-3月期から2009年10-12月期」を「全期」とし，さらにこれを「1994年1-3月期から2001年10-12月期」(「前期」)，「2002年1-3月期から2009年1-3月期」(「後期1期」)，「2002年1-3月期から2009年10-12月期」(「後期2期」)，の3つのサブ・サンプルに分けた．「前期」は2002年からの景気拡大期が始まるまでの期間であり，「後期1期」は2002年から2008年1-3月期までの景気拡大期と2008年4-6月期から2009年1-3月期にかけての深い景気後退期をカバーしている．「後期2期」は2009年4-6月期から同10-12月期までの直近の景気回復期を含むサンプルである．

「後期1期」と「後期2期」の推計結果・パフォーマンスにどの程度の差が生じるか，が第一義的な関心となることは言うまでもない．なお，1994年1-3月期をデータの始期としているのは，国内資産バブル崩壊に伴う1990年代初めの国内景気不安定化の影響をなるべく排除するためである．また，説明変数，非説明変数ともに水準値の自然対数を用いた．

1.3.1 輸出から鉱工業生産へ――鉱工業生産関数

実質輸出（同時点）と鉱工業在庫指数（1四半期前）を説明変数とし，鉱工業生産指数を被説明変数とした鉱工業生産関数を推計したところ，2001年までの「前期」と2002年以降の「後期」では推計パフォーマンスに大きな差が出た（図表3-4）．すなわち，「前期」では実質輸出のパラメータは有意となったが，在庫指数のパラメータは符号条件を満たさないうえ，有意ではなかった．また，決定係数（R^2）も0.2に満たない低水準となった．他方で，「後期1期」，「後期2期」については，実質輸出，在庫指数ともに推計パラメータが有意かつ符号条件を満たした．「後期2期」では在庫指数の有意性が低下し，決定係

図表3-4　鉱工業生産関数の推計結果

	log(実質輸出)	log(在庫指数) $(t-1)$	adj. R^2
全　期 (94Q1-09Q4)	0.22 (0.04)	0.45 (0.15)	0.29
前　期 (94Q1-01Q4)	0.17 (0.06)	0.14 (0.16)	0.17
後期1 (02Q1-09Q1)	0.43 (0.05)	-0.91 (0.23)	0.75
後期2 (02Q1-09Q4)	0.41 (0.08)	-0.29 (0.34)	0.48

注）括弧内の数値は係数の標準偏差．
出所）内閣府，経済産業省，クレディ・スイス証券．

数も低下したが，実質輸出の推計パラメータは「後期1期」とほとんど変わらなかった（ともに0.4強）．このため，直近の景気回復局面においても輸出と鉱工業生産の関係は概ね安定的であると言えよう．

1.3.2　鉱工業生産から設備投資へ——設備投資関数

このように，実質輸出から鉱工業生産指数への効果波及は概ね安定的であると見られるが，鉱工業生産指数の変動と実質企業設備投資の変動の関係は2009年4-6月期以降，不安定化しているように窺われる．

すなわち，実質企業設備投資を鉱工業生産指数（1四半期前）と企業の業況判断（日銀・全国短観の全産業全規模の「よい」回答比率，同時点）で説明する設備投資関数を推計すると，「後期1」では，鉱工業生産指数の推計パラメータが1.2弱となったが，「後期2」では0.6強に大幅に低下し，決定係数も0.9強から0.7台に低下した（図表3-5）．鉱工業生産指数について1四半期前の値を用いたのは，「後期1」における関数推計のパフォーマンスが最良となるためである（同時点，2四半期前の値を用いるとパラメータの有意性が大きく低下した）．なお，「前期」では鉱工業生産指数の推計パラメータは1.4弱であり，「後期2」におけるパラメータの低下は，2009年4-6月期以降に設備投資の鉱工業生産に対するセンシティビティが低下した可能性を示唆している．

次に，「後期1」について得られた設備投資関数の推計パラメータを用いて，2009年4-6月期以降の設備投資を外挿予測すると，推計誤差が大きく拡大し

図表 3-5 実質設備投資関数の推計結果

	log(鉱工業生産指数) $(t-1)$	log(業況判断)	adj. R^2
全　期 (94Q1-09Q4)	0.71 (0.15)	0.06 (0.02)	0.58
前　期 (94Q1-01Q4)	1.37 (0.15)	−0.02 (0.01)	0.75
後期 1 (02Q1-09Q1)	1.18 (0.12)	0.04 (0.02)	0.91
後期 2 (02Q1-09Q4)	0.62 (0.14)	0.06 (0.03)	0.75

注) 括弧内の数値は係数の標準偏差，業況判断は「良い」回答比率．
出所) 内閣府，経済産業省，日銀，クレディ・スイス証券．

ていることが確認される（図表3-6）．ここで09年4-6月期については，鉱工業生産と企業の業況判断DIから得られる理論値が実績値を大きく下回っており，非常に大きなプラスの推計誤差が発生している．他方，09年7-9月期から2010年1-3月期についてはほぼ逆の現象（マイナスの推計誤差）が発生している．こうした外挿予測値と実績値の乖離については，両者の動きを水準で示す（2009年1-3月期までは関数推計による内挿推計値ではなく，実績値）ことよりビジュアルに捉えることができる（図表3-7）．09年1-3月期までにおける鉱工業生産と設備投資の関係が維持されていることを前提とすれば，4-6月期の実質設備投資の減少がより大幅なものにならなくてはならなかった一方，09年7-9月期から2010年1-3月期については設備投資の回復がより鮮明なものとなっていなければならなかったことが示唆される．

　こうした状況をどのように解釈すればよいのか．最も単純な解釈は，2009年1-3月期にかけての実質輸出・鉱工業生産の深い落ち込みに企業設備投資の調整が追いつけなかったというものであろう．企業による設備投資ディシジョンの柔軟性には限界があり，大きな負の外需ショックが設備投資の変動として吸収されるまでには一定の時間がかかる．その意味において，深い外需ショックによってもたらされた景気後退局面においては，外需ショックに対する短期的な感応度が幾分低下するとともに，外需変動から設備投資変動までのラグが変化する（長期化する）傾向があると論じ得る．

　図表3-7から確認されるように，2010年1-3月期の外挿予想値は，実績値

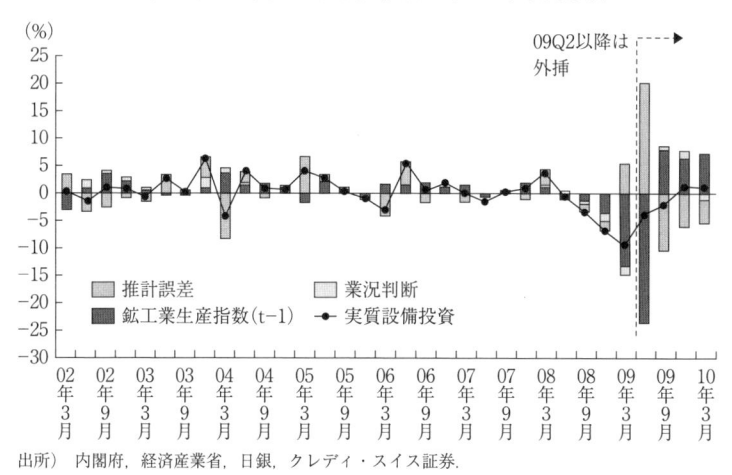

第3章　今次世界金融・経済危機が日本経済に与えたインパクトの考察　167

図表 3-6　実質設備投資（前期比）の寄与度分解

（凡例）
- 推計誤差
- 鉱工業生産指数(t-1)
- 業況判断
- 実質設備投資

09Q2以降は外挿

出所）内閣府，経済産業省，日銀，クレディ・スイス証券．

図表 3-7　実質企業設備投資水準　実績値と推計外挿値の比較

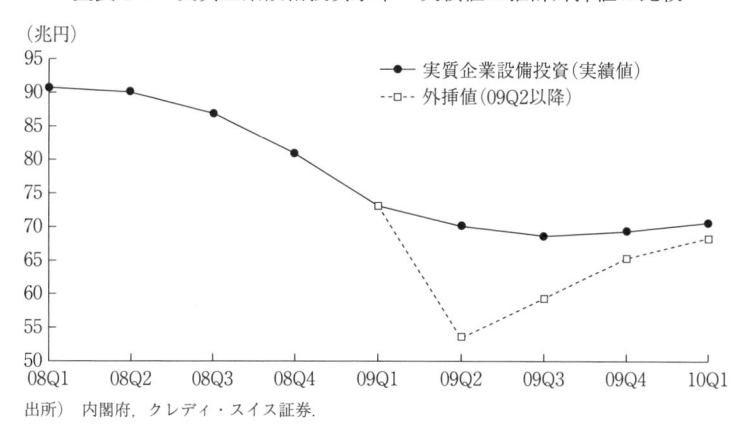

（凡例）
- 実質企業設備投資（実績値）
- 外挿値（09Q2以降）

出所）内閣府，クレディ・スイス証券．

との乖離幅が3％程度（4-6月期の乖離率は20％を超えていた）にまで縮小している．このことは，世界金融・経済危機発生に伴う外需ショックの設備投資下押し効果が足元でほぼ出尽くしつつあることを示唆しているとも言える．

まとめれば，2009年4-6月期以降の足元における景気回復局面で企業設備投資の外需に対するセンシティビティが低下したと見られた点に関しては，①大きな外需ショックが入った場合，企業の設備投資調整ペースが追いつか

ず，設備投資の下落は緩やかなものになる，②企業設備投資は2009年1-3月期にかけての外需大幅減少を受けた調整局面を終えつつある（実際の設備投資水準とモデル推計値の乖離がかなり縮小した），③やや長い目で見た場合，純輸出と設備投資の関係が構造的に変化したとは言えない，などを指摘できよう．いわゆるリーマン・ショック後の外需ショックがあまりにも深いものとなったため，その後に外需が回復したものの，企業設備投資の調整傾向が継続したということである．

したがって，現時点では，今回の外需ショックが企業設備投資成長率を下方に屈折させたかどうか明らかではない，と論じるべきであろう．

なお，上記のような簡単な関数推計分析は，企業の設備投資には鉱工業生産の循環的な変動や景況感の短期的な変動が反映される傾向があることを示しているに過ぎない．経済全体や資本設備のアウトプット・ギャップが企業設備投資の将来パスにどのような影響を与えるのかといったより長期的な視点に立った問いに答えるためには，異なったアプローチによる分析が必要になる．

1.4 外需変動と個人消費

上記の考察では外需に対するセンシティビティが相対的に高いと考えられる企業設備投資に焦点を当てたが，外需・鉱工業生産→雇用者報酬→個人消費，というトランスミッションの安定性も確認しておく．なお，説明変数のラグは上記での分析と同様，推計された関数のパフォーマンスが最良となるものを選択している．

まず，鉱工業生産指数（3四半期前）と企業の雇用判断（日銀・全国短観の全産業全規模の「過剰」回答比率，同時点）を説明変数とした実質雇用者報酬関数を推計すると，鉱工業生産指数の推計パラメータは，「後期1」の0.2弱から「後期2」では0.1弱に低下している（図表3-8）．2009年4-6月期以降について，実質雇用者報酬の鉱工業生産に対するセンシティビティが低下している姿が窺える．

設備投資関数で行ったのと同様に，「後期1」について得られたパラメータを用いて，2009年4-6月期以降の実質雇用者報酬を外挿予測すると，2009年7-9月期，10-12月期について大きなプラスの推計誤差が発生する（図表3-9）.

図表 3-8 実質雇用者報酬関数の推計結果

	log(鉱工業生産) ($t-3$)	log(雇用判断)	adj. R^2
全　期 (94Q1-09Q4)	0.10 (0.03)	−0.01 (0.00)	0.43
前　期 (94Q1-01Q4)	0.30 (0.04)	−0.02 (0.01)	0.70
後期 1 (02Q1-09Q1)	0.18 (0.06)	−0.01 (0.01)	0.56
後期 2 (02Q1-09Q4)	0.08 (0.04)	−0.01 (0.01)	0.33

注) 括弧内の数値は係数の標準偏差，雇用判断は「過剰」回答比率．
出所) 内閣府，経済産業省，日銀，クレディ・スイス証券．

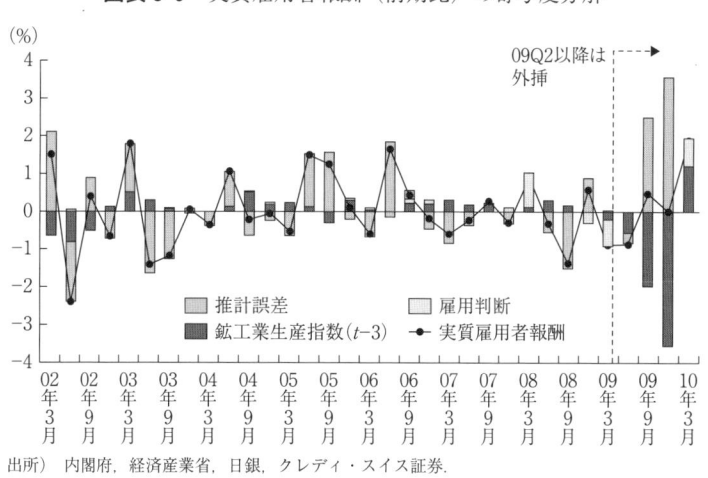

図表 3-9 実質雇用者報酬（前期比）の寄与度分解

出所) 内閣府，経済産業省，日銀，クレディ・スイス証券．

　09 年 1-3 月期にかけてのトランスミッションが維持されていたならば，09 年 10-12 月期にかけての実質雇用者報酬の実現値は外需・鉱工業生産の大幅な落ち込みを反映して大きく減少していたはずであることが示された．

　ただし，雇用者報酬の外需・生産に対するセンシティビティの低下については，足元のみで起こっている短期的な現象ではなく，より趨勢的なものである可能性があることには注意が要る．鉱工業生産の推計パラメータの低下が「前期」と「後期 1」の間でもはっきりと観察されるからである．

次に，実質個人消費（民間最終消費支出）を実質雇用者報酬（2四半期前）と消費者心理（消費動向調査の消費者態度指数，1四半期前）で説明する関数を推計した．「後期1」，「後期2」で推計パラメータに大きな差はなく，相対的に安定的な推計結果が得られた（図表3-10, 3-11）．直近においても，雇用者報酬と個人消費の関係はさほど崩れていないことが示唆される．

2009年4-6月期以降の個人消費の回復については，政府による家計向けの各種所得支援措置や広義の減税措置が消費下支えに寄与した可能性も完全に

図表3-10 実質個人消費関数の推計結果

	log(実質雇用者報酬) ($t-2$)	log(消費者態度指数) ($t-1$)	adj. R^2
全期 (94Q1-09Q4)	1.63 (0.22)	0.06 (0.03)	0.46
前期 (94Q1-01Q4)	0.80 (0.18)	0.03 (0.04)	0.42
後期1 (02Q1-09Q1)	1.02 (0.14)	0.09 (0.02)	0.70
後期2 (02Q1-09Q4)	1.04 (0.16)	0.06 (0.02)	0.60

注) 括弧内の数値は係数の標準偏差．
出所) 内閣府，クレディ・スイス証券．

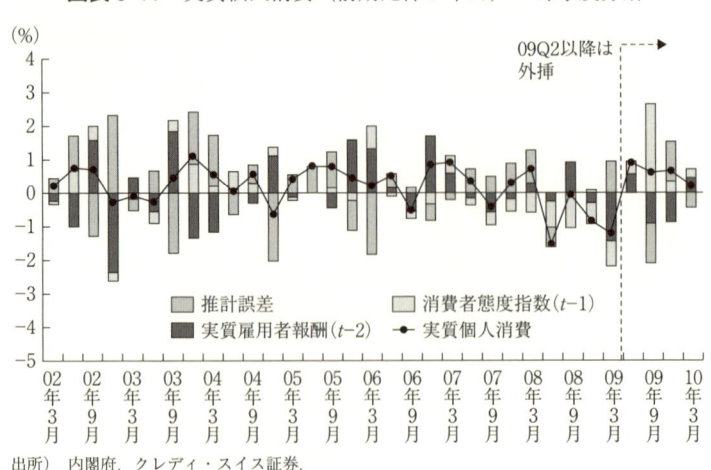

図表3-11 実質個人消費（前期比伸び率%）の寄与度分解

出所) 内閣府，クレディ・スイス証券．

は否定できないが，基本的には，外需・鉱工業生産の変動に対するセンシティビティの低下傾向と消費財・サービス価格の下落を反映して実質雇用者報酬が底堅い動きをしたことによって説明される．なお，世界経済・金融危機の発生後に外需と個人消費の関係が一段と不安定化したとは考えられない．

2 負のアウトプット・ギャップとストック調整圧力について

2.1 はじめに

外需ショック（2009年1-3月期にかけての深い外需と鉱工業生産の落ち込み）の企業設備投資に対する下押し圧力は解消されつつある．外需の回復傾向が継続すれば，設備投資も緩やかな回復傾向をたどる可能性があり，その意味において，近い将来における企業設備投資の回復力は世界景気・生産の回復力に依存すると考えられる．

世界景気・生産の先行きを占ううえでは，まず，2008年以降の世界的な財政拡張・金融緩和政策の効果がどの程度持続するのか，という点に注目せざるを得ない．

金融危機が終息しつつあり，経済成長率が安定してきたため，追加的な財政拡張・金融緩和政策が採用される可能性が大きく低下するとともに，ソブリン・デット・リスクに対する政策当局の関心が財政政策運営の正常化を後押しするものと考えられる．また，金融危機を再発させないという予防的な見地から金融規制・監督が強化される方向にある．趨勢的なインフレ率の低下に直面するリスクが高いことが金融政策の正常化を遅らせる可能性はあるが，政策運営は全体として2011年以降の世界成長率を鈍化させる方向に作用するものと考えられる．2009年4-6月期以降の実質輸出の急激な回復が世界的な在庫水準の正常化に大きく牽引されたものであることも，今後は世界生産の成長率が低下する可能性を示唆している．

そうであるとすれば，2010年後半以降には，日本の実質輸出の成長率が低下すると想定すべきであり，企業の設備投資需要が加速度的に増大するシナリオも想定しにくい．

個人消費はどうか．実質雇用者報酬の外需・生産循環に対するセンシティビティの低下は，外需が回復しても実質雇用者報酬が回復しにくい反面，世

界景気が鈍化しても実質雇用者報酬は底堅く推移する可能性を示している．基本的には，日本の労働市場，雇用市場が硬直的であることが示唆されており，企業と家計の間の所得分配の有意な変化を想定しない限り，実質雇用者報酬は安定的な推移を示すと考えることができる．そうしたなかで，個人消費も一進一退の動きとなる可能性が高いだろう．なお，実質雇用者報酬と個人消費の関係が比較的安定していることは，現時点で判断する限り，財政措置によって個人消費が拡大するというシナリオは描きにくいことを示唆している．

　需要水準は世界金融・経済危機の発生によって大きく低下したが，その回復がモデレートなものに止まった場合，大幅な負のアウトプット・ギャップ（実質 GDP 実績値と潜在 GDP のギャップ）が長期化する可能性が高いと予想しなくてはならない．実際，以下で示すように，日本経済の負のアウトプット・ギャップは 2009 年平均で 8% 程度にも及ぶ膨大なものになったと推計され，これが，どのような経路，パターンで解消されていくのか，あるいは解消されないのか，は大きな関心事である．

　負のアウトプット・ギャップは需要不足を示す代表的な指標として注目される傾向があり，このため，いわゆるケインジアン的な需要拡大策が引き続き提唱される傾向にある．しかしながら，次節で指摘するように，財政赤字が趨勢的に拡大し，裁量的政府支出の余地も大きく低下していることから考えて，財政拡張政策で負のアウトプット・ギャップを解消することは困難であろう．また，銀行の信用仲介機能が依然として大きく低下したままであり，量的金融緩和の景気刺激効果も限定的であると考えられる．

　この意味において，負のアウトプット・ギャップの解消は主として需要対比で過大になった経済の供給力（生産設備資本や労働）の縮小によって達成される必要があると考えざるを得ない．一般的には経済の供給サイドにおける調整をストック調整と呼ぶが，現在の日本経済におけるストック調整圧力はどの程度なのであろうか．

2.2　アウトプット・ギャップの推計

　アウトプット・ギャップは実質 GDP 実績値の潜在 GDP からの乖離率であるため，その計測には，潜在 GDP の推計が不可欠となる．潜在 GDP の推計

方法には，さまざまなものがあるが，代表的なものは成長会計の考え方に基づいた生産関数アプローチであろう．成長会計とは，経済成長を労働投入の寄与，資本投入の寄与，全要素生産性 (TFP) の寄与という3つの生産要素に分解し，経済成長の源泉が何であるかを探ろうとするものである．

生産関数に関しては，通常，以下のようなコブ・ダグラス型生産関数 ((1) 式) が用いられ，本章でもそれに倣った．また，(1) 式を変換した (2) 式に，稼働資本投入とマンアワー労働投入のデータを代入することで TFP を逆算するというアプローチを採用した．なお，(3) 式のように生産関数の対数階差を取ることで，実質 GDP 成長率を労働の寄与，資本の寄与，全要素生産性 (TFP) の寄与に分解することができる．

$$Y_t = A_t K_t^{(1-\alpha)} L_t^{\alpha} \tag{1}$$

Y：実質 GDP，A：全要素生産性 (TFP)，K：稼働資本投入
L：マンアワー労働投入，α：労働分配パラメータ

$$A_t = \frac{Y_t}{K_t^{(1-\alpha)} L_t^{\alpha}} \tag{2}$$

$$\varDelta \ln Y_t = \varDelta \ln A_t + (1-\alpha) \cdot \varDelta \ln K_t + \alpha \cdot \varDelta \ln L_t \tag{3}$$

具体的なデータであるが，まず，稼働資本投入は設備稼働率を考慮した資本ストックであり，内閣府「民間企業資本ストック（進捗ベース）」の製造業，非製造業の系列に稼働率を乗じ，合計して求めた．なお，稼働資本投入は (4) 式で表される．

$$K_t = \theta_t Kap_t \tag{4}$$

θ：全産業設備稼働率，Kap：資本ストック

ここで，製造業の稼働率には「鉱工業生産統計」の設備稼働率（2005年＝79.5%）を利用したが，非製造業の稼働率は「日銀短観」の設備判断 DI をもとに推計した．具体的には，製造業の稼働率を製造業の設備判断 DI に回帰したモデルに，非製造業の営業・生産設備判断 DI を代入し，得られたモデル理論値を非製造業の稼働率とした．非製造業と製造業の稼働率の加重平均値を資本全体（全産業ベース資本ストック）の稼働率とした．

次に，マンアワー労働投入は，「毎月勤労統計」の総労働時間（5人以上事業

所）を「労働力調査」の就業者数にかけたもので (5) 式で表される．なお，労働力人口を労働ストック，就業率（＝1－失業率）×労働時間を労働の稼働率と考えれば，(5) 式の最右辺のように，マンアワーを稼働労働力人口と見なすことができる．

$$L_t = M_t H_t = P_t(1-UN_t)H_t \qquad (5)$$

M：就業者数，H：総労働時間
P：労働力人口，UN：完全失業率

最後に，労働分配パラメータ α の値は既存研究（Hayashi and Prescott [2002]，宮尾 [2006]）に倣い，労働分配率（＝雇用者報酬／国民所得）の期間平均値とした．

さて，生産関数に基づいた潜在 GDP の推計で特に問題となるのは，①経済全体の技術革新力（生産性）をどのように推計するのか，②資本・労働の"潜在的な投入量"をどのように定義するか，といった2点である．

まず，①については，資本・労働投入（稼働資本投入，マンアワー労働投入）の実績値を生産関数に代入して求めた生産（実質 GDP）の理論値と実質 GDP 実績値の乖離（いわゆる「ソロー残差」）を経済全体の技術革新力（全要素生産性，以下 TFP と記述）とする手法が比較的よく用いられている．実質 GDP のうち，資本・労働投入の寄与（変動）で説明できない部分を技術革新・生産性の寄与として捉える考え方である．

本章でもそうした考え方を採用し，「ソロー残差」として得られた TFP の時系列は図表 3-12 に示される．HP フィルター（頻度：6400）でトレンド化したトレンド TFP も同時に掲載した．なお，図表 3-12 から明らかなように，09 年には TFP が大きく上昇している．深い景気後退のなかで経済の生産性が急激に上昇したことになるが，この点には注意が要る．すなわち，成長会計の残差として推計した TFP には技術進歩と考えにくい動きが含まれてしまう面がある．2008-09 年については，経済ショックに対する労働・資本の稼働率調整の遅れが TFP の動きに影響を与えたと解釈される．2008 年の TFP 成長率がマイナスとなっているのは，08 年第4四半期の生産急落に対して設備稼働率と労働時間の調整が遅れたため，資本と労働の寄与が生産に比較して高くなったことを反映している．一方で，2009 年の TFP 成長率が

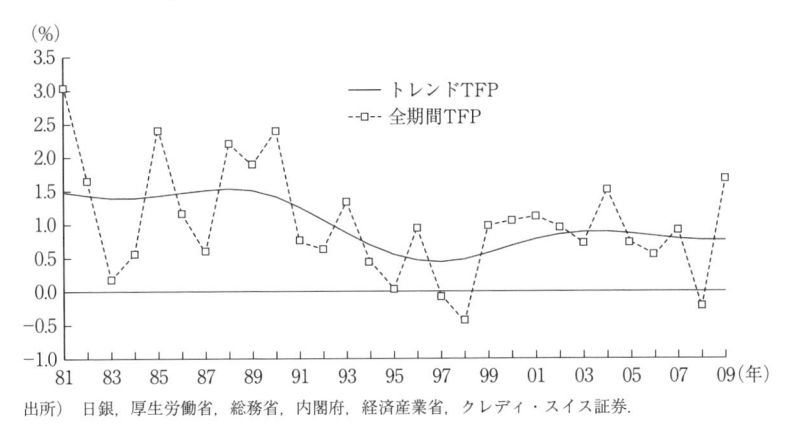

図表 3-12 全要素生産性(TFP)とトレンド TFP

出所) 日銀,厚生労働省,総務省,内閣府,経済産業省,クレディ・スイス証券.

高い数値となっているのは,2008年末のショックに遅行して,設備稼働率と労働時間が急落し,資本と労働の寄与が大きく減少したことによる.このように経済・需要ショックに対する稼動資本とマンアワー労働の遅行的な反応が短期的な TFP のスイングをもたらすことになる.潜在 GDP を計算するときには,こうしたスイングを除去したトレンド TFP の系列を利用することが望ましいと考えられる.

次に,②については,中長期的にサステイナブルな投入量,と考えるのが一般的であろう.これは,設備稼働率と労働稼動率(労働時間の概念を含む)について理論的な最大値を考えるわけではないことを意味する.最大稼働率のもとで資本と労働が経済に投入されている場合,その経済には大きなインフレ圧力が生じていると見られ,中長期的にはサステイナブルではない.このため,資本と労働の潜在的な投入量を考える際には,「インフレを加速させない範囲での最大稼働率」がより適当な概念になる.

この意味での潜在設備稼働率を NAICU (Non-Accelerating-Inflation Capacity Utilization),潜在失業率を NAIRU (Non-Accelerating-Inflation Rate of Unemployment) とそれぞれ呼び,潜在 GDP の推計には NAICU, NAIRU の推計値を用いることが必要になる.すなわち,潜在 GDP は,(1)式の生産関数に資本と労働の潜在水準 (NAIRU, NAICU) とトレンド TFP を代入したものとなる.潜在レベルの資本投入は NAICU×資本ストック,潜在レベルの労

働投入は労働力人口×(1−NAIRU)×潜在労働時間である．なお，潜在労働時間については，所定内労働時間（トレンド）+「インフレを加速させない所定外労働時間」とし，後者は所定外労働時間を設備稼働率に回帰したモデルの独立変数に NAICU を代入して得られた系列である．以上を式にまとめれば，次のように表される．

$$\widehat{Y}_t = \widehat{A}_t \widehat{K}_t^{(1-\alpha)} \widehat{L}_t^{\alpha}$$
$$\widehat{K}_t = NAICU_t \cdot Kap_t$$
$$\widehat{L}_t = P_t \cdot (1 - NAIRU) \cdot \widehat{H}_t \qquad (6)$$

$\widehat{Y}$：潜在 GDP，$\widehat{A}$：トレンド TFP，$\widehat{K}$：潜在資本投入
$\widehat{L}$：潜在労働投入，$\widehat{H}$：潜在労働時間

NAIRU と NAICU の値をどうやって求めるか．本分析では，Cerra and Saxena [2003] を参考に，インフレ率を変動させない稼働率，失業率としてこの値を推計した．推計方法は以下のように要約される．

まず，期待で修正されたフィリップスカーブを基に，次式を定義する．

$$\pi_t = \pi_t^e + \rho(\pi_{t-1} - \pi_{t-1}^e) + \alpha(UN_t - UN_t^*) + \beta(CU_t - CU_t^*) \qquad (7)$$

π_t：内需デフレータ前年比インフレ率
π_t^e：t 期における $t+1$ 期についての期待インフレ率
UN_t：失業率，UN_t^*：NAIRU，CU_t：設備稼働率
CU_t^*：NAICU，ρ, α, β：未知パラメータ

次に，期待形成が適応的であると仮定して，次期についての現在の期待インフレ率を前期のインフレ率で置きかえ（$\pi_t^e = \pi_{t-1}$），インフレ加速度の形に整理する．

$$\Delta\pi_t = \rho\Delta\pi_{t-1} + \alpha(UN_t - UN_t^*) + \beta(CU_t - CU_t^*) \qquad (8)$$

この式から，失業率，設備稼働率がそれぞれ NAIRU，NAICU と一致したときには，それらのインフレ率の変化への寄与がゼロになることが分かる．ところで，この式における NAIRU と NAICU はデータからは観測不可能な系列である．一方，実際の稼働率（CU_t），失業率（UN_t）とインフレ率（π_t）は観測可能なので，パラメータ（ρ, α, β）の値さえ分かれば，NAIRU と

NAICU の時系列はその動きに適当な確率過程を仮定することで式 (9) から逆算できる．すなわち，「仮にインフレが加速も減速もしなかったならば，稼働率・失業率はそれぞれどれほどの水準であったのか」という推論によって計算される．

具体的には NAIRU と NAICU がともにランダム・ウォークすると仮定し，式 (8) から以下の確率的動学線形モデルを構築する．

$$\Delta \pi_t = \rho \Delta \pi_{t-1} + \alpha (UN_t - UN_t^*) + \beta (CU_t - CU_t^*) + \varepsilon_t$$
$$UN_t^* = UN_{t-1}^* + w_t^1$$
$$CU_t^* = CU_{t-1}^* + w_t^2 \qquad (9)$$

但し，確率項は以下のように正規分布すると仮定
$\varepsilon_t \sim N(0, v)$, $w_t^1 \sim N(0, w_1)$, $w_t^2 \sim N(0, w_2)$
$UN_0^* \sim N(\mu_1, p_1)$, $CU_0^* \sim N(\mu_2, p_2)$

ここでパラメータを推定する必要があるが，これはカルマン・フィルターを用いた最尤推定法によって可能である．つまり，未知変数を逆算するアルゴリズムであるカルマン・フィルターを適応することで，尤度を評価できるため，「どのようなパラメータのもとで逆算された NAIRU・NAICU が実際のデータから見て最も確からしいか」という統計的推論によって，未知パラメータと NAIRU・NAICU ($\rho, \alpha, \beta, v, \mu_1, \mu_2 ; UN_t^*, CU_t^*$) を同時に推定できる．なお，NAIRU 時系列のボラティリティの大きさを規定する $w_1 = p_1$ は実際の失業率の標準偏差の 10％，同 NAICU についての $w_2 = p_2$ は実際の設備稼働率の標準偏差の 10％と設定している．1980-2009 年というサンプル期間から推計される NAIRU，NAICU の 2009 年の値は，それぞれ，2.4％，85.1％であった．

推計された NAIRU，NAICU，およびトレンド TFP を用いて潜在 GDP を推計し，さらに潜在 GDP を用いてアウトプット・ギャップを計算すると，2009 年は過去最悪の －8.2％であった（図表 3-13）．

このアウトプット・ギャップを労働投入，資本投入それぞれのギャップに寄与度分解すると，労働投入ギャップ（－5.2％）が －3.3％ポイント，資本投入ギャップ（－14.2％）が －5.1％ポイントである．2009 年の日本経済に発生した膨大な負のアウトプット・ギャップの裏側では，労働，生産設備と

178　第Ⅱ部　実体経済への波及

図表 3-13　アウトプット・ギャップ

(%)

[グラフ：1980年から2008年までのアウトプット・ギャップの推移。1990年前後に+3%のピーク、2008年末に-8%超まで低下]

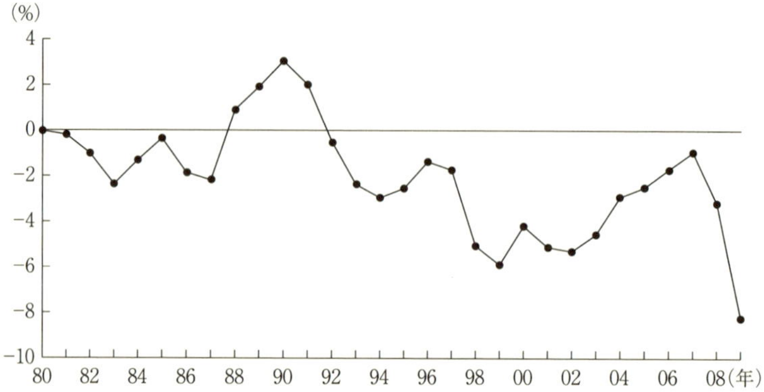

出所）日銀，厚生労働省，総務省，内閣府，経済産業省，クレディ・スイス証券．

もに大きな過剰が発生したが，マクロ的に捉えた場合には，生産設備の過剰度合いの方が大きかったと言える．

なお，図表3-13に示した推計アウトプット・ギャップの動きを見ると，1992-93年ごろからマイナスに転じたが，趨勢として拡大していることが分かる．すなわち，日本経済は，1990年代はじめの国内資産バブル崩壊以降直近の世界金融・経済危機に至るまで4度の需要ショックを経験したが，需要ショックを経験するごとに負のアウトプット・ギャップが拡大する傾向にある．この点を認識しておくことは重要である．

2.3　労働・資本投入ギャップの推計

以上で見たように，2009年における労働投入ギャップ（実際のマンアワー労働投入と潜在労働投入の差，$L/\hat{L}-1$）は -5.2% と推計されたが，マンアワー労働投入は就業者数と労働時間の積であるため，このいずれに過剰が発生しているのかを同時的に計算することはできない．つまり，労働時間ないしは就業者数のいずれかが潜在レベルにあると仮定したうえで，残る一方の過剰度合いを測るしかない．

より直感的な理解を得るため，実際の労働時間が潜在労働時間に等しいと仮定し，労働投入ギャップのすべてが就業者数の過剰で表されると考えてみる．この場合，2009年における労働投入ギャップは就業者数で見て約160万

人と計算される．つまり約160万人が過剰雇用になっているということである．

約160万人の過剰な就業者が完全失業者となっていれば，2009年平均の完全失業率は7.5％に達した計算である．NAIRU（潜在失業率）は2.4％と計算されるから，その差は5.1％ポイントである．これが完全失業率で表示した労働投入ギャップである．

次に，2009年における資本投入ギャップ（実際の稼働資本投入と潜在資本投入の差，$K/\hat{K}-1$）は-14.2％と推計された．このギャップは，2009年における全産業の設備稼働率とNAICU（潜在設備稼働率）との乖離であり，NAICUが85.1％であるのに対し，2009年平均の実際の全産業稼働率（推計値）は73.0％であった．稼働率で見て12.1％ポイントの資本投入ギャップがあった計算になる．

推計されたNAIRU，NAICUについて，「前者は低過ぎ，後者は高過ぎるのではないか，その結果，日本経済におけるデフレ圧力を過大評価してしまうのではないか」との指摘もあり得よう．こうした指摘に対して改めて確認しておかなくてはならないことは，「NAIRUやNAICUは，実際の完全失業率や設備稼働率がこれらの値に一致した場合，インフレ率への変化に対する寄与がゼロになる」ということである．つまり，実際の完全失業率や設備稼働率がNAIRUやNAICUを上回るあるいは下回っている状態においてインフレ率がプラスになることを否定していない．ただし，そうした状態においては，プラスのインフレ率が安定的に発生する可能性は低く，仮にインフレ率がプラスの領域にあっても，一定期間にわたって観察すれば低下傾向をたどる可能性が高い，ということになる．

また，労働力や資本設備の質が劣化することで潜在的な供給力が低下する可能性があり，この点を考慮しない推計は，労働投入や資本投入のデフレ・ギャップを過大に見積もっているのではないか，との指摘もある．

この点については，以下で紹介するように，就業者の平均年齢が上昇すると経済全体の技術革新力の伸び率が低下するという実証結果が得られるものの，高齢化が労働力の質の劣化をもたらしているのかどうかは明らかではなく，そのNAIRUへの影響を論じることは容易ではない．また，設備年齢の上昇が資本設備の潜在的な供給力を低下させている可能性についても，最新

設備を備えた工場と古い工場を比較するような場合は直感的に理解しやすいが，小売業の売り場やオフィス・ビルなどでこうした議論ができるのかどうか，やや疑問である．そもそも質の劣化をどのように測るのかという技術的な問題もあり，本章では，労働力や資本設備の質の劣化が潜在供給力を低下させている可能性があるとの立場を取らない．

2.4 労働と資本の調整圧力の推計

以上では，NAICU，NAIRU の概念を用いて，足元の日本経済にどの程度の労働・資本投入ギャップがあるのかを推計したが，労働投入，資本投入ともにかなり大きな負のギャップが存在していることが分かった．

ここで，特に懸念されるのは，資本投入ギャップである．労働投入ギャップも，短期的に見れば，日本経済の脅威であるが，中期的には高齢化の急激な進展によって潜在労働投入が縮小する見通しであるため，資本投入ギャップに比べて解消されやすいと見られる．実際，マンアワー投入がほぼ横ばいで推移しても，10 年程度の期間を経れば，完全失業率が NAIRU まで低下し労働投入のギャップが自然に解消されるというシナリオを描くことはさほど難しくない．

この点をやや詳しく解説しよう．国立社会保障・人口問題研究所（以下，社人研）の中位推計値に基づけば，向こう 10 年間で労働力人口は 6.4%（年率 0.66%）減少し，潜在労働投入も同率で減少する（労働ストック調整が進展する）ことになる．このため，マンアワー労働投入が 10 年間で 1.2%（年率 0.12%）減少すれば，労働投入ギャップ（2009 年で 5.2%）が解消されることになる．つまり，マンアワーがごく緩やかに縮小しさえすれば，高齢化による潜在労働投入の減少が労働ギャップの解消をもたらす可能性がある．

他方で，資本投入ギャップの解消はより想定しにくい．最大のポイントは，資本ストックが労働力と異なり，時間の経過とともに減少するという性質を有さない，ということである．このため，経済の資本に対する需要が大きく高まらない限り，資本投入ギャップの解消は何らかの能動的な資本ストックの削減（企業などによる生産・営業設備の積極的な廃棄）を必要とする．ここで，必要とされる資本ストックの削減額やペースが非現実的に大きなものであると推計されるならば，「現実的なシナリオのもとでは資本投入ギャップの解

消を望めない」と結論付けることが妥当であろう．

より具体的には，成長会計の考え方に従って以下のようなマクロ前提と整合的な10年後の稼働資本投入（資本投入の需要）を計算すると[1]，2009年比で3.3%（年率0.34%）の減少となるが，このように稼働資本投入が緩やかに減少するケースを想定すると，10年後の資本投入ギャップを解消するためには，17.0%もの潜在資本投入の削減（年率で平均1.84%の削減）が必要になる（負の資本投入ギャップが14%を超えているため）と推計される．

- 実質GDPは過去20年間のトレンド（1980-2008年の実質GDP成長率の実績をHPフィルターでトレンド化した2008年の値，+0.6%）で成長する．なお，前節1では，世界金融・経済危機後に日本のトレンド成長率が下方屈折したかどうかの判定が現時点ではまだ困難であることを指摘した．この点を再確認しておくことは有用である．
- 同様に，TFPも過去20年間のトレンド（+0.8%）で成長する．
- マンアワー（労働投入）は向こう10年間における労働投入ギャップの解消と整合的な伸び率（年率-0.12%）で推移する．

すなわち，実質GDPとTFPがトレンド並みの成長を維持した場合，向こう10年でアウトプット・ギャップを解消しようとすれば，高齢化による労働力人口の自然減という調整圧力が働くことを前提にしても，資本ストックの大幅な削減（年率1.8%超）が必要になるということである．

2.5 資本投入ギャップを解消する設備投資の将来パスについて

資本ストックが減少するためには，粗設備投資から資本減耗を引いた純設備投資が毎年マイナスになる必要がある．つまり，資本投入に対するトレンド需要が不変であることを前提にすると，向こう10年で資本投入ギャップが解消されるシナリオは，毎年の粗設備投資額が資本減耗を下回り続ける必要があることを意味する．

ここで，毎年の資本減耗率が一定（2003-07年平均値で4.6%[2]）であると仮

---

[1] 成長会計の考え方に基づき，次の式から逆算した．実質GDP成長率＝TFP成長率＋労働分配率×マンアワー投入成長率＋（1－労働分配率）×稼働資本成長率
[2] 資本減耗率は，レベルシフトを調整した内閣府「民間資本ストック」の資本ストック差分（＝純設備投資）から，粗設備投資を差し引いて計算した資本減耗額を資本ストックで除した値を用いている．

定すると，2010-19年の減耗額は平均年間50.5兆円と計算される．向こう10年間における17.0%の資本ストック（潜在資本投入）の削減は，平均年間で20.4兆円の削減を意味するから，向こう10年間の粗設備投資額の適正値は平均年間30.1兆円，2009年平均（推計値）比で53.8%の縮小となる（資本減耗額の絶対水準を一定と仮定しても，計算結果に大きな差はない）．

しかも，粗設備投資額の減少が実質GDPのトレンド成長率を下押しし，その結果，資本投入ギャップ解消をもたらす稼働資本投入の水準がさらに低下するというフィードバックが考慮されていない（粗設備投資額の適正値が過大推計されているリスクがある）ことには注意が要る．

いずれにせよ，何らかの理由で資本減耗が加速度的に増加するケースを想定しない限り，向こう10年における毎年の粗設備投資が大きく減少しなければ，10年後に資本投入ギャップが解消されているシナリオを描くことはできない．もっとも，企業設備投資水準が足元の水準からさらに50%超も低下し，向こう10年程度まったく回復しないという状況を想定するのは非現実的である．

実際，1990年代後半以降のデータを見る限り，実際の設備稼働率がデフレを解消する潜在設備稼働率（85%強）を大きく下回る時点（76%程度）で設備投資の拡大が始まる傾向が確認される．すなわち，1997年以降について，全産業ベースの設備稼働率（1997年1-3月期～2009年7-9月期）と設備投資GDP比率（1997年4-6月期～2009年10-12月期）を散布図にすると（図表3-14），全産業・設備稼働率が76%を超えるサンプル（2008年10-12月期まで）では1期前の設備稼動率と設備投資GDP比率の間に高い正の相関関係を確認できる（回帰モデル推計によれば，稼働率が1%ポイント上昇すれば，次期の設備投資GDP比率は0.33%ポイント上昇する）．

他方，全産業の設備稼働率が76%を下回るサンプル（2009年1-3月期以降）では両者の相関関係が消失している．言い換えると，外需ショックを受けた09年1-3月期以降の設備稼働率急低下局面においては，より大きな設備投資の削減（設備投資GDP比率の低下）が生じてもしかるべきであったが，これが生じなかった．設備稼働率水準の大幅な低下に見合った設備投資水準の削減が生じなかった背景については，投資決定行動の遅行性に加えて，多くの企業に資本減耗（2009年前期の資本減耗GDP比率は12%台前半）に見合った投資

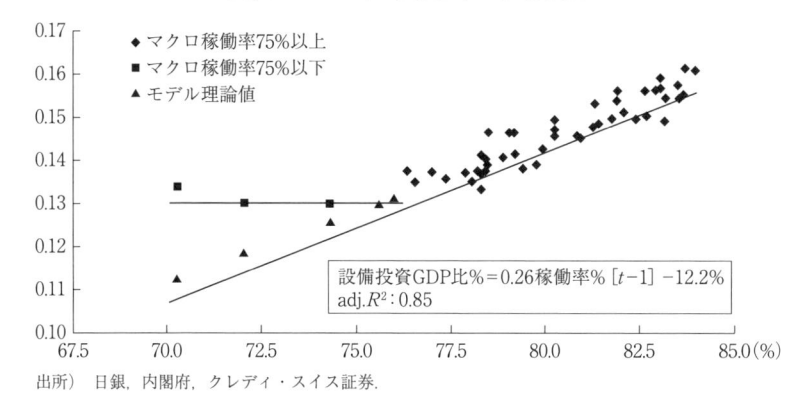

図表 3-14 全産業稼働率と設備投資

◆ マクロ稼働率75%以上
■ マクロ稼働率75%以下
▲ モデル理論値

設備投資GDP比% ＝ 0.26 稼働率% $[t-1]$ − 12.2%
adj.R^2 : 0.85

出所）日銀，内閣府，クレディ・スイス証券．

（主として更新投資）を維持しようする傾向がある可能性を指摘できよう．「外需ショックに対する設備投資のリアクションが遅行はしたものの，その調整は完了しつつある」との見方ができる一方で，設備投資水準の低下が稼働率水準の低下に比べてマイルドなものにとどまる局面が4四半期も継続したという事実は，その分，資本投入ギャップの調整が遅れたことを意味しており，注意が要る．

2.6 アウトプット・ギャップの展望

資本ストックの過剰が是正され，資本稼働率がNAICU（潜在設備稼働率）に上昇するためには，設備投資水準のさらなる大幅な引き下げが必要である，という上記のシミュレーション結果は，実質GDPのトレンド成長率が＋0.6％程度で低迷し，稼働資本投入の増加が必要とされていないような状況において設備投資が回復した場合，デフレの解消に必要な設備資本ストックの削減が遅れ，過剰資本の残存によるデフレ圧力が長期間に亘って継続することを示唆する．

他方，高齢化の急激な進展で労働力人口が縮小することから，就業者数が緩やかな縮小を続ければ，労働投入ギャップが10年間程度のうちに解消される可能性がある．労働ギャップが高齢化による労働力人口の自然減で解消される可能性があることは，向こう10年程度のうちに，1人当たり賃金の伸び率がプラスの領域で安定する可能性を示唆する．

全体を総合すると，イメージ的には，現状 8% 程度存在する負の GDP ギャップのうち 3% 分（労働ギャップ分）は向こう 10 年で解消されるかもしれないが，残る 5% 分（資本ギャップ分）の多くは長く残存する可能性が高いということである．

営業・生産設備の過剰状態は多くの企業が過当競争的な状態に置かれていることを意味する．就業者の 1 人当たり賃金が緩やかに上昇する可能性は否定できないが，高齢化に伴って家計全体で見た購買力が低下すれば，総消費需要の回復は限定的なものにとどまる可能性が高い．そうした状況で，資本設備面で過当競争的な状態が続いていれば，やはり物価は上がりにくいと考えるべきであろう．

日本経済における負のアウトプット・ギャップが 10 年程度のうちに解消されると考えるのは非現実的であり，その意味において，インフレ率が安定的にプラスの領域に入るシナリオを展望しづらい．

3 デフレ長期化と財政の維持可能性

3.1 財政政策の裁量性低下について

世界金融・経済危機の発生による外需ショックに見舞われた日本経済では，設備投資の外需に対する反応が不安定化するといった現象が見られてはいるが，危機発生後，十分に時間が経過していないこともあって，トレンド GDP 成長率（トレンド需要成長率）が下方に屈折したかどうかは明らかではない．しかし，そうであるにせよ，実績 GDP と潜在 GDP の水準格差である負のアウトプット・ギャップが，向こう 10 年程度のうちに解消されることを展望するのは極めて困難であると言わざるを得ない．このため，日本経済では負のアウトプット・ギャップを背景にした物価下落傾向が長期化する可能性が高い．

物価下落基調のもとで世界金融・経済危機後に大きく水準が低下した一般政府の名目収入は，今後も趨勢的に伸び悩むと予想され，名目支出の積極的な削減，ないしは大型の増税を実施しない限り，高水準の一般政府・財政赤字の継続と政府負債の加速的な拡大が不可避になりつつある．

長期金利水準あるいは政府負債のコストに非負制約が存在する以上，トレ

ンド名目成長率がゼロ近傍ないし小幅のマイナスで推移した場合には，財政破綻のリスクが高まることになる．直近の世界金融・経済危機の発生が過去に例を見ないような膨大な負のアウトプット・ギャップをもたらしたことは，財政破綻リスクへの対処がより喫緊の政策課題になっていることを意味している．

財政破綻リスクを高めるデフレ・ギャップの解消を目的に，一時的にさらなる財政赤字の拡大を招くような財政刺激策を実施することには消極的であるべきだろう．財政政策における裁量性が著しく低下している事実を見れば，なおさらである．以下では，財政政策の裁量性低下の問題をまず確認しておきたい．

日本の一般政府赤字（いわゆる財政赤字）は2009，2010年度ともに50兆円弱，GDP比率で10%弱に達する見込みである（図表3-15）．一般政府収支の長期推移を見ると，1992年度以降一貫して赤字となっているが，2004年度から2007年度にかけての一時期を除けば，赤字は拡大基調をたどっている．こうした一般政府収支の趨勢的な悪化（GDP比率で見た）については，支出総額の趨勢的な増加と収入総額の趨勢的な減少の同時的発生が背景になっている（図表3-16）．収入総額の減少にもかかわらず，支出総額を抑制してこなかった，あるいは，支出総額の増加にもかかわらず，十分な収入増加措置（増

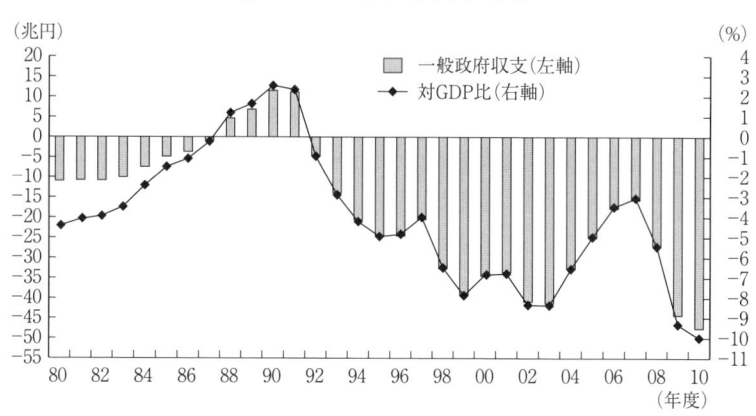

図表3-15　一般政府収支の推移

注）09-10年度は推計値・予想値．
出所）内閣府，クレディ・スイス証券．

図表 3-16　一般政府の支出・収入・税収総額（GDP 比）

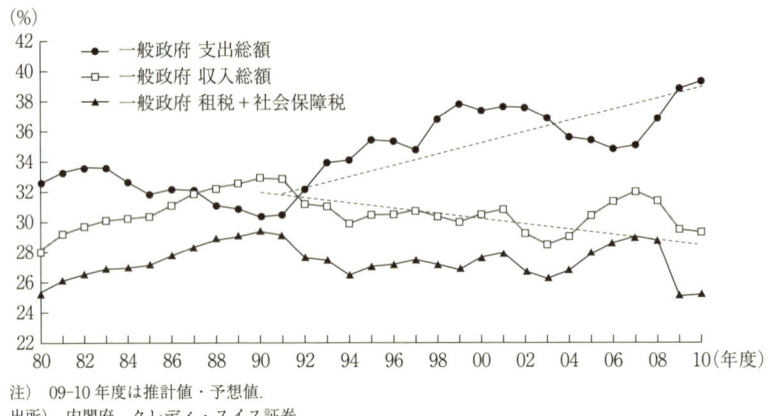

注）　09-10 年度は推計値・予想値．
出所）　内閣府，クレディ・スイス証券．

図表 3-17　非裁量的支出と裁量的支出の推移

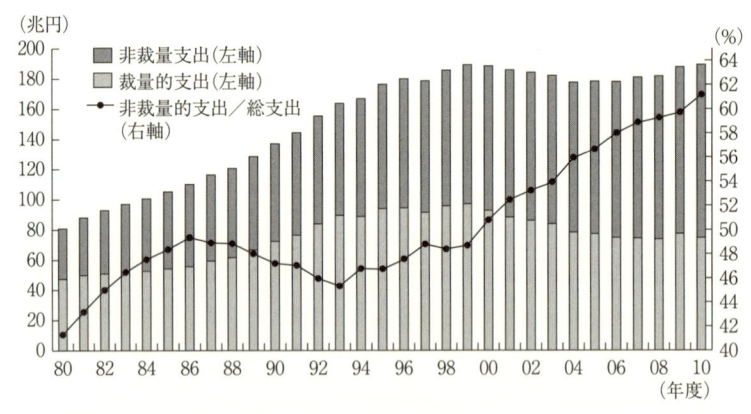

注）　09-10 年度は推計値・予想値．
出所）　内閣府，クレディ・スイス証券．

税）を実施してこなかったこと，が財政赤字の趨勢的拡大をもたらしてきた．
　指摘しなくてはならない問題点は，歳出面における非裁量的支出の著しい増加である．すなわち，2009 年度の一般政府の支出総額約 185 兆円のうち，社会保障関連支出と利払い費という裁量性の低い項目（非裁量的支出）の合計は約 110 兆円と推計され，支出総額の 59％ を占めたと見られる（図表 3-17，

2007年度以降，58-60％で推移）．10年前の1999年度を見ると，非裁量的支出は92兆円，支出総額における比率は49％に過ぎず，過去10年間で，非裁量的支出は20兆円弱，支出シェアで見て10％ポイント上昇したことになる．市場金利の持続的な低下によって利払い費は減少してきているから，非裁量支出比率の上昇をもたらしているのは，もっぱら社会保障支出の拡大（75兆円弱から100兆円弱に増加）である．

　社会保障支出の推移は高齢化率と連動している．高齢者向けの社会保障支出は，主として年金，老人医療，介護であるが，医療費の増加傾向が特に顕著である．65歳以上の高齢者に対する1人当たり医療費は，65歳未満のそれの約4倍に上っていること（厚生労働省「2007年度　国民医療費統計」を参照）が主因である．長期的に見ると，問題はより深刻である．社人研の「将来人口推計（中位推計）」によれば，今後，高齢化率（65歳以上人口比率）は年間約0.4％のペースで増え続け，2055年には2008年の22.2％から40.5％にまで上昇すると予想されている．このため，現行の年金制度における賃金・物価スライドおよびマクロ経済スライド調整を維持しても，医療や介護における高齢者1人当たりの支出額を削減しない限り，高齢者向け社会保障支出額は，トレンド名目GDP成長率が0.0％のケースで，2008年度の63兆円から2040年度までには80兆円を超えると見込まれる．なお，厚生労働省は「平成16年　社会保障の給付と見通し」で，2025年度の社会保障費全体が141兆円になると予想している（並みの経済成長ケース）．この推計は高齢者向け以外の社会保障費も含むため正確な比較はできないが，イメージとしては，名目GDPが2％成長のケースに相当すると考えられる（その場合，2025年度の高齢者向け社会保障費は約102兆円，2055年度には約167兆円に達する見込み）．このように，長期的に見て高齢化による非裁量支出の爆発的な増加は避けて通れないということになる．

　当然のことであるが，高齢化率上昇の裏側では，生産年齢人口（15歳以上65歳未満）比率が趨勢的に低下する．すなわち，同比率は，年間約0.3％のペースで低下し続け，同比率は2055年には2008年の64.5％から51.1％にまで減少すると予想されている．生産年齢人口比率の低下は税収GDP比率の低下をもたらすものと考えられ，高齢化の進展が構造的な財政赤字拡大要因となることは明らかである．

第2の問題点は，税収すなわち社会保障税を含めた総税収の縮小である．より具体的には，1999年度の総税収は約134兆円であったが，2009年度は120兆円弱にまで減少したと推計される．社会保障税収は保険料率の緩やかな引き上げの効果からほぼ横ばいを維持した一方，所得税や消費税などの一般税収が14兆円程度減少したと見られる．GDP比率では1999年度の26.8％から2009年度は25.1％に低下したと推計される（図表3-18）．

　税収の縮小は，絶対額で見た場合には名目GDP縮小が，GDP比率で見た場合には実効税率の低下が，それぞれ背景になっていると考えられる．ここで，減少が最も顕著なのは，個人所得税，法人所得税といった直接税である．注目されるのは，1990年代はじめのバブル経済崩壊を受けた減税措置に加えて，赤字企業の増加，課税最低限所得未満の低所得家計の増加などから，実効税率（税収額を法・個人の課税所得で除した値）の低下が著しいことである．

　すなわち，1980年代終わりごろに35-37％あった法人所得税の実効税率は2007年度には24％強にまで，同様に，1990年代のはじめに6％弱あった個人所得税（源泉徴収税，国税分）の実効税率は2007年度には4％割れになったと計算される．このことは，税収を増加させるためには，法人税，個人所得税の税率を引き上げることもさることながら，課税ベースを拡大させることも重要であることを示唆している．

　なお，日本の国民負担率が国際的に見て低いことはよく知られている．すなわち，G7諸国にスウェーデンを加えた8カ国の国民負担率（＝租税負担と社会保障負担の国民所得対比）を税項目別に比較すると，日本の国民負担率は米国とともに低水準であることがわかる．税項目別に見ると，国民負担率が諸外国比で低いのは消費課税と個人所得税であるが，特に個人所得税は米国をも下回り，8カ国中で最低である．日本の個人所得税の税制構造を他国と比較すると，最低税率の低さと，課税最低限所得水準の高さ（とりわけ地方税）が際立っていることが分かる．すなわち，日本の個人所得税負担の低さは累進性の高さが最大の原因であると考えられる．

　第1と第2の問題を合わせた帰結こそが，財政政策における裁量性低下である．これは，財政政策の景気刺激機能の低下と言い換えることもできる．すなわち，税収が縮小するなかでの非裁量的支出の拡大は，景気循環の局面にかかわらず，政府の裁量的支出削減のインセンティブを高める．

第3章 今次世界金融・経済危機が日本経済に与えたインパクトの考察　189

図表 3-18 一般政府，租税および社会保障収入の推移

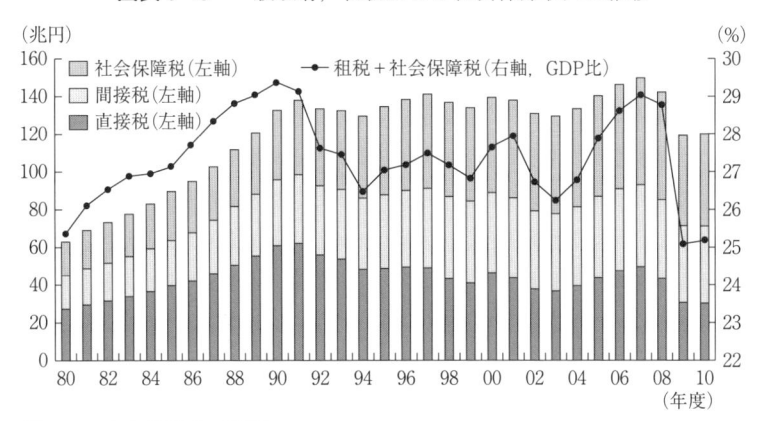

（兆円）／（％）

凡例：
- 社会保障税（左軸）
- 間接税（左軸）
- 直接税（左軸）
- 租税＋社会保障税（右軸，GDP比）

注) 09-10年度は推計値・予想値．
出所) 内閣府，クレディ・スイス証券．

図表 3-19 非裁量的支出・総税収比率の推移

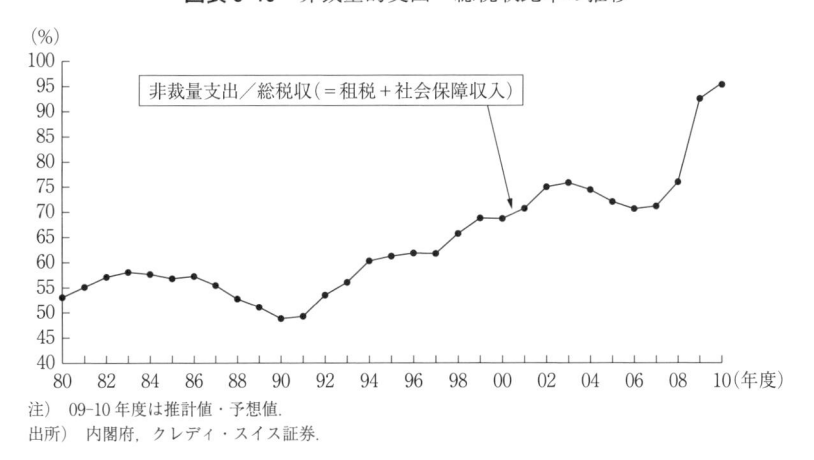

非裁量支出／総税収（＝租税＋社会保障収入）

注) 09-10年度は推計値・予想値．
出所) 内閣府，クレディ・スイス証券．

　実際，社会保障支出を中心とした非裁量的支出の総税収に対する比率は，07年度決算ベースで71％に達し，10年度はなんと約95％となる見込みであり（図表 3-19），このように，非裁量的支出が総税収のほとんどを食いつぶしている裏側では，公共事業や政府職員人件費などの裁量的支出の公債・借入金（借入）依存度が大きく上昇している．一般政府部門全体の支出・収入差額を純借入と定義し，その裁量的支出に占める比率を計算すると2009年度は

60％（1999年度は40％）を超える．つまり，政府の裁量的支出の6割以上が借入で賄われている（しかも，特別会計からの繰り入れであるいわゆる"埋蔵金"を除けば，この比率はさらに上昇する）ことを意味する．

政府が財政健全化を目的に公債発行や借入金を削減しようと考えれば，裁量的支出を削減するしかない．このことは，特に税収が減少する景気後退局面において財政政策による景気刺激余地が大きく縮小する可能性が高いこと，を意味する．こうした傾向は2010年度の予算編成にも現れていると言えよう．財政政策における裁量性の著しい低下は，財政拡張策の民需刺激効果（乗数効果）の問題とは別の次元で，政策対応によるデフレ・スパイラル阻止が困難化している可能性を示すものであると考えられる．

3.2 財政赤字ファイナンスと長期金利

デフレ・ギャップが解消されず，名目GDP成長率の低迷が継続した場合，税収の伸び悩みが継続する．社会保障支出を含めた政府支出を思い切って削減しない限り，大幅な財政赤字が固定的に続く可能性が高く，すでに顕著な増加を見ている政府負債は一段と拡大するだろう．

図表3-20に示したように，一般政府の金融総負債残高（総負債）は2009年度末で1,016兆円強，GDP比率で210％強に達した模様である．このうち，見合い資産が外為特別会計の外国債など極めて流動性が高く，国債に対する将来の支払い約束がない政府負債であると考えられる政府短期証券（2009年度末残高〈推計〉約167兆円）を除いた政府負債残高は850兆円程度，GDP比率で190％弱である．

日本では，これまでのところ，膨大な財政赤字が発生しても，潤沢な民間貯蓄によってそれがスムーズにファイナンスされるという状況が維持されてきた．例えば，2003年度には，一般政府赤字のGDP比率は8.4％にまで拡大したが，民間貯蓄がGDP比率12％程度となり，財政赤字のファイナンスが滞ることはなかった．足元では一般政府赤字がGDP比率で10％程度に達しているが，経常黒字GDP比率は3％程度を維持しており，算術的には民間貯蓄GDP比率が13％程度にまで拡大していることになる．

重要な点は，日本の長期金利関数を推計すると，経常収支GDP比が有意な説明力を持っており，経常黒字の存在が長期金利水準の押し下げ要因に

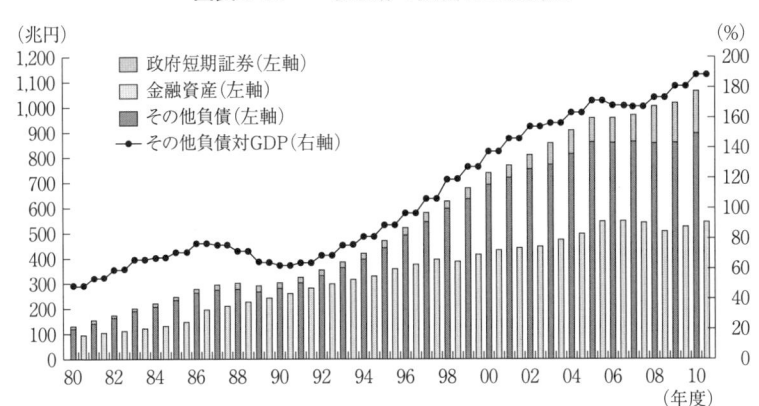

図表 3-20 一般政府の負債と金融資産

（兆円）
- 政府短期証券（左軸）
- 金融資産（左軸）
- その他負債（左軸）
- ● その他負債対GDP（右軸）

注) 09-10年度は推計値・予想値.
出所) 財務省, クレディ・スイス証券.

なっていることが示されることである．すなわち，フローで見た財政赤字が国内民間貯蓄によって十分にファイナンスされており，経済全体として貯蓄超過になっていれば，長期金利は上昇しにくいという関係が観察されてきている．

この点をやや詳しく述べると以下のようになる．

すなわち，トレンド名目成長率，短期金利（Tibor 6 カ月），経常収支 GDP 比率を説明変数とした長期金利モデルによって，一時期を除けば，過去 10 年強の長期金利の動きをそれなりにうまく説明することができる．

まず，長期金利の水準を決定する要因としてまず最も重要であると考えられるのは，トレンドの名目成長率である．ここで，トレンド名目成長率については，トレンド実質成長率とトレンド・インフレ率の和として捉えられる．トレンド実質成長率と実物資産投資の実質長期リターンの間には一定の相関があると考えられ，また，実物資産投資の実質長期リターンと長期債券投資の実質リターンの間には裁定が働くと想定されるためである．

第 2 に，短期金利水準が重要である．長期的に見れば，実物資産の長期期待リターン（名目）が長期金利水準を決定する要因であるとは考えられるものの，長期金利のより短期的な変動には短期金利が影響を与える可能性が高い．ファンディング・コスト，あるいは代替投資のリターンとして短期金利

の水準が長期債券投資の意思決定に影響すると考えられるからである．

　第3に，貯蓄・投資バランスである．政府部門の赤字（投資超過額）が国内民間部門黒字（貯蓄超過額）によって十分にファイナンスされているのかどうか，換言すれば，政府部門の赤字ファイナンスのどの程度の部分を海外資金に依存しなくてはならないか，という側面は長期金利水準に影響を与えると考えられる．海外資金依存度が上昇すれば，長期債市場はより大きなリスク・プレミアムを要求される．海外投資家は為替リスクといった付加的な投資リスクを負うからである．第3要因である貯蓄・投資バランスは需給要因と読み替えることもできる．

　こうした考え方のもとで採用した長期金利モデルは以下のとおりである．
　長期金利＝f（トレンド名目成長率，Tibor 6カ月金利，経常収支 GDP 比率）
データは四半期データ，サンプル期間は 1997 年 1-3 月期から 2009 年 7-9 月期である．なお，長期金利には 10 年物国債利回りの期中平均を用いた．Tibor 6カ月金利は四半期末値である．モデルの推計結果は図表 3-21 にまとめたとおりである．ポイントは次のように整理される．

① 3つの説明変数すべての推計パラメータについて，符号条件がクリアーされ，かつ統計的な有意性が示された．
② 自由度調整済み決定係数は 0.4 弱と高くなく，モデルの推計パフォーマンスは必ずしも高くないようにみえる．もっとも，要因分解を行うと，1998 年から 1999 年にかけて，2002 年から 2003 年にかけて，の2期間について非常に大きな推計誤差が観察されたことが推計パフォーマンス全体の低下につながっていることが明らかになる．実際，それらの期間を除けば，推計パフォーマンスは悪くない．例えば，足元 09 年 10-12 月期におけるモデル推計値は 1.39% で実績値（1.30%）と 0.09% ポイントしか違わない．
③ 要因分解を行うと，2008 年夏の世界金融・経済危機後は，経常収支黒字幅の縮小によって長期金利の下押し圧力が低下した一方で，トレンド名目成長率が大きく下方に屈折したことから，長期金利の低位安定が保たれていることが分かる．なお，短期金利（Tibor 6カ月物）は，2006 年 3 月の量的緩和解除後，一貫して，長期金利を押し上げる方向に作用している．

　なお，長期国債投資に関するリスク・プレミアムの代理変数として国債発行残高あるいは政府負債残高 GDP 比率に注目する考え方がある．

図表 3-21 長期金利モデルの推計結果

	係　数	標準偏差	t 値	p 値
切　片	1.63	0.17	9.67	0.00
トレンド名目成長率	0.08	0.03	2.64	0.01
経常収支 GDP 比率	−0.13	0.05	−2.57	0.01
短期金利	0.71	0.14	5.01	0.00
adj. R^2	0.36			

出所）日銀，総務省，財務省，内閣府，クレディ・スイス証券．

例えば，IMF [2009] は，31 の先進国と新興国を集めたパネル・データを利用して，長期金利を短期金利，インフレ率，成長率，財政赤字 GDP 比率，政府負債残高 GDP 比率に固定効果モデルで回帰した．その結果，財政赤字 GDP 比率の 1% 上昇は長期金利を約 0.2% 押し上げ，政府負債残高 GDP 比率 1% 増加は長期金利を 0.05% 押し上げることを見出している．さらに，初期の政府負債残高 GDP 比率が 80% 以上の国では，長期金利が財政赤字により強く反応する（0.25%）という．同研究の予想では，日本の総負債残高 GDP 比率が 2014 年に 245.6% に達する見込みであり，また同年の財政赤字 GDP 比率は 8% とされている．このため，IMF が用いた推計モデルに基づけば，日本の長期金利は 2014 年に 5.6% 近くにまで上昇すると試算される．

一方，Ardagna *et al.* [2004] は OECD 諸国を集めたパネル・データを使って分析し，政府総負債残高が長期金利に与える影響は非線形であり，ある閾値（対 GDP 比率 65% 前後）を超えた場合のみ統計的有意に正の影響が出ると報告している．また，Bernoth *et al.* [2004] はドイツ国債を信用リスクのない資産と見なして他の EU 諸国の国債とのポートフォリオ・モデルを構築し，各国政府の負債残高 GDP 比率が，デフォルト・リスク・プレミアムを高め，ドイツ国債とのスプレッドを押し上げることを実証した．欧州諸国では政府負債残高 GDP 比率と長期金利に安定的な関係が見られるようだが，これは昨今のギリシャ国債利回り上昇の例からも確認されつつある．

もっとも，日本の場合，上記の分析から明らかになったように，長期金利の動きを説明する際，こうしたストック・ベースでのリスク・プレミアム要因を説明変数に加える必然性は依然として小さい．ここで，一般政府負債の海外保有比率が 6% 強に過ぎず，残る 94% を国内部門が保有しているという事実は重要であろう．為替リスク等の投資リスクを勘案せざるを得ず，その

分高い利回りを要求する海外投資家の影響が限定的であることは長期金利決定モデルにおける政府負債 GDP 比の有意性を低下させている最大の要因である可能性がある．中里他［2003］なども，「世界でも高水準の政府負債残高 GDP 比率にもかかわらず，日本の国債市場は，政府の予算制約が満たされているか否か（つまり，政府負債残高が発散パスか収束パスか）という長期的な要因には反応せず，毎年の財政赤字がスムーズにファイナンスされるか否かに市場の焦点が集まっている」と論じている．

　財政赤字拡大の裏側での国内民間貯蓄が拡大し，結果として日本経済全体で見た貯蓄・投資バランス（対外〈経常〉収支）が大きく変化しない背景については，①政府支出の多くの部分が何らかの形で企業・家計部門の所得となっていること，②税支払いの減少が民間部門の可処分所得増加をもたらしていること，③政府支出の民間投資誘発効果が小さいこと，などを指摘できよう．

　さらに，長期的に見てもこうした政府赤字と民間黒字の関係が大きくは変わらない可能性がある．高齢化の進展は，家計貯蓄を趨勢的に減少させ，政府支出を趨勢的に増加させるが，他方で，企業貯蓄を増加させる可能性が高く，民間貯蓄の大幅な減少は予想しにくいためである．

　すなわち，高齢化の進展が将来の全要素生産性（TFP）や実質賃金にどのようなインパクトを与えるのかを明らかにすべく，就業者平均年齢と TFP，実質賃金の関係などについてパネル・データを用いて実証分析（106 業種，約 3,600 のサンプル）を行うと，そこからは，① TFP，実質賃金ともに，就業者の平均年齢が 40 歳代の半ばでピーク水準を迎えるものと推計されるが，そのタイミングは実質賃金の方が 2 歳ほど早く，また，ピーク後の下落ペースも実質賃金の方が大きい，②こうした TFP と実質賃金の就業者平均年齢に対する反応の違いを反映し，高齢化進展のもとで労働コストの GDP 比率は趨勢的に低下する可能性が高く，その背後で企業貯蓄 GDP 比率は上昇するものと見られる，という結果が得られる．

　これらの点をやや詳しく述べると以下のようになる．

　まず，就業者平均年齢と TFP，および実質賃金の関係に，非線形カーブ（逆ワイブル関数）を当てはめたが，TFP は，就業者の平均年齢が 45.8 歳でピークをつけ，その後はゆっくりと下落するパターンを描く．35 歳から

45.8歳にかけてのTFP上昇局面の傾きに比べて，45.8歳以後のTFP下落局面での傾きはマイルドである．実際，TFPの平均年齢に対する弾力性がどのように変化するかを見ると，上昇局面の弾力性平均値は+2.24，下降局面の平均値は-0.62と推計される（上昇局面でTFPの平均年齢弾力性が最大になるのは35.6歳で値は+3.56，下降局面で最小になるのは60歳で値は-1.79）．こうしたTFPカーブの形状は，高齢化が進展してもTFPはさほど急激には低下しない可能性を示している．

　他方，実質賃金は，平均年齢が43.9歳とTFPについて得られた値（45.8歳）よりも2歳程度低い時点でピークをつける．平均年齢が43.9歳を超えた後は，TFPと同様，実質賃金も緩やかに下落するが，ピークアウトした後の実質賃金の下落ペースはTFPのそれよりも大きい．すなわち，実質賃金の平均年齢に対する弾力性を推計すると，上昇局面の弾力性の平均値は+5.44，下降局面の平均値は-2.30となった．上昇局面での勾配，下降局面での勾配ともに相対的に急激である，ということである．この点は，実質賃金カーブとTFPカーブを同時に示した図表3-22からビジュアルに確認される．このように，高齢化が進展すると，TFPに比べてより急激に実質賃金が低下する可能性が示唆される．

　続いて，TFPと実質賃金の将来パスをシミュレートしたが，そこでは，年齢階層別の推計将来人口（社人研作成）をベースに就業者平均年齢の将来値を求め（年齢階層別就業率が2008年実績比不変と想定），それに応じたTFPと実質賃金の将来値を求めた．TFP水準のピークをもたらす年齢が相対的に高いこと，2040年ごろから平均年齢上昇ペースが鈍化すること，を受けて，TFPは2050年時点においても2006年水準とほとんど変わらないと推計される．すなわち，2006年を100とした指数では2050年時点でも100.03である．なお，TFPは，就業者平均年齢が45.8歳（TFP水準がピークとなる年齢）に達する2023年まで緩やかな上昇を続ける．このように，高齢化がTFPで測った日本経済の生産性に与える影響は中長期的に見てもかなり限定的であると言える．他方，実質賃金については，ピークをもたらす就業者平均年齢が43.9歳と2006年の実績（44.03歳）を幾分下回るため，すでに2005年中のどこかの時点で下落局面に入っていると考えられる．このため，TFPがピークに達する2023年には，2006年=100とした指数で見て98.14にまで

図表 3-22　逆ワイブル関数に基づいた理論値（実質賃金カーブと TFP カーブ）

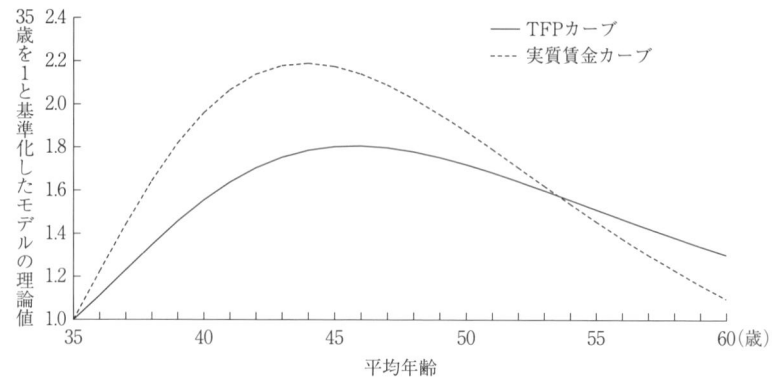

出所）JIP データ・ベース，クレディ・スイス証券．

下落する．その後，2030 年代半ばにかけては下落幅が拡大し，2050 年時点では 93.64 と 2006 年比で 6％以上の下落になる．

　TFP，実質賃金，就業者人口の将来予測をもとに，物価変動率，労働時間，資本投入などについて一定の前提（実質 GDP が TFP に規定される，GDP デフレータが過去のトレンドで推移するなど）を設け，名目 GDP と労働コストの将来パス，したがって，労働コスト GDP 比率のパスをシミュレートすると，TFP と実質賃金の将来パスの差を反映して，総労働コスト名目 GDP 比率（労働分配率と捉えることが可能）は趨勢的に低下する可能性が高いことを示すことができる．具体的には，2006 年実績が 56％程度，2009 年推計値が 57％程度であった総労働コスト名目 GDP 比率は 2020 年には 51％弱，2055 年には 32％程度まで低下すると推計される．

　このように高齢化の進展は総労働コスト GDP 比率を低下させる可能性が高く，その背後で企業所得 GDP 比率は上昇するものと見られる．名目総労働コスト GDP 比率が趨勢的に低下すれば，企業貯蓄 GDP 比率は趨勢的に上昇すると見られる．重要な点は，高齢化は家計貯蓄を趨勢的に減少させる一方，企業貯蓄を趨勢的に増加させる可能性がある，ということである．したがって，高齢化進展のもとでも日本の経常収支が容易には赤字化しない可能性が示唆される．

　単純化すれば，高齢化は，貯蓄取り崩し世帯の増加を通じて家計純貯蓄

GDP比率を低下させる可能性が高いものの，生産性の低下に比べて賃金の下落ペースが速いため企業所得・貯蓄のGDP比率が上昇し，民間非金融部門全体で見た貯蓄・投資バランスは大きく変化しない可能性が高い．このことは，長期的に見ても，日本の経常黒字が解消されにくく，その結果，長期金利が上昇しにくい可能性を示唆する．

ただし，こうした分析は，家計・企業間の所得・貯蓄分配に焦点を当てたものであり，名目値で見た民間貯蓄額に対しては具体的なインプリケーションを得られないことに注意が要る．すなわち，デフレが継続した場合，全体として民間貯蓄額は減少する可能性があり，この場合，政府部門が名目支出額を削減しなければ，経常収支が赤字化するシナリオも描けることになる．

3.3 政府負債GDP比率の発散可能性に関する論点

日本の財政赤字の問題は，基本的には，「政府負債残高GDP比率が200％超に達しているからすぐに金利が高騰する」とか「国債発行額が50兆円超に上っているから，近いうちにファイナンスに支障を来たす」というようなものではない．どちらかと言えば，高齢化の進展による歳出増，日本企業の競争力の低下，名目成長率の趨勢的な低下などの劣悪なマクロ経済環境のもとで，「政府負債GDP比率が発散的に拡大し，ついには長期金利が暴騰するという事態を回避できるか」という制御・コントロールの問題であると考えるのが適当であろう．こうした認識を踏まえ，政府負債GDP比率の発散可能性に関する論点を簡単に整理した後，シミュレーションを実施する．

政府負債をグロス（総負債）で捉えるべきか，あるいは政府が保有する金融資産をネットアウトしてネット（純負債）で捉えるべきか，については議論が分かれる．2008年度末時点で，日本の一般政府の総負債はGDP比率約200％であるが，金融資産総額を差し引いた純負債は同100％であり，水準には大きな差が出る．

しかし，政府保有の金融資産のすべてを政府負債との間で相殺するのは適当ではない．一般政府の金融資産の内訳を見ると，社会保障基金が保有する資産が約半分を占め，それ以外では出資金と対外証券投資が中心である．このうち，対外証券投資（米国債などの資産）は政府短期証券（負債）の見合いで保有されていると考えられるのでネットアウトしてもさほど問題はないと考

えられるが，それ以外の資産は，基本的には将来負債に対する支払準備であり，これまでに蓄積された財政赤字のつけを埋め合わせるために保有しているのではない．また，そもそも，仮に借金返済のために大量の資産を売却した場合，金利が高騰してしまう恐れもある．これによって利払い費が増加すれば，財政赤字が拡大し，さらに国債発行が増えることが懸念される．社会保障基金の資産を取り崩し売却して，一般会計の負債を償還するといった対応は現実的な選択肢ではない．

ところで，政府負債のうち日銀が保有している部分については，将来，政府が返済しないというオプションがあり得る．広い意味で日銀も政府部門であるからである．したがって，財政の健全性を評価する際には日銀保有分を除いた民間保有分の政府負債を対象にするという考え方は十分にあり得る．

まとめると，総負債からネットアウトして問題ないと考えられるのは「政府短期証券残高」と「日銀が保有している国債」であると考えられる．これを除いたいわば「民間部門に対する負債」が将来の税収等での返済を前提としている部分であり，日本財政の健全性を考察する際には，このように定義した「コア負債」を使うのが妥当だろう．コア負債の GDP 比率は，2008 年度末で 160％，予想に基づく 2010 年度末の値は 177％である．

このように，日本の政府負債残高 GDP 比率はすでに世界的にも類を見ない高水準に達しており，仮にこのまま何の財政改革も行わなかった場合，長期的には政府負債残高が発散的に拡大するリスクは無視し得ない．

実際，2000 年代前半までのデータに基づいた分析でさえ，井堀他 [2007]，井堀他 [2000] などによれば，「日本の財政は政府負債 GDP 比率の発散パスを進んでおり，大幅な増税なしでは維持不可能である」との判断が示されることが多い．

また，政府負債残高の過度な国内蓄積は金融システムの脆弱さを増すとの見方もある．中里他 [2003] は長期金利の決定要因を分析した結果，「長期金利は経済の短期的な変動や民間 IS バランスなどの需給要因への反応が強いが，政府の負債残高には関係しない」ことを発見したが，この点について，「機関投資家の運用計画におけるタイムスパンが短く，政府の長期にわたる予算制約（政府負債パスが発散か否か）が十分に意識されていないためである」との仮説を提示した．そのうえで，「政府の長期的な予算制約が意識されな

いまま，国内金融部門が大量の国債を引き受け続けるとすれば，それは，潜在的な金利リスク，インフレ・リスクが日本の金融システムに集中していくことを意味しており，何らかの契機で長期金利が上昇することになれば，評価損により国内金融システムの不安定化を招く可能性がある」と警告している．

ただ，その一方で，日本の政府負債の問題に楽観的な見方もある．例えば，Broda and Weinstein [2004] は，ネット負債のデータを使って日本財政の維持可能性を分析した結果，状況はそれほど深刻ではなく，現実的なレベルの税収引き上げを適当な時期に行うことで十分に発散しない状態を維持できると主張し，注目を集めた．

しかし，すでに指摘したように，政府の金融資産をすべてネットアウトするのは適当ではなく，そもそも政府が借金返済のために資産を売却することができるのか疑問視し，純負債ベースでの財政の維持可能性を議論することに否定的な見解も多く見られている（土居 [2006]）．

3.4 財政の維持可能性に関するシミュレーション

上記のような議論を踏まえ，日本の財政維持可能性問題をシミュレーション分析で考察する．基本的な考え方は，長期的に政府負債 GDP 比を現状の水準に収束させるためには，どのような財政健全化措置が必要なのか，また所要健全化措置は現実的なものであるのか，を検証する．

3.4.1 財政維持可能性の定式化

通常，財政の維持可能性は，「（数十年後という）遠い将来における政府負債 GDP 比率が現時点と同水準に収束するかどうか」という基準に照らして判断される．

以下では，Blanchard et al. [1990] によって提唱され，Broda and Weinstein [2004] および土居 [2006] が日本経済に適用した財政維持可能性の評価方法を解説する．

まず，政府支出を①利払い費，②高齢者向け移転支出，③その他の政府支出に分ける．その場合，第 t 期における政府の予算制約式は以下のように表される．これは，政府支出に対する収入不足分が，政府のコア負債の新規発

行と中央銀行によるマネタイゼーションでファイナンスされることを意味している．そのため，政府が発行した新規財源債を日銀が引き受けた場合，コア負債にはカウントされず，マネタリーベースの増加として計上される．また，日銀が市中から政府負債を買い取った場合，コア負債が減りマネタリーベースが増える．

$$(G_t + H_t + iB_t) - T_t = (B_t - B_{t-1}) + (M_t - M_{t-1}) \tag{10}$$

　　G_t：利払いと高齢者向け移転支出を除くその他の政府支出
　　H_t：高齢者向け移転支出，B_t：第 t 期におけるコア負債残高
　　T_t：政府収入，i_t：コア負債に対する名目利子率
　　M_t：マネタリーベース

この予算制約式を対 GDP 比率で表すと以下のようになる．

$$b_t = g_t + h_t - \tau_t + \frac{1+i_t}{1+\eta_t} b_{t-1} - \lambda_t m_t \tag{11}$$

　　τ_t：政府収入対名目 GDP 比，η_t：名目成長率
　　λ_t：マネタリーベース成長率，m_t：マネタリーベース対 GDP 比

ただし，小文字の変数は，名目 GDP に対する比率を表す．本章では，利子率が名目成長率よりも高いと仮定して議論を進める．もし，この関係が逆（名目成長率＞利子率）の場合，前期のコア負債残高対 GDP 比率はその差に相当するスピードで減るので，政府はその減少分に相当する額の財政赤字を出し続けてもコア負債残高は対 GDP 比率で一定となり，発散の心配はない．そのため，これは議論の対象外とする．

さて，簡単化のために成長率，利子率，マネタリーベース成長率を時間を通じて一定と仮定し，式 (11) をバックワードに展開すると第 n 期末におけるコア負債残高対 GDP 比率を示す以下の式が得られる．

$$b_n = \sum_{t=1}^{n} \left(\frac{1+i}{1+\eta}\right)^{n-t} (g_t + h_t - \tau_t - \lambda m_t) + \left(\frac{1+i}{1+\eta}\right)^n b_0 \tag{12}$$

　　b_0：初期のコア負債残高対名目 GDP 比

そのうえで，Broda and Weinstein [2004] および土居 [2006] は，Blanchard *et al*. [1990] に従って，式 (12) の両辺に $\left(\dfrac{1+\eta}{1+i}\right)^n$ をかけて整理した以下の式を，第 n 期までの財政の維持可能性を判断する基準とした．

$$\sum_{t=1}^{n}\left(\frac{1+\eta}{1+i}\right)^{t}(\tau_t - g_t - h_t + \lambda m_t) \geq b_0 - b_n{}^{*}\left(\frac{1+\eta}{1+i}\right)^{n} \quad (13)$$

$b_n{}^{*}$：第 n 期でのコア負債残高ターゲット

　この式は，対名目 GDP 比率で見て，初期から第 n 期までのプライマリー・バランスの割引現在価値の総和が，初期のコア負債残高と第 n 期でのコア負債残高ターゲットの割引現在価値との差よりも大きい必要があるとの条件である．Broda and Weinstein [2004] および土居 [2006] では，式 (13) で，$b_n{}^{*}=b_0$ とおき，財政の維持可能性を「第 n 期後のコア負債残高対 GDP 比率が現時点と同じ水準に戻ることが予見されること」と定義した．そのうえで，以下のように式 (13) を等号で満たすような，時間について一定の τ^{*} を求め，これを財政の維持可能性を担保する政府収入対 GDP 比率とする．

$$\tau^{*} = \frac{i - \eta}{1+\eta}\left[b_0 + \left(1 - \left(\frac{1+\eta}{1+i}\right)^{n}\right)^{-1}\sum_{t=1}^{n}\left(\frac{1+\eta}{1+i}\right)^{t}(g_t + h_t - \lambda m_t)\right] \quad (15)$$

τ^{*}：n 期先のコア負債 GDP 比が初期と同じ水準になるために必要な政府収入 GDP 比
i：コア負債に対する実効金利，η：名目成長率
b_0：初期コア負債残高 GDP 比，h_t：高齢者向け政府支出 GDP 比
g_t：利払費および高齢者向けを除くその他の政府支出
λ：マネタリーベースの増加率
m_t：マネタリーベース残高対 GDP 比

　この τ^{*} を求めるのに必要な変数は，①（時間について一定な）名目金利水準，②名目 GDP 成長率，③初期のコア負債 GDP 比率，④高齢者向け政府支出 GDP 比率，⑤その他の政府支出 GDP 比率，⑥毎年のマネタイゼーション額 GDP 比率の将来予想の 6 つとなる．得られた値と現状を比較する（$\tau^{*}-\tau_0$）ことで，財政の維持可能性のためにどれだけの増税（対 GDP 比率）が必要かを示すことができる．

　以下では，日本の実際の財政データ，マクロ経済データを用い，日本の財

政が維持可能であるためにどれだけの増収が必要かを推計する.

3.4.2 シミュレーションの設定
シミュレーション期間

2010年度値（予測値）を初期値とし，2011年度から2055年度（信頼度が高い将来人口推計が得られる期間，また50年程度は十分に長期的であると考えられる）までをシミュレーション期間とした．

政府収入対GDP比率（初期値としての2010年度推計値について）

コア負債GDP比率を発散させない政府収入GDP比率を求めるのがシミュレーションの課題のひとつであるが，その際，初期値となる2010年度の政府収入GDP比率の水準が必要になる．

SNA統計ベースの政府収入実績が得られるのは2008年度までであり，2009年度から2010年度の値は，資金循環統計，国の一般会計の決算・予算情報，GDP成長率見通しなどを駆使して推計した．ちなみに2010年度の政府収入対GDP比率の推計値は29.3%であり，内訳は①社会保障負担（税）：10.2%，②直接税：6.4%，③付加価値税（消費税）：2.5%，④付加価値税以外の間接税：6.1%，⑤利子収入：1.4%，⑥その他（いわゆる埋蔵金を含む）：2.7%であった．

政府支出の想定

政府収入GDP比率については，初期値である2010年度推計値のみで足りる（シミュレーションでは政府負債GDP比率が発散しないための適正値を求める）が，政府支出に関しては将来パスを想定する必要がある．ここで，政府支出に関しては，利払い費を除く財政支出（基礎的支出）を高齢者向けとそれ以外の2つに分ける．なお，高齢者向け移転支出のデータはSNA確報フロー編の付表(9)から「年金」，「老人医療」，「介護」に相当するものを合計している．

さて，政府支出の将来パスについては，2011年度以降の想定として，以下のような2つのケースを想定した（図表3-23）．なお，高齢人口等の将来値については社人研の「将来人口推計（出生中位推計）」を利用した．

図表 3-23　政府支出のシナリオ

		支出非制御のケース	支出制御のケース
高齢者向け支出	年　金	現行の年金制度を反映したスライド調整	1 人当たり支出金額の伸びを（名目 GDP 成長率－マクロ経済スライドのスライド調整率）とする
	医療・介護	高齢者 1 人当たり支出額を一定	高齢者 1 人当たり支出金額の伸びをマクロ経済スライドのスライド調整率で減少させる
その他の政府支出		支出総額を一定	65 歳未満人口 1 人当たり支出金額の伸びを成長率と同率とする

〈参考〉基本シナリオ（名目 GDP 成長率 0.0%）における各支出額の平均変化率

(％)

		支出非制御のケース	支出制御のケース
高齢者向け支出	年　金	0.5	−1.0
	医療・介護	0.5	−1.0
その他の政府支出		0.0	−1.2

注）　マクロ経済スライドのスライド調整率＝20 歳以上 60 歳以下人口の予想減少率（1.2％）＋0.3％（平均寿命の伸び率を勘案して設定した一定の率）と設定，高齢者人口の伸びは＋0.5％を想定．
出所）　クレディ・スイス証券．

① **支出非制御のケース**．年金支出は現行の賃金・物価スライドとマクロ経済スライドの仕組みを反映，年金以外の高齢者向け支出（医療，介護）は 1 人当たり金額を現状比横ばい（固定），それ以外の政府支出は総額を横ばい（固定）と仮定．

② **支出制御のケース**．年金支出は 1 人当たり支出の伸びを（名目 GDP 成長率－マクロ経済スライドのスライド調整率）とし，年金以外の高齢者向け支出（医療，介護）は 1 人当たり金額の伸びをマクロ経済スライドのスライド調整率で減少させる．それ以外の政府支出は 65 歳未満人口 1 人当たり金額の伸びを名目 GDP 成長率と同率に設定する．

このように，支出制御のケースでは，名目 GDP 成長率（＝賃金成長率，インフレ率）がマイナスの値になった際に，かなりの支出抑制効果が働く設定となっている．すなわち，例えば，名目 GDP 成長率が −2％となり，同様に賃金も −2％となった場合には，1 人当たり年金支給額＝ −2％ −（1.2％＋

0.3％)＝－3.5％となる．このため，年金受給者数が年平均で0.5％増加しても，年金支払いは毎年3％減少する．なお，図表3-23に示したように，名目GDP成長率が0.0％の場合は，年金支払いは毎年1.0％減少することになる．

ここで，現行の年金制度における賃金・物価スライドとマクロ経済スライドについて，簡単に解説を加えておこう．

賃金・物価スライドは，65-67歳の受給者の1人当たり受給額の伸び率を名目賃金伸び率に合わせ，68歳以上の受給者1人当たり受給額の伸び率を物価上昇率に合わせる，という仕組みである（1人当たり年金支出の賃金・物価スライド率は，年金支出総額に占める65歳以上67歳以下向け支出額と同68歳以上向け支出額でウェイト付けした名目賃金伸び率と物価上昇率の加重平均値である）．

一方，マクロ経済スライドは，保険料率の上限を固定したうえで年金財政の均衡を図る（導入から100年間の収支見通しを均衡させる）というコンセプトのもと，今後予想される公的年金保険者数（いわゆる現役世代人口）の縮小に対応しようというものである（マクロ経済スライドと呼称されているが，GDPなどのマクロ経済指標との関係はない）．なお，厚生労働省の「平成21年 年金財政検証」によれば，出生と経済が基本前提の場合，2012年度からマクロ経済スライドを導入し，2038年度に終了することで年金財政の均衡が図れるとされている．

具体的には，公的年金の保険者数の減少率＋0.3％（平均寿命の伸びを勘案して設定した一定率）をスライド調整率と定義し，これを毎年度の賃金・物価スライド率から引くことで，年金改定率を抑制する．すなわち，公的年金の保険者数が0.5％減少していたら，マクロ経済スライド調整率は0.8％となり，この値が例えば賃金上昇率から差し引かれることになる．賃金上昇率が仮に＋1％であれば，1人当たり受給額の伸びは＋0.2％となる筋合いである．

しかし，この制度には問題がある．それは，そもそも賃金スライド率がマイナスとなっているケース（賃金上昇率がマイナスの場合）にはマクロ経済スライドは適用されないという点である．賃金が1％下落し，公的年金保険者数が0.5％減少していても，1人当たり受給額の伸びが－1.8％となるわけではなく，－1％である．さらに，マクロ経済スライドの適用によって1人当たり受給額がマイナスになることはない（非不制約が課されている）．このため，マクロ経済スライドの年金受給調整力は大きくない．本章では，そうした制

度の問題を是正する形で「制御ケース」を想定したが，その点は上記で見たとおりである．

なお，シミュレーションに当たっては，以下を仮定した．
- 保険者数の伸び率は20歳以上60歳以下人口の予想変化率を，被保険者数の伸び率は65歳以上人口の予想変化率を用いた．
- 賃金成長率，インフレ率が名目GDP成長率に一致すると仮定し，賃金・物価スライドを適用した．この場合，暗黙のうちに実質GDP成長率がほぼゼロであることを仮定している点（1人当たり受給額の調整が過小に，政府支出が過大に推計されている可能性がある点）には注意が要る．
- マクロ経済スライド適応期間は2012-2038年度とした．

名目GDP成長率と金利水準（政府負債コスト）のシナリオ

名目GDP成長率については，−3%から+3%まで1%刻みで7つのシナリオを想定した．金利水準（政府負債コスト）については，0.5%から3.0%まで0.5%刻みで6つのシナリオを想定した．ただし，7つの名目GDP成長率シナリオと6つの金利水準シナリオのうち，金利水準≧成長率という仮定を満たす（政府負債GDP比率の発散を論じることに意味がある）のは33のケースである．

シミュレーションを行った33のケースのうち，名目GDP成長率＝0.0%，金利水準＝1.5%を「基本シナリオ」，名目GDP成長率＝−2.0%，金利水準＝2.0%を「リスク・シナリオ」とした．以下では，これらの2つのシナリオについて，それぞれ，政府支出非制御・制御の2つのケースを検討し，考察する．

なお，名目GDP成長率が長期平均的に0.0%であるという仮定については，やや楽観的かもしれない．前節の分析から明らかになったように，特に向こう10年程度に関しては，物価下落圧力の後退を期待できず，実質GDP成長率が最近のトレンド成長率である+0.6%で推移した場合，名目GDP成長率が平均的にマイナスの領域にとどまる可能性がある．さらに，長期的には，総人口が年率1%弱で減少すると予想されるが，技術革新力の低下を反映して1人当たり実質GDP（労働生産性に近い概念）成長率が低下すれば，トレンド実質GDP成長率はマイナスの領域に落ち込むリスクもある．この

場合，トレンド名目 GDP 成長率が 0%を維持するためにはある程度のプラスのインフレ率が維持されなくてはならない．しかし，グローバル化進展のもとでの賃金・物価裁定によってマイナスの物価変化率が継続する可能性もある．その意味では，トレンド名目 GDP 成長率 0.0%を「基本シナリオ」とはするものの，そうした前提から得られる結論に関しては若干幅を持って見る必要がある．

3.4.3 シミュレーション結果①──政府負債（コア負債）残高とプライマリー・バランスの GDP 比率

相対的に蓋然性が高いと考えられる「基本シナリオ」では，政府収入 GDP 比率を 2010 年度の推計値である 29.3%に固定した場合，シミュレーション期間の最終期である 2055 年度のコア負債残高 GDP 比率は，政府支出・非制御のケースで 1,027%，同制御のケースで 460%に達する見込みである（図表 3-24）．また，2 つのケースにおけるプライマリー・バランスのパスは図表 3-25 のようになる．支出を制御していないケースでは，プライマリー・バランス赤字 GDP 比率は一貫して 10%を超えて推移する．

「リスク・シナリオ」では，2055 年のコア負債残高 GDP 比率は非制御ケースで 3,830%，制御ケースでも 1,470%に達し，まさに爆発する（図表 3-26）．

図表 3-24 基本シナリオ（成長 0%，金利 1.5%）　政府収入 GDP 比を 29%のまま固定した場合のコア負債 GDP 比パス

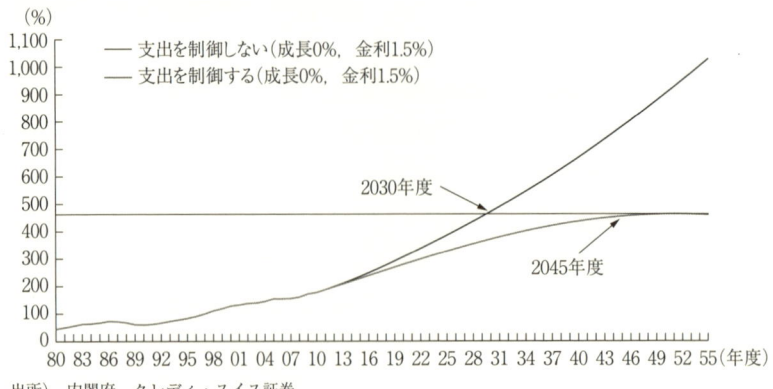

出所）内閣府，クレディ・スイス証券．

図表 3-25 基本シナリオ（成長0％，金利1.5％） 政府収入GDP比を29％のまま固定した場合のプライマリー・バランスGDP比パス

出所） 内閣府，クレディ・スイス証券．

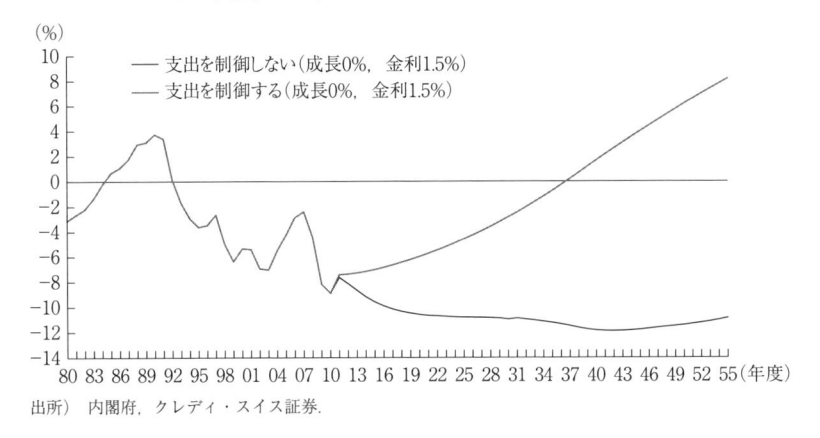

図表 3-26 リスク・シナリオ（成長－2％，金利2％） 政府収入GDP比を29％のまま固定した場合のコア負債GDP比パス

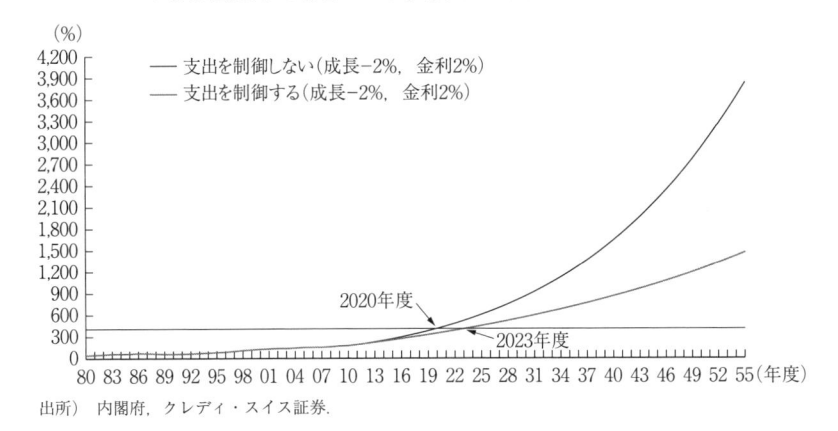

出所） 内閣府，クレディ・スイス証券．

名目GDP成長率と金利水準のバランスが崩れると政府負債GDP比率が発散する可能性が高まることがよく分かる．また，2つのケースのプライマリー・バランスのパスは図表3-27のようになる．「リスク・シナリオ」で支出を制御しない場合，プライマリー・バランス赤字GDP比は2030年度には20％を超えてしまうと推計される．

ただし，コア負債GDP比率が際限なく拡大できるとは想定しづらい．民

図表 3-27 リスク・シナリオ（成長 −2％，金利 2％）　政府収入 GDP 比を 29％のまま固定した場合のプライマリー・バランス GDP 比パス

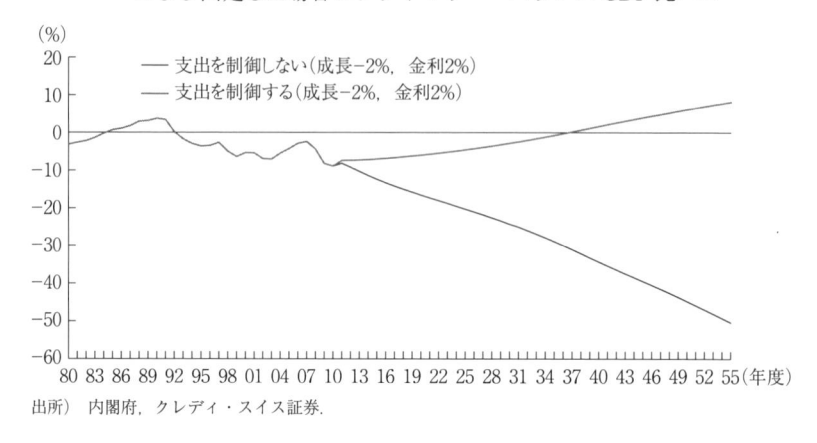

（凡例）
― 支出を制御しない（成長−2％，金利2％）
― 支出を制御する（成長−2％，金利2％）

出所）内閣府，クレディ・スイス証券．

間部門の金融資産残高を政府のコア負債残高が超える時点，すなわち日本が対外純債務国に転じる時点では，国債市場に大きなストレスが入り，長期金利が暴騰することで政府は大幅増税を余儀なくされよう．そうしたポイントを超えても政府が増税をせずにコア負債 GDP 比率の上昇を容認していくことは現実には考えにくい．民間非金融部門の金融資産対 GDP 比率は 2007 年度末で 460％である．「基本シナリオ」でコア負債 GDP 比率がこの水準（460％）に達するのは，非制御ケースで 2030 年度，制御ケースでは 2048 年度となる見込みであり，2030-40 年度前後までに国債市場の大幅調整が発生するリスクがあると考えるべきであろう．

3.4.4　シミュレーション結果②——政府負債（コア負債）残高 GDP 比率を収束させるのに必要な政府収入 GDP 比率（消費税率），日銀国債引受け額 GDP 比率

2055 年度におけるコア負債 GDP 比率を 2010 年度の水準に収束させるためには，「基本シナリオ」においては，政府収入 GDP 比率を 2010 年度推計値の 29.3％から，非制御ケースで 43％へ，制御ケースで 34％へ，それぞれ引き上げるような本格的な増税が必要になる．そしてこれをすべて消費税増税で賄うとすると，それぞれのケースについて，消費税率を 32％あるいは 14％へ

**図表 3-28　コア負債 GDP 比率の収束に必要な政府収入の増分を
すべて消費税で賄う場合の税率**

支出非制御ケース

(%)

政府負債コスト	名目 GDP 成長率						
	−3	−2	−1	0	1	2	3
0.5	83	63	45	29	—	—	—
1.0	82	64	47	31	16	—	—
1.5	82	64	48	32	18	—	—
2.0	81	65	49	34	20	8	—
2.5	81	65	50	36	22	10	—
3.0	81	66	51	37	24	12	−4
3.5	81	66	52	39	26	15	−1
4.0	81	67	54	41	28	17	1
4.5	81	68	55	42	30	19	4
5.0	82	69	56	44	32	21	6

支出制御ケース

(%)

金利	成　長　率						
	−3	−2	−1	0	1	2	3
0.5	24	19	15	10	—	—	—
1.0	27	22	17	12	7	—	—
1.5	29	24	19	14	10	—	—
2.0	31	26	22	17	12	7	—
2.5	34	29	24	19	14	10	—
3.0	36	31	26	22	17	12	7

注）　1．財政の維持可能性を 2055 年度のコア負債 GDP 比率が 2010 年度と同水準に収束することと定義．
　　2．必要な消費税率は次のように求めた．すなわち，国民経済計算（SNA）によれば，1997 年度から 2007 年度平均の消費税収入対 GDP 比率は 2.5%．そこで，必要な消費税率％＝（必要な収入増分対 GDP 比率％／2.5%＋1）×5%．
　　3．また，必要な消費税率引き上げは 2011 年度に一気に行い，その後は税率一定を想定．
出所）　内閣府，日銀，厚生労働省，国立社会保障・人口問題研究所，クレディ・スイス証券．

引き上げること（しかも，2011 年度に一気に引き上げること）が必要になると計算される（図表 3-28 の支出制御ケース）．

また，「リスク・シナリオ」の場合には，政府収入 GDP 比率を現状の 29％から，非制御ケースでは 59％へ，制御ケースでも 40％へ，引き上げる必要があり，これをすべて消費税増税で賄うとすると，それぞれのケースについて，消費税率を 65％ないし 26％へ引き上げることが必要とされる（図表 3-28 の支出制御ケース）．このように，「基本シナリオ」においてさえ，社会保障支出

を制御しなければ、32％という非現実的な水準の消費税率が必要になる。なお、25％を超えるような付加価値税率は EU 諸国にも見られない。

ただし、政府は、増税ではなく、中央銀行に政府負債を引き受けさせることによっても、コア負債残高 GDP 比率の発散を抑制することが理論的には可能である。すでに見たとおり、必要な政府収入増を消費税増税だけで賄おうとすれば、「基本シナリオ」・制御ケースですら、14％という高水準の税率が必要となる。さらに、非制御ケースでは必要な消費税率は 30％超と、非現実的なレベルに達する。そこで、消費税率を 20％以上には引き上げられないと仮定し、政府負債 GDP 比率の発散を防ぐためにどれほどのマネタイゼーションが必要か推計してみた。結論は、消費税率を 20％以上には上げられないと仮定すると、「基本シナリオ」・非制御ケースで GDP 比率 177.4％のマネ

図表 3-29 消費税率の上限を 20％としたうえでコア負債残高 GDP 比率の収束に必要な日銀の国債買切額（引受額）の対 GDP 比率

支出非制御ケース

(％)

金利	成長率						
	−3.0	−2.0	−1.0	0.0	1.0	2.0	3.0
0.5	697.5	568.9	392.0	149.1	―	―	―
1.0	638.7	526.5	373.5	164.9	0.0	―	―
1.5	588.2	489.8	356.9	177.4	0.0	―	―
2.0	544.8	458.1	342.0	186.4	0.0	0.0	―
2.5	507.4	430.6	328.7	193.5	12.6	0.0	―
3.0	475.0	406.7	317.0	198.6	42.0	0.0	0.0

支出制御ケース

(％)

金利	成長率						
	−3.0	−2.0	−1.0	0.0	1.0	2.0	3.0
0.5	31.3	0.0	0.0	0.0	―	―	―
1.0	53.8	2.7	0.0	0.0	0.0	―	―
1.5	72.6	29.5	0.0	0.0	0.0	―	―
2.0	88.6	52.1	0.9	0.0	0.0	0.0	―
2.5	102.2	71.0	27.8	0.0	0.0	0.0	―
3.0	113.8	87.2	50.4	0.0	0.0	0.0	0.0

注) 1. 必要な消費税率が 20％以下の場合には、買切額は 0％となる。
　　2. 買切はシミュレーションの第 1 期 (2011 年度) に行い、財政維持に必要な買入額が、市中から買入可能な残高を上回った場合は日銀が直接国債を引き受けると想定。
出所) 内閣府、日銀、厚生労働省、国立社会保障・人口問題研究所、クレディ・スイス証券。

タイゼーションが必要と計算される．なお，マネタイゼーションに関しては，シミュレーションの第1期（2011年度）に，日銀が市中から政府負債を買い取る方法を想定した．なお，「リスク・シナリオ」（成長 −2.0％，金利2.0％）の支出非制御ケースでは GDP 比率458％という，まさに巨大な規模のマネタイゼーションが必要になると推計される（図表3-29）．

3.4.5 まとめ

シミュレーション結果から明らかになったように，日本の財政を維持可能にする（コア負債 GDP 比率の発散を防ぐ）には大幅な増税が必要になる可能性が高いが，必要な増税の規模は，現行の社会保障制度をベースにした支出非制御のケースでは非現実的なレベルにまで大きくなる．すなわち，トレンド名目 GDP 成長率が 0.0％であると仮定した場合，政府負債コスト（金利水準）が 1.5％で安定的に推移しても，消費税率を現行の 5％から一気に 32％まで引き上げる必要がある．そうした増税を実施できなければ，2055年度における政府負債（コア負債）GDP 比を 2010年度の水準に維持することはできない．

実現可能な消費税率は高々20％程度であろう．しかし，消費税率を20％にしか引き上げられなかった場合，政府のコア負債 GDP 比率の発散を防ぐためには，日銀が GDP 比180％弱（約850兆円）にも及ぶ政府負債を引き受ける（しかも政府は日銀が引き受けた負債には返済の義務を負わない）必要があると計算される．これは，日銀が現存する政府コア負債をほぼすべて購入する必要があることを意味している．

デット・マネタイゼーション（日銀による政府負債引受）を利用することで大幅な財政緊縮を回避しつつ，財政維持の可能性を担保するというオプションも理論的にはあり得るが，必要となるデット・マネタイゼーションの規模がこのように極めて大きくなる可能性があるため，為替相場の大幅下落や国内貯蓄流出のリスクを無視し得ない．その意味でデット・マネタイゼーションは現実的な政策オプションではない．

名目ゼロ成長経済の長期化を前提とした場合，財政の維持可能性を担保するには，やはり将来の政府支出を大きく削減するしかないであろう．シミュレーション分析によれば，消費税率を 20％未満に抑え，日銀によるマネタイゼーションに依存しなくとも財政の維持可能性を担保するには，現役世代人

口の縮小に合わせて高齢者向け社会保障支出（1人当たり）を削減し，高齢化のもとでもその支出総額を徐々に削ること，また裁量的支出も人口縮小に合わせて削減すること，が必要になる．イメージ的に言えば，向こう40年強で高齢者向け社会保障支出（1人当たり）を5割削減し，裁量的支出を3-4割削減することが要求される．こうした財政緊縮政策は痛みを伴う極めて厳しいものであると評価されよう．

　未曾有と言われる直近の世界金融・経済危機によって日本経済のトレンド成長率が下方に屈折した証左はない．しかし，膨大な負のアウトプット・ギャップが発生したことは事実であり，物価下落圧力が長期化するリスクがある．トレンド名目GDP成長率がゼロ・パーセントであっても，財政維持可能性を担保することはかなり困難であるが，それがマイナスの領域に落ち込んだ場合には，要求される財政の緊縮度合いが現実性を失うものになる．その意味において，政策当局は，トレンド名目GDP成長率がマイナスに落ち込まないことに強くコミットする必要があると言える．

参考文献

井堀利宏，加藤竜太，中野英夫，中里透，土居丈朗，佐藤正一 [2000]，「財政分析の経済分析：中長期的視点からの考察」『経済企画庁経済研究所　政策研究の視点シリーズ』16号．

井堀利宏，加藤竜太，川出真清，別所俊一郎 [2007]，「公債政策と経済成長――高齢化する日本におけるシミュレーション分析」貝塚啓明，アン・クルーガー『日本財政　破綻回避への戦略』日本経済新聞出版社．

土居丈朗 [2006]，「政府債務の持続可能性を担保する今後の財政運営のあり方に関するシミュレーション分析」『RIETIディスカッションペーパー』06-J-032号．

中里透，副島豊，柴田（中川）裕希子，粕谷宗久 [2003]，「財政のサステナビリティと長期金利の動向」『日本銀行ワーキングペーパーシリーズ』03-J-7号．

宮尾龍蔵 [2006]，「日本経済の変動要因：生産性ショックの役割」『日本銀行ワーキングペーパーシリーズ』06-J-1号．

宮川努，山澤成康 [2001]，「GDP統計の変更と景気循環」『財務省財務総合研究所　ファイナンシャル・レビュー』June-2001号．

Ardagna, S., F. Caselli, and T. Lane [2004], "Fiscal Discipline and the Cost of Public Debt Service: Some Estimates for OECD Countries," NBER Working Papers, No. 10778.

Bernoth, K., J. Hagen, and L. Schknecht [2004], "Sovereigh Risk Premia in The European Government Bond Market," ECB Working Paper Series, 369.

Blanchard, O., J. Chouraqui, R. Hagemann, and N. Sartor [1990], "The Sustainability of

Fiscal Policy: New Answers to An Old Question." *OECD Economic Studies*, 15, pp. 7–36.

Broda, C. and D. E. Weinstein [2004], "Happy News From The Dismal Science," NBER Working Paper Series, No. 10988.

Cerra, V. and S. C. Saxena [2003], "Alternative Methods of Estimating Potential Output and the Output Gap," IMF Working Paper, WP/00/59.

Faruqee, H. and M. Muhleisen [2001], "Population Aging in Japan: Demographic Shock and Fiscal Sustainability," IMF Working Paper, WP/01/40.

Hayashi, F. and E. Prescott [2002], "The 1990s in Japan: A Lost Decade," *Review of Economic Dynamics*, 5(1), pp. 206–235.

Horne, J. [1991], "Indicators of Fiscal Sustainability," IMF Working Paper, WP/91/5.

IMF [2009], "The State of Public Finances Cross-Country Fiscal Monitor," IMF Staff Position Note, SPN/09/25.

第4章 世界金融危機の
アジアへの影響と政策対応

伊藤隆敏

要　旨

1. 2007-09年世界金融危機は，アジアの成長率を大きく低下させた．各国の成長率は，2008年第4四半期以降，中国，インド，インドネシアを除くアジア諸国では，マイナスの成長率を記録した．しかし，それでも1997-98年アジア通貨危機に比べると，軽微に済んだ．
2. 世界金融危機のアジアへの影響は，金融チャンネルよりも貿易チャンネルを通じたものであった．GDPの落ち込みは，貿易の落ち込みが大きい国ほど大きいことが，統計的に有意に検出された．これにより，貿易チャンネルの影響が大きかったことが分かった．先行研究よりもはっきりした結論を得ることができた．
3. 世界金融危機がアジアの通貨に与えた影響は，韓国ウォンを除き，大きなものではなかった．アジア通貨危機に比べると，減価率は小さくて済んだ．金融危機の伝播を受けなかった理由として，十分な外貨準備があったことが挙げられる．金融チャンネルが効いていなかったということは先行研究と同様の結果である．
4. アジアの政策対応としては，GDPの下落に対して，総需要喚起のために，金融緩和，財政刺激という伝統的な手段が採られた．財政刺激では，主に財政支出の増加が採用された．

1 イントロダクション

世界金融危機は，世界的な規模で，資本市場，金融市場の多くの金融商品の価格の大幅下落が起き，かつ最悪期には買い手不在で市場が機能しなくなる時期もあった．1930年代の大恐慌以来と言われた金融危機に対して，欧米の金融当局は財政当局と協力して，前例のないリスク資産の購入を中心とする金融政策，金融機関への資本注入，金融機関の債務保証，あるいは財政赤字の大幅拡大による景気浮揚策を行った．しかしながら，世界の各地域への影響には，深刻度や危機の伝播チャンネルにおいて大きな差があった．市場は次第に落ち着きを取り戻して，2009年後半には，主要国の金融市場を安定化させることができた．

金融危機の程度については，インターバンク金利と米財務省証券とのスプレッド，また欧米の金融機関のCDS（クレジット・デフォルト・スワップ）のプレミアムなどで計測することができる．Ito [2009] によると，次のことが分かっている．危機の兆候は2007年の夏に現れ，2008年3月のベアー・スターンズの救済の前後に第1回目の大きな危機が訪れるが，救済合併により，市場が落ち着きを取り戻すのは早かった．再びスプレッドが上昇して，第1回の危機を上回る第2回目の危機が起きたのが，2008年9月のリーマン・ブラザーズ破綻の前後である．スプレッドはその後ゆっくりと低下して，2009年夏ころにはほぼ2007年の春の水準にまで戻っている．したがって，本章では世界金融危機のうち震源地である米国金融市場では，2007年夏から2009年夏であったと考える．2005-06年は「平時」と考えられる．

本章では，今回の世界金融危機（2007-09年）がアジア経済（除く日本，以下同様）にもたらした影響について，特に平時（2005-06年）との比較を含めながら，検討する[1]．

世界金融危機の根源は，米国の住宅バブルである．低所得の借り手への住

宅ローン（サブプライム・モーゲージ）が拡大したことにある．米国の住宅バブルが根源の危機が世界に拡大したのには，証券化が大きく関わっている．住宅ローンを組成した銀行はそれを証券化して転売，購入した投資銀行が，さらに再証券化して高格付けを取得し，時には，再々証券化を行い，高格付け商品を増やしていく，という金融工学的手法が使われていった．こうして根源のサブプライム・モーゲージのリスクが，直接的には認識できないような複雑な商品が，欧米の機関投資家に販売されていった．これが，バブル絶頂期の2004年から2006年にかけてのことである．この段階では，このようなサブプライム関連の商品を大量に購入したアジアの金融機関や投資家は，極めて少数であった[2]．

　2006年以降，2004年に組成されたサブプライム・モーゲージの滞納率が上昇，2007年に入るとそれに加えて，2005年に組成のサブプライム・モーゲージの滞納率も上昇してきた．組成の2年後に滞納率が上昇するのには理由があった．所得の低い人に対する住宅ローン（「サブプライム」の定義）で，最初からいきなり滞納が起きないように，最初の2年間は低金利を適用する，という条項が入っていたのだ．2年間の間に，所得が急上昇しない限り，滞納が起きるのは必然であったのである．

　2006年から2007年にかけて，住宅バブルの崩壊が，専門家の間では明らかになってきた．そして，世界金融危機の最初の予兆は2007年8月のBNPパリバ傘下の住宅関連証券化商品に投資していた投資信託の解約停止である．その背後で進行していたのは，もちろん，住宅関連証券化商品の取引価格の急落である．これまで売れていた証券化商品が売れなくなり，場合によっては，投資家から突き返される事態も起きた．すると，投資銀行の販売子会社（SIV）に在庫がたまるようになる．投資銀行子会社では，組成して，転売するための証券化商品の在庫を維持するための借入資金が膨らむ一方，借換え条件が悪化していた．そのなかで，投資銀行は投資ポジションを縮小させ，

---

1) 本章では分析対象の「アジア」の範囲として，中国，香港，韓国，台湾，シンガポール，タイ，インドネシア，マレーシア，フィリピン，インドを主に想定している．必要に応じてベンチマークとして日本や米国のデータも使用する．
2) ADB [2009] によると，アジア（日本を除く）におけるサブプライム関連の損失は，世界の損失の3％に過ぎない，と推測している．またKawai et al. [2008] では，アジア（日本を除く）のサブプライム関連の損失は，アジア地域の銀行の資本の2％以下に当たるとしている．

資産を売却，借入金を返済する動き（de-leveraging）を加速させた．

2008年3月には，ベアー・スターンズが破綻する．不良資産を抱えて，実質債務超過となり資金繰りもつかなくなった．そのため，JPモルガンによる救済合併を，ニューヨーク連邦準備銀行（FED）がアレンジした．しかも，合併を成功させるために，ベアー・スターンズの不良資産300億ドルを切り離して管理する会社を設立，そのうち連邦準備銀行から最大290億ドルの損失補償を可能とする仕組みが作られた．ベアー・スターンズを吸収合併するJPモルガンが最初の10億ドルを負担する．FEDが，財務省の了解のもと，民間の負債を保証する，というのは異例の対応であった．この仕組みを構築したことで，市場に安心感が広がり，いくつかのリスク指標は，4月から夏にかけて落ち着きを取り戻していた．

ただ一方で，連邦準備制度がそのような救済合併に一種の補助金を出すべきかどうかについての議論も起きていた．議会を中心に，モラル・ハザードの観点から好ましくない，という批判が出されていた．

この段階（2008年春から夏）では，金融危機は，まだ米国と欧州の金融資本市場と金融機関に限られていた．アジアでは，米国の住宅関連債券を大量に購入した大手金融機関や機関投資家はいなかったので，日本を含めたアジアへの影響は，ほとんどなかったと言える．アジア新興市場国の通貨も堅調に推移していた．

しかし，2008年夏以降再び，市場のリスクが高まる．ファニー・メイ，フレディー・マックは住宅証券の購入機関（民間会社）であるが，その運営には，政府が大きく関与してきた．しかしファニー・メイとフレディー・マックの資産状況が悪化すると，政府の直接管理下におかれた．

2008年9月にリーマン・ブラザーズが破綻した．破綻回避のための交渉は決裂して，ベアー・スターンズの時のような救済合併はなくなった．その結果，ベアー・スターンズは，連邦倒産法11条を申請して破綻した．リーマン・ブラザーズの資産・債務は一時凍結され，その支払いには時間がかかることになった．市場は，リーマン・ブラザーズの破綻を予想していなかった（ベアー・スターンズのような救済を期待していた）ので，市場は混乱した．まず，リーマン・ブラザーズに対して支払い請求，預けてある資産，スワップ契約に関わる資産などが直ちには返却されなくなったので，支払いを当てにして

いた金融機関，機関投資家は多大な損失を被ることになった．さらに，リーマン・ブラザーズ以外の金融機関も破綻する可能性があるのではないか，ということで，金融機関同士が疑心暗鬼になり，取引を縮小し，銀行間市場の貸借が枯渇した．金融のシステミック・リスクが起きていた．

多くの証券市場において価格の下落を懸念する投資家は買い控えをさらに進めた．その結果住宅証券関連商品はもちろん，社債，コマーシャル・ペーパーまで，多くの債券市場から買い手がいなくなった．欧米の大手投資銀行が流動性の欠如に苦しむなかで，政府や中央銀行が救済に乗り出すこととなった．債券市場のリスク・スプレッド上昇は，欧米の多くの投資銀行を破綻もしくは破綻寸前にまで追い詰めた．

保険大手の AIG は，巨額のクレジット・デフォルト・スワップ（CDS）の売り手であったため，格下げによる証拠金の積み増しを求められるも，その資金繰りに窮して，FED による救済（事実上の国有化）が行われた．大手投資銀行，商業銀行への資本注入も行われた．同時に，FED は，危険資産の購入も含む危機管理の強化と非伝統的な金融政策の採用と続いた．

リーマン・ブラザーズの破綻以前は，住宅関連証券（とその再証券化商品）の多くは，欧米の投資家に販売されていたため，最終投資家や，在庫として抱える金融機関が大きな損失を被った．その時点でのアジアへの直接的な影響はあまりなかったことはすでに述べた．ところが，リーマン・ブラザーズ破綻以降の金融システム危機のなかで，世界の為替市場や実体経済に大きな変化が起きた．

まず，欧米の投資家のリスク回避の動きと，デレバレッジ（レバレッジ解消）の進行から，ドルと円が買われ，ユーロやユーロ圏周辺の新興市場国の通貨が売られた．アジアは，基本的にはこれらの変動からは中立で，ドルに近い動きをしていた．中国人民元は，2005 年 7 月から続けてきた，対ドルのクローリング・ペッグを 2008 年 9 月に停止，ドルへの固定相場へ復帰した．アジア通貨で唯一大きく下落したのは，韓国ウォンであった．

今回の世界金融危機において，アジアは危機の震源ではないものの，実体経済に大きな影響を受けた．ただし，金融機関は健全性を保ち，通貨変動も「通貨危機」にはならない程度の範囲内であった．主な影響は，株価の下落による投資・消費の悪化，欧米への輸出の急落による生産の下落である．前者

を金融チャンネルと呼び，後者を貿易チャンネルと呼ぶことにする．本章の後半では，この2つのチャンネルの重要性の比較を行う．

多くのアジアの国にとっては，1997-98年に経験したアジア通貨危機の時の経済の落ち込み，金融の混乱に比べると，今回の世界金融危機の影響は，GDPの落ち込みの程度や為替の減価の程度は，明らかに軽微であった．しかしながら，輸出振興の経済成長戦略を採る国は，アジア通貨危機の時よりも大きな輸出の落ち込みを経験して，欧米経済の景気後退は，貿易を通じて，大きな影響を持つことを示した．一方，国内消費が大きい，また政府が思い切った景気刺激策を採った国では，成長率の落ち込みは小さく済んだ．2009年は，多くの国でマイナス成長になったにもかかわらず，中国，インド，インドネシアでは，成長率は鈍化したものの正の値を維持した．

1997-98年のアジア通貨危機は，アジアが震源地の金融危機であり，国内の金融システムが崩壊するとともに，国内の消費・投資が大きく下落，GDPも大きな下落を被った[3]．これに対して，今回の世界金融危機では，欧米の金融システムに大きなショックが起き，欧米での消費，生産が下落するなかで，アジアへの影響が起きた．欧米の金融ショックからアジアへの金融チャンネルを通じた影響は（アジア通貨危機に比べても，また今回の危機の他の地域への金融チャンネルの効果と比較しても）比較的軽微で，貿易チャンネルによる危機の伝播のほうが大きかった．

以下，本章の構成は次のとおりである．第2節では，先行研究をサーベイする．欧米の金融危機からアジアへの影響のうち，第3節では貿易チャンネル，第4節では金融チャンネルを検討する．第5節は金融・財政の政策対応についてまとめる．第6節はむすびである．

2　先行研究

Goldstein and Xie [2009a] は，米国震源の危機がアジアへ伝播したことの検証に当たり，66個の経済・金融の脆弱性の指標（vulnerability indicators）を定義したうえで，アジア各国が主にどのような脆弱性を示していたのかを検

---

[3]　アジア通貨危機についての包括的な解説は，Ito [1999a] と Ito [2007] に詳しい．

証している[4]．彼らの関心事項は，アジアにとっての外部ショックの大きさ，経済構造（脆弱性）がそのショックを拡大したか，そして政策対応である．2007-09年には，アジア各国は通貨，銀行，債務の脆弱性は低く，貿易と成長の脆弱性が高くなっていたことを示している．特に香港とベトナムとマレーシアにその傾向が強く，中国とフィリピンはその傾向はあまりなかった．資本移動についての脆弱性ではシンガポールとフィリピンが脆かった．シンガポールは米国の金融商品を保有している，またフィリピンは利子率ショックに弱い，という理由である．通貨のミスマッチ（外貨建て債務と，自国通貨建て資産）の項目では，韓国とインドネシアが脆弱であった．これは，通貨の減価率が大きかったことや，外貨準備の減少があったことによる．

　Goldstein and Xie [2009a] は，66個の脆弱性指標を5個のカテゴリーに分け，そのカテゴリーそれぞれについて脆弱性ランキング（数量化による序列）を作り，さらに，その総合序列を作り，脆弱性のランキングと成長率下落との間に相関関係があることを示している．図表4-1(1)は，Goldstein and Xie [2009a] の脆弱性ランキング（序列のみ転載）である．例えば，貿易リンクでは，マレーシア，香港，ベトナム，シンガポールがいずれも貿易比率が高く，米国への輸出比率が高いことから，脆弱と判断されている．国際金融リンクでは，シンガポール，フィリピン，香港，韓国が脆弱である順位が高い．通貨（下落）圧力では，韓国，インドネシア，ベトナム，香港が上位にランクされている．銀行・金融セクターの脆弱性は，ベトナム，中国，マレーシア，香港が上位に名前を連ねているが，中国が上位に入っていることが他の指標とは異なる点である．最後は，景気が悪い時に景気刺激的な金融政策，財政政策を取ることができるような政策余地があるかどうかの指標カテゴリーである．このカテゴリーでは，マレーシア，シンガポール，フィリピン，香港が上位である．これらすべての総合指標では，香港，ベトナム，マレーシア，韓国が上位にあり，続いて，シンガポール，インドネシア，タイ，フィリピンとなる．一番，脆弱性が低かったのが，中国である．

　図表4-1(2)では，(1)表で得られた脆弱性総合ランキング（数値付き）と，成長率の下落を対照させて示している．ランキングの相関は高いように見える．

---

[4] Goldstein and Xie [2009a] の扱うアジアとは，中国，香港，インドネシア，韓国，マレーシア，フィリピン，シンガポール，タイ，ベトナムである．

図表 4-1 Goldstein and Xie ［2009a］の脆弱性指標と成長率低下

(1) 脆弱性指標

指標群	貿易リンク	国際金融リンク	通貨圧力，通貨ミスマッチ	銀行・金融セクターの脆弱性	景気刺激的財政金融政策の余地	総　　合
例	米国への輸出・GDP比率，など9項目	サブプライム損失・資本比率，など21項目	対米ドル減価率，など9項目	銀行不良債権比率(2007年)，など16項目	財政赤字，など11項目	66項目の序列番号の単純平均
最も脆弱	マレーシア	シンガポール	韓国	ベトナム	マレーシア	香港
2位	香港	フィリピン	インドネシア	中国	シンガポール	ベトナム
3位	ベトナム	香港	ベトナム	マレーシア	フィリピン	マレーシア
4位	シンガポール	韓国	香港	香港	香港	韓国
5位	タイ	ベトナム	タイ	韓国	インドネシア	シンガポール
6位	インドネシア	インドネシア	フィリピン	シンガポール	ベトナム	インドネシア
7位	フィリピン	中国	マレーシア	タイ	タイ	タイ
8位	中国	マレーシア	シンガポール	インドネシア	韓国	フィリピン
9位	韓国	タイ	中国	フィリピン	中国	中国

注）原論文では，指標の数値も記載されているがここでは省略．
出所）Goldstein and Xie ［2009a］，Table 3.

(2) 成長率低下ランキング

成長率ランキング	成長率低下	脆弱性ランキング（A表）	脆弱性総合指標（小が脆弱）
シンガポール	−228.7%	香港	4.06
韓国	−178.6%	ベトナム	4.09
香港	−170.5%	マレーシア	4.17
タイ	−160.3%	韓国	4.30
マレーシア	−155.1%	シンガポール	4.39
フィリピン	−100.0%	インドネシア	4.57
ベトナム	−61.5%	タイ	4.80
インドネシア	−60.3%	フィリピン	4.84
中国	−49.9%	中国	5.44

注）1.｛(2009年の成長率予測−2007年成長率)/(2007年の成長率)｝
　　2.原論文では成長率減速率を脆弱性ランキングに回帰して，係数，3.180，t-値，1.976を得ている．
出所）Goldstein and Xie ［2009a］，Tables 2 and 3.

　香港，マレーシア，韓国，シンガポールは，成長率でも脆弱性でも上位5カ国に含まれている．最下位（つまり，成長率の落ち込みも低くなく，脆弱性もほとんどなかった）は中国で共通している．下位4カ国のなかで，中国，インドネシア，フィリピンが共通である．

　Goldstein and Xie ［2009a］は，こうして構築したデータベースをもとに，成長率減速と各カテゴリーとの相関を見るものの，各カテゴリーの係数はい

ずれも統計的には有意ではなく，期待された結果は得られていない．ところが，総合指標との間では，統計的に有意な結果が得られている．図表4-1(2)に再録しているように，Goldstein and Xie [2009a, Table 3] において，係数は，3.180，t-値が，1.976と報告されている．

このように，Goldstein and Xie [2009a] は，広範なカテゴリーで，66項目にもわたる指標を検討しながら，カテゴリー別では成長率減速との統計的に有意な関係を検出できず，総合指標（序列番号の単純平均）との間のみ統計的関係を見出した，ということは，実証分析としては，不完全な結果である．66の指標の中には，重要なものと，あまり重要ではないものが混在しているがために，相関関係の検出が難しくなっている可能性もあり，66指標の吟味が必要なのかもしれない．より，単純な方法（指標の数を絞り込む）のほうが，強い結果を得られるかもしれない．

同じ著者のペアによるもう1本の論文，Golstein and Xie [2009b] は，世界金融危機が新興市場国に与えて影響を検討するなかで，アジアの新興市場国に与えた影響（主に成長率の減速）を，他の新興市場国に与えた影響を比較検討している[5]．彼らの結論は，世界金融危機のアジア新興市場国への影響については，次のことが分かったとしている．第1に，貿易を通じての影響は，特にリーマン・ブラザーズの破綻以降は顕著に表れている．第2に，資本移動については，アジアの新興市場国は，他地域の新興市場国に比べて，米国の株価や債券価格の下落に敏感であり，損失が発生しやすい．特に，先進国のリスク回避の動きにより影響を受けやすい．一方，アジアの新興市場国は，先進国の銀行からのローンに頼らなかったこと，サブプライム関連の資産を購入しなかったことが幸いした．資本移動は多くが直接投資であった．これが，他地域，特に欧州の新興市場国とは対照をなしている．さらに，政策対応では，程度の差はあるものの（インド，韓国，香港が大きく，シンガポール，フィリピンが小さかった），政策金利は引き下げられた．これは，アジア通貨危機の時の金利引き上げとは対照的である．また，財政支出に重きをおく財政拡大も図られた．財政出動が大きかったのは，中国，マレーシア，シンガポール，韓国であり，小さかったのはタイ，インドネシア，フィリピンであっ

---

[5] 本章のアジアの定義は，中国，インド，香港，韓国，シンガポール，タイ，インドネシア，フィリピン，マレーシアである．

た．

　Goldstein and Xie［2009b］は，シンガポール，香港，マレーシア，韓国などで，大きな成長率の減速が見られたことから，アジアが欧米経済から独立（decouple）したのではないか，という仮説は否定された，とする．他地域の新興市場国と比較しても，輸出の減退，株価の下落，金融ストレスのピークの高さなど，ほぼ変わらない，としている．一方，アジアの新興市場国は，金融機関への政府からの支援は，他地域に比べてほとんどなく，外貨準備の下落，為替レートの下落，国内信用の落ち込みなどの点では，他地域の新興市場国に比べて非常に小さかった．また，落ち込みからの回復も他地域よりも早いように見える，と結論付けている．

　Balakrishnan *et al.*［2009］は，先進国から新興市場国への金融危機の伝播について，過去の例を検討している．新興市場国金融ストレス指数を定義して，その分析を行っている．新興市場国金融ストレス指数は，銀行セクターの全体の株式市場との連動性，株式市場の利回り，その変動性，ソブリン債務スプレッドと通貨市場圧力指数からなる指数である．過去の先進国から新興市場国への危機の伝播を分析している．さまざまな要因を取り込んでいるものの，それだけに複雑化して，根本的な要因が見えにくくなっている可能性がある．ただし，今回の世界金融危機の分析は行われていない．

3　成長と貿易チャンネル

　以下では，前節の先行研究を念頭におきつつ，同じ問題意識ではあるが，異なる手法によって分析を行う．外国からの危機の伝播の経路には，貿易チャンネルと金融チャンネルがある．貿易チャンネルは，外国の所得や為替レートの変動により，分析対象の国からの輸出が減少する経路のことを言う．米国が危機の震源であることから，米国への輸出依存度が高いほど，貿易落ち込みの程度が高いと予想される．また，輸出がGDPに占める割合が高いほど，GDP（成長）に与える影響が大きいと考えられる．金融チャンネルは，資本流入・流出が起きて，株価や金利が変動する経路である．資本の流入は，国内流動性を高めることから，株価，不動産価格を押し上げて，成長率を高くする．一方，資本の流出は，これが逆に働く．特に為替減価の圧力は，金

図表 4-2　貿易チャンネルと金融チャンネル

```
                    欧米の金融危機
                    ↙         ↘
         欧米のGDP下落        欧米の金融機関ダメージ
              ↓                      ↓
    欧米の所得下落・輸入減少    欧米の金融機関が資金引き上げ
              ↓                      ↓
    新興市場国の輸出減少(EXP)   新興市場国の為替減価圧力(EMP)
              ↓                      ↓
    新興市場国の生産・所得下落   新興市場国の資産価格下落
                    ↘         ↙
                新興市場国の消費・投資下落
                          ↓
                  新興市場国のGDP下落
```

（左：貿易チャンネル　右：金融チャンネル）

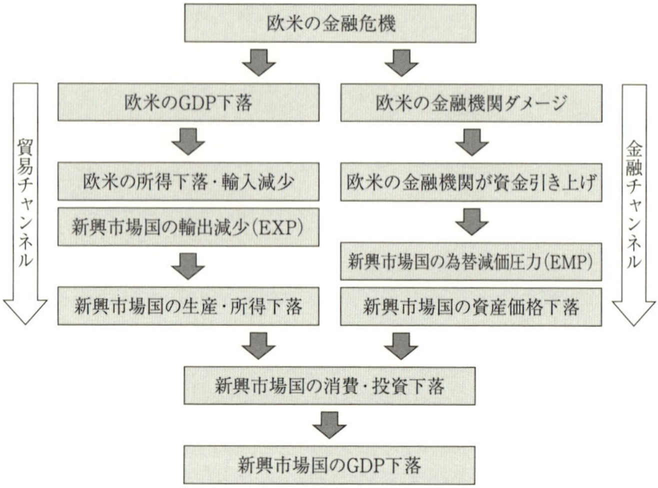

出所）筆者作成.

利上昇，外貨準備減少などを伴いながら，資産価格の下落，成長率の下落を引き起こすことが多い．図表 4-2 で，貿易チャンネルと金融チャンネルの違いをフローチャート化している．

まず，2008 年から 2009 年にかけて，経済成長率がどれほど落ち込んでいたのかを図表 4-3 で見てみよう．この図は，2005 年以降の，成長率（四半期ごとの実質 GDP の対前年同期比変化率）の変化を各国別に表している．図表 4-4 では，1997-98 年のアジア通貨危機と今回の危機を比較するために，年次データで，成長率を 1996 年から 1998 年にかけてのアジア通貨危機の落ち込みに比べると，2007 年から 2009 年にかけての落ち込みの程度は軽微であることが分かる．アジア通貨危機では，−5％よりも低い成長率を記録した国が 5 カ国・地域（インドネシア，マレーシア，タイ，韓国，香港）もあったが，今回の危機では，−5％を下回ったのは，日本の −5.4％だけだった．成長率をプラスに保ったのは，アジア通貨危機の際には，中国，インド，台湾であり，今回の危機では，中国，インド，インドネシアである．この人口の多い 3 カ国以外の国では，2008 年第 4 四半期から 2009 年第 2 四半期まで大きな成長率の落ち込みを記録し，多くの国でマイナスの成長率を記録した．アジ

図表 4-3　経済成長率（四半期，対前年同期比）

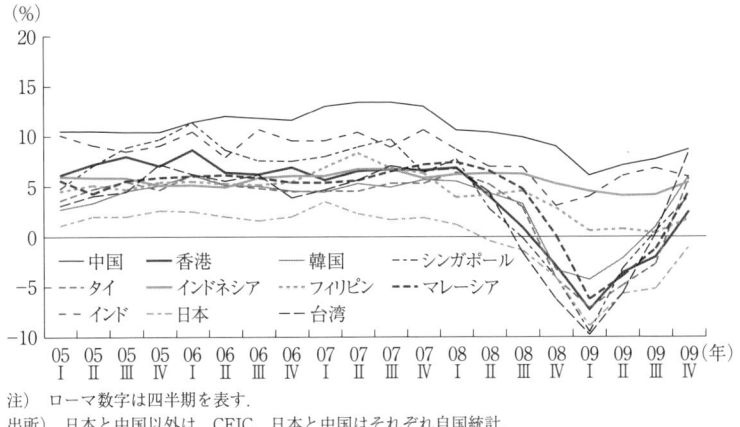

注）ローマ数字は四半期を表す．
出所）日本と中国以外は，CEIC．日本と中国はそれぞれ自国統計．

図表 4-4　年次成長率（1991-2009 年）

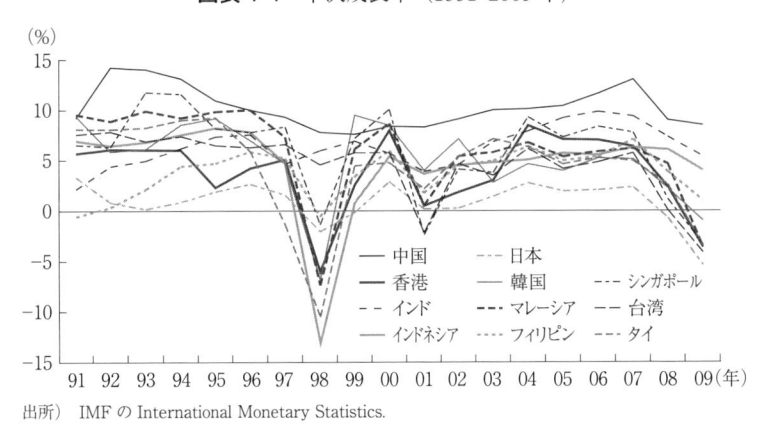

出所）IMF の International Monetary Statistics.

ア通貨危機の時には，インドネシアは，成長率が －13% と落ち込み，最悪の経済状況に陥ったが，今回の危機では，成長率を ＋4% に保つなど，よい経済状態を保つことに成功した．これは，今回の危機では，アジア自身が「震源」ではなかったことから，当然と言えば当然だ．しかし，他地域からの金融危機伝播を防いだ，という点は優れていた．それは，事前にマクロ経済と金融システムの頑強性を高め，危機管理の政策対応が優れていたことの証左と言

図表 4-5　新興国への影響，CDS スプレッド

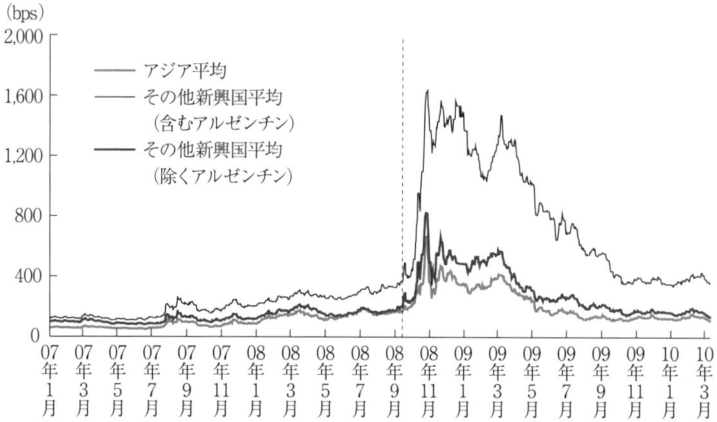

注）アジア平均：中国，タイ，インドネシア，マレーシア，フィリピンのソブリン CDS スプレッドの単純平均値．その他新興国平均（含むアルゼンチン）：ブラジル，ロシア，トルコ，アルゼンチンのソブリン CDS スプレッドの単純平均値．その他新興国平均（除くアルゼンチン）：ブラジル，ロシア，トルコのソブリン CDS スプレッドの単純平均値．
出所）Bloomberg より NRI 作成．

える．

　図表 4-5 では，アジアの新興市場国とその他地域の新興市場国の CDS の動きを見ている．今回の落ち込みでは，アジア新興国は他地域新興国よりもリスク蓄積が低かった．欧米の先進国で起きた金融危機が世界中の新興市場国に伝播するなかで，大きな危機に陥り，IMF のプログラム（融資）を必要としたのは，欧州の新興市場国（ラトビア，ハンガリー，アイスランドなど）であり，アジアには 1 カ国もなかった．この CDS の指標で見る限り，今回の米国発の危機から金融チャンネルを通じての伝播は，アジアは一番影響を受けなかった地域である．

　図表 4-6 では，国別の国債の CDS を示している．インドネシア，ロシアが顕著な上昇を示している．それに次いで，トルコ，フィリピンの CDS が高かった．インドネシア，フィリピン以外のアジア各国の CDS スプレッドの上昇は，顕著とは言えない．インドネシアにおいても，この後で説明するように，2009 年の GDP 成長率は，インド，中国とともに，プラスを維持していたことから，他のアジア諸国よりもマクロ経済の状況はよかったので，CDS

図表 4-6 アジア新興市場国の国債の CDS

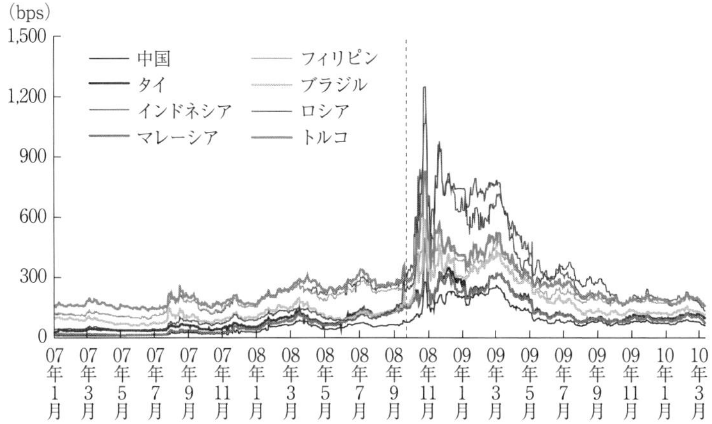

(bps)
系列: 中国, タイ, インドネシア, マレーシア, フィリピン, ブラジル, ロシア, トルコ

横軸: 07年1月, 07年3月, 07年5月, 07年7月, 07年9月, 07年11月, 08年1月, 08年3月, 08年5月, 08年7月, 08年9月, 08年11月, 09年1月, 09年3月, 09年5月, 09年7月, 09年9月, 09年11月, 10年1月, 10年3月

出所) Bloomberg のデータより, NRI が作成.

図表 4-7 GDP 落ち込み度

(%)

	中 国	香 港	イ ン ド	インドネシア	日 本	韓 国
1996年⇒1998年	-2.2	-10.2	-1.6	-20.9	-4.7	-13.9
2007年⇒2009年	-4.5	-10.0	-4.0	-2.3	-7.7	-6.1

	マレーシア	フィリピン	シンガポール	台 湾	タ イ
1996年⇒1998年	-17.4	-6.4	-9.2	-1.7	-16.4
2007年⇒2009年	-9.8	-6.1	-11.1	-9.8	-8.4

出所) データは, IMF の International Monetary Statistics より, 筆者の計算.

の上昇も, 危機につながったわけではない.

しかし, 適切な比較は, 危機以前の平常時の成長率から, 危機の最悪期への「落ち込み度」の程度で見ることである. 図表 4-7 が, 1996 年の成長率から 1998 年の成長率への変化 (%ポイント) と, 2007 年から 2009 年にかけての成長率の変化 (%ポイント) を比較している. この GDP 成長率の落ち込み度 (変数名, GDPDrop) から見ると, 今回の危機のほうが成長率の落ち込みが大きいのは, シンガポール, 台湾, 日本, インド, 中国である. シンガポールと香港は, 落ち込み度が 10% 以上である. したがって, 落ち込み度で見ると, 今回の危機はアジアに, 意外なほど深刻な影響を与えていたことが分かる.

中国，インド以外で，今回の危機が前回の危機よりも落ち込み度が大きかった国に共通しているのは，高度な製造業製品を輸出している国・地域であることが分かる．

以上の検討から3点が明らかになる．第1に，マイナス成長を免れた，中国，インド，インドネシアは，いずれも人口が多く，経済が比較的内需に頼って成長できる国である．第2に，プラス成長の3カ国以外の国では，成長率の落ち込みが2008年第2四半期に始まり，第4四半期には，マイナス成長となり，2009年第1四半期に底を打って，その後回復に向かっている．第3に，危機以前には，比較的高成長を維持していた香港，シンガポールは，2009年第1四半期に大きな成長率の下落を経験している．「小さな開放経済」かつ金融セクターがGDPに占める割合が大きいことから，世界金融危機，欧米の需要減退の影響を大きく受けたと仮説を立てることができる．

図表4-8は，輸出の四半期ごとの対前年同期比変化率を，2005年第1四半期から2009年第4四半期までの5年間について示している．2009年第1四半期以降は，すべての国において，対前年比でマイナスになり，第4四半期まで継続している．特に第1四半期は，日本では－40%，台湾，インドネシア，シンガポールでも，－30%を超える輸出の下落になった．GDPでは下落しなかった中国，インドネシアでも輸出変化率のマイナス幅は10%を超えている．いかに輸出の落ち込みが激しかったかを，図表4-8は物語っている．

図表4-9は，同じ定義の輸出の変化率をアジア通貨危機当時（1996年第1四半期-2000年第4四半期）について描いたものである（一部の期間について，インドネシアの輸出変化率が100%を超えているので，これについては示していない）．これで見ると，最悪期は，1998年第2～3四半期で，落ち込みと程度は，多くの国で－10%を超えるなど，2009年第1四半期に匹敵している．しかしながら，輸出増加率はすぐにV字型の回復を示している．今回の金融危機ではこの輸出の落ち込みが長期間にわたったことが特徴的である．

特に，アジア通貨危機の直前のアジアでは，すでに輸出が下落を始めていた．タイでは1995年まで，年率で20%程度の輸出増加が続いていたにもかかわらず，1996年には，輸出成長率が0%を切った．経常収支の赤字が拡大して，マクロ・ファンダメンタルズが悪化したことが，資本流出，切り下げ観測による為替投機へとつながっていった[6]．しかし，通貨の切り下げは輸

図表 4-8 輸出変化率（2005-09 年，世界金融危機）

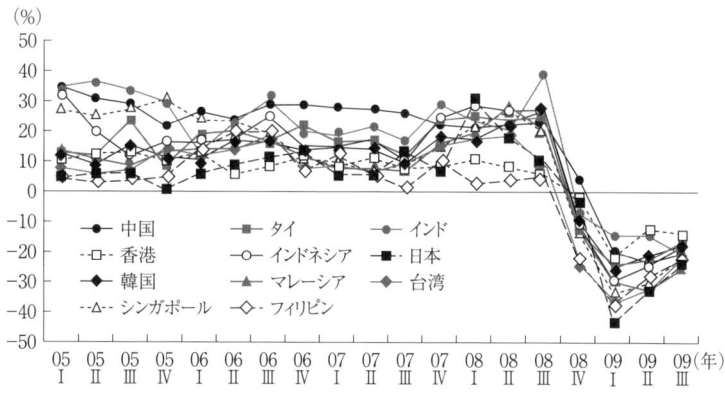

注）ドル建て，対前年同期比．
出所）IMF の International Monetary Statistics.

図表 4-9 輸出変化率（1996-2000 年，アジア通貨危機）

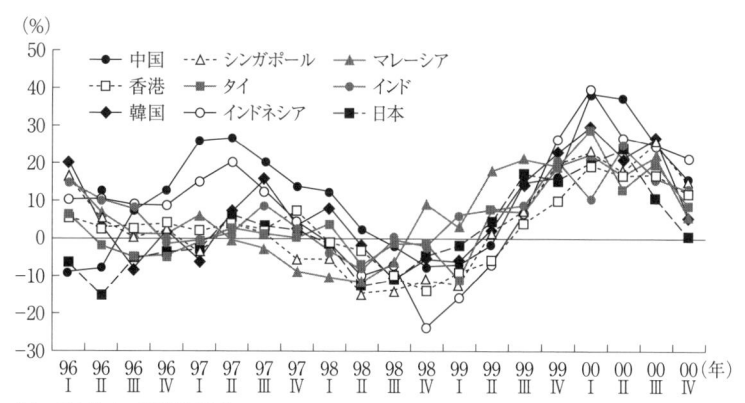

注）ドル建て，対前年同月比．
出所）IMF の International Monetary Statistics.

出産業には追い風のはずであり，アジア通貨危機ではいったん金融混乱が収まった後（1999 年以降）は，輸出攻勢に転じている．

次に，「平時の輸出・GDP 比率」を 2006 年の（1 年間の 4 つの四半期の）平

---

6) 輸出減速については，Ito [2000b]，特にタイの通貨危機については，Ito [1998]，Ito and Pereira da Silva [1999] を参照．

図表4-10　輸出GDP比率とGDPの落ち込み度

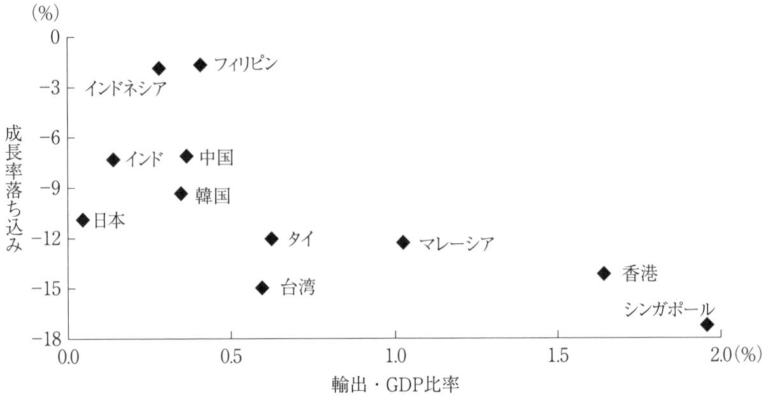

出所）IMFのInternational Monetary Statisticsより，筆者計算．

均と定義する[7]．また，金融危機時のGDP成長率の「落ち込み度」（変数名，TradeDrop）を2009年第1四半期の成長率から2007年の（4四半期）平均成長率を引いたもの，と定義する．

図表4-10は，平時の輸出・GDP比率と金融危機におけるGDP落ち込み度の相関を表す散布図である．明らかに，輸出・GDP比率が高いほど，金融危機におけるGDP落ち込み度が大きい（負の相関）のように見える．相関係数を計算すると，日本の含まないケースで，-0.74，日本を含むケースで，-0.67となった．

2006年の輸出・GDP比で，サンプルは日本を含めて，11カ国の2007-09年にかけてのGDP成長率の落ち込みを説明する式を推計すると，次のようになり，有意に説明力があったことが分かる．

$$\text{GDP Drop} = -0.06 - 0.06 \text{ EXP GDP}$$
$$(-3.45)\quad(-2.75)$$
$$[0.007]\quad[0.023]$$

---

[7]　今回の世界金融危機において，「平時」から「危機」にいつ転換したのかについては，いろいろ議論があろうが，本章の第1節で，Ito [2009] を引用しながら説明したように，2007年8月までは，明らかに「平時」と見なすことができる．最初の大きな金融機関の破綻は，2008年3月のベアー・スターンズ破綻であり，これ以降は「危機」に陥ったことは誰の目にも明らかである．

$$R^2 = 0.40$$

ただし，（　）内は，t 値，［　］内は P 値である．このように，輸出・GDP 比率は，3％で統計的に有意な説明力がある．もちろん，輸出は GDP の構成要素であり，為替レートの決定を介して，双方向の因果関係があるが，ここでは，輸出・GDP 比は，危機前の値を取っており，GDP 成長率の落ち込みは危機になってからの値を取っているので，説明変数は先決変数となっていて，説明変数が内生であるかもしれない，という批判は当たらない．

この式では，輸出以外の要因をまったく考慮に入れていないので，これだけで説明が終わるわけではないが，国の数が限られているので，説明変数をいくつも追加できるわけではない．あるいは，輸出以外の変数も考慮に入れた多くの変数の指数を考案して，説明変数とすることも考えられる．それが，まさに第 2 節で解説をした，Goldstein and Xie［2009a］のアプローチだったわけだが，そこでは，輸出カテゴリーの指数では有意な係数を得ることができなかった．その指数を構築するところで，数多くの変数を考えたがために，かえって実態が見えにくくなっていたのかもしれない．本章のような単純なアプローチのほうが，鮮明に実態を表しているようだ．

なぜこのような大きな貿易の「落ち込み」を記録する国・地域があったか，ということについては，次のような仮説が有力である．米国における消費や投資の減退は，主に耐久消費財や高度の製造業製品などである．製造業製品は一次産品よりも所得弾力性が高いと考えられることから，今回のような主要消費国の所得の落ち込みは，製造業製品の輸出国に比例的以上の打撃を与える．そこで，アジアからの輸出も，総輸出に占める自動車など耐久消費財や高度製造業製品の比重が大きい国，つまり日本や NIEs（韓国，台湾，香港，シンガポール）が，大きな輸出下落を被った，と考えられる．IMF［2009］もこの仮説に沿った説明をしている[8]．

輸出の落ち込みに関しては，アジア通貨危機の時の落ち込みよりも，むしろ今回の危機のほうが，長期（1 年程度）にわたり，大きな影響を受けたと言

---

[8] この仮説を検証するには，輸出総額に占める製造業製品の割合が高いほど，輸出や GDP の落ち込みが大きい，という相関関係を示すことがひとつの方法だが，データからはこのような単純な関係を導くことはできなかった．単に製造業製品だけではなく，そのなかの品目分類まで詳細に調べる必要がある．将来の調査に委ねる．

える.もちろん,アジア通貨危機では,アジアが危機の震源であり,今回の危機は米国が震源である,という違いを考えても,危機の震源ではないのに,貿易チャンネルの危機の影響が長引いていることは,直感的には分かりにくい.しかし,アジア金融危機では,為替レートが大きく減価して,輸出の回復を後押しした点を考えると,輸出という面では,アジア通貨危機ではそれほど大きな落ち込みがなかったことは,論理的にも理解できる.

4 金融チャンネル

本節では,米国に端を発する金融危機と,それに続く欧米の金融機関の経営悪化が,アジアの金融市場にどのような影響を与えたかを検証する.2007年以降,担保価値が下落した証券価格は下落し,そのような証券を保有する金融機関や投資信託,あるいは証券化商品を販売する投資銀行などでは,資本不足,流動性不足に陥っていった.

Ito [2009] で示されているように,金融市場で金融機関の財務に対する不安がスプレッドの上昇として最初に顕在化したのは,2007年夏である.金融機関はそのころにはすでにレバレッジ(保有資産に対する借入比率)を解消するために,資産を売り,借入を返済する動きを始めていた.これを,デレバレッジングと呼んでいた.売却資産は世界中で保有する株式,債券,不動産などであったので,新興市場国においては,非居住者の資産売却,資本流出により,金利や株価に影響が起きていたと仮説を立てることができる.

第1節で述べたように,貿易チャンネルが顕在化したのは,2008年9月のリーマン・ショック以降であり,それ以前の金融市場の動きは金融チャンネルと考えられる.

さらに,2008年9月のリーマン・ショック以降は,パニック売りを通じて世界中の資産価格が下落した.リーマン・ショック以降の資産価格の変動は,金融チャンネルと貿易チャンネルの両方からの影響があったと思われる.

リーマン・ショック以降は,投資家のリスク回避が進み,先進国通貨の間では,多くの金融機関が破綻した欧州のユーロ,ポンドが売られ,基軸通貨としてのドルと,金融機関の痛んでいなかった円が買われた.ここではアジアの新興市場国通貨がどのように動いたのか,検討する.

まず，為替レートの動きを見てみる．図表4-11は，名目為替レートの動きで，2005年1月を100とした月次の動きを示している．この図から次のようなことが分かる．

① 2007年夏以前は，日本円以外は，対ドルで緩やかな増価ペースであった．日本円のみ円安が継続していた．円は，2005年1月から2007年夏にかけて20％近くも減価している．これは，円を借りて，高金利通貨に投資をする円キャリー・トレードが進行していたことがひとつの要因であったと考えられる．一方，中国，マレーシア，韓国，フィリピン，タイの通貨は，同じ時期に10％近く増価していた．

② 2007年夏以降，投資銀行やヘッジ・ファンドのデレバレッジングが始まった．円キャリー・トレードの巻き戻しが起きて，円の急速な増価が始まる．このころのアジア通貨は，まだ緩やかな増加傾向が続いている．

③ 2008年に入ると，中国元を除くアジア新興国の通貨は，減価に転じる．韓国，インドが減価傾向に転じて，その後，フィリピン，タイ，台湾，インドネシアが減価傾向に転じる．

④ 2008年9月のリーマン・ショック以降，これらのアジア新興国通貨は大きく減価した．特に大きな減価率を示したのは，韓国ウォン，インドネシア・ルピア，インド・ルピーである．特に，韓国ウォンは，2008年はじめ

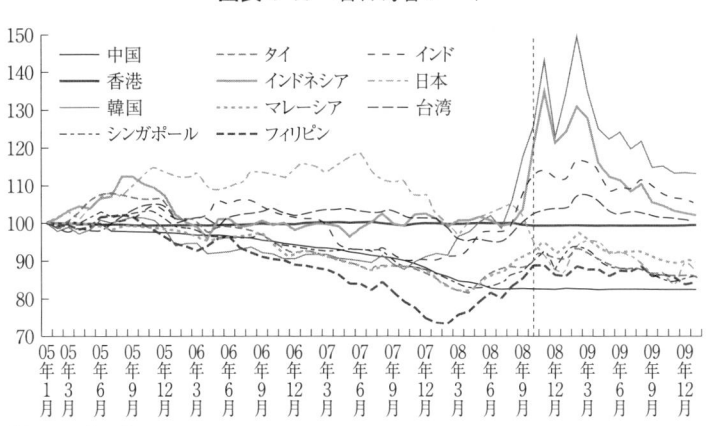

図表4-11　名目為替レート

注) 2005年1月＝100．
出所) IMFの International Monetary Statistics.

までは大きく増価，その後大きく減価と，アジア通貨のなかでは最も，変動幅が大きかった．2005年1月に比べて，2007年は約10％増価のレベルにあったが，2008年はじめから急速に減価，2008年5月に2005年1月のレベルに戻り，その後も減価が続き，2009年2月には2005年1月レベルに比べて50％も減価した．

⑤　中国元は，2005年7月から，2008年5月まで，一定の増価のペースを保ち（クローリング・ペッグ），累積で約17％の増価を実現した．しかし，2008年5月からは，増価を停止，その水準で，ドル・ペッグを再開した．

　図表4-12は，外貨準備の変動を表したグラフである．アジアの多くの国で，2005-06年が増加基調にあった．これは，アジア通貨危機を克服して以来，アジア各国が「平時」において，通貨が増価傾向にあれば少額の介入を繰り返し，外貨準備を積み増してきたことによる（特に，2005-06年の韓国，2006-07年のタイでは大きな増価を経験した時期があり，大きな介入が行われた）．ところが，世界金融危機の影響で，欧米の投資銀行，ヘッジ・ファンドが新興市場資産を売却して本国送金するなかで，為替を減価させる圧力が高まり，アジアの多くの国は，通貨がそれが2007年半ばにピークを打ち，その後2008年末にかけて下落している．下落が顕著なのは，韓国，インド，インドネシア，フィリピンである．外貨準備の減少は，為替レートの減価を防ぐための政策対応の一部である．

　ここで，為替変動と外貨準備の変動について総合的に取り扱うために，「為替市場圧力」（Exchange Market Pressure，以下EMP）という概念を導入する．通貨下落圧力（資本流出）が強い場合，政策的に対応しなければ，通貨が切り下がる．通貨下落を防ぐ政策対応には，外貨準備を切り崩して介入をするか，金利を高めに維持して資本流入を促す（流出にブレーキをかける）ことが考えられる．完全にドル・ペッグを維持する国・地域（例，香港）では，通貨下落はあり得ないので，資本流出はもっぱら外貨準備の変化に現れる．また，資本移動が金利の変化に敏感に反応するポートフォリオ・フローの場合には，金利を上げることで通貨を下落から防御できる可能性がある．したがって，「通貨市場圧力」（EMP）を，①実際の通貨の下落率，②外貨準備の変化率，③金利格差の変化の，加重平均の指数で代理することができるかもしれない．このような概念を最初に提唱したのは，Girton and Roper［1977］で，①と②

図表 4-12 外貨準備

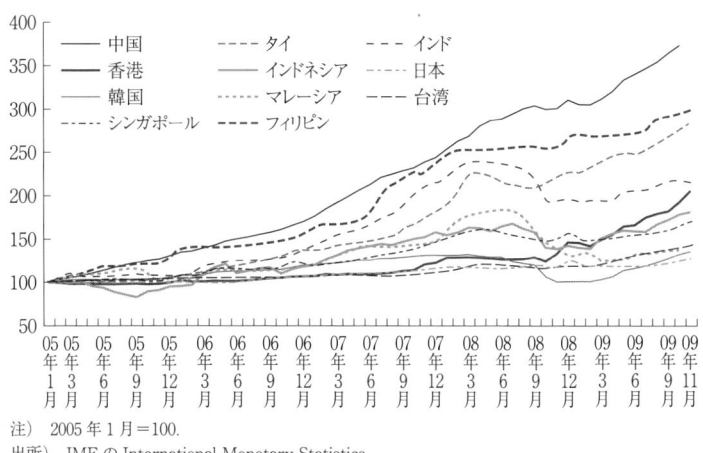

注) 2005年1月＝100.
出所) IMF の International Monetary Statistics.

を考えていた．これに③を加味したのが，Eichengreen, Rose, and Wyplosz [1996a] である．この研究では当時，欧州内のお互いの固定相場メカニズム（Exchange Rate Mechanism）を維持しようとするドイツを中心とする欧州通貨への応用を試みている．その後，Tanner [2001] は，アジアやラテンアメリカの新興国への通貨圧力を測定しようとした．しかし，①②③は，単位が違ううえ，その加重平均の取り方は恣意的にならざるを得ないので，分析の目的により工夫する必要がある．

本章では，為替圧力として，為替レートと外貨準備の変化を考察する．まず，図表 4-11 から分かる為替レートの動きは，中国を除くアジア各国の通貨は 2007-08 年に増価傾向にあり，その後ピークを打って，減価に転じていることである。2007 年から 2008 年にかけての為替レートの変動について，次のような「為替最大減価率」（ExrDep）を定義する．2007-08 年のうち，対ドル名目為替レートが一番増価水準にあったレベルとその月，2008-09 年のうち，対ドル名目為替レートが一番減価水準にあったレベルとその月，を取り出す．その「ピークからボトム」への減価率を計算する．ピークからボトムまで何カ月かかったかの月数は考慮しない．

上記のように定義をした為替の最大減価率と，GDP の下落との関係を見るため，次のような回帰分析を行った．

$$\text{GDP Drop} = -0.10 + 0.10 \text{ExrDep}$$
$$(-3.51) \quad (0.78)$$
$$[0.008] \quad [0.460]$$
$$R^2 = -0.05$$

ただし，（ ）内は t 値，［ ］内は P 値．この式では，説明力はまったくない．為替の下落率と GDP の下落の間には相関がなかったことが分かる．これは 1997-98 年のアジア通貨危機の際に，アジア各国が大きな為替下落を経験して，それが銀行のバランスシートに大きな不良債権と損失を引き起こすことになったことを考えると，今回被害が小さく済んだことのひとつの理由である．では，為替の減価はなぜ小さくて済んだのか．もちろん，今回の危機の震源地が米国であり，アジアではない，ということは第 1 の要因である[9]．しかし，それと同じ程度重要なのは，アジアの多くの国がアジア通貨危機の教訓として，外貨準備を短期対外債務に比して多く保有することを学び，実践したことがある．通貨危機に陥らないように外貨準備を厚く保有することは，自己保険（self insurance）と呼ばれるようになった．

貿易チャンネルの回帰式と違って，金融チャンネルの回帰式は，右辺と左辺がほぼ同時期の為替レートの変化と GDP の変化であり，双方向の因果関係が疑われる．つまり，説明変数の内生性が問題となる．しかし，この時期は，為替レートは欧米の投資家のデレバレッジやキャリー・トレード解消という要因で動かされており，アジアにとっては「外生変数」と考えてよいだろう．通常の時期では問題のある回帰式も，この期間については，問題が大きくない，と考えられる．

巨額の外貨準備があれば，為替の売り圧力があっても，外貨準備を使って，通貨下落を防ぐことができよう．今回の世界金融危機で，アジアに通貨下落の圧力が加わった時に，アジア諸国は，どれくらい外貨準備を使ったのだろうか．

---

9) アジア通貨危機においても，アジア域内において，最初の危機国であるタイから他のアジア諸国への伝播がどのようにして起きたのか，Ito and Hashimoto [2005] では，アジア通貨危機にはいくつかの段階があり，ひとつの危機（タイ）からアジア地域全体に伝播した，というよりも，いくつかの危機が連続して起きつつ，域内で伝播を繰り返していた，ということができることを，株価や為替レートの日次のデータを使って，明らかにしている．アジアが震源地だからといって，必ずアジア全体の為替が下落したり，GDP が下落する必然性はない．

次に，外貨準備の変化についても，2007-08年の2年間のうちで最大であった月の額をピークとして，2008-09年の2年間のうちで最小であった月の額をボトムとして，「ピークからボトム」への減少率を「外貨準備最大減少率」として計算する．ピークからボトムまで何カ月かかったのかの月数は考慮しない．

図表4-13で，為替最大減価率（図表4-13(1)，プラスが減価）と外貨準備最大変化率（図表4-13(2)，マイナスが減少）を示している．これによると，為替レートの減価率が大きかったのは，韓国（70％）であり，インドネシア（40％），インド（30％），フィリピン（21％）と続く．一方，外貨準備の減少率では，マレーシア（30％）が最大で，韓国（24％），インド（22％），インドネシア（17％）が続いている．減価率が大きかったフィリピンでは外貨準備はほとんど減少していない．

k国t月の「為替市場圧力」（EMP）を通貨減価率と外貨準備減少率の平均と定義する．

$$\text{EMP}(k,t) = 0.5 \times \Delta e(k,t) - 0.5 \times \Delta R(k,t)$$

ここで，eは対ドル名目為替レート，Rは外貨準備高で，Δは，$t-1$月からt月への変化率のオペレータである．

2008-09年の世界金融危機の余波で，為替市場（減価）圧力が大きかった（為替減価も大きく，外貨準備減少率も大きい）アジアの国は，韓国，インド，インドネシアであったことが分かる．外貨準備を使って減価圧力に立ち向かったものの，減価も許容していた．マレーシアは，外貨準備最大減少率（の絶対値）が為替最大減価率より大きい唯一の国で（ただし，どちらの減少率も2％以下の香港を除く），為替減価に（他の国よりも）強く抵抗した．一方，フィリピンは，減価幅は20％に上ったものの，ほとんど介入することはなかった．タイ，シンガポール，台湾の3カ国・地域は，韓国，インドネシア，インドと同様，介入により減価幅を小さくしていたが，為替減価を容認していた．ただ，圧力そのものが，韓国，インドネシア，インド程ではなかった，ということである．

中国は，この図表4-13に含まれていないが，それは，外貨準備は継続的に上昇して，為替は増価を続けていたので，金融チャンネルを通じての世界金

図表4-13 為替市場圧力

(1) 為替最大減価率（＋が減価）

	香港	韓国	シンガポール	タイ	インドネシア
2007-08年におけるピーク	7.75 2007年10月	900.75 2007年10月	1.36 2008年4月	31.44 2008年3月	8,835.00 2007年5月
2008-09年におけるボトム	7.80 2008年5月	1,534.35 2009年2月	1.55 2009年2月	36.19 2009年2月	12,360.00 2008年11月
％	0.70	70.34	14.09	15.11	39.90

	マレーシア	フィリピン	インド	日本	台湾
2007-08年におけるピーク	3.16 2008年4月	40.43 2008年2月	39.33 2007年10月	99.69 2008年3月	30.35 2008年4月
2008-09年におけるボトム	3.70 2009年2月	48.93 2008年10月	51.16 2009年2月	108.80 2008年8月	34.34 2009年3月
％	17.24	21.04	30.10	9.14	13.15

(2) 外貨準備最大減少率（－が減少）

	香港	韓国	シンガポール	タイ	インドネシア
2007-08年におけるピーク	160,712 2008年3月	264,171.00 2008年3月	177,462 2008年3月	107,469 2008年3月	58,457 2008年7月
2008-09年におけるボトム	157,547 2008年6月	200,428 2008年11月	162,174 2008年10月	99,001.9 2008年3月	48,270.1 2008年11月
％	－1.97	－24.13	－8.61	－7.88	－17.43

	マレーシア	フィリピン	インド	日本	台湾
2007-08年におけるピーク	125,480 2008年6月	33,173.9 2008年8月	305,407 2008年5月	992,620 2008年3月	291,405 2008年6月
2008-09年におけるボトム	87,343.3 2009年4月	32,435.1 2008年10月	239,491 2009年2月	974,130 2008年9月	278,152 2008年10月
％	－30.39	－2.23	－21.58	－1.86	－4.55

(出所) IMFのInternational Financial Statistics, および台湾の中央銀行統計.

融危機の影響（スピルオーバー）はまったく受けていなかったことになる（ただし，厳密に言うと，増価圧力は小さくなっていたので，その意味では符合は変わらないが，程度の問題では，影響を受けていた，とも言える．しかし，潜在的な通貨危機の可能性という意味では，中国はまったく無縁であった）．

また，日本は，この時期（正確には，2004年3月以来現在まで），まったく介入を行っていない．そのため外貨準備の変動は，利子支払いの受け取り，保有外貨の変動（ドル建て表示なので，ドル以外の通貨の対ドルレートの変動）による評価損益を反映している．外貨準備最大減少率は2％以下であり，為替

が 2008 年 3 月から 9 月にかけて 9% 減価していることを示している．しかし，通貨，円価値の「ボトム」は 2008 年 8 月であり，他通貨のどれよりも早期である（ただし，香港のボトムは 2008 年 5 月であるが，これは 1% 以下の減価幅であり，実質上はドル・ペッグ（カレンシー・ボード）を堅持していた，と言える）．

2008 年 9 月以降は，円は，他のアジア通貨（ドル・ペッグの中国，香港）が減価するなか，早いペースで増価しており，為替圧力は「増価」に転換している．

ここまでは，外貨準備の総額を考えてきたが，為替減価を防ぐためには，その国の外貨準備の必要度を計算することが必要となる．IMF においては，内部文書でも対外的に公表する文書でも，1997 年までは，外貨準備の記述をする際には，輸入の月数で割ることで，標準化（スケーリング）することが標準であった．メキシコ通貨危機（1994 年），アジア通貨危機（1997 年），ロシア危機（1998 年），ブラジル，トルコ，アルゼンチン危機という資本収支型通貨危機を経て，対外短期債務の重要性が認識され，外貨準備が十分かどうかの基準として，対外短期債務よりも多い外貨準備を保有しているかどうかが定着した．ちなみに，文献では，対外短期債務を外貨準備で割った比率が 1 よりも低くすべきである，という見解を，グリーンスパン・ギドッティ・ルール（Greenspan-Guidotti rule）と呼んでいる．アジア通貨危機の時には，IMF のプログラムを必要としたタイ，韓国，インドネシアは，いずれも，対外短期債務・外貨準備比率が 100% を超えていた[10]．

ここでは，旧来基準である輸入の 3 カ月分の外貨準備があるかどうかと，資本収支型通貨危機に重要な対外短期債務を超える外貨準備を持っていたかどうかを検討する．図表 4-14 では，アジア諸国の外貨準備が，輸入月数でどれくらいか（これは値が高いほど通貨危機リスクが低い），対外短期債務（BIS に報告している外国銀行に対する短期債務で，これは値が小さいほど通貨危機リスクが低い）に対してどれくらいかを，アジア通貨危機直前（1997 年 6 月）と，今回の世界金融危機直前（2007 年 6 月）時点で比較したものである．

輸入月数で測ると，1997 年 6 月の時点で外貨準備が 3 カ月に満たなかったのは，韓国のみで，フィリピン，マレーシア，香港が 3 カ月台ではあるもの

---

[10] アジア通貨危機のような資本収支型通貨危機における資本移動の役割については，Ito [1999b, 2000a] を参照．

図表 4-14 外貨準備と輸入月数，外貨準備と対外債務

外貨準備高の輸入月

(月)

	中　国	香　港	韓　国	シンガポール	タ　イ
1997 年 6 月	10.95	3.97	2.77	7.25	5.32
2007 年 6 月	17.48	4.36	8.79	6.51	5.92

	インドネシア	マレーシア	フィリピン	インド
1997 年 6 月	5.73	3.47	3.00	7.96
2007 年 6 月	6.43	8.39	4.78	10.63

外国銀行への債務・外貨準備比率

(％)

	中　国	香　港	韓　国	シンガポール	タ　イ
1997 年 6 月	0.25	2.71	2.08	2.43	1.45
2007 年 6 月	0.08	0.65	0.41	0.80	0.13

	インドネシア	マレーシア	フィリピン	インド
1997 年 6 月	1.70	0.61	0.90	0.30
2007 年 6 月	0.49	0.21	0.42	0.27

注）　輸入月数は値が大きいほど安全．対外債務は値が小さいほど安全．
出所）　輸入額は，IMF, International Financial Statistics より．
　　　対外債務比率は，BIS と世銀，IMF の共同サイト，JEDH の Line 17.
　　　外貨準備は，BIS と世銀，IMF の共同サイト，JEDH の Line 25.

の，総じて十分な外貨準備を積み上げていることが分かる．

　以上を総合すると，世界金融危機の影響を「通貨減価圧力」という形で受けたアジアの国は，韓国，シンガポール，タイ，インドネシア，マレーシア，フィリピン，インド，台湾であり，その時期は，2008 年 5 月（ピークは 3 月から 4 月が多い）から 2009 年 2 月にかけてあることが分かる．そこで，（日本，中国，香港を除いた）サンプルについて，EMP を，図表 4-15 のように描くことができる．図から次のことが分かる．アジア新興国の通貨市場（減価）圧力は，2008 年 5 月から 2009 年 2 月まで，（2008 年 12 月を除いて）継続していたことが分かる．さらに，この圧力が大きかったのは，2008 年 8 月から 11 月までの 4 カ月と 2009 年 2 月であったことが分かる．為替圧力は，ベアー・スターンズの破綻（2008 年 3 月）直後に大きくなり，リーマン・ブラザーズ破綻直後に非常に大きくなった．そして 2009 年 2 月まで，この圧力は継続した．

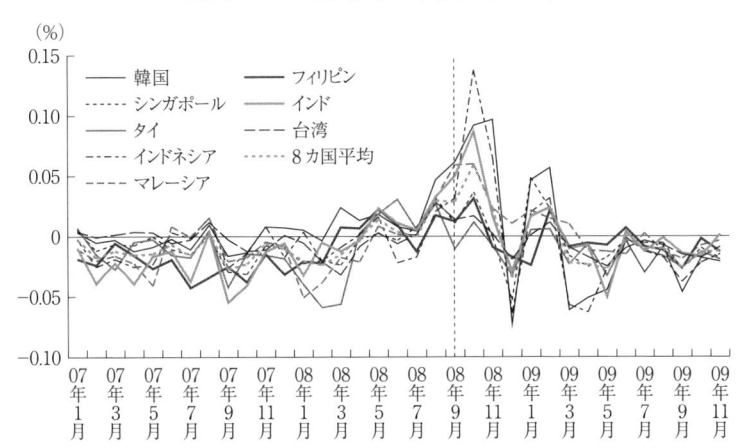

図表 4-15　為替市場圧力係数（EMP）

注）EMP は為替減価率と外貨準備減少率の平均として計算される．為替減価率と外貨準備減少率の定義は本文参照．
出所）データは，IMF の International Financial Statistics より，筆者の計算．

次に，この為替市場圧力指数と GDP 落ち込み度との相関を見るために，日本，中国，香港も入れた全サンプルについて，図表 4-16 のように散布図を描いてみる．このばらつきのなかに有意な相関は見てとれない．相関係数は，0.08 であり，予想された符合ではない．つまり，通貨圧力を通じた金融チャンネルにより GDP の落ち込みが起きた，という仮説は成り立たない[11]．

そして，貿易チャンネルと金融チャンネルのうちどちらが，GDP の下落に大きな影響を与えたかについて，貿易 GDP 比率の変化と，EMP の両方で，GDP 下落をどの程度説明するかについて，回帰分析を行った．結果は次のとおりである．

$$\text{GDP Drop} = -0.066 - 0.054^* \text{ EXP GDP} + 0.030^* \text{ EMP}$$
$$(-2.86) \quad (-2.50) \quad\quad\quad (0.31)$$
$$[0.021] \quad [0.037] \quad\quad\quad [0.766]$$
$$R^2 = 0.33$$

---

[11] ただし，中国，香港，日本を除いたサンプルについての EMP と GDP 落ち込み度の相関係数は，−0.15 であるから，通貨圧力が顕著に生じた国については，圧力が大きいほど GDP の落ち込み度も大きかったと言えるが，そもそも通貨圧力が生じるかどうかについて，アプリオリにサンプルを限ることでサンプル・バイアスが生じている．

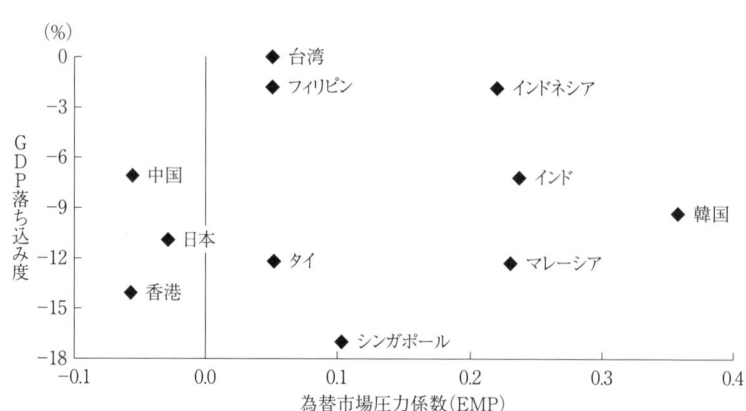

図表 4-16　GDP 落ち込み度 EMP

(GDP 落ち込み度を縦軸、為替市場圧力係数(EMP)を横軸とした散布図。台湾、フィリピン、インドネシア、中国、インド、韓国、日本、タイ、マレーシア、香港、シンガポールがプロットされている。)

注）1. GDP の落ち込み度と EMP の定義は本文参照．
　　2. 相関係数＝0.0836．

ここで（　）内は t 値，[　]内は P 値である．この結果によると，金融チャンネルは大きな役割を果たさなかった一方，貿易チャンネルは GDP の下落に貢献していたことが確認される．貿易チャンネルだけの式に為替減価圧力を入れても，説明力はまったく上がらなかった．

　図表4-17は，株価のグラフである．多くのアジア新興市場国において，株価のピークは，2007年の後半であり，そこから，リーマン・ショックが起きるまでに，20-50％の下落が起きている．中国では，2005年1月水準に比べて2007年10月には5倍になっている．その後2008年9月のリーマン・ショックまでに，2005年1月水準の2倍まで，すなわちピークに比べて60％の下落を経験していた．リーマン・ショックから1カ月の間に，多くの国で株価の25-30％の下落が生じている．株価の動きに特徴的なのは，2007年夏以降，下落が続いたことで，名目為替レートは，韓国，インドにおいては2007年央から，タイ，台湾においても2008年はじめから下落に転じていることを考えると，これらの国においては，これは，欧米金融機関のデレバレッジ（資産売却，債務返済）のうち，資産の売却の部分が，影響しているという仮説と整合的である．

　株価の分析では，2007年後半から下落に転じる過程は，米国からの波及（spillover）であるという仮説と，アジア各国（特に中国）で，2005-06年が過

図表 4-17　株価

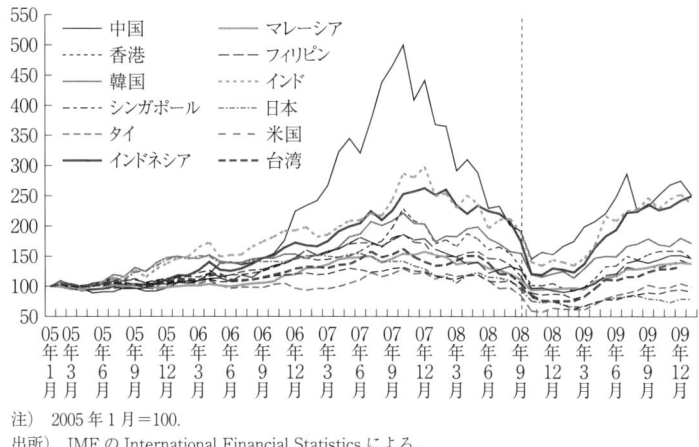

注）2005 年 1 月＝100．
出所）IMF の International Financial Statistics による．

熱状態であり，その自律的調整が起きた（バブルの破裂）という仮説を区別することは難しい．

以上の検討を総合すると，今回の米国を震源地とする世界金融危機では，金融チャンネル経由でのアジアへの危機の波及は非常に限られた影響しかなかった，と結論付けることができる．

5　政策対応

今回の世界金融危機のアジアへの影響は，第3節，第4節で明らかにしたように，伝播チャンネルは主に貿易チャンネルであり，金融チャンネルではなかった．韓国を除いては，通貨の減価率もそれほど大きくなく，金融危機，通貨危機には至らなかった，と言える．貿易の減少による生産の減少，設備の稼働率の悪化に対する政策対応は，伝統的な財政政策（財政支出），金融政策（利下げ）で対応可能であった．震源地米国で問題になったリスクの高い証券化商品（toxic assets）は，アジアではほとんど所有されていなかったので，直接の損害は大きくなく，金融機関への対応については，アジアでは大きな動きはなかった[12]．今回の危機では，10 年前のアジア金融危機や欧米で取られたような金融機関の国有化や資本注入はほとんど行われなかった．した

がって，金融チャンネルの変数が，GDP の落ち込みを説明しなかったのは当然の結果である．

政策対応としては，貿易チャンネルによる景気後退に歯止めをかけるべく，金融緩和や財政支出拡大が行われたことが特筆すべきことである．

次に図表 4-18 で，政策金利の動きを見てみよう．多くのアジア新興国の政策金利は，2005 年から 2007 年までは，上昇基調にあった．これは世界的なインフレ懸念の高まりを反映したものと考えられる．さらに，米国が，2004 年から 2006 年にかけて，段階的な金利引き上げを行っていたことから，金利上昇に追随することで為替レートの安定性を保とうとする要因も寄与していた（特に香港は，ドル・ペッグでカレンシー・ボード制を採用しているので，米国金利にほぼ一対一に対応して金利調整している）．

米国は，住宅関連証券の市場の不安が顕在化した 2007 年夏以降，2008 年夏まで，金利を下げているが，これに追随したのは，香港とフィリピンだけであり，他の国は金利をほとんど下げていない．この時点では，アジアの政策当局者は自国の金融資本市場に米国の金融不安が影響するとは思っていなかった．アジア各国が一斉に金利を下げるのは，リーマン・ショック（2008年 9 月）以降のことである．2009 年の春までに，多くの国で，100Bp から 200Bp の金利引き下げが行われている．米国に端を発した金融機関への流動性の供給のための金融緩和が，リーマン・ショック以降はアジアにも波及したことがうかがえる．

図表 4-19 は，アジア（と日本，米国）の長期金利（10 年物国債またはそれに相当）の動きを示している．これもリーマン・ショック以前は上昇している国が多いものの，リーマン・ショック以降は，すべての国で長期金利が低下していることが分かる．

図表 4-18 と図表 4-19 から，世界金融危機のアジアへの波及に関しては，金融チャンネルのひとつである金利を見ると，リーマン・ショック以後に，米国の政策金利引き下げ，長期金利の低下と並行してアジアの金利も低下していたことが分かる．少なくとも，通貨下落を心配して金利を引き上げざる

---

12) 日本の金融機関のなかでは，みずほ証券，野村証券が比較的小規模な損害額を公表した．香港では，リーマン・ブラザーズの商品（ミニ・ボンド）を購入した個人投資家，機関投資家の損害が出て，政治問題化した．

第 4 章　世界金融危機のアジアへの影響と政策対応　247

図表 4-18　政策金利

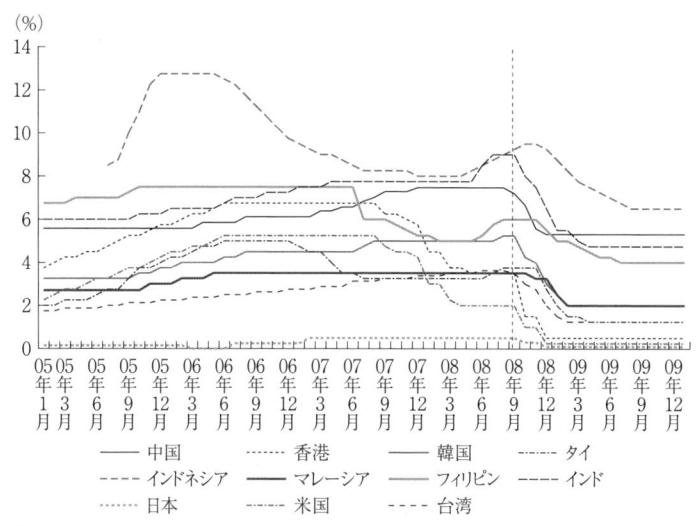

― 中国　……… 香港　― 韓国　―・― タイ
――― インドネシア　― マレーシア　― フィリピン　――― インド
……… 日本　―・― 米国　――― 台湾

注) IMF の International Financial Statistics による.

図表 4-19　長期金利 (10 年物国債)

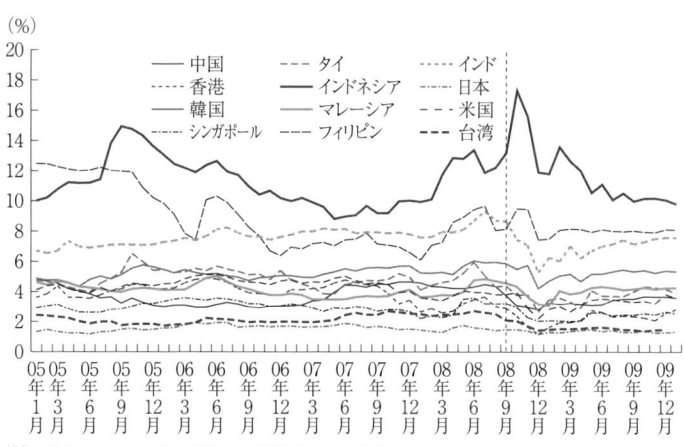

― 中国　―・― タイ　― インド
……… 香港　― インドネシア　―・― 日本
― 韓国　― マレーシア　― 米国
―・― シンガポール　――― フィリピン　― 台湾

注) IMF の International Financial Statistics による.

を得ないような状況ではなく，貿易チャンネルによる生産減退，その景気の下支えのために低金利政策を取っていた．

第4節で説明したように，政策金利は，リーマン・ショック以降大幅に低下している．低下は，各国足並みが揃っている．一方，財政支出の拡大の規模は国により異なっている．新たな措置（真水）と，予算の組み替えのような対策を区別することは難しいが，アジア各国の景気対策は，発表ベースで図表4-20のようにまとめられる．多くの国で迅速に財政支出を行ってきているのが分かる．中国はリーマン・ショックの直後に，GDP比で，13％に上る景気対策を発表して，実行した．これも，GDPの下落を緩和させる役割を果たしたことは明らかである．日本においても，3回の対策を合計するとGDP比15％程度の景気刺激が行われたことになる[13]．韓国とタイでは，7％程度，マレーシアとシンガポールが9％程度であった．

世界金融危機のなかで，国際的な金融体制にも変化が起きた．まず，世界の経済情勢や通貨体制についての議論の場として，G20サミットが設けられた．これまでも，G20は財務大臣・中央銀行総裁会合として存在してきたが，リーマン・ショックの後にこのグループで，サミット（首脳）会議を新設するという提案が英国，フランス，米国などから出されて実現した．第1回は2008年11月，ワシントンで開催された．当初は，金融危機対応のアドホックなものとして提案されたが，2009年のピッツバーグ・サミットで，常設化が決定した[14]．G20では，危機対応についての国際協調のみならず，IMFの増資や，金融監督の国際協調のあり方などについて決定するなど，世界経済についての最重要な会議としてG7/G8の地位を奪ってしまった．G7には，アジアからは日本だけが参加していたが，G20には，日本，中国，韓国，インドネシア，インドの5カ国が参加している．アジアの発言力は高まっていると言えるが，日本の地位は相対的に低下したのかもしれない．首脳レベルであるG20のようなフォーラムにおいて指導的地位を保つためには，首脳自らが，国際経済，国際金融の問題に深い理解を持ち，自国の利益（国益）を損なわないようにしつつも，国際金融システムの安定という大義名分にあう形で，

---

[13] ただし，これは発表ベースであり，「真水」部分を推計したものではない．
[14] 正式名称は，「金融・世界経済に関する首脳会合」（Summit on Financial Markets and the World Economy）である．

図表 4-20 アジアの景気対策

国	名称	金額	金額(GDP比)	対象時期	成立時期	概要
中国	4兆円景気刺激策 地方債発行	4兆元 2,000億元	13.3% 0.7%	2010年まで	2008年11月 2009年3月	インフラ建設、四川大地震被災地復興、低所得者向け住宅整備など 景気刺激策として、省等に地方債発行を認可
香港	景気刺激策	295億HKドル	1.8%	2009年度	2009年3月	年度予算による景気刺激パッケージ
インド	景気刺激策 追加景気刺激策	2,000億ルピー 2,000億ルピー超	0.4% 0.4%	2008年度	2008年12月 2009年1月	インフラ整備などの追加支出 商用車販売促進策やノンバンクへの資金供給など
インドネシア	景気刺激策	73.3兆ルピア	1.5%	2009年度	2009年3月	減税を柱とする景気刺激策
日本	緊急総合対策 生活対策 緊急対策	11.5兆円 25兆円 37兆円	2.3% 4.9% 7.3%	2008年度 2009年度 2009年度	2008年10月 2009年1月 2009年3月	中小企業の資金繰り対策など 定額給付金など 雇用創出のための交付金など
韓国	グリーンニューディール事業推進策 家計・建設業向け支援策 総合対策 追加景気対策	50兆ウォン 9兆ウォン 11兆ウォン 5兆7,363億ウォン	4.9% 0.9% 1.1% 0.6%	2012年まで 2009年度	2009年1月 2008年10月 2008年11月 2009年3月	環境関連整備事業計画 家計の不動産支出支援、建設業界の支援 中小企業支援 低所得者向け支援など
マレーシア	第1次経済対策 第2次経済対策	70億リンギ 600億リンギ	0.9% 8.1%	2010-11年	2008年11月 2009年3月	住宅建設、投資ファンド設立など 民間企業支援、庶民層対策など
フィリピン	インフラ投資整備 経済再生計画	1,000億ペソ 3,000億ペソ	1.3% 4.0%	2008年度 2009年度	2008年10月 2009年1月	官民合同のインフラ整備 雇用安定化、貧困層保護など
シンガポール	経済対策 景気回復措置	23億Sドル 205億Sドル	0.9% 8.0%	2009年度	2008年11月 2009年1月	中小企業支援など 公共事業の前倒し実施、雇用の維持など
タイ	経済対策 景気刺激策	5,500億バーツ 1,167億バーツ	6.1% 1.3%	2009年度	2008年10月 2009年1月	中小企業への融資など 無料教育の拡大、インフラ整備など
台湾	景気刺激策 景気刺激策	1,491億NTドル 850億NTドル	1.2% 0.7%	2009年度 2008年度	2009年4月 2008年12月	6項目からなる公共投資の拡大 1人当たり3,600台湾ドルの消費券を配布

(出所) NRIのまとめによる。

さまざまな提案を行っていくことが必要になる．G20 の数週間前から，首脳，財務大臣，中央銀行総裁がさまざまな発言や提案をすることで，G20 の議論をリードしようという姿勢が見られるようになった．特に，中国の人民銀行総裁である周小川氏が 2009 年 3 月 23 日に発表した，国際通貨体制についてのスピーチは（Zhou [2009]），国際的な議論を呼んだ．

日本の得意とする事務方の根回しによる自国の立場の主張では，アジェンダもコントロールできず，議論のリーダーシップも取れない状況になっている．今後は金融規制の問題や，国際通貨体制の議論が G20 の場で進展することも考えられるので，首脳のレベル（日本の場合，総理大臣）で，このような議論をリードすることが求められている．

6 まとめと今後の展望

世界金融危機のアジア地域への影響は，主に貿易チャンネルを通じて大きかったが，金融チャンネルは，一部の国（特に韓国）を除いては，大きくなかった．本章では，さまざまなデータを通じて，貿易チャンネルによる影響，金融チャンネルによる影響を検証した．国の輸出依存度が高いほど GDP の落ち込みが大きいことが分かった．一方，通貨市場（減価）圧力が大きかったのは，韓国，インドネシアなど一部の国にとどまった．今回の世界金融危機では，深刻な危機の伝播はアジアにはなかった，と言える．通貨市場（減価）圧力と GDP の落ち込みとの関係については，中国，香港，日本も含む全サンプルでは，ほぼ無相関であることが分かった．

アジア通貨危機の経験からアジア諸国は，金融セクターを頑強に保つことと，外貨準備を十分に持つことを教訓として学んだ．それを実践したことで，今回の世界金融危機からの金融チャンネルによる影響は最小限にとどめることができた，と言える．しかしながら，貿易チャンネルを通じて，深刻な景気後退が起きた．今後，同じような危機の伝播を防ぐ (de-coupling) ためには，アジア各国は，欧米への輸出に依存する経済構造を変革し，消費など内需を振興することで，より頑強な経済構造にすることが重要である．また，次の金融危機は，違うタイプの危機として起きるかもしれない．金融システムを頑強なものにすること，また通貨危機を防ぐ方策を取り続けることが肝心で

ある．

　アジア域内では，FTA の進展や，中国の経済発展の影響から，今後も域内貿易比率の上昇が期待されている．これまでは，アジアで製造した製造業製品の多くを米国，欧州へ輸出していたが，今後の課題は，域内での最終消費がどれくらい伸びるかである．中国やインドの中間所得層の拡大があれば，アジア域内の貿易比率がさらに高まり，最終消費財も域内で消費される比率が高まるかもしれない．市場がリードする形で，経済統合，金融統合が進めば，将来の欧米発の危機では，今回のような大きな貿易の落ち込みは起きないであろう．

　本章は主に日本以外のアジア諸国への影響についての分析を行ってきた．また，マクロ変数のみに注目したため，企業レベルの情報や業種別の分析は行っていない．また，アジア経済は，世界金融危機による景気後退から完全に回復したわけでもない．主要国の金利は景気回復を後押しするように，低金利が継続している．財政政策も，大きな財政赤字を出していて，持続可能な状態ではない．いつこの景気刺激を止めるのかについての展望も開けていない．

　日本の世界における立場，アジア域内での立場には，世界金融危機を経て，大きな変化が生じつつある．2010 年には，中国が日本を抜いて，世界第 2 の経済大国になる．G7 に代わって G20 が世界の金融の議論をリードする場となりつつある．G7 内の「アジア唯一の代表」から，G20 内の「アジア 5 カ国（日中韓，インドネシア，インド）のひとつ」へと地位が変化する[15]．日本のアジアの新興市場諸国との関係も，経済協力を片手に日本製品や日本からの投資に対する市場開放を迫る関係から，より対等なものになるであろう．韓国やシンガポールはすでに，いろいろな業種，業態で，競争関係になって久し

15）　今回の世界金融危機を経て，日本よりも，中国，インド，さらにインドネシアが，地域のなかのアンカーとしての役割を高めた．それは，経済成長率をプラスに保ったこともさることながら，世界の議論に影響を与えられる人材が揃っていることが挙げられる．ちなみに，世界銀行のチーフエコノミストは中国人である．IMF のチーフエコノミストは米国人が多かったが，現在はフランス人．アジア開発銀行（ADB）のチーフエコノミストは韓国人である．最近，インドネシアの財務大臣が世界銀行のマネージング・ディレクターに転出した．世銀は総裁の下にマネージング・ディレクターが 3 人いるが，いまだかつて日本人はこのレベルのポジションを取ったことがない．世界の金融の議論をリードしたり，国際金融機関（IMF，世銀，地域開発銀行，BIS，OECDなど）でも，経済学の Ph.D. を持ち，大臣や副大臣，中央銀行幹部を経験した人が活躍するようになってきた．中国，韓国，インドは，意図的にこのような人材を多く輩出しようとしている．

い．これからは，中国とも競合関係に陥るものが多くなるであろう．輸出の落ち込みによる経済停滞を防ぐためには，競争しつつも，分業による地域内の共存共栄の形を作ることが重要である．そのためにもFTAを中心とした経済統合の深化が必要になる．

今回の危機は，このように，先進国と新興市場国のパワー・バランス，日本とアジア諸国の関係などに広範な影響を与えた．国際金融における資金の流れや，国際通貨体制の基軸通貨のあり方などについて，大きな変動が起きる前触れかもしれない．

次にどのような危機がいつ来るかは分からないが，アジアがその震源にならないようにする域内サベーランスの強化と，他地域が震源である時にアジアへの波及を防ぐよう，さらに頑強な金融システムの構築と域内貿易と域内最終消費の拡大が重要な課題であることが，本調査で分かったことである．

参考文献

Asian Development Bank [2009], *Asia Economic Monitor*, Asian Development Bank, Manila, July.
Balakrishnan, R., S. Danninger, S. Elekdag, and I. Tytell [2009], "The Transmission of Financial Stress from Advanced to Emerging Economies," IMF Working Paper, WP/09/133/.
Eichengreen, B., A. K. Rose, and C. Wyplosz [1996a], "Contagious Currency Crises," NBER Working Paper, No. 5681.
Eichengreen, B., A. K. Rose, and C. Wyplosz [1996b], "Contagious Currency Crises: First Test," *Scandinavian Journal of Economics*, 98(4), pp. 463-484.
Girton, L. and D. Roper [1977], "A Monetary Model of Exchange Market Pressure Applied to the Postwar Canadian Experience, *American Economic Review*, 67(4), pp. 537-548.
Goldstein, M. and D. Xie [2009a], "US Credit Crisis and Spillovers to Asia," *Asian Economic Policy Review*, 4(2), pp. 204-222.
Goldstein, M. and D. Xie [2009b], "The Impact of the Financial Crisis on Emerging Asia," Federal Reserve Bank of San Francisco Conference, October.
IMF [2009], "Regional Economic Outlook: Asia and Pacific," Washington, DC: IMF, May.
Ito, T. [1998], "The Development of Thailand Currency Crisis: A Chronological Review," *Journal of Research Institute for International Investment and Development*, 24(9), pp. 66-93.
Ito, T. [1999a], "Asian Currency Crisis: Its Origin and backgrounds," *Journal of Development Assistance*, 5(1), pp. 108-141.

Ito, T. [1999b], "Capital Flows in East and Southeast Asia," in M. Feldstein (ed.) *International Capital Flows*, Chicago: NBER-University of Chicago Press, pp. 111-132.

Ito, T. [2000a], "Principal Causes of Asian Export Deceleration," in Dilip Das (ed.), *Asian Exports*, Asian Development Bank-Oxford University Press, pp. 75-114.

Ito, T. [2000b], "Capital Flows in Asia," in Sebastian Edwards (ed.), *Capital Flows and the Emerging Economies*, Chicago: NBER-University of Chicago Press, pp. 255-296.

Ito, T. [2007], "Asian Currency Crisis and the IMF, Ten Years Later: Overview," *Asian Economic Policy Review*, 2(1), pp. 16-49.

Ito, T. and Y. Hashimoto [2005], "High-Frequency Contagion of Currency Crises in Asia," *Asian Economic Journal*, 19(4), pp. 357-381.

Ito, T. [2009], "Fire, Flood, and Lifeboats: Policy Responses to the Global Crisis of 2007-09," Federal Reserve Bank of San Francisco Conference, October.

Ito, T. and L. A. Pereira da Silva [1999], "The Credit Crunch in Thailand during the 1997-98 crisis: Theoretical and operational issues the JEXIM survey," *EXIM Review*, 19 (2), pp. 1-40.

Kawai, M., M. Lamberte, and D. Y. Yang [2008], "Global Shocks, Capital Flows and Asian Regional Economic Cooperation," Asian Development Bank Institute, Tokyo.

Tanner, E. [2001], "Exchange Market Pressure and Monetary Policy: Asia and Latin America in the 1990s," *IMF Staff Papers*, 47(3), pp. 311-333.

Zhou, X. [2009], "Reform the International Monetary System," People's Bank of China, March 23. http://www.pbc.gov.cn/english//detail.asp?col=6500&ID=178

第Ⅲ部
危機への政策対応

第5章　世界経済危機と「最後の貸し手」
――復権したのはケインズか，バジョットか？

竹森俊平

要　旨

本章の研究テーマは次の2つである．
① 経済危機がグローバル化した理由は「国際資本取引」にあるが，危機の発生は国際資本取引の逆流を生み出すので，危機に襲われた国は対内流出（一種の取付け）と，対外流出（資本逃避）の同時的発生に対応しなければならない．バジョットはこのような状況においてこそ「最後の貸し手」の役割が重要だと考えた．今回の世界危機において「最後の貸し手」は誰であり，どのように行動したのか．
② 2010年2月の時点で実体経済の回復は緩慢である一方，金融セクターは，主要中央銀行の強力な金融緩和策によって目覚しい収益改善を果たした．果たして中央銀行は，金融システムへの梃入れを政策目標としたのか．今回の危機における主要中央銀行の政策は「失われた10年」における日銀の政策とどう異なるのか．なぜ，「失われた10年」では，今回のような金融機関の目覚しい収益回復が見られなかったのか．

主要な結論は次のとおりである．
危機が発生してから，主要国の中央銀行は金融機関の経営安定を狙った政策を取った．金融機関が危機の主役であればそれは経済安定化にも効果があ

るが，国家が危機の主役となるギリシャ危機からは中央銀行に依存する危機管理の限界が露呈された．他方で，米国においてデフレの危険が顕在化していない事実が示すように，金融機関の経営安定を狙った政策であっても，迅速に実行すれば，デフレ期待の一掃に効果がある．

1　序

　2007年に米国のサブプライム住宅ローンの信用低下が原因で起こった世界危機についてはすでに数多くの研究があり，原因，展開，対処法，危機後の世界といったさまざまなテーマから分析がなされている．本章はもちろん，経済危機についてのあらゆるテーマを網羅することは目的としてはいない．ここで注目したいのは，①危機の国際的波及が起こったメカニズム，および②金融システムの保護者としての中央銀行の役割という2つのテーマである．後に見るようにこの2つのテーマには相互的な関連性がある．

　そもそも，欧州の主要国が中央銀行を創設したのは19世紀であるが，その際に期待されたのは金融システムの保護という役割であった．つまり民間の銀行セクターに対する「最後の貸し手」となることが，中央銀行に期待されたのである．この観点に立って，19世紀中ごろに中央銀行の行動指針を明示したのがウォルター・バジョット（Bagehot, W.）の古典的名著『ロンバード街』（*Lombard Street*）である．その著書で語られる，いわゆる「バジョット・ルール」は危機管理のマニュアルを明示したものと見ることができる．このようなルールに従い，流動性危機を管理することが，当時においては中央銀行の最大の仕事と認識されたわけである．

　だが，第1次世界大戦の勃発まで続く安定の時代の後，第1次世界大戦後の世界は，物価変動の激しい不安定期に入る．経済状況の劇的な変化のもとで，次第に「物価安定」という新しい役割が中央銀行に期待されることになったのである．失業を「赤字財政政策」により解決することを提唱したことで知られるケインズ（Kaynes, J. M.）も，1920年代には金融政策による物価安定化の必要性をもっぱら論じていた．そのためには金本位制の放棄を視野に入れるべきだという，当時においてはラディカルな見解も打ち出している．やがて「物価安定」は，一般にはケインズ経済学の対極の考えを持つと見な

されているフリードマン（Friedman, M.）などシカゴ学派の，あたかも「専売特許」のように見なされていくわけだが，しかしケインズとフリードマンの間には経済政策の目標についての基本的な対立はもともと存在しない．むしろ「物価安定」を中央銀行の政策目標に置くという認識が，第1次世界大戦後一貫して浸透してきて，その延長線上に今日の中央銀行の政策指針としての「物価安定」，特に今日，多くの中央銀行が採用している「インフレ目標」があると考えるべきだろう．

　しかるに今回の世界的な経済危機のひとつの重要な特徴は，深刻な流動性危機が初期時点において発生したことであった．流動性危機は2008年9月のリーマン・ブラザーズの経営破綻，いわゆる「リーマン・ショック」によって頂点に達する．このような状況に直面して，主要中央銀行の金融政策は，一挙にバジョットの世界に戻ったかのような性格のものとなった．バジョットの時代と同じように，「流動性の供給」，「最後の貸し手」といった言葉が，中央銀行の行動を描写するのに一番ぴったりするようになったわけである．

　流動性供給のための中央銀行の必死な働きが功を奏して，本章を書いている2010年3月の段階で，金融政策の成果が最も顕著に表れているのが大手金融機関の収益回復である．他方においては，失業率等，実体経済面の指標にはいまだ大幅な改善が見られない．そのため米国連銀や欧州中央銀行の一連の行動は，あたかもケインズ的な使命ではなく，バジョット的な使命の達成を目指してきたかのようにさえ映る．

　バジョットは『ロンバード街』において，一種の取付け騒ぎである「流動性危機」の発生するメカニズムを詳しく分析し，当時，ロンドンがグローバルな資本取引の中心地であったという事情から，「流動性危機」も複雑な形態を取ることを鋭く観察している．彼の言葉によると，そこでは「対内流出（取付け）」と「対外流出（資本逃避）」が同時進行するというメカニズムが働くのである．

　このメカニズムは，今回の世界的な経済危機においても，1930年代の世界大恐慌においても働いている．今回の場合は特に欧州でこのようなメカニズムの働きが顕著である．もともとは，米国のサブプライム住宅ローンの貸し倒れから始まった問題が，2010年春にはギリシャのソブリン・リスクの問題にまで飛び火した背景にも，このメカニズムがある．欧州の小国が，海外資

本に依存して，金融に立脚した発展戦略を取っていたものが，米国発の金融危機によって信用の大収縮が世界規模で起こったために，「対外流出（資本逃避）」を経験することとなって，経済への大打撃が生じたのである．

　本章では，大恐慌の経験を今回の欧州の経験と対比させることによって，グローバルな資本取引により引き起こされた危機の連鎖を考察する．さらにそのような危機において誰が「最後の貸し手」になり得るかという問題を考察する．

　また本章の副題には，ケインズとバジョットの2人の名前を載せたが，その意図はこうである．本章では，ケインズやバジョットのオリジナルな考え方をやや拡大解釈して，金融政策を通じて実体経済の変数（すなわちインフレ率や失業率）をコントロールする考え方を「ケインズ的」，マーケット取引の主役である組織（金融機関や国家）の経営・財政安定化を目指す考え方を「バジョット的」と呼ぶことにする．

　危機が発生してからこの原稿を書いている2010年3月まで，主要国の中央銀行は極めて「バジョット的」に行動してきた．金融機関が危機の主役であった時期には，それは経済安定化のためにかなりの効果があったのだが，金融機関ではなく，国家そのものが危機の主役となるドバイ・ショック，ギリシャ危機のあたりからは，中央銀行だけに依存する危機管理体制の限界が露呈する．他方において，住宅バブル崩壊の影響で金融機関の経営破綻が相次いだ米国において，いまだデフレの兆候が顕在化していない事実が示すように，たとえバジョット的な政策であっても，それを早期に，大胆に実行すれば，インフレ期待に対して望ましい効果が働く．つまり，デフレの危険を一掃できるのである．その意味において，米国連銀の金融政策は「ケインズ的」な意味での成功も収めたと言える．

　本章の具体的な考察のポイントをまとめるとこうなる．

① この世界危機の原因そのものかどうかは議論があるが，危機が全世界に拡散した最大の理由は活発な「国際資本取引」にある．しかるに，危機の発生は国際資本取引の逆流（unwinding）を生み出すので，この場合，危機に襲われた国は対内流出（取付け）と，対外流出（資本逃避）の同時的発生に対応しなければならない．バジョットはこのような状況においてこそ，危機に対する「最後の貸し手」の役割が重要になると考えた．今回の世界

危機において「最後の貸し手」は誰であったのか．またその「最後の貸し手」はどのように行動したのか．

② 今回の世界的な経済危機は，金融システムの問題によって引き起こされたものであることは間違いない．しかるに，実体経済の回復が 2010 年 2 月の段階では，中国など一部の国を除いて緩慢であるのに対して，金融セクターの収益回復は目覚ましく，一部の米証券会社は史上最高益を実現するに至っている．危機の元凶である金融が，これほど急激に回復した大きな原因を探ると，主要国の採用した強力な金融緩和策が浮上する．それでは，「最後の貸し手」，つまり中央銀行は，どの程度，意図的に金融システムへの梃入れを政策目標としたのか．今回の危機において，主要中央銀行が取った金融政策は，「失われた 10 年」における日銀の金融政策と，どのような点で異なっているのか．なぜ，我が国の「失われた 10 年」においては，今回のような金融機関の目覚ましい収益回復が見られなかったのか．

2　マジック・ナンバー

はじめにも述べたように，本章の目的は世界経済危機の原因を徹底究明することではない．だが，今後の議論のための準備として，今回の危機の背後にあるひとつの要因に注目することにしよう．この要因は，今回の危機の発生メカニズムに光を当てるにとどまらず，ひとたび危機が収拾した後の世界がどのようになるかを予想するうえでも貴重な手掛かりを与える．その意味で極めて重要な要因である．

具体的に言うと，この節では，2 つの変数，もしくは，2 つの変数の「関係」に着目する．その 2 つの変数とは，「名目金利」および「名目 GDP 成長率」である．これらの 2 つの変数はひとつひとつをとっても重要だが，特に両者の差（名目金利－名目 GDP 成長率）の値は経済にとって極めて本質的な意味を持つ．それゆえに，ここでは「マジック・ナンバー」という言葉で，「名目金利－名目 GDP 成長率」の値を呼ぶことにしよう．

さて，マジック・ナンバーは 2 つの問題について重要な意味を持つ．

（A）マジック・ナンバーが負である状態，すなわち名目成長率が名目金利を上回る状態は，経済学では「動学的に非効率」な状態と呼ばれている．そ

のような状態では不動産バブル発生の危険が高まる．なぜなら，不動産価格はGDPと同じスピードで上昇する傾向があるからだ．

　この点を少し詳しく説明しよう．例えばサブプライム危機の際に問題となった，「住宅価格」を考えてみよう．一般に家計は「個人所得」の何倍かを住宅の支出に回す．「3年分の所得」といった目安で個人が住宅購入の予算を決めるためだ．したがって，「個人所得」が5％で成長する時，「個人所得の3倍」，すなわち住宅への名目支出も5％で成長する傾向がある．しかるに，一般に「個人所得」はGDPと同じスピードで上昇する．それゆえ，名目GDPが5％で成長する経済においては，住宅への名目支出も5％で成長すると考えることができる．

　他方において，宅地規制その他の制約が存在することによって，平方メートルで見た住宅の実質供給そのものは大きく成長することがない．その結果，5％で成長する住宅への（ドル建て）支出は，住宅の実質供給の増加の代わりに，住宅価格の上昇を単に招くだけに終わる．つまり，この時，住宅価格は名目GDP成長率に等しい5％で上昇する．

　もし，この経済における名目金利が名目成長率よりも低い値，例えば3％であれば，3％で借りた金を住宅に投資し，5％の収益率を実現することができるので，そのような行動は投資としても有利ということになる．したがって，マジック・ナンバーがマイナスの経済では住宅投資が集中的に起こることになり，時によってはそれが名目成長率をも超える住宅価格の上昇，すなわち住宅バブルの発生につながるわけである．

　しかし，マジック・ナンバーにはもうひとつの経済的に重要な意味がある．それが次の（B）である．

　（B）金利が成長で上回る「動学的に効率的な経済」では，財政問題が深刻化する．その理由はこうである．いま，ある国において，金利負担を除いた財政収支（プライマリー・バランス）は均衡しているとしよう．その場合，その国の公債残高率，すなわち公債残高をGDPで割った値は，どのように変化するであろうか．

　分子である「公債残高」は，プライマリー・バランス均衡のもとでは，名目金利の分だけ毎年増加していく．他方で，GDPは，もちろん名目成長率の分だけ増加していく．したがって，マジック・ナンバーが正の値を取るなら

ば，公債残高率はちょうどマジック・ナンバーのスピードで毎年拡大していくことになる．

さて，IMF の資料である図表 5-1 には，15 カ国の名目 GDP 成長率と，名目金利のデータが掲載されている．（A）が名目成長率である．他方で，名目金利については 2 通りの金利が取られている．政府が債務に対して実際に支払った金利を示したのが（B），マーケットの長期金利を示したのが（C）である．

ここに掲載されたほとんどの国についてマジック・ナンバーは正であるが，いくつかの例外がある．すなわち，スペイン，アイルランドでは，マジック・ナンバーは，(B)−(A) についても，(C)−(A) についても負の値を取る．

他の国についてはマジック・ナンバーは正の値を取るから，財政について見ると，プライマリー・バランスが均衡していても，（公債残高／GDP）の値は，(B)−(A) の値（日本の場合 2.2%）で毎年上昇していくことになる．

表に載っている国のうちで，スペイン，アイルランド，ギリシャは現在深刻な経済危機に陥っている．このうちスペイン，アイルランドの場合，危機の原因は不動産バブルにある．他方で，ギリシャにおける不動産バブルは，昨今深刻化した国家的な危機の原因としてさほど重要ではない．では何が，危機の原因となったのか．ギリシャの場合，(B)−(A) がマイナスという点が重要である．恐らくギリシャ政府は「上げ潮」路線で財政問題を解決できると考えたのである．わずかではあっても，成長率が金利を上回るために，いずれプライマリー・バランスを均衡させれば，いかに大きな「公債残高率」であっても，長期的にはそれはゼロに収束していくと考えたのだろう．その甘い見込みに立って，放漫財政を続けられてきたのだ．

いずれにしてもアイルランドと，ギリシャのケースは国家的な危機に至るまでのパターンが異なっていたという点は，今後の議論のために重要である．それを図式にまとめるとこうなる．

アイルランド：不動産バブル崩壊→金融システム危機→政府の救済→財政危機

ギリシャ：世界経済危機→低成長→財政危機

図表 5-1　各国のマジック・ナンバー

(名目金利−名目成長率) のパーセント・ポイント数値　各期間の相乗平均

	名目成長率	名目金利		名目金利 − 名目成長率	
		実質金利 *	マーケットの長期金利 **		
	(A)	(B)	(C)	(B)−(A)	(C)−(A)
ドイツ (1992-2008年)	2.9	5.7	5.1	2.8	2.2
アイルランド (1991-2008年)	9.3	5.5	5.8	−3.8	−3.5
ギリシャ (1992-2008年)	9.1	8.7	9.6	−0.5	0.4
スペイン (1995-2008年)	7.1	5.8	5.4	−1.3	−1.8
フランス (1991-2008年)	3.6	5.9	5.5	2.3	1.9
イタリア (1991-2008年)	4.6	7.5	7.0	2.9	2.4
オランダ (1991-2008年)	5.1	6.4	5.4	1.3	0.3
オーストリア (1991-2008年)	4.1	5.5	5.5	1.4	1.3
ポルトガル (1991-2008年)	6.5	8.0	6.9	1.5	0.4
フィンランド (1991-2008年)	4.1	6.7	6.2	2.6	2.1
スウェーデン (1995-2008年)	4.6	5.3	5.3	0.7	0.7
英国 (1991-2008年)	5.3	6.8	6.2	1.5	0.9
米国 (1991-2008年)	5.2	5.9	5.6	0.7	0.3
日本 (1991-2008年)	0.8	2.9	2.5	2.2	1.7
カナダ (1991-2007年)	4.9	8.7	6.2	3.8	1.3
平均				1.2	0.7

注）1.　＊政府が，前年末の未払い公債に対して実際に支払った金利．
　　2.　＊＊実際には，10年物国債の金利ないしそれに近いもの．
出所）AMECO (October 22, 2009 vintage), European Commission; Datastream.

3　国際資本取引

2010年1月3日の米国経済学会での講演で，バーナンキ (Bernanke, B. S.) 米国連邦準備制度理事会 (連銀) 議長は世界的な不動産バブルを説明する要因としてより重要なのは，低金利ではなく，経常収支赤字 (資本流入) であるという見解を発表している．その主張をサポートするのが図表5-2である．確かにこの図からは経常収支の赤字化 (資本輸入の増加) と，住宅価格上昇との間に明確な相関関係を見てとれる．この図に示されたサンプルには，欧州の国が多く含まれているが，実際，欧州で起こった金融・経済危機の要因として，「資本輸入」が重要であることは間違いない．

これに対して，米国のサブプライム危機の原因が資本輸入 (いわゆるグローバル・インバランスの問題) であったかどうかについては，いまでも議論が分

図表 5-2 主要国の住宅価格上昇率と経常収支変化率
（2001 年第 4 四半期-2006 年第 3 四半期）

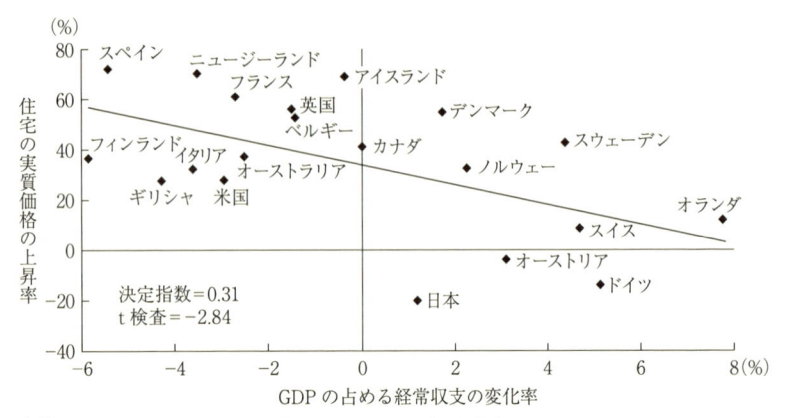

資料）　IMF, Haver Analytics, and Federal Reserve staff calculations.
出所）　Bernanke [2010] より NRI 作成.

かれている．これについては後に検討するが，要するに，米国の金融セクターの行動，特に過剰なレバレッジと，サブプライムという新規な商品への投資が，危機の直接の原因であって，米国の経常収支赤字拡大そのものが，金融危機に直接つながったわけではないという見方も成り立つのである．

たとえグローバル・インバランス，特に米国の経常収支赤字が，金融危機の直接の原因ではなかったとしても，ひとたびサブプライム危機が発生してから，それが全世界に波及し，金融・経済危機の連鎖を生んだ経過では，国際資本取引が重要な働きをしたことは間違いない．2007 年の夏に危機が最初に表面化した時点で起こった出来事は，ドイツのランデス・バンクや，フランス銀行傘下の SIV の経営破綻であった．米国で生み出された新規な証券に，欧州の金融機関が大々的に資金をつぎ込んでいたという国際金融の構造によって，瞬く間の危機の世界的伝播が発生したのである．

ようするに，米国発の金融危機の原因が，「国際資本取引」であったかどうかについては疑問の余地があっても，危機の世界的波及の原因が「国際資本取引」であったことには疑問の余地がないのである．その点で，今回の経済危機は，やはり国際資本取引が危機の世界的な波及の重要な原因となった，1930 年代の大恐慌と共通点を持つのである．

もっとも大恐慌と今回の危機との間には，いくつかの違いも存在する．そのひとつは，当時と現在の米国の「地位」である．大恐慌当時において，米国は世界最大の資本輸出国であり，米国からの資本輸入によって，かろうじて欧州経済が成り立っていた．その米国で1928年から，株式バブルをつぶすことを目的として短期金利が引き上げられたことによって，中東欧などの米国からの資本輸入に依存していた国々が大打撃を受けたというわけである．それに対して今回の危機の場合には，米国は世界最大の資本輸入国となっている．その米国に投資していた海外の金融機関が，サブプライム危機によってバランスシートに打撃を受けたのが，今回の場合に危機が欧州に連鎖した原因と言えるだろう．

　なお，バーナンキ議長の講演の意味をよく考えると，住宅バブルの原因としてより警戒するべきなのは，中央銀行による低金利政策の継続よりも，国際資本取引だという重要なメッセージが浮かび上がっている．これは，「低金利によって住宅バブルを招来した」とされる連銀の「過ち」を暗に否定すると同時に，「住宅バブルの真犯人」である国際資本取引に注意を向けさせ，その規制管理を訴えたものと見ることができよう．第2次世界大戦後に発足したブレトン・ウッズ体制は，大恐慌の経験を踏まえて，純粋にファイナンシャルな目的での国際資本取引を規制する仕組みを組み込んでいたが，今回も危機が解消された後に同様な展開，すなわち国際資本取引に対する規制強化が起こる兆候は，すでにいくつか見えている．

　第1は，「グローバル・インバランス」という言葉の定着である．グローバル・インバランスとは実のところ，国際的な貸借に他ならない．少し以前なら，国際的な貸借の自由化はむしろ望ましいものと考えられていた．主要国は，国際資本取引が自由で円滑に行われるように，規制の撤廃を進めてきたのである．それがグローバル・インバランスというネガティブな語感を持つ言葉で，「国際的な貸借」が呼ばれるようになり，むしろそれは規模を抑制するべきものという認識が，現在は一般的になってきたように見える．

　第2には，各国の経常収支不均衡についてのIMFがサーベイランスを行う方針を打ち出したことだ．これこそまさにブレトン・ウッズ精神の復活の兆候であり，国際資本取引の規模を規制監督する方向に主要国の考え方が進んでいることを示している．

4 大恐慌との類似性

　大恐慌が起こった原因についての考え方は，経済学者の正統派のアプローチは，「貨幣要因」を重視するものと言ってよい．ミルトン・フリードマン，バリー・アイケングリーン (Eichengreen, B.)，ベン・バーナンキなどが，このアプローチによる議論を展開している．これに対して，歴史者のアプローチは貨幣以外の要因，特に政治的ファクターに注目する場合が多い．実際，チャールズ・キンドルバーガー (Kindleberger, C.)，ピーター・テミン (Temin, P.)，ハロルド・ジェームス (James, H.) などは，このようなアプローチで議論を展開している．さて，大恐慌の考え方をこの2つのアプローチに分けるとすると，本研究はむしろ後者の視点に立っている．

　分析の方法から見ると，経済学者のアプローチは，まず，はじめに理論モデルに基づいた仮説が提示され，それをデータ等によって実証する，いわばトップダウンのプロセスが採られている．これに対して，歴史学者のアプローチは，まず歴史的事実を丹念に観察し，そこから得られる観察を拾い上げて，一般的な考察に発展させるという，いわばボトムアップのプロセスが採られている．こうしたプロセスの違いを反映してか，歴史学者の場合には，マネーサプライといった単一の要因よりも，当時の政治，経済の構造といった複数で，複雑な要因，特に当時のパワー・バランスの特質により大きな関心を払っている．「歴史学派」として挙げたキンドルバーガーは，著名な経済学者ではあるが，彼の大恐慌についての著作はボトムアップ的な研究の色彩が強い．

　ハロルド・ジェームスの新著 *The Creation and Destruction of Value* (Harvard University Press, 2009) は基本的にキンドルバーガーの立場を継承した著作と言える．つまり，そこではキンドルバーガーが大恐慌についての分析で論じた，危機における「リーダー」の役割が重要なテーマとして再度，取り上げられている．

　そもそも，大恐慌については，1929年におけるウォール街の株価大暴落や，1931年におけるオーストリアにおけるクレディート・アンシュタルト銀行 (KA) の経営破綻が，重要な転機であったことが知られている．むしろ最近の歴史学者の見解は，大恐慌は1931年に発生したというものである．この

点にさらに踏み込み，ジェームスは，大恐慌の発生時点についての見解を，1929年型危機と，1931年型危機との2つに分類する．その上で，どちらの見解に立つかによって，「大恐慌」という経済危機の性格が大きく異なって見えてくると論ずる．

(1) **1929年型危機（10月のウォール街の株価暴落によって発生したとする）**

この株価暴落による資産市場の混乱はあったものの，米国における大手の金融機関の破綻にまでは至らなかった．

株価暴落を特徴とする29年型危機の場合，危機が発生した原因を究明することは難しい．なぜなら，これは1987年のブラック・マンデーの株価暴落についても共通して言えることだが，一般に，なぜ，特定の時期に特定の場所で，株価の大暴落が起こるかを究明することは，経済主体の行動の合理性を前提とした経済理論モデルによっては困難だからである．

それに対して，29年型危機の場合，危機の解決自体は簡単である．なぜなら，大胆な金融緩和という特効薬が存在するからだ．実際，ブラック・マンデーは，グリーンスパン (Greenspan, A.) 議長のもとで連銀が積極的な金融緩和を即座に実行したことによって，大きな経済問題に発展することなく迅速に収拾したし，1929年の株価暴落の場合も，その後の連銀の金融緩和によって，ほぼ完全な収拾に成功したからである．

(2) **1931年型危機（5月のKA破綻による危機の連鎖により起こったとする）**

この種の危機の場合，大手金融危機の破綻が何よりも重要な特徴である．これは1931年には起こったが，1929年には，上で述べたように米国での大きな銀行の倒産はなく，経営破綻は中小の銀行にとどまっている．「Too Big to Fail」という言葉が示すように，中小銀行と大銀行とでは，経営破綻した場合の経済に対する影響の大きさが著しく異なる．大銀行の場合は連鎖反応を引き起こし，その結果，その国の金融システムの抱える脆弱性が顕在化する．また，「Too Big to Fail」という言葉は，その銀行が破綻した場合の影響があまりにも深刻であるために，政府がその大銀行を救済しなければならないという事情を示唆するが，政府が実際にその大銀行の救済に走れば，財政

に対する負担が発生し，時としてその影響が甚大となる．特にその国が海外資本の輸入に依存した経済運営を続けていたならば，この問題によって，国家の財政破綻の危険性が高まり，資本逃避が発生することもある．

資本逃避が金融システム危機と同時に進行するというケースは，解決の最も困難な危機のタイプと言える．バジョットはそのような危機的な状況を，「対内流出（Internal Drain）」と「対外流出（External Drain）」の同時発生という言葉で表現した．

31年型危機の場合，29年型とは異なり，原因自体は明確である．大手銀行の破綻が起こるような状況では，その国の金融システムに，誰にでも明白な，大きな構造問題があることが明らかだからである．1931年に限って言うなら，オーストリアの金融システム，とくにKAが「危ない」ことは，金融界の公然の秘密であって，実際に破綻が起こった時にさほど驚きを呼ばなかった．

だが29年型危機とは異なり，31年型危機は容易には解決しない．中央銀行が積極的な金融緩和を行うだけでは問題が解決しないからである．

なにしろ，このような危機の場合，金融システムに対する不安が高まると同時に，金融システムへの巨額の財政支援が行われる結果，国家財政そのものへの不安も同時に発生するのである．その国が海外資本に依存していたなら，その結果，資本逃避が起こる可能性が高い．

そのためこのような状況では，当該国は金融システムへの危機を眼前にしながら，金融緩和ではなく，むしろ金融引き締めを実行して，第1に資本逃避に歯止めをかけなければならないかもしれない．これがまさに，1931年における，オーストリア，ドイツ，ハンガリーなどの，中欧の国々が直面した状況であった．

同じ31年代の大恐慌といっても，大陸欧州と日本，米国，英国とでは直面した危機の性質が異なったと評価することもできよう．日本，米国，英国の場合，不況の最も深刻な時期においても，大銀行の破綻がなかったのに対して，大陸欧州，特に中欧では大銀行の破綻が起こったのである．つまり，両者の直面した危機には，1929年型か，1931年型かという相違があったと言える．

この点を考慮するならば，キンドルバーガーの次の評価は誠に正鵠を得て

いると言わざるを得ない．「大恐慌は米国の危機だったという見解があるが，それは誤解だ．あれは本質的に欧州の危機だった」．

　このテーマをさらに発展させて論じるなら，英米，さらには日本と，大陸欧州の間で，戦後に発展したマクロ経済学の認識が相違しているのも，1930年代の原体験の相違に一因があるとも言えるだろう．日米英では，深刻な不況に対する金融緩和や積極財政，つまりケインズ的政策が有効だというコンセンサスが成立しているのに対して，大陸欧州，特にドイツでは，必ずしもそのようなコンセンサスが成立していない．それは1930年代のドイツの経済危機が，単なる金融緩和だけでは解決のつかない性質のものであったことに起因しているとも考えられるわけである．

　ハロルド・ジェームスは新著において，31年型の経済危機は，反グローバリゼーションの流れを生み出すきっかけとなるという見解を提示している．経済危機が反グローバリゼーションの政治的流れの原因というのは，実のところ *End of Globalization* 以来の彼の一貫した主張であるとも言える．

　なぜ，反グローバル化の動きがそこで起こるのだろうか．31年型の危機を迎えた国の経済と政治の状況を想像してみれば，この点が明らかになるだろう．そこでいま，その国の金融システムに構造的な問題が存在し，金融システムを支援するために財政状態までが悪化し，その国が海外資本に依存しているがゆえに，それが国家破綻の危険を生んで，資本逃避につながるといった，「対内流出」と「対外流出」の同時発生を想起しよう．このような複雑かつ困難な経済状況を打開するためには，方法は基本的に次の3つしかない．キンドルバーガーが示唆したように，強力なリーダー国が不在の国際経済においては，そのうち反グローバル化の立場に相当する②の方法を選択する誘因が強まるというわけである．

① 対外的な関係をあくまでも重視し，海外投資家の信頼をつなぎとめるために，通貨価値を安定させるための政策を実施し，対外債務を忠実に履行する——この場合には，不況の最中にもかかわらず，財政状況を改善させるために緊縮政策を取ったり，金融政策についても，金融緩和の代わりに，引き締め的な金融政策を実行したりする必要性が生じる．現在の経済危機について言えば，IMFの救済を受けたラトビア，ハンガリー，さらにユーロ圏のアイルランドはこのような方針を採り，緊縮財政プログラム（Aus-

terity Program）を着実に実行している．
② 対外的な関係，特に資本取引における国際的なつながりを断絶して，閉鎖経済体制に移る．対外債務については少なくとも一部を踏み倒す．このように資本逃避のルートを遮断すれば，国内における金融問題と不況に対応するための拡張的な財政，金融政策を実行することが可能になる．

　かつて 1997 年のアジア通貨危機の際に，マレーシアは資本規制を実行して，資本逃避のルートを遮断する一方で，国内向けには景気刺激策を実行した．当時，経済学者のマレーシアの行動に対する評価は，概ねネガティブで，特に金融の専門家の評価は低かったが，現在では，連鎖的な危機が発生している場合の政策として，このような方針はむしろポジティブに評価されている．

　1930 年代の大恐慌における，この種の対応として最も徹底した政策は，ヒットラー・ドイツが実行したものである．当時のドイツはアウトバーンや兵器の生産を拡大することを通じ，雇用状況を劇的に改善させたことで知られているが，ドイツ経済への対外的な信用が急落するなかで，積極的な財政拡大策に踏み出すことができたのは，国際資本取引の断絶に踏み切ったからである．具体的には，ドイツ政府は対英国の債務は繰り延べにし，対米国の債務は踏み倒した．後者の踏み倒しについては，今後ももはや，米国からの借り入れに頼ることはできないだろうという観測が背景にあった．

　今回の経済危機の場合，幸いにも明確に②の方針に踏み切る国は現れていない．だが，アイスランドのケースはいくらかそれに近いものと言える．自国の銀行が海外（特に英国，オランダ）に対して持っている債務について，履行を拒否したからである．これは経済選択上の選択というよりも，アイスランドの GDP の半分にも当たる債務を，国民の税金でカバーすることが政治的には実質不可能なためである．
③ グローバルな資本の流れを管理し，必要であれば「最後の貸し手」となることができるようなリーダー（国または組織）が，「対内流出」と「対外流出」の同時発生を経験している国に対して，危機を収めるために十分なだけの金融支援を実行する．このようなリーダーが存在するならば，危機を迎えた国が緊縮政策を取る必要性は限定され，同時に閉鎖体制を移行する

という危険も少なくなる．

　19世紀においては，そのようなリーダー国の役割を英国が務めていた．しかし，その英国も第1次世界大戦によって経済力が大幅に低下し，もはや「最後の貸し手」となれるだけの資金力を持たないようになった．それに代わって，国際的な資金の流れの中心に立ったのが米国であった．しかし1930年という時点で，米国にはまだ，国際的な金融危機が発生した際に，「最後の貸し手」として行動できるだけの経験と政治的意思とが存在しなかった．それゆえキンドルバーガーは，大恐慌が深刻化した理由を，それがリーダー国が英国から米国へと変わる過渡期に発生したため，リーダー不在の状態で危機に直面しなければならなかったことに求めているのである．

今回の経済危機については，キンドルバーガーの言う意味でのリーダーの候補として，いくつかの組織，または国を挙げることができる．

（A）　IMF：東欧およびアジアの新興国の救済をした．
（B）　EU委員会：東欧の救済をした．
（C）　欧州中央銀行（ECB）：ECBは憲章によってユーロ加盟国政府を救済することは許されていない．しかし法的（de jure）にはそうであっても，ユーロ加盟国の銀行への融資を通じて，事実上（de facto）にはユーロ加盟国の政府そのものをある程度は救済した．さらには東欧の国にも資金援助をしている．
（D）　米国連銀：米国内の金融システムに加えて，ブラジル，メキシコ，韓国，シンガポール中央銀行との通貨スワップ協定を結ぶことにより，韓国での危機拡大を防いだ．
（E）　ソブリン・ファンド：米国をはじめ，主要金融機関への増資に応じることを通じて，金融システムの救済をした．

このように，キンドルバーガーの言う意味でのリーダー的な役割を果たす組織，または国はいくつかあるが，IMF以外は，明確な原則を欠いたアドホックで，緊急避難的な行動が取られている．また，ユーロ圏の外（東欧）に対しては，EU委員会，ECB，IMFといくつかの救済者が存在するものの，ユーロ圏内で起こった危機に対しては，誰が救済者を務めるのか決まっていないという，セキュリティー・システム上の重大な空白が存在している．そ

のことの弊害が，ギリシャのソブリン・リスクの高まりとともに顕在化し始めたのである．

5 クレディート・アンシュタルト・シンドローム

　前掲の著書において，ジェームスは極めて興味深い観察をしている．いわく，「小国はケインズ政策を実行できない」と言うのである．経済学者の「常識」とは異なる，これは歴史学者ならではの発想である．なぜなら，経済学者の「常識」は，小国であるほどケインズ的な財政刺激策の効果が大きいというものだからである．これは重要な点なので，少し詳しく説明しよう．

　いま，ある小国が，他の大国の通貨（ドル，またはユーロ）に対して為替レートを固定する政策を採っていたとする．実際，大国の通貨に為替レートを固定するというのが，一般的に小国の経済運営の重要な特徴である．さて，そこで，小国が国内景気を刺激することを目指して，国債を増発し，それで得た資金で公共事業を実施したとしよう．もしこれが閉鎖経済であれば，国債増発の結果，国内金利が上昇するので，公共事業による景気刺激効果の一部は，金利高騰で民間投資が落ち込むことにより相殺されてしまう．

　しかるに，この小国が開放体制を採っているならば，そのような相殺という問題が発生せずに済む．なぜなら，小国における金利の上昇は，為替レートが大国の通貨に対して固定されているもとでは，金利差益を狙ったキャリー・トレードを誘発するからだ．これで外国からの資本輸入が増加し，結局のところ，小国の金利はほとんど上昇せずに済む．つまり，この場合，小国の実施するケインズ政策は，公共事業そのものの景気刺激効果に加え，資本輸入を誘発する効果まで持つので，極めて有効だというのが，経済学者の「常識」である．

　しかるに，今回の経済危機における小国の経済状況を観察する限り，現実はそのようになっていない．今回の危機では，ユーロに対して為替レートを固定している（というよりも，ユーロを通貨として使用している）アイルランドや，ギリシャで，国債の金利はドイツの国債の金利と比べて大きく上昇している．その結果，これらの国はケインズ的な景気刺激策を実行するどころか，むしろ国債の金利を安定させるために，緊縮財政策を実行する必要性に迫ら

れている．

　それにしても，ジェームスの指摘する「小国の脆弱性」は，今回の経済危機の欧州における展開を考えるうえでの，見逃せない重要な要素である．実は，そこにはグローバル化が内包する問題も集約されている．

　今回の欧州の危機の主役になった国，例えばアイスランドやアイルランドを見ると，グローバル化を利用して，金融ビジネスを梃子にした成長戦略を追求し，それによってかつての貧しい漁業国，農業国が，世界有数の豊かさを誇るまでに上り詰めたというサクセス・ストーリーが，「物語の前段」として観察できる．小国にとって，鉄鋼や自動車といった規模の経済性の働く産業を国内に展開することはまず不可能だが，金融なら，マンハッタンやシティーのような狭い空間でも，世界を股に駆けた業務が現実に実行されている．それゆえ，小国であっても，自国に金融のハブを作ることは，技術的にさほど困難ではない．たとえセントラル・オフィスは小国にあっても，金融活動そのものはグローバルな展開が可能であるからだ．

　このようなグローバル化のメリットに着目し，小国が大規模に，多国籍にまたがる金融ビジネスを運営してきたというのが，ここ15年ほどのトレンドであった．ところが，この「物語の前段」のサクセス・ストーリーには重大な落とし穴が存在した．その結果,「物語の後段」が極めて悲惨になるわけである．

　つまりこういうことである．グローバルに活動する金融機関の経営危機に対して，グローバルな立場から救済をする多国籍組織が確立していない以上，ひとたびそうしたグローバル活動から金融機関が経営困難に陥った場合，その金融機関を救済することができるのは，その金融機関のホーム・カントリー，すなわちアイスランドやアイルランドといった小国でしかない．しかるに，グローバルな活動を積極的に展開した結果，金融機関の資産規模は膨張していたので，救済が必要となった場合，必要資金額はその小国の財政能力をはるかに超えてしまうことになる．

　このようなシナリオの典型がアイスランドである．アイスランドの銀行セクターの資産規模は，アイスランドのGDPの10倍に相当する．これでは救済額が国の財政能力を超えてしまうのは当然だ．実際，アイスランド政府は，自国の銀行が負った英国やオランダの預金者に対する債務を，履行不可能だ

として支払いを拒んでいる．このシナリオが端的に示すように，グローバルな活動を展開していた小国の金融機関の経営危機が，結果的にはその国の財政破綻の危機，つまりソブリン危機へと発展していったというわけである．

今回の場合，アイスランド，アイルランドが最もこのシナリオの典型的な例と言えるが，ベルギー，オランダ，オーストリア，スイス，さらには英国にもある程度はその兆候が見られる．ただし，後者のような国々の場合には，経済の規模がより大きく，財政能力に余裕があるために，アイスランドやアイルランドのようなソブリン危機発生にまでは至っていない．

現在の小国型危機の原点と言えるのが，1931年のクレディート・アンシュタルト（KA）の経営危機である．当時オーストリア最大の銀行であったKAは，かつてはハプスブルク帝国の保護のもとで，中東欧に幅広い支店網を展開していた．しかるに，第1次世界大戦の敗戦によってハプスブルク帝国は崩壊し，KAは国際的な銀行業務を営むための法的，政治的な背景を失う．この時点で，本来であれば「小国オーストリア」に相応しいように，支店網を整理し，中東欧から撤退するべきであったのだ．それなのに，KAは「大国意識」を持ち続けて，依然として金融帝国を維持しようとしたのである．それが大きな誤りであった．

両大戦間期における中東欧のビジネスは振るわなかったから，当然，KAのバランスシートは悪化する．その結果，1次産品価格が急落した1930年初頭に，ついに経営破綻を迎えたというわけである．

今回の経済危機におけるアイルランド，アイスランドの状況には，このKAの危機と共通するものがある．小国が，身分不相応な「金融帝国」を維持しようとして，危機発生の結果，小国そのものの崩壊を招いたという点である．その意味で，これらの国の危機には，クレディート・アンシュタルト・シンドロームという言葉が当てはまるだろう．

両者の関連性は，図表5-3，図表5-4，図表5-5からも見て取ることができる．

図表5-3はKAの危機が発生した，1931年5月ごろを中心としたオーストリアの金融状況を示している．KAが経営危機を迎えてから，オーストリアの中央銀行は金融セクターに対する貸出を増加した．それが右上がりのオーストリアの信用供与の動きに現れている．しかしそれと同時的に，オー

図表 5-3　1931 年のクレディート・アンシュタルト危機

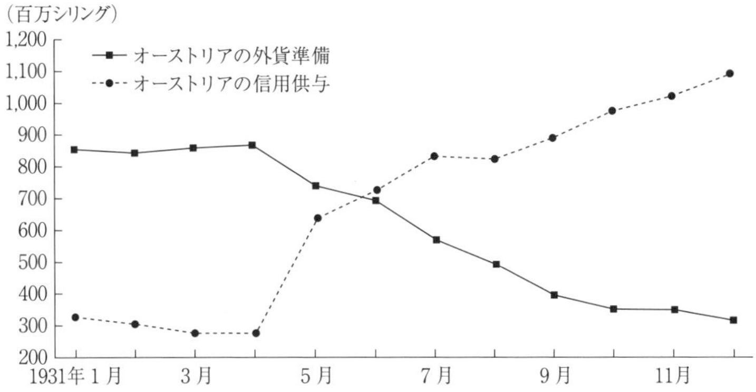

（百万シリング）
── オーストリアの外貨準備
---●--- オーストリアの信用供与

出所）Schubert［2006］より NRI 作成．

ストリアの外貨準備は急下降している（右下がりの線）．当時，オーストリアは金本位制を採用していたが，シリング紙幣の発行高が，外貨準備に比べて過大になったのに危険を感じ，海外投資家が兌換要求をスケールアップしたことが，外貨準備の急減に現れているのである．要するに，クレディート・アンシュタルト・シンドロームによって，オーストリアの民間銀行の危機がオーストリアという国家そのものの危機にまで発展したというわけである．

　今回の危機におけるアイルランドの状況には，これと同様のメカニズムが働いている．リーマン・ショック後の 2008 年 10 月に，アイルランド政府は銀行業に対する包括的な保護策を発表した．それはその時点で最も進んだ銀行保護策であり，やがてそれが英国の保護政策に影響し，ユーロ圏の保護政策に影響し，ついには米国の保護政策にまで影響して，主要国政府が徹底した保護を大手銀行に与える結果を生んでいる．その意味で，これは世界的にも重要な意味のある政策だったが，今はアイルランドに対するこの政策の意味に注目しよう．

　図表 5-4 に見られるように，その保護策によって，一時は急上昇していたアイルランドの民間銀行の CDS スプレッドは下降した．だがやがてアイルランド国債の CDS スプレッドが上昇し始め，そのため一時は下がっていたアイルランドの民間銀行の CDS スプレッドまでが，保護措置発表前と変わらないまでに上昇している．民間金融機関の危機が，国家そのものの危機に

図表 5-4　アイルランド国債と民間銀行の CDS スプレッド（5 年物）

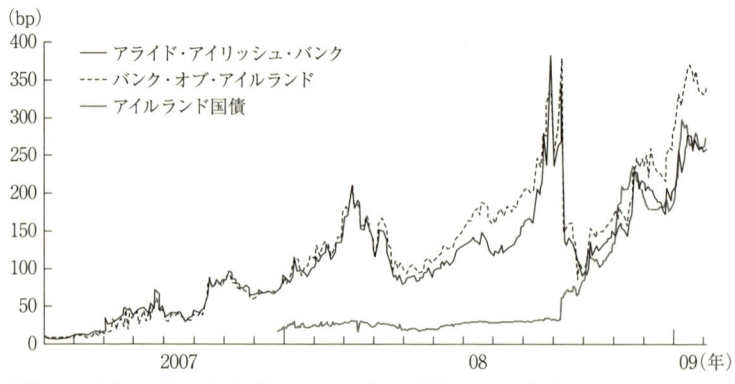

凡例：アライド・アイリッシュ・バンク／バンク・オブ・アイルランド／アイルランド国債

出所）　IMF "Global Financial Stability Report"（Apr. 2009）より NRI 作成.

図表 5-5　英国債と民間銀行の CDS スプレッド（5 年物）

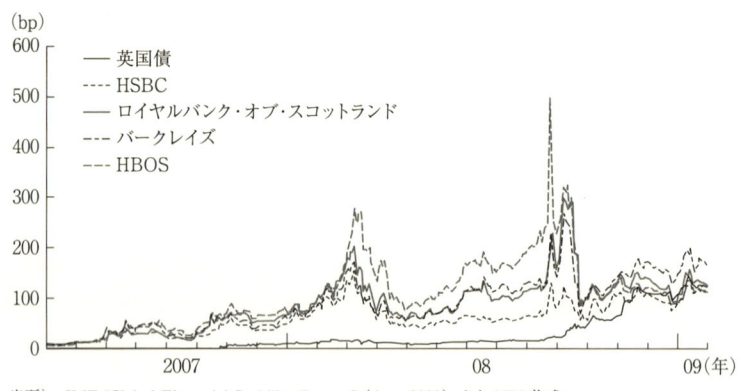

凡例：英国債／HSBC／ロイヤルバンク・オブ・スコットランド／バークレイズ／HBOS

出所）　IMF "Global Financial Stability Report"（Apr. 2009）より NRI 作成.

発展するという，1931 年のオーストリアと同じ事態がここで発生したわけである．

　図表 5-5 は英国の状況を示したもので，アイルランドに近い傾向は見られるものの，アイルランドほど深刻な事態には立ち至っていない．やはり，小国と，大国の差は重要だということである．

6　ドイツはリーダー国になれるのか

　先にも述べたように 31 年型危機の場合には，リーダーとなる国または組織が存在するかしないかが，危機の早期解決が可能かどうかの鍵となる．「最後の貸し手」の存在が危機管理の鍵というわけである．いま一度，クレディート・アンシュタルト（KA）の危機を用いて，この点を説明すると，当時のオーストリアの政府と中央銀行は KA の救済のために「通貨」を供給することはできた．しかし，オーストリア政府と中央銀行が危機管理のために供給できたのは「オーストリア・シリング」という，信用力のない「ソフト・カレンシー」でしかなかった．本当にオーストリアの危機を鎮め，それによって中東欧への危機の拡散を防ぐためには，信用のある「ハード・カレンシー」を供給する貸し手が必要であったわけである．

　このハード・カレンシーの供給のできる「最後の貸し手」という点からして，リーダーとなり得る国は，ハード・カレンシーの保有について余裕を持つ国，つまり資本輸入に依存する経済ではなく，資本輸出を続けてきたような国である．

　もっとも，この点についてはひとつの例外がある．それは米国だ．米国の場合，資本輸入に依存する経済であることは確かだが，一方で「ドル」が依然として国際通貨として，つまりハード・カレンシーとして認知されているという強みを持つ．そのハード・カレンシーを発行できる立場にいるという強みがある以上，今後，危機が中南米に及ぶようなことになれば，米国は「最後の貸し手」の役割を果たすことにやぶさかではないであろう．

　しかるに，危機の舞台が欧州の場合には，米国の勢力範囲とは言えない．欧州でも，東欧については，すでに IMF と ECB，EU 委員会など，いくつかの組織が協力して救済する仕組みが，アドホックな経緯ではあったが作られ，実績を挙げている．問題はユーロ加盟国で問題が起こった場合である．そのようなケースにどう対処するのか，救済措置が取られるとして，誰が救援に回るのか．ユーロ内の危機管理の仕組みが不在という問題は，これまでもたびたび指摘されてきたが，「最後の貸し手」が必要な状況になれば，EU 内で最大の経済でしかも，最大の経常収支黒字を持つドイツが何らかの役割を果たさなければならないことは明白である．

しかるに，これまでのドイツの言動は，「リーダー」の役割を意識しているというのとはかけ離れたものがあった．一体，欧州内，とくにユーロ加盟国の危機に対して，ドイツはどのような役割を務める準備があるのだろう（筆者はこの箇所を，ギリシャの財政危機が顕在化する以前，2009年10月に書いている）．

先にも述べたように，第2次世界大戦後のドイツの行動は自国経済の安定重視という方針を貫いてきた．今回の経済危機に対しても同様で，欧州の小国が先ほども述べた「クレディート・アンシュタルト・シンドローム」による危機に陥り，消費需要が減少するなかで，景気対策を強力に発動して欧州経済全体を牽引するといった発想に欠けていることを，英国の新聞『フィナンシャル・タイムズ』はほぼ一貫して批判してきた．危機の最中で，むしろ「財政再建」にドイツ政府が意欲を示しているというのが，欧州の「隣国」からすれば目障りなのである．ドイツにおける財政再建の論議の高まりは，2020年以降の財政赤字を禁止する憲法改正がなされるという，象徴的措置に結実している．

ハロルド・ジェームスは，このようなドイツにおける財政再建論議について興味深い見解を述べている．以下は，2009年7月3日にPROJECT SYNDICATEに載せられたジェームスの論説である（同様の見解を，同年11月に行ったヒアリングでもご本人から直接聞くことができた）．

論説のタイトルは，「Germany's Fiscal Follies」である．この論説で，ジェームス教授は，ドイツの財政思想の特異性を次のように評価する．

　　ドイツは特異である．それは現在，財政支出を増やさないからではなく，将来についての議論の仕方が奇妙だからだ．ドイツ政府は極めて攻撃的な姿勢で「財政赤字」を批判し，景気刺激策の「出口戦略」を明確にすることに努力してきた．アンゲラ・メルケル首相は，政府と民間の債券をマネーに転換することに他ならない「量的緩和」を実施したということで，米連銀やイングランド銀行を批判してきた．それだけではない．**ドイツ政府は，連邦政府の財政赤字が2016年までにはGDP比の0.35%に収まらねばならず，2020年までには州政府の財政赤字がゼロにならなければならないという法案を通過させたのである．**（太字強調筆者，以下同）

つまり、ドイツのメルケル首相は極めてタカ派の立場を表明して、ECBやイングランド銀行の量的緩和策を、財政赤字をマネタイズするものだと批判したが、返す刀で、2016年や2020年といった、その時点で経済が一体どのような状態になっているのかの予想さえつかないほどの長期の見通しを打ち出して、「財政赤字の憲法による禁止」という芝居がかった行動を取ったと言うのである。

一体、ドイツ政府はなぜ、このような大げさな行動に出たのであろうか。これについてのジェームスの解釈は興味深い。

ドイツ政府の行動を説明するもうひとつの解釈がある。ドイツを含めて、世界中の政府が平時においては前例のない財政赤字を累積している現状で、マーケットは財政破綻を懸念し始めている。ラトビアのように、危機が頻発している国は、もはや国債を売ることさえできない状態に追い込まれている。経済規模が大きく、財政が安定している英国や米国でさえ、政府証券を売りさばくのに困難を感じ始めている。富裕な投資家たち、特にアジアのソブリン・ファンドは警戒感を持ち始めている。**財政赤字が延々と続く可能性を否定する法的な仕組みは、財源調達の世界的な競争で有利な立場に立つための効果的な戦略と考えられるのである。これによって、ドイツ政府の債務のリスクは相対的に小さいと評価されるので、財政赤字を国債発行で埋めることがより容易に、より安価にできるようになるというわけである。**

ようするに、「アイルランドやギリシャの国債の危険の認識が高まっているので、ここでドイツ国債の安全性を高めるスローガン（憲法改正）を導入して、一気にドイツ国債の金利を下げるのが目的」と言うのである。財政規律については、財政赤字をGDPの3%内に収めることを決めたマーストリヒト条約があるが、現状ではそれを守っている国はどこもなく、マーストリヒト条約への信頼性は失われている。そこで、マーストリヒトよりもさらに強力な、憲法改正という奥の手を出して、ドイツ国債の信用を一挙に高めるのが狙いだというのがジェームスの解釈である。

ジェームスは、欧州同盟という組織にいながら、「抜け駆け」を狙うこのよ

うなドイツ政府の考え方を利己的だとして批判する．

　ドイツ政府の憲法改正という行動の本当の問題点は，一体，2016年や，2020年にドイツ経済がどのような状態になっているのか，知る由もないという点にあるのではない．そうではなくて，ドイツは欧州統合に経済的にも，政治的にも，密接に結び付けられており，それゆえ財政状態も，財政政策上のプライオリティも，隣国と密接に結び付けられているという事実である．それゆえに，ドイツが隣国よりも，より強固な財政基盤を維持しようとすることは，あまり合理的ではない．すべての欧州の国々は一蓮托生なのだ．ドイツが憲法によって財政政策上の行動の余地を拘束したということは，同時に隣国とのつながりを緩めたことを意味する．

欧州の国々は同盟という枠組みの中でしか反映するすべがないのに，一番の大国であるドイツがパートナーを蹴り落として，国債金利を下げようという利己的な行動を取っているとして批判しているのである．

　以上の点には，ギリシャ危機発生前から筆者は関心を持っていたが，2009年12月以来，ギリシャのソブリン・リスクの問題が表面化してから，ドイツが「最後の貸し手」になるかどうかという決定的な意味を持つようになった．これまでの態度から当然予想されたように，ドイツ国内の世論は，主要新聞を含めて，ドイツ国民の税金によるギリシャの救済に否定的である．むしろドイツ政府は，2010年3月末の時点では，救済におけるIMFの役割を重要視する方向に考えを切り替えているようである．
　もちろん，ギリシャ問題で「最後の貸し手」を容易に務めようとしないドイツの立場にも理解すべき点が多々ある．そもそも，バジョットが考えた意味での「最後の貸し手」というのは，ある金融機関が支払い余力（solvency）の危機，つまりすでに経営破綻に陥った際の「救済役」を指すものではなく，短期で借り入れ，長期で貸し出すという金融機関のビジネスの特徴，すなわちマチュリティー・ミスマッチが原因で起こる流動性（liquidity）の危機が顕在化した場合の「救済役」を指すからである．しかるに，GDP比で13％にまで財政赤字が膨れ上がり，しかもその事実を永いこと隠し通してきたという

ギリシャ政府が現在直面している危機は，もはや「流動性」の危機とは言えず，明らかに「支払い余力」の危機である．

　財政破綻した加盟国を，別の加盟国が救うべきかどうかについては，もちろん正当な疑問の余地がある．そもそも「ユーロ」という取り決めが，財政的には独立した国同士が，「単一通貨」だけを共有するという性質のものである以上，それぞれ財政的に独立したドイツとギリシャの間には，もともと「財政援助」についての権利も，義務も存在しないはずである．そうだとすれば，いかに経済危機の最中であろうとも，あたかも当然のことのようにギリシャ救済の義務を期待されるのは，ドイツ政府にとってあまりにも迷惑な話だろう．

　本当に問題なのは，むしろ次の点である．つまり，「財政」は独立でありながら，「通貨，金融政策」については共通というユーロの仕組みは，成立当初から，加盟国に「流動性の危機」が発生した場合に，誰が，どのような救済措置を取るかも決めていなければ，より深刻な「支払い余力の危機」が発生することを阻止するためのサーベイランスの枠組みも備えていなかった．危機管理の体制が不在のままで，これまで続いてきたのである．支払い余力については，確かにマーストリヒト条約による，財政赤字や公債残高への縛りはあった．しかし，その縛りは極めて緩やかに運営され，「例外」が認められることによって骨抜きにされたのである．

　もしマーストリヒト条約のより厳格な適用がなされてきたならば，そもそも財政破綻を繰り返してきたギリシャがユーロに加盟することがあり得なかった．たとえ，そこでギリシャ政府が財政状況の深刻さを隠し通して加盟を実現したとしても，もっと早くにマーストリヒト条約のコンプライアンスが厳しく審査されていたならば，制裁措置を取るなどして，ギリシャの財政を正常化できたかもしれない．そうすれば，今回のような深刻な「支払い余力の危機」は回避できただろう．

　だが，「財政規律」への配慮が曖昧なままに「ユーロ」が発進したという根本問題と，ユーロ圏最大の国であるドイツに「最後の貸し手」としての自覚がなかったというここで指摘している問題とは，決して矛盾するテーマではない．もし，ユーロ圏内で，「流動性」にしろ「支払い余力」にしろ，何らかの形での国家財政の危機が起これば，ドイツ政府が財政上で何らかの役割を

果たさなければならないというコンセンサスがあらかじめ形成されていれば，そのような役割を実際に果たすことを極力避けたいドイツ政府は，ユーロ加盟国の選択に当たりより厳しい注文をつけたであろうし，加盟が決まった国についても，常時コンプライアンスを審査することを強く要求したであろう．その結果，ギリシャの加盟は恐らく跳ねつけられただろうし，たとえ，ユーロに加盟できたとしても，コンプライアンスが常時チェックされることによって，放漫財政に早期に歯止めがかかっていたであろう．それゆえ，今回のような財政危機は避けられたはずだ．

結局，誰が「最後の貸し手」になるかという危機管理体制の根本が決まらないまま，ユーロという通貨統合の仕組みが走り出した点に，今回のギリシャ危機，いやユーロそのものの危機が招かれた原因があると言えるだろう．

7　代理リーダーとしての ECB

前節で見たように，キンドルバーガーの言う意味でのリーダーの役割を，ユーロ圏最大の経済を持つドイツが拒否するという状態は，2007年の金融危機発生以来，ずっと続いてきたわけだが，ギリシャ問題が発生するまでは，ユーロ圏内のソブリン・リスクは曲がりなりにも管理され，大問題にまで発展することが避けられてきた．なぜなら，いわば代理の形での「リーダー」の役割を，ECB が果たしてきたからである．そもそもマーストリヒト条約によって，ECB は民間の金融機関に対する「最後の貸し手」の役割を務めることはできても，ユーロの加盟国のソブリン・リスクを安定させること，つまり加盟国の政府自体を救済することは許されていない．だが実はそこに抜け道がある．

そもそも前述のように，今回の危機において，アイルランドなどの金融立国を目指した小国は，バブル崩壊→金融システムへの打撃→政府による救済→財政赤字拡大というプロセスによって，ソブリン危機を経験することになったのである．このようなプロセスで起こるソブリン・リスクの場合，ECB の権限内である加盟国の金融システムを救済する行動と，ECB の権限外である加盟国政府を救済する行動との間には差がほとんどない．したがって，ECB は加盟国の金融システムを救済することを通じて，メンバー国その

ものを救済できる．

　もちろん，「最後の貸し手」である ECB に認められているのは，たとえ相手が政府ではなく，金融機関であっても，「流動性」の問題への対応であって，「支払い余力」の問題への対応ではないわけだが，2008 年 9 月のリーマン・ショック以降の金融市場の状況では，「流動性」と「支払い余力」の問題は見分けがつかないくらい密接に絡み合っていた．「流動性」に問題があり，すぐに現金化できない資産を抱えていた金融機関は，キャピタル・ロスの膨張で，すぐに「支払い余力」の危機にも追い込まれるような状況が，しばらく続いていたわけである．このような状況では，金融機関に対する「最後の貸し手」である ECB の行動が，加盟国政府のソブリン・リスク軽減にもプラスに働くわけだが，このことは，特にアイルランドについてはっきり見て取れる（図表 5-6 を参照）．

　ECB の持つ「救済能力」が，ユーロ圏の安定化に当たっての強みとなったことは，ユーロ圏，非ユーロ圏の危機に陥った国のスプレッドにはっきり現れている．そもそも今回の危機をきっかけに，EU にいながらユーロに参加していないスカンディナヴィアの国々や，EU と近い関係を持つアイスランドからは，ユーロに加盟したいという希望が一時強く表明された．欧州のマクロ経済，金融に詳しいボッコーニ大学のフランチェスコ・ジャバッツイ（Giavazzi, F.）は，筆者のインタビューに答え，これらの国がユーロに加盟しようとしたインセンティブについて，明快な回答を与えてくれた．「ユーロに加盟すれば，ECB に救済してもらえるからだ」というのである．

　今回の世界経済危機では，欧州においても，カントリー・リスクの高まりをマーケットに嫌われて，CDS スプレッドや，国債の長期金利の高まりを経験した国が多い．そのような国はユーロ圏内にも，ユーロ圏外にもいるわけだが，カントリー・リスクが高まったとしても，ユーロ圏内の国は，ユーロ圏外の国に比べて，スプレッドの拡大幅が限定されていた．

　しかし，ユーロ圏外のスプレッドの拡大が，ユーロ圏内のそれに比べて大きかった理由を ECB の存在だけですべて説明することはできない．2 節において紹介した，バーナンキ連銀議長の議論が明らかにしているように，今回の世界的経済危機の重要な特徴は，海外から資本を輸入していた国において，住宅バブルの発生が顕著に見られることである．その結果，そのような

図表 5-6 ECB によるリファイナンス・ファシリティ

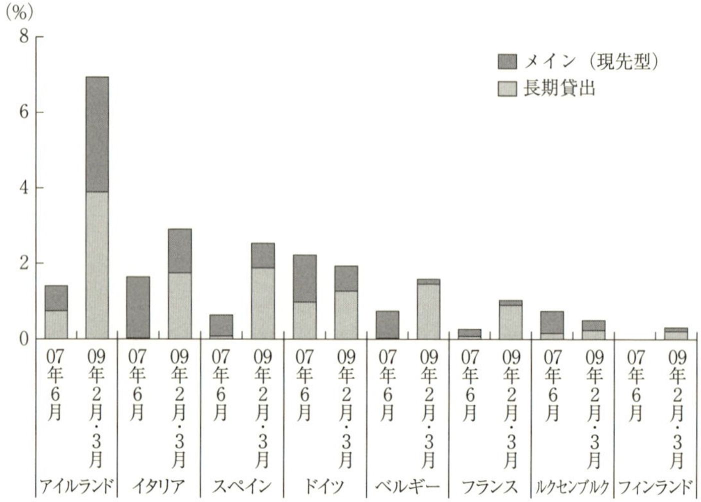

出所）IMF "Global Financial Stability Report" (Oct. 2009) より NRI 作成.

国において，バブル崩壊後に金融システムの問題が深刻化し，それがひいては国家財政の信用にも悪影響を与えたのである．したがって，経常収支の赤字が大きいほど，サブプライム危機発生後のその国の国債スプレッドの上昇率も高いという予想が成り立つ．

　一般にユーロ圏外のサブプライム危機発生前の経常収支赤字は，ユーロ圏内のそれに比べて大きかった．つまり，ユーロ圏内とユーロ圏外のスプレッドの差の一部は，後者において経常収支赤字がより大きかったことにより説明ができるのである．

　そこで，ECB がスプレッドの安定に寄与した貢献度を見るために，簡単な単純回帰式を図ってみることにした．ユーロ国と，非ユーロ国に分けて，危機発生前の経常収支（2001-05 年の平均）と 2009 年第 1 四半期の国債の長期金利の関係を，単純回帰式によって計測したのである．図表 5-7 に見られるように，どちらのグループについても，経常収支の赤字の大きさがスプレッドの大きさに影響している．しかし，ここで大事なのは，回帰式の定数項（切片）だ．これを見ると，非ユーロ国の切片はユーロ国の切片を 2％ほど上回っている．つまり，経常収支赤字の影響を排除したうえで，非ユーロ国の

図表 5-7 経常収支（2001-05 年の平均）と国債の長期金利（2009 年第 1 四半期）の関係

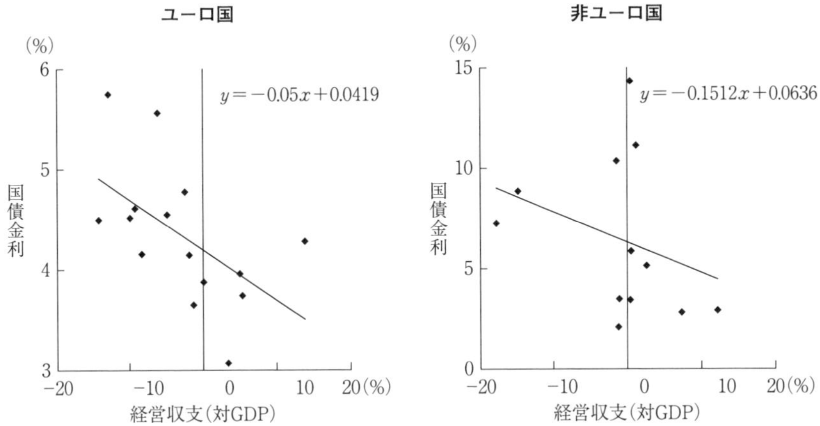

ユーロ国

$y = -0.05x + 0.0419$

非ユーロ国

$y = -0.1512x + 0.0636$

説明変更	係数	t-値	P-値
定数項（切片）	0.04186	25.57874	0.00000
Current Account (GDP%)	−0.04999	−2.43329	0.03014
決定係数	0.31293		

説明変更	係数	t-値	P-値
定数項（切片）	0.06362	5.62559	0.00022
Current Account (GDP%)	−0.15122	−1.05866	0.31466
決定係数	0.10078		

出所）NRI作成．

スプレッドは，ユーロ国のスプレッドを 2% ほど上回るわけである．この 2% というのが，「最後の貸し手」である ECB の存在によって説明される部分と考えることができる．それゆえユーロに加盟することで，2% ほどの金利コストの節約が可能になるのである．

この単純回帰式の統計結果について，図の下に掲載している．

8　ドバイ・ショックからギリシャ・ショックへ

2009 年の年末にドバイが債務の支払い延期を申し出るという出来事があって，それをきっかけにソブリン・リスクの問題が前面に出るようになるまでは，ユーロ圏において一番危機的な状況を迎えていた国はアイルランドであった．だが，何とか危機は回避された．アイルランド政府自体も，緊縮財政を取るなど，国際的投資家の信頼をつなぎ止めることに努力したが，「最後の貸し手」である ECB による緊急貸出の効果がてきめんだったからであ

る．アイルランドのソブリン危機は，そもそも金融セクターの問題から発していたために，金融セクターを救済する能力と役目とを持った ECB の行動が危機の鎮圧に効果を発揮したのである．

　実は，アイルランドをめぐる危機管理行動は，政治的な意味も大きいものだった．それは欧州統合の進展に大きな影響を与えたのである．なぜなら，EU 委員会の決定を多くの分野について満場一致から多数決ルールに変えたり，メンバー国の財政に対して EU 委員会が注文をつけたりすることを可能にするリスボン条約が，アイルランド危機がきっかけとなって締結されたからである．そもそもこの条約の締結は，アイルランドが国民投票によって否決という判断を下したことにより，行き詰まっていた．ところが，アイルランドが国民投票を 2009 年夏に再度実施した結果，今度は肯定の判断を下して，それでリスボン条約締結が一気に実現したというわけである．

　いまだ厳しい経済状況に置かれているアイルランドにとり，ECB や他の EU 加盟国の援助が経済回復のために絶対必要だということを，アイルランド国民がようやく理解したことにより，恐らく国民投票の結果が逆転したのである．

　筆者が，ハロルド・ジェームスに直接聞いた，欧州統合についての彼の見解はこうである．欧州同盟には近年，東欧を中心に数多くの小国が加盟し，それによって欧州同盟の共同体としての意思決定が困難になって，統合が希薄化したというのが一般的な見方であった．ところが，アイルランドが ECB によって助けられ，それをきっかけにして欧州統合推進の方向に舵を変えたことは，統合への流れが再度変化していることを象徴する．ECB の政策決定には独仏の意図が強く働く．またリスボン協定そのものも，独仏のイニシアティブによって進められてきたものである．つまり，アイルランドの危機管理と国民投票という出来事を通じて，欧州共同体が独仏枢軸体制に戻ってきて，その結果，欧州同盟の求心力が高まってきた．そういう見解である．

　しかるにドバイ・ショックをきっかけに，投資家のソブリン・リスクに対する警戒感が高まり，それがギリシャのスプレッド拡大につながったのである．この最近の出来事によって，欧州統合の行方は再び不透明になってきている．

先ほども述べたように，ギリシャのソブリン・リスクの問題は，金融システムの危機という中間段階を経ずに，いきなり財政危機が発生したという点で，アイルランドとはまったく異なった展開である．財政危機が一挙に発生するような，このような展開に対しては，さすがのECBにも対応能力の限界がある．

ドバイ・ショック以来，欧州危機の性質が変化したことは，ユーロ圏，非ユーロ圏の間のスプレッド格差にも明確に現れている（図表5-8を参照せよ）．つまり，ドバイ・ショック以来，ユーロ圏，非ユーロ圏のスプレッドの差は縮小している．データが取れた国のサンプルについて見ると，ドバイ・ショック前は，非ユーロ圏の平均が4.37，ユーロ圏の平均が1.66であったのに対して，ドバイ・ショック後はユーロ圏の平均が1.33，非ユーロ圏の平均が2.56となっており，その差が大きく縮小していることが分かる（図表5-9も参照せよ）．

問題になっているユーロ圏内のギリシャと，ユーロ圏外のハンガリー，ポーランドのスプレッドを比較すると，ギリシャはドバイ・ショック前が3，ドバイ・ショック後が3.96とスプレッドが拡大傾向にあるが，これに対して，

図表5-8　ドバイ・ショック後のソブリン・リスク

各国国債金利の対ドイツ・スプレッドの最大値
（ユーロ圏・非ユーロ圏別の平均）

各国国債金利の対ドイツ・スプレッド最大値

	国名	サブプライム危機発生-ドバイ・ショック (2007年8月9日-2009年11月27日)	ドバイ・ショック-現在 (2009年11月27日-2010年2月6日)
ユーロ	オーストリア	1.37	0.52
	フランス	0.63	0.37
	ギリシャ	3.00	3.96
	アイルランド	2.84	1.90
	イタリア	1.59	0.95
	オランダ	0.87	0.36
	ポルトガル	1.76	1.59
	スペイン	1.28	1.01
非ユーロ	チェコ	2.37	1.34
	スロバキア	1.85	0.95
	ハンガリー	9.55	4.80
	ポーランド	3.721	3.133
ユーロ平均		1.66	1.33
非ユーロ平均		4.37	2.56

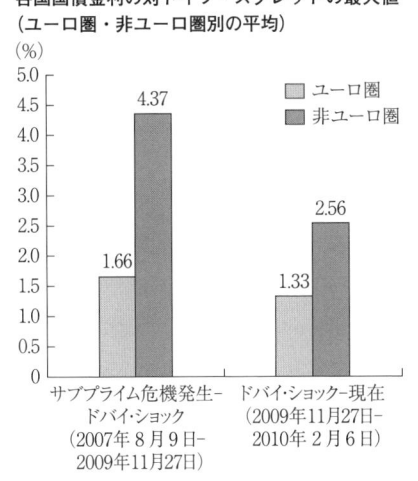

注）スロバキアは2009年1月1日よりユーロに参加．
出所）BloombergよりNRI作成．

図表 5-9 非ユーロ圏・ユーロ圏問題国の国債金利スプレッド
（対ドイツ国債金利）

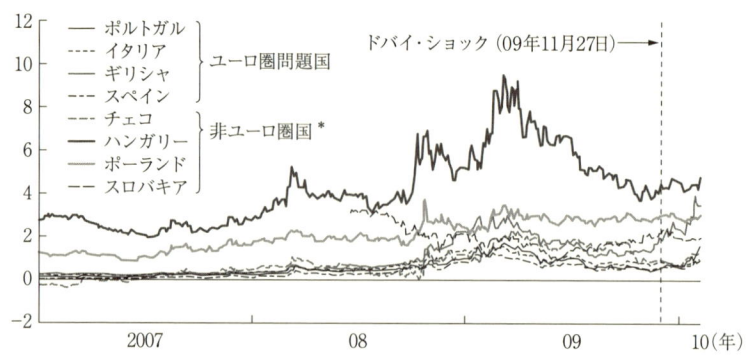

[グラフ：2007年～2010年の国債金利スプレッド推移。ポルトガル、イタリア、ギリシャ、スペイン（ユーロ圏問題国）、チェコ、ハンガリー、ポーランド、スロバキア（非ユーロ圏国）。ドバイ・ショック（09年11月27日）の時点を示す]

注）＊ スロバキアは 2009 年 1 月 1 日よりユーロに参加．
出所）Bloomberg より NRI 作成（データは 2007 年 1 月 1 日-2010 年 2 月 6 日までの日次データ）．

ハンガリーは 9.55 から 4.80 に，ポーランドは 3.72 から 3.13 へと，ドバイ・ショックの前から後にかけてスプレッドを縮小させている．ハンガリーの場合は IMF の救済を受けたという特別の経緯があるので，直接の比較は不適当かもしれないが，IMF の救済を受けていないポーランドとの比較によっても，ギリシャのスプレッドとの間に，逆転が起こったという事実が見て取れるわけである．

このようにギリシャ危機によって状況は変化した．もはや，ECB によるアドホックな救援だけでは問題が片付かないのである．その意味で，ギリシャ危機は，独仏という枢軸国が，危機の際のリーダーとしての役割を果たし，メンバー国に対する有効な救済措置を提供できるかどうかを試す試金石であると評価できるだろう．

9　中央銀行の行動指針はバジョット・ルールだけなのか？

欧州における危機をテーマに，「最後の貸し手」，金融機関の救済者としての中央銀行の役割をこれまで考察してきた．実際，今回の世界的な経済危機を観察していると，中央銀行の実際上の仕事というのは，実は金融機関，もしくは金融システムの救済に尽きるのではないか．インフレ目標その他は，

実際の目的を達成するための単なる口実に過ぎないのではないかとさえ思われてくる．経済危機のさなかの行動だからという理由があるのであろうが，根本から考えてみると，これは何も不思議なことではないのである．

そもそも深刻な不況，もしくはデフレが発生している状態で，財政の手を借りずに，金融政策だけによって景気の回復や，デフレの解消を図るとなると，そのような金融政策は，まず金融システム内部における条件の変化，つまり収益や資産価格の上昇による金融機関のバランスシート改善を通じて，実体経済に対する景気刺激効果を生み出すのである．

この点を喩えによって説明しよう．スピーカーというものは，箱の中に納められている．それでスピーカーの振動が箱の中で増幅されて音波を作り出し，部屋に向かってその音波が発信される．その結果，われわれが音楽を耳にすることができるのである．これを金融政策に当てはめると，「スピーカー」が中央銀行の取る政策，「箱」がその国の金融システム，さらに「部屋」というのがその国の実体経済である．金融政策は，何らかの形でその国の金融システムの状況を改善する限りにおいて，意味のある音波を生み出し，実体経済に対するポジティブな影響を与えるのである．

2007年の夏にサブプライム危機が発生して以来，主要中央銀行は類例を見ない強力な金融緩和策を実施してきた．ところが現在は，その影響がむしろスピーカーの箱の中での効果にとどまっている．しかし箱の中，つまり金融システムに対する効果そのものは目覚ましいものである．昨年来，米国の大手金融機関，ゴールドマン・サックスやJPモルガンが史上最高益を挙げたというのは，金融政策の効果がいかに目覚ましかったかの証明と言えよう．

他方において，主要中央銀行が，あまりに金融機関の収益やバランスシートの改善にのみに神経を集中していて，実体経済の改善には十分な注意を払っていないという批判も成り立ち得る．実体経済の改善は，自分の仕事ではないという素振りさえ見えることも確かであろう．いまだ，米国における失業率が10％に近いというのに，すでに連銀が出口戦略を考慮しているのもその兆候かもしれない．このことを，一部の著名な経済学者は批判している．例えばポール・クルーグマンは，2010年1月25日の『ニューヨーク・タイムズ』紙の"The Bernanke Conundrum"というタイトルの論説で，次のような批判を展開している．

失業の問題を考えてもらいたい．別に経済が崩壊したとまでは言わないが，今はひどい状態で，求職者数は求人数の6倍に上っている．バーナンキ氏はその状態が間もなく改善するとは考えていない．先月，失業率がやがて下降するだろうと述べながら，彼はその下降傾向が「われわれの望むスピードよりは緩やかだ」と述べた．**では，彼は雇用創出のために何を行うと提案しているのか．**

それがまったく何も提案していないのである．失業率をより早く引き下げる政策の必要性を痛感している，といった表明を議長はしていない．それどころか，連銀はもっと積極的な行動を取るべきだという提案に対しては，「インフレ予想の安定化」という看板を振り回すだけなのである．**「連銀議長はまるで，大銀行が救済されたことで自分の任務が完了したと考えているようだ」**と言ったら，言い過ぎかもしれないが，しかしそれは本当だ．

一体，何が起こったのだろう．**私の考えでは，バーナンキ氏は，金融界と密接に関わる仕事をする他の多くの者と同じように，世の中を「銀行家」の目で見るようになったのである．**

バーナンキ連銀議長が，インフレ率が急激に下がるようなデフレの危険さえ回避できれば，それで十分で，米国の失業率が10％に垂んとする今の状態で，すでに「任務完了」と考えているというクルーグマンの厳しい指摘である．史上空前の大胆な金融緩和策を取ったバーナンキ連銀議長ですら，「銀行家の目で世の中を見ている」と批判されているわけである．

10 バジョット的救済者としての中央銀行

金融政策だけで，どの程度，実体経済に対する実効力のある手段が取れるのかという点については，今後とも多くの議論がなされるだろう．その一方で，金融システムのバランスシートを立て直す効果については，連銀の政策が目覚しい成果を挙げたことは間違いない．実際，「失われた10年」における日本の経験を振り返ってみても，ゴールドマンやJPモルガンが史上最高益を記録したというほどの，金融機関の目覚しい収益改善は起こっていない．

一体，両国の金融政策は，どのような点で異なっていたのだろうか．

そもそも金融機関とは，短期の借入をして，それを長期の投資，もしくは貸出に転換することで利ザヤを稼ぐビジネスである．したがって，長短スプレッドが存在すれば，金融機関はそれを利用して収益を拡大することができる．したがって，金融政策を通じて金融機関を梃入れするための最も確実な手段は，短期金利の迅速な操作によって，長短スプレッドを生み出すことである．

この点についてヒュン・ソン・シンらによる研究が，面白い結果を出している．つまり，投資銀行などの，市場性の資金を活用して投資を行う金融機関（プライマリー・ディーラー）は，長短スプレッド（ここでは10年物と3カ月物の国債の金利差で示されている）が上昇すると，現先による資金の調達を増やして，バランスシートを拡大するというのである．図表5-10が，そのヒュン・ソン・シン（Shin, H. S.）たちの結果である．

このことを念頭において，日米の金融政策を比較してみよう．日本の「失われた10年」の経験と，今回のサブプライム危機に対する米国連銀の対応の両方が観察できるように，観察の期間は1990年1月から2009年1月までの長期を取っている．

この長期の期間について，長期金利（ここでは10年物国債の金利）と，短期

図表 5-10　プライマリー・ディーラーの現先借入

●長短スプレッドが大きい時はプライマリー・ディーラーの現先借入が大きくなる

	現先借入の成長（プライマリー・ディーラー）
Fed Funds（13週変化）	-0.037^{**}
Fed Funds（13週遅れ）	0.037^{***}
S&P 500 Return（13週）	0.000^{*}
S&P 500（13週遅れ）	0.000^{***}
VIX（13週変化）	-0.001
VIX（13週遅れ）	-0.007^{***}
10年物／3カ月物スプレッド（13週変化）	0.049^{**}
10年物／3カ月物スプレッド（13週遅れ）	0.087^{***}
Baa／10年物スプレッド（13週変化）	0.150^{***}
Baa／10年物スプレッド（13週遅れ）	0.017
Repo Growth（13週遅れ）	-0.242^{***}
Constant	-0.163

注）＊10％有意，＊＊5％有意，＊＊＊1％有意．
出所）Adrian and shin [2008].

図表5-11　長短スプレッドの推移

- 短期金利　日本：無担保コールレート　米国：FF実効レート
- 長期金利　日本・米国：10年物国債利回り
- 期間　1989年1月-2010年3月8日

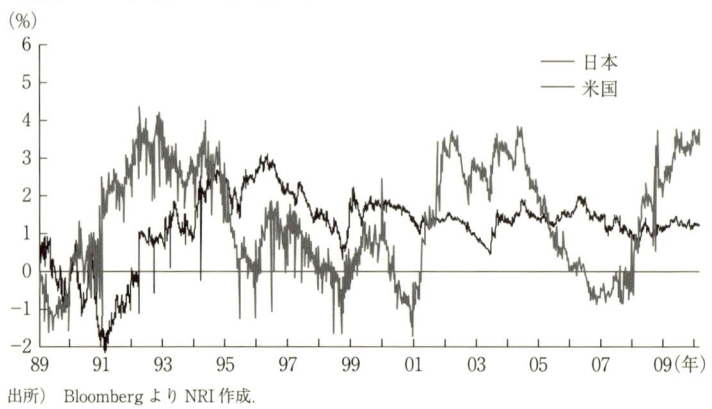

出所）Bloombergより NRI作成．

金利（ここではオーバーナイトの金利を使う）の間のスプレッドがどのような値を示すのか，それを日米について比較するのである．その結果は図表5-11に表されている．

一目瞭然だが，日米の長短スプレッドの動きは，大きく異なっている．つまり，米国においては，いくつかの局面で，はっきりと，どう見ても意識的に長短スプレッドが作られている．スプレッドが大きくなるのは景気の下降局面か，マーケットの危機が発生した時点である．それに対して，日本においては，長短スプレッドについて，メリハリのある動きは見られない．94年から96年にかけて長短スプレッドがいくらか拡大していることが見て取れるが，それも97年からは崩れて，それ以降，長短スプレッドはあまり意味のない動きを繰り返している．

なお，政策的に長短スプレッドを拡大させることは，金融機関の経営にプラスだというのが，ここでの分析の立場であるが，この日本の94年から96年にかけてのスプレッド拡大の場合には，必ずしも金融機関の経営にとってプラスだったとは評価できない．その理由については，後に詳しく論じる．

ここで使っている長短スプレッドの指標は，「10年物国債の金利」と「オーバーナイト金利」という2つの指標を合成したもの，つまり両者の差を取っ

たものである．なぜ日米の長短スプレッドの間にこのような差が生まれるかを分析するために，今度はそれぞれの指標を個別に観察することにしよう．

まず，図表5-12は日米の長期金利（10年物国債の金利）を見たものである．この図から読み取れるように，長期金利は日米とも長期的な低下傾向を示している．この図で面白いのは，1995年のあたりから，日米の長期国債の金利差が2％から3％を維持している事実である．つまり，米国の長期金利は日本の長期金利を常に2％から3％上回っている．なぜ，そうなっているかについての理由は後に考察する．

さて，今度は日米のオーバーナイト金利の動きを比較してみよう．それを見たのが図表5-13である．まず言えることは，米国の政策金利は引き下げの局面でも，引き上げの局面でも，動きが極めて急速だということである．特に2001年や2007年からの金利引き下げは，「つるべ落とし」という言葉がぴったりする．

さて問題は，91年後半からの日本の金利引き下げである．当時，オーバーナイトの金利は8％を超えていたが，それが約1年後には半分の水準にまで落ち込んでいる．2001年の米国の金利引き下げと比較しても，スピードの点でさほど遜色のない，思い切った引き下げと言える．それにもかかわらず，日本の金融政策は，米国のように長短スプレッドを確立することに失敗した．なぜであろうか．

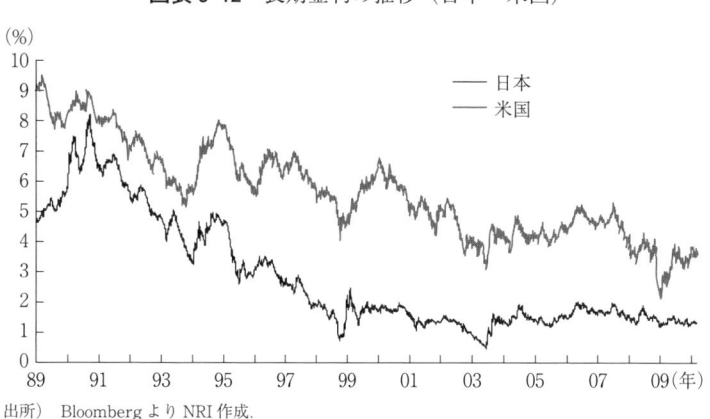

図表5-12　長期金利の推移（日本・米国）

出所）BloombergよりNRI作成．

図表 5-13　短期金利の推移（日本・米国）

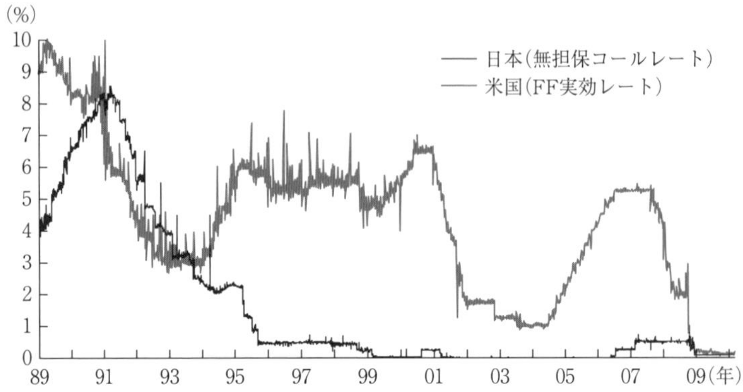

―― 日本(無担保コールレート)
―― 米国(FF実効レート)

出所）日本銀行資料・FRB 資料より NRI 作成.

　その答えは，1991年後半に引き下げを開始するまでの金融政策，つまりバブルつぶしを目的とした金利の引き上げにある．オーバーナイト金利は，1989年後半の4%から1991年後半の8%超まで，2倍以上に引き上げられている．これだけ急激な金利の引き上げは，このサンプル期間内の米国の金融政策には見られない．

　ここで一点注釈をすれば，当時において8%というオーバーナイト金利そのものは，必ずしも過剰に高意水準を意味したわけではない．現に，1989年の米国のオーバーナイト金利は10%に達している．それゆえ，当時の日本の金融政策の問題は，あまりにも高い水準に金利を引き上げたことではなく，高い水準への金利引き上げがあまりにも急激に行われたことである．もう一度，図表5-11に戻って長短スプレッドを確認してみると，1990年ごろのスプレッドはマイナス1%，つまり1%の逆ザヤにまで減少している．これが邦銀のバランス・シートに与えた打撃はかなり大きいものであっただろう．

　当時の日本の金融政策の問題はそれだけではない．何よりも一番の問題は，急激に2倍に引き上げた金利を，今度は急激に半分に引き下げなければならなかったという，政策運営の狼狽振りにある．登山に喩えてみよう．1人の登山者が苦労をして高い山の頂上に達した時，通常は達成感を満喫するために頂上でしばらく休息するものである．ところが，この時の日本の金融政策は，引き上げ後に8%という頂上で休息を取ることをせず，きびすを返すよ

うにすぐさま急激な引き上げに転じている．まるで登山家が頂上に到達した後，景色を眺めることもなくそのまま下山するようなものである．なぜ，そうなったのか．

　要するに，この時，日本は金融政策を誤ったのである．当時の三重野日銀総裁の発言その他から判断して，この8％への金利の引き上げは，明らかに「バブルつぶし」が目的であった．確かにバブルはつぶれる．だが，それと同時に日本の金融機関はバランスシートに打撃を受ける．それに慌てて，今度は猛烈な利下げを始めたのだ．だが，91年時点の金利（8％）があまりに高い水準だったために，それを低い水準に戻すのに手間取り，バブル崩壊後に長期金利が急速に下落していくなかで，長短スプレッドを確立することにも失敗したのである．

　いずれにしても，こんなに急激な引き下げをしなければならない羽目に陥るのだったら，はじめからこんなに急激に金利を引き上げなかったらよかったのである．今回のサブプライム危機の一因となった，グリーンスパン時代の連銀の政策運営については，なぜ，もっと早くバブルつぶしのための政策を取らなかったのかという批判がある．だが，実際にバブルつぶしをして経済を安定させることがいかに困難であるかは，1990年前後の日本の金融政策の狼狽振りを見れば明らかである．「バブルつぶし」はあまりにも危険な政策だということだ．

　図表5-11に戻ってみると，それでも94年ごろには，一応，日本でも長短スプレッドができ上がっている．それが96年までは続いて，その後に崩れ出している．しかし，先ほども述べたように，94年ごろに生まれた長短スプレッドは，必ずしも日本の金融機関の経営を助けるものではなかった．その理由はこのスプレッドが，短期金利が急速に下がることによってではなく，長期金利が上昇することによって発生したものであるからだ．

　一般に，長期債の金利（イールド）と，債券価格は反比例する．つまり，金利が上昇する時，債券価格は下落する．そうであるから，長期債を資産として持つ金融機関にとっては，長期金利の上昇による長短スプレッドの拡大は，必ずしも経営にプラスとは言えない．一方で，金利の上昇は，金利収入を増やすが，他方で債券価格の下落は，資産価値の損傷，つまりキャピタル・ロスを生む．後者の効果が前者の効果を上回る場合には，金融機関の経営には

むしろ打撃となる．恐らく，1994年から1996年の長期金利上昇は，景気の回復を反映したものだろう．それが97年に景気が再び下降し，長期金利も下がるにつれて，長短スプレッドも消滅したわけだが，いずれにしてもこの時の長短スプレッドが，日本の金融機関の経営にプラスとなったかどうかは定かではない．

これに対して，景気が下降して，長期金利が現象に向かうなかで，短期金利を一層早く引き下げて，長短スプレッドを生み出すことに成功するならば，金融機関の経営に対するプラスの効果が間違いなく生じる．なぜなら，このような場合には，長期金利の下落を反映して長期債の価格が上昇するので，金融機関はキャピタル・ゲインを享受できるが，それと同時に長短スプレッドの拡大によって，「金利差」による収入も獲得ができるからである．米国の長短スプレッドの形成は，すべてこのような長期金利の下降局面で起こったものであり，金融機関の経営にプラスの効果が働いたことが確認できるのである．

以上に見てきたように，長短スプレッドについての日米の動きの違い，および長期金利とオーバーナイト金利の動きを比較してみると，中央銀行の政策についてよく言われる，「ビハイン・ザ・カーブ」という言葉の具体的な意味が見えてくる．つまり，いま深刻な金融問題が起こり，景気が急下降して，中央銀行が金融緩和をしなければならない局面に経済が立たされたとしよう．資金需要の減退を反映して，その時，長期金利は徐々に低下する．また，恐らく中央銀行が短期金利を引き下げるので，そのこともまた長期金利の低下を促進する．

問題は，長期金利の低下のスピードよりも速く短期金利（政策金利）を引き下げることができるかどうかである．もし，短期金利の低下のスピードがより速くて，その結果，短期金利が長期金利の下に回り込めるようならば，「長短スプレッド」を確立できる．それができれば，金融機関は「長短の利ザヤ」を稼ぐことによって，自力で回復することが可能だ．これに対して，短期金利の引き下げがもたもたしていれば，長期金利より下に短期金利が回り込むことができなくなる．その結果，「長短スプレッド」が確立できなくなる．これがすなわち「ビハイン・ザ・カーブ」である．

金融政策が後手に回り，「長短スプレッド」の確立に失敗するならば，金融

機関は利ザヤを稼いで，自力で金融危機のショックから立ち直ることができなくなる．日本の「失われた10年」の場合にはそうだった．金利引き下げのスピードそのものはさほど遅くなかったが，直前まで金利の引き上げを強行していたというハンディ・キャップがあったために，短期金利を長期金利の下に回り込ませ，金融機関の自力回復を図ることに失敗したのである．その結果，昨今のゴールドマンのように，史上最高益を謳歌する銀行，証券会社は現れなかった．そこに今回の米国の経験との大きな違いが存在する．

いま，中央銀行が迅速に短期金利を操作して，「長短スプレッド」を作ることができれば，利ザヤによって金融機関の経営を立ち直らせることができると述べたが，この点を確認するために，「長短スプレッド」と「株価指数」の関係を見てみよう．それが図表5-14, 15, 16, 17である．まず，図表5-14と15は，米国について，「長短スプレッド」と「金融株」の関係，および「長短スプレッド」と「全業種の株価指数」の関係を見ている．どちらの場合にも，2つの変数に負の相関関係が確認できる．つまり，米国の場合には，株価が落ち込む局面で，中央銀行が「長短スプレッド」を作り出し，それによって「株価」の梃入れを図るといった政策意図が明確に見て取れるのである．

ちなみに，「長短スプレッド」の効果は，「金融株」よりも「全業種の株価指数」のほうにより一層強力に働いている．これは不思議ではなく，ヒュン・ソン・シンが一連の研究で強調している点である．つまり，米国の投資銀行は，バランスシートが改善すると，レバレッジを上昇させて，攻撃的に資産を購入する傾向がある．先ほど金融政策についてスピーカーの喩えを用い，箱の中で音波が増幅されると述べたが，米国の投資銀行については，金融システム内で増幅された音波が，資産市場に強いヴォリュームで伝わっていくメカニズムが働いているということだ．

さて，図表5-16および17は，「長短スプレッド」と「金融株」および「全業種の株価指数」の関係を日本について見たものである．一見して分かるように，米国とはまったく異なった関係がそこに現れている．特に図表5-16では，「長短スプレッド」と「金融株」の動きがぴったり重なっていて異様である．しかし，実はこれは不思議ではない．その理由はこうである．

1996年にゼロパーセント近傍に引き下げられて以来，日本のオーバーナイト金利はゼロのところで張り付いて動かない．したがって，政策上の操作変

図表 5-14 長短スプレッドと金融株の比較（米国）

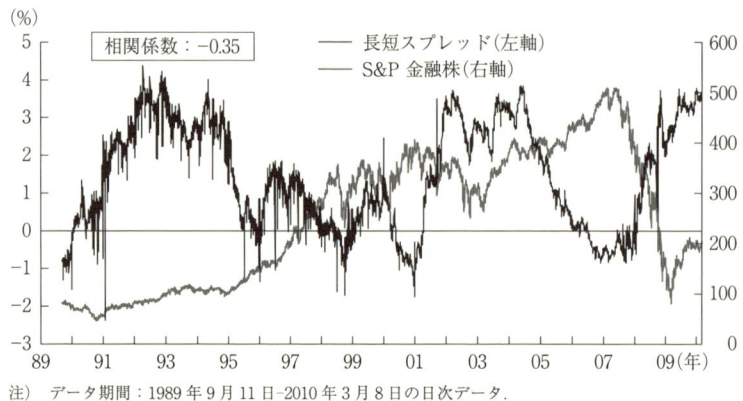

注）　データ期間：1989 年 9 月 11 日–2010 年 3 月 8 日の日次データ．
出所）　FRB 資料，Bloomberg より NRI 作成．

図表 5-15 長短スプレッドと株価指数（全業種）の比較（米国）

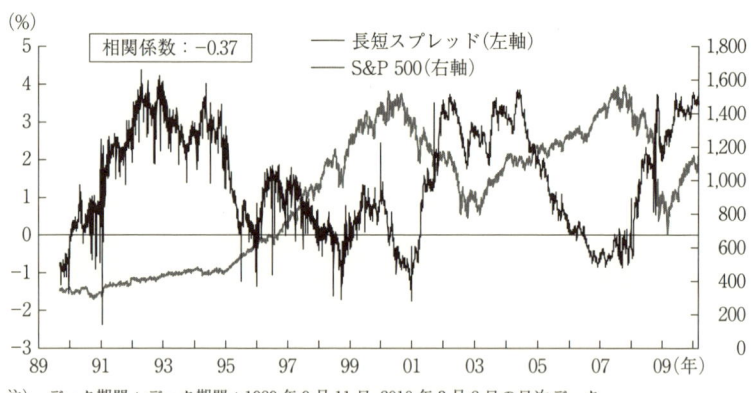

注）　データ期間：データ期間：1989 年 9 月 11 日–2010 年 3 月 8 日の日次データ．
出所）　FRB 資料，Bloomberg より NRI 作成．

数であるオーバーナイト金利には「長短スプレッド」を動かす力が皆無となり，「長短スプレッド」は糸の切れた凧のように，長期金利が経済状況によって押し流されるままにふらふらと動いていく（図表 5-18 はその点を簡単な単回帰によって確認している．これで見られるように，日本の政策金利には長短スプレッドの動きの説明力がない）．

それゆえに，景気が回復すれば，金融株と「長短スプレッド」が同時に上

図表 5-16　長短スプレッドと金融株の比較（日本）

相関係数：−0.27
長短スプレッド（左軸）
日経500種金融株（右軸）

注）データ期間：1989年9月11日-2010年3月8日の日次データ．
出所）日本銀行資料，Bloomberg より NRI 作成．

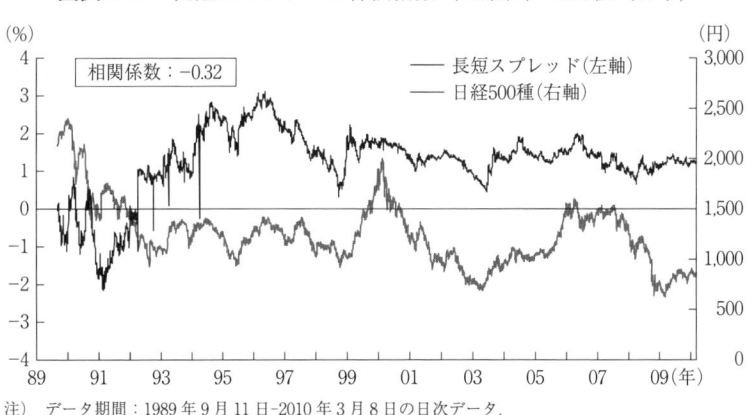

図表 5-17　長短スプレッドと株価指数（全業種）の比較（日本）

相関係数：−0.32
長短スプレッド（左軸）
日経500種（右軸）

注）データ期間：1989年9月11日-2010年3月8日の日次データ．
出所）日本銀行資料，Bloomberg より NRI 作成．

昇するし，景気が悪くなれば，両者が同時に低下するというわけである．つまり，これは金融政策による金融機関の収益とバランスシートの管理が不可能になっている状態を示している．

さて，図表5-19と20は米国と日本における，金融業の ROE（株主資本利益率）と金融株との関係を見たものである．これらの図が示すように，金融業の ROE と金融株の間には，密接な正の相関がある．以上を併せて考えれ

図表 5-18　長短スプレッドに対する短期金利の寄与度

- 長短スプレッドに対する短期金利の寄与度を日本・米国・ドイツの3カ国で統計的に検証した．
- 具体的には，スプレッドを定数項と政策金利で回帰し，政策金利の係数値の大きさを比較することで，寄与度を比較した．
- 結果は下表の通りである．日本は米国・ドイツと比較して政策金利の係数値が小さいことが分かる．

回帰分析結果（被説明変数：長短スプレッド）

説明変数	日　本	米　国	ドイツ
定数項	1.6595***	3.3868***	3.0231***
短期金利	−0.2848***	−0.4653***	−0.5978***
決定係数	0.578	0.563	0.581

注）1．***1%水準有意．
　　2．推計期間
　　日本・米国：1989年1月-2009年10月末（日次データ）．
　　ドイツ：1999年1月-2009年10月末（日次データ）．※政策金利はECBの政策金利を使用．

図表 5-19　金融機関のROEと金融株の連動性（米国）

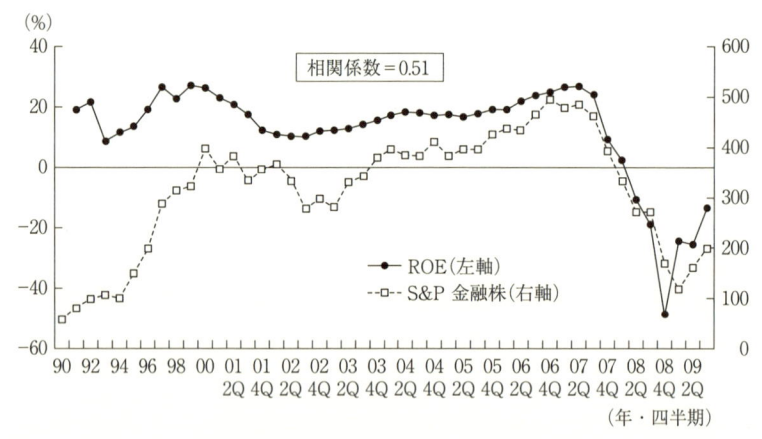

出所）Bloombergより NRI 作成．

ば，米国の場合，「長短スプレッド」の操作によって，金融機関の収益を梃入れすることが可能になっているが，いち早くゼロ金利に到達してしまった日本では，そのようなコントロールが不可能になっていることが分かる．

2009年にゴールドマン・サックスやJPモルガンが史上最高益を実現したというような事態が，なぜ，「失われた10年」の日本で起こらなかったかといえば，恐らくその理由はこの点にある．つまり日本の金融政策が「ビハイ

図表 5-20 金融機関の ROE と金融株の連動性（日本）

出所) Bloomberg より NRI 作成.

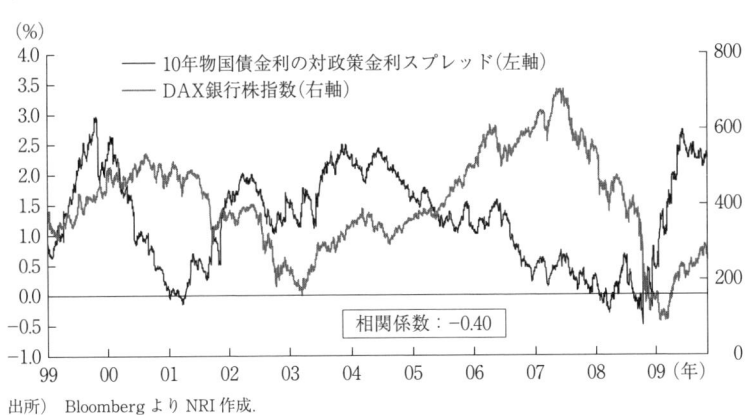

図表 5-21 10 年物国債金利の対政策金利スプレッドと金融株の比較（ドイツ）

出所) Bloomberg より NRI 作成.

ンド・ザ・カーブ」だったので，金融機関の収益とバランスシートとを政策的にコントロールすることが不可能になってしまったのである．

　ちなみに，図表 5-21 は「ドイツの 10 年物国債と ECB 政策金利のスプレッド」および DAX（ドイツ株価指数）の「金融株」の動きの関係を見たものである．これから見られるように，ECB もやはり積極的に「長短スプレッド」を作る行動を取っており，それを通じて「金融株」の梃入れを図ってい

る．こうして見ると，「長短スプレッド」の積極的な操作が不可能になっているという点で，日本は例外的な立場にいる．

11　出口戦略と逆ザヤの脅威

前節で見たように，金融危機が原因で起こった景気の下降に対して，短期金利を迅速に引き下げて，「長短スプレッド」を生み出すという中央銀行の政策は，「マチュリティー・トランスフォーメーション（短期の借り入れを長期の貸し出しに転換する）」を通じて利益を得ている金融機関の収益を改善させ，自力で金融危機のダメージから回復するチャンスを与えるという点では，極めて有効で，強力な政策である．しかるに，この強力な政策にはひとつの落とし穴がある．つまり，金融緩和からの「出口戦略」を取る際に「逆ザヤ」が発生するという問題である．

これは金利引き下げの局面と，金利引き上げの局面において，長短金利の関係に非対称性が生まれることから発生する問題である．つまりこうだ．いま，中央銀行が長期金利の引き下げを目指す行動を取ったとしよう．この場合，中央銀行の操作変数は短期金利（政策金利）であるから，中央銀行はそれを迅速に引き下げて，長期金利がそれにつれられて低下するように誘導をする．前の節で見たように，この結果，米国では短期金利が長期金利の下に来るという「長短スプレッド」が見事に作り出されている．

今度は，景気が回復し，むしろインフレが懸念されるようになった局面を考えてみよう．そこで中央銀行は，長期金利の引き上げを目指した行動を取るとする．この場合も，中央銀行の操作変数はやはり短期金利である．そこで中央銀行は短期金利を引き上げて，それにつれられて長期金利も上昇するように誘導する．

しかるに，短期を下げて，長期の低下を誘導する引き下げ局面では，短期金利は長期金利よりも下にあったものが，短期を上げて，それによって長期の上昇を誘導する引き上げ局面においては，短期金利が長期金利よりも上になるという「逆ザヤ」の状態を回避することは極めて困難である．

それゆえに，「マチュリティー・ミスマッチ」を利用して，金融機関が「長短スプレッド」が生じている局面で利益を拡大するというメカニズムそのも

のが，今度は「逆ザヤ」の局面で金融機関に打撃を与えることになる．資金調達のために支払う短期金利が，資金運用によって得られる長期金利を上回ることによって，金融機関の経営はダメージを受けるのである．

ここで米国における「長短スプレッド」の動きを見た図表 5-11 をもう一度見直してみよう．この図を検討すると，長短スプレッドが「ゼロ」または，「マイナス」の値になった時期が何度か存在することに気がつく．1995 年，1998 年，2001 年，2006 年などがそれである．

特に，2006 年に長短スプレッドがマイナスの「逆ザヤ」になったことは，恐らくサブプライム危機の発生と密接な関係がある．それについては少し後で述べることにしよう．ここでまず考えたいことは，2006 年ごろに「長短スプレッド」がマイナスに向かっていったことを，米国連銀がどのように認識していたかである．長短スプレッドがマイナスに向かっていったというのは，連銀が引き締めのスタンスに転じて，短期金利を徐々にではあるが，順調に引き上げていったのに対して，長期金利のほうが思ったようには上昇しなかったことに起因する．

この時の，長期金利の動きが当時連銀議長であったグリーンスパン氏を困惑させたことは有名である．事実，グリーンスパン氏はこの長期金利の動きを「Conundram（謎）」と呼び，回顧録の中でも一章を設けて，それについて論じている．次の箇所を参照されたい．

「何が起きているんだ？」2004 年 6 月，わたしは，FRB のビンセント・ラインハート金融政策局長に苛立ちをぶつけた．**苛立っていたのは，フェデラル・ファンド金利（FF 金利）誘導目標を引き上げたにもかかわらず，10 年物アメリカ国債の利回りが上昇しないどころか，低下したからだ**．これは通常，金融引き締めサイクルの終盤，つまり FRB が金融を引き締めた結果，長期金利が予想インフレ率の低下を完全に織り込み始めるときに見られるパターンであり，**引き締めの初期段階で金利が低下するのはきわめて異例だった**．

短期金利の引き上げを開始した局面では，長期金利が上昇し，引き上げのサイクルが一段落して，インフレ期待を低めるのに成功した状態で，ようや

く長期金利が下がり出すというのが通常の展開であるのに，この 2004 年 6 月から始まった引き上げのサイクルでは，当初から長期金利が下がり出した．それが「謎」だというのである．1994 年に引き上げのサイクルを開始した時には，実際，通常の展開となったことが，この章の注で述べられている．

　たとえば典型的なのが，1994 年の長期金利のパターンである．予想インフレ率の上昇を抑える狙いで，2 月以降，FF 金利誘導目標を合計 1.75 パーセント引き上げた．アメリカ国債長期物の利回りは上昇した．利回りが低下し始めたのは，0.75 パーセントの追加利上げを行った後の 94 年末である．

　ともかくグリーンスパン議長は「長期金利低下の謎」を見て，苦悩した．次のような記述がある．

　これは特異な動きに違いないと思った．わたしは，戸惑うと同時に，興味をかきたてられた（アラン・グリーンスパン『波乱の時代』，169 頁）．

　問題は，なぜ，グリーンスパン氏が「長期金利低下の謎」に直面して，苦悩したかである．普通に考えれば，恐らくその答えはこうであろう．2001 年以来の超低金利政策が功を奏して，米国経済の立ち直りは目覚しかった．このままで行くと，むしろインフレや不動産バブルといった問題が起こるので，グリーンスパン議長は一刻も早く長期金利を上昇させたかったのだが，そのようにならなかったので苦悩した．
　しかし，本章の「逆ザヤ」についての観察を踏まえると，別の解釈が可能だと思われてくる．つまり，グリーンスパンは金利引き上げの局面で「逆ザヤ」が生じることを恐れていたのである．なぜなら，低金利の局面において，金融機関がオーバーナイトの現先のような超短期の市場性資金を調達し，それを RMBS のような長期の証券に投資していたことを承知していたからだ．これほど「マチュリティー・ミスマッチ」が極端になっている状態で「逆ザヤ」が発生すれば，金融システムにどんな問題が発生するか，議長には完全に予想がついた．それで長期金利がなかなか上昇しないことに気を揉んだと

いうわけである．

　2004年6月以降の連銀の政策については，0.25％ずつ短期金利（政策金利）を引き上げるなどといった悠長なことをする代わりに，なぜもっと一気に短期金利を引き上げなかったか．そうすればバブルが抑制できたかもしれないのにという批判がなされている．恐らく，グリーンスパンには，一気に短期金利を引き上げられない理由があった．そんなことをすれば，「逆ザヤ」が一気に拡大して，金融システムが崩壊するからだ．

　しかるに，2006年中にはすでに発生した逆ザヤによって，金融機関の経営が一気に悪化するどころか，金融株は2007年前半まで上がり続ける（図表5-14を参照）．また金融機関のROEも，2007年の第2四半期間で高い水準にあった（図表5-19を参照せよ）．一体，何が起こったのだろうか．この点に，サブプライム危機の性質を理解するひとつの鍵があると筆者は考える．

12　逆ザヤからサブプライム危機へ

　2004年6月に始まる引き上げ局面の開始によって，2006年の初めにはすでに逆ザヤが発生していたにもかかわらず，金融株や金融機関のROEが2007年の第2四半期まで上昇し続けた理由を一言で説明すれば，それは金融機関の「悪あがき」である．つまり，米国の金融機関は「投機」に走ることによって，長短スプレッドによる安定な利益の喪失という危機に対応しようとしたのである．

　図表5-22を見てもらいたい．これはサブプライム証券の発行高を，長短スプレッドや住宅価格の動きと対比させたものである．2004年をピークに，長短スプレッドも，住宅価格も急速に減少に向かっているにもかかわらず，サブプライム証券発行高はその時点では落ちず，2006年6月ごろにピークを迎えていることが，この図から見て取れる．金融政策の引き締め局面への転換によって経営環境が悪化するなかで，金融機関はハイリスク・ハイリターンのサブプライムへの投機に活路を見出そうとしたのである．そればかりではない．図表5-23は，サブプライム・ローンやAlt-Aローンの延滞率を見たものであるが，2006年，2007年に発行されたローンの延滞率がことに高くなっているのが見て取れる．「逆ザヤ」によって首を締め付けられた金融機

図表 5-22 サブプライム証券発行額・長短スプレッド・住宅価格の推移

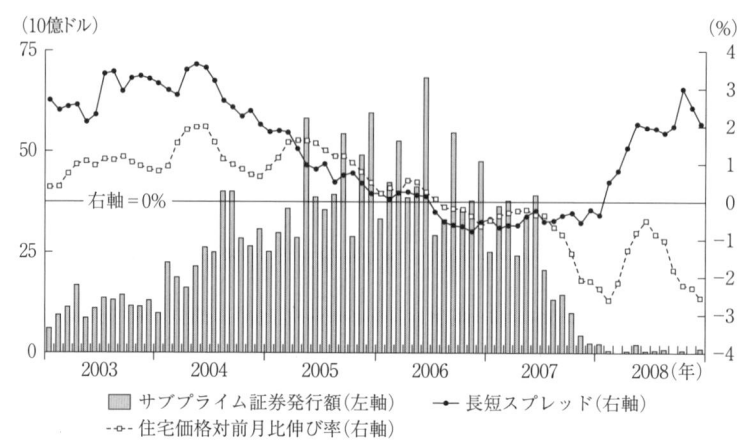

サブプライム証券発行額(左軸)
長短スプレッド(右軸)
住宅価格対前月比伸び率(右軸)

注) 住宅価格はS&Pケース・シラー(全米主要20都市)を使用.
出所) FRB資料, BloombergよりNRI作成.

図表 5-23 サブプライム・ローンの実行年別・経過月数別延滞率

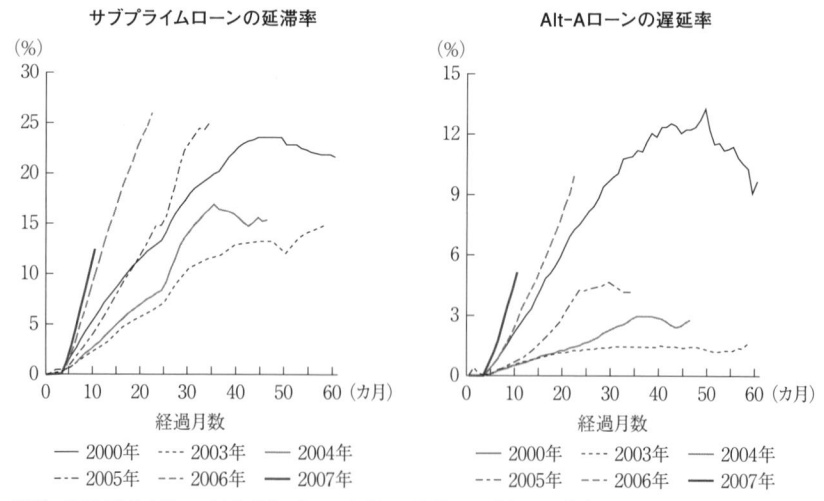

サブプライムローンの延滞率　　　　Alt-Aローンの遅延率

— 2000年　…… 2003年　— 2004年
--- 2005年　-･- 2006年　— 2007年

出所) IMF "Global Financial Stability Report"(Apr. 2008) p. 6 よりNRI作成.

関は，追い詰められて，ハイリスクなサブプライムの中でも，さらにハイリスクな貸出に乗り出したというわけである．

金融機関の「悪あがき」，つまり投機に打って出る行動は，レバレッジの動きを見た図表 5-24 によっても確認することができる．この図から分かるように，すでに長短金利に「逆ザヤ」が発生し，住宅価格の下落も顕著になっていた 2007 年第 3 四半期，第 4 四半期に，金融機関のレバレッジがこの期間で最高の値に達しているのである．ただし，サブプライム危機の発生が「オフィシャル」に認められた 2007 年 8 月以降は，金融機関のレバレッジが高まった理由として，損失を重ねた傘下の SIV などのオフ・バランスシートの金融機関を，バランスシート内に取り込まなければならなかったという，やむを得ない事情がある．したがって，金融機関が「悪あがき」によるレバレッジの拡大を続けたのは，金融株と ROE の上昇が続いていた 2007 年の第 2 四半期までと見ることが，恐らく適当であろう．

先にも述べたように，ヒュン・ソン・シンたちの研究によれば，長短スプレッドが拡大した時にレバレッジを拡大するというのが米国の投資銀行の一般に見られる行動であるが，以上のレバレッジの観察から分かるように，

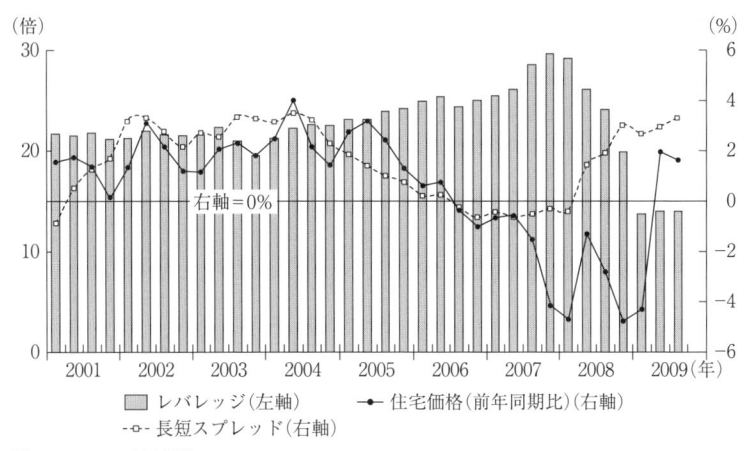

図表 5-24 金融機関レバレッジと住宅価格・長短スプレッド

注) 1. データは四半期ベース．
2. レバレッジ比率＝総資産÷自己資本．モルガン・スタンレー，ゴールドマン・サックス，メリルリンチ，リーマン・ブラザーズ（2008 年第 2 四半期まで）の平均値．
出所) FRB 資料，Bloomberg より NRI 作成．

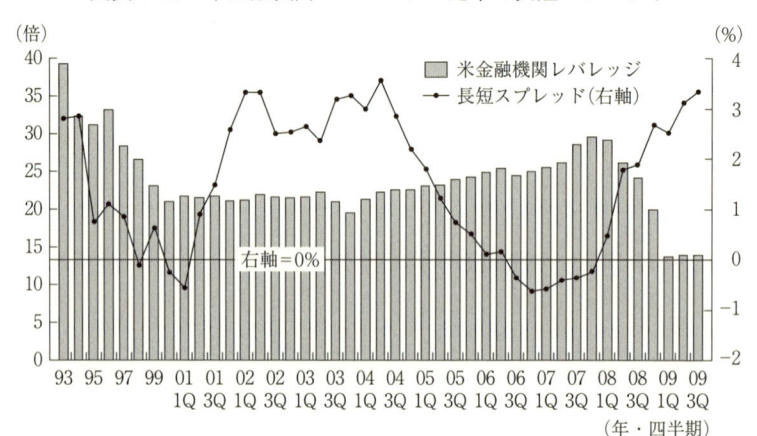

図表 5-25 米金融機関のレバレッジ比率と長短スプレッド

注) 1. レバレッジ比率＝総資産÷自己資本.
2. 1992-2000年までは年次, 2001年以降は四半期データ.
3. 米国：モルガン・スタンレー（97年以降），ゴールドマン・サックス（97年以降），メリルリンチ（97年以降），リーマン・ブラザーズ（92-2008年第2四半期まで）の平均値　※92-96年はリーマン・ブラザーズのみの数値.
4. 日本：野村證券（93年以降）・大和証券（94年以降）の平均値.
出所) FRB資料・Bloomberg・Mergent Online より NRI 作成.

2007年前半は例外だったわけである．いかに，金融機関が利益の生み出しに悪戦苦闘していたかが分かる．その悪戦苦闘が功を奏して，金融機関のROEも，金融株も2007年の第3四半期に最高値をつけたのである（図表5-19）．

長短スプレッドが下降する局面で，金融機関がむしろレバレッジを拡大し，無理やりROEをかさ上げするというのは，サブプライム危機の起こった2007年ごろに特有の現象である．金融規制の緩和や，証券化のための金融技術の発達がこのような無謀な行動を支えたのであろう．これに対して，グリーンスパンが，長期金利の動きが予想通りの傾向を示していたという1994年ごろの状況はまったく異なっている．この頃の状況は最近よく議論される．今後，世界の中央銀行が「出口戦略」を取った場合に，金融機関の経営に当時に近いことが起きるだろうというのでよく議論に上るのである．

実際，長短スプレッドと，金融機関のレバレッジの関係を見た図表5-25によると，1995年ごろは長短スプレッドの下降とともに，金融機関が速やかに

レバレッジを引き下げていることが見て取れる．長短スプレッドの下降にもかかわらず，むしろレバレッジの上昇が見られる 2006 年から 2007 年にかけてとは，金融機関の行動はまったく異なっている．

さて，以上のような，「出口戦略」，「逆ザヤ」，「レバレッジ」についての考察から，今後必要とされる金融規制についてひとつの提言ができる．2010 年 1 月にオバマ政権が本格的に検討を始めたボルカー提案をはじめとして，現在，金融規制については数多くの提案がある．その中で最も緊急性を要するものと思われるのが，「マチュリティー・ミスマッチ」についての規制である．

金融機関が従来通り，超短期で市場性資金を調達し，それを長期証券に運用するということをやっていれば，今後，出口戦略が発動される際に，逆ザヤによって経営に打撃を受ける．もしそれを投機によって逃れようとすれば，サブプライム危機の再来となっても不思議ではない．それを考えれば，あらかじめ金融機関のファンディングを長期のものに切り替える規制が，出口戦略が実施される前に必要である．

仮に今後，そのような規制が実施され，金融機関のビジネス・モデルが，長期の資金を調達して，それを長期の証券に運用するというものになったとすれば，金融機関はこれまでのようには収益が得られなくなるだろう．ゴールドマン・サックスや JP モルガンが実現した昨今の「史上最高益」は，いまだ「マチュリティー・ミスマッチ」が許されている過渡的な時期の，過渡的な産物と見るべきかもしれない．

13　中央銀行に可能なのはバジョット的戦略だけか？

かつての日銀とは異なり，連銀は今回の危機に対して，はじめから迅速に，積極的に行動してきた．そうではあっても，その行動目的が，ケインズ的な目標，つまりインフレ率や失業率のコントロールではなく，金融機関の収益の梃入れであったという印象は否めない．米国の失業率がいまだ 10％に近いというのに，2010 年 2 月 19 日に公定歩合の引き上げという「出口」への準備と受け取れかねない行動を取ったことも，その印象をさらに強める．

連銀があくまでも銀行家の目で世の中を見ており，実体経済の回復への努力を怠っているという批判を，ポール・クルーグマンが『ニューヨーク・タ

イムズ』紙で論じたことはすでに述べた．

　しかし，公平に見て，連銀は金融システムの安定以外に，もうひとつの重要な役割を達成している．すなわちデフレ期待の一掃である．ここですでに触れた，日米の長期金利の動きの差をもう一度検討してみよう．図表 5-12 に見られるように，1995 年ごろから日米の長期金利の間には，2%から 3%の差がある．この差は一体，何で説明できるのだろうか．

　説明要因としてまず考えられるのが，両国のインフレ率格差である．さらに，長期金利に織り込まれるのは，将来のインフレ率についての予想であるので，予想インフレ率も，長期金利の動きを説明する重要な要因である．そこで，予想インフレ率については，物価連動債と普通の国債のイールドの差から，予想インフレ率を計算してみることにした．もっとも，金融危機発生以降，最近の「物価連動債」の市場はやせ細っており，特に日本では財務省が「物価連動債」の発行を取りやめている．また米国でも，「流動性への逃避」が続くなかで，市場規模の小さい「物価連動債」への投資が，市場規模の大きい「一般国債」に逃避している．したがって，ここでの「予想インフレ率」の分析は，あくまでも参考程度のものと考えていただきたい．

　ともかく，日米長期国債の「金利差」，「実際のインフレ率の格差」，「予想インフレ率の格差」を計算し，それをひとつの図に書き込んだのが図表 5-26 である．この図が示すように，「実際のインフレ率の格差」は「日米金利差」をよく説明する．相関係数をとっても 70%ほどある．つまり，日米の長期金利差は「インフレ率の差」によって説明できるのである．

　他方において，「予想インフレ率」はあまり「金利差」の説明力を持っていない．だが，図をよく見ると，2008 年 10 月ごろまでは，「実際のインフレ率」と「予想インフレ率」はほぼ同じ方向に動いていて，そこまでの時点では「予想インフレ率」も「金利差」の説明力が高いことが見て取れる．問題はなぜ，2008 年 10 月から「実際のインフレ率」と「予想インフレ率」が食い違うようになったかである．この点については，規模の小さくなったので，「物価連動債」の指標が異常な動きをするようになったと解釈するのが，恐らく一番無難である．しかし，次のような解釈もできないことはない．

　米国について両者を比較した図表 5-27 を見てもらいたい．この図から分かるように，リーマン・ショックが世界を動揺させた 2008 年 10 月から，実

第5章 世界経済危機と「最後の貸し手」　313

図表 5-26　日米長期金利差・予想インフレ率格差・実際のインフレ率格差

● 長期金利格差と実際のインフレ率は順相関の関係がある．

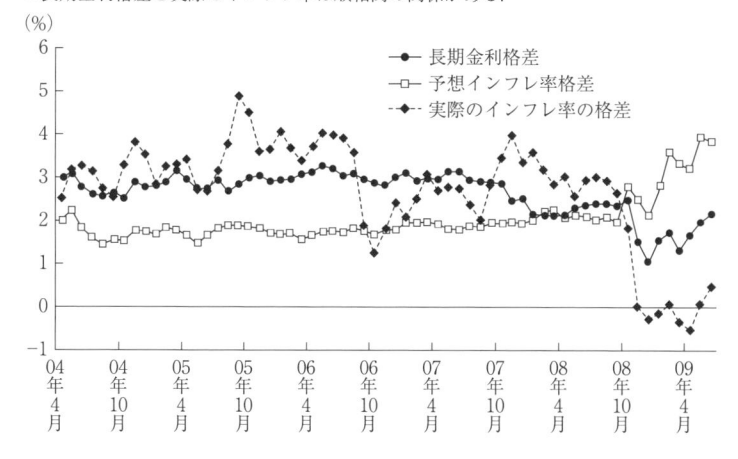

凡例：長期金利格差／予想インフレ率格差／実際のインフレ率の格差

相関係数

	長期金利格差	予想インフレ率格差	実際のインフレ率の格差
長期金利格差	1.00	−0.65	0.72
予想インフレ率格差	—	1.00	−0.71
実際のインフレ率の格差	—	—	1.00

注）実際のインフレ率にはCPIの対前年同月比を用いた．日本：CPI（除く生鮮食品）／米国：CPI総合
出所）BloombergよりNRI作成．

図表 5-27　予想インフレ率と実際のインフレ率（米国）

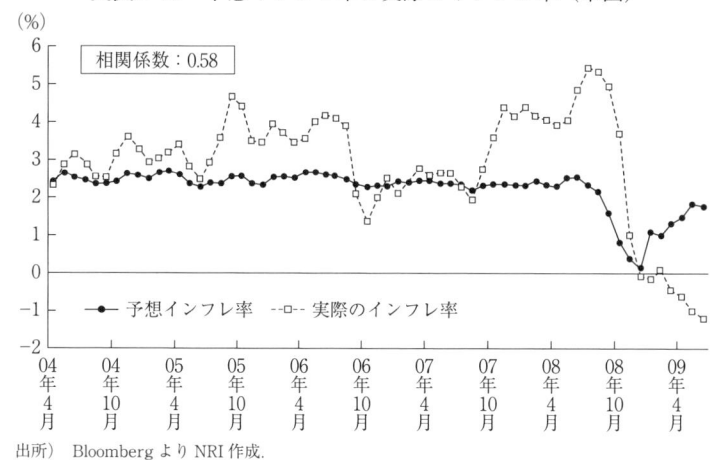

相関係数：0.58

凡例：予想インフレ率／実際のインフレ率

出所）BloombergよりNRI作成．

際のインフレ率は下降に向かったのに，予想インフレ率のほうは上昇に向かっている．これは AIG の救済その他で，連銀が流動性を大きく増やしたことと関係があるかもしれない．市場はそうした行動が長期的には「インフレ」につながると見たのである．

　その後，金融機関の経営は連銀のバジョット的な政策によって安定した．実際のインフレ率についても，インフレ期待についても，米国においては「デフレ」の心配が必要な状況にはなっていない．危機の当事者である米国でなぜ，デフレが起こらず，当事者でもない日本でだけ，なぜ，それが起こっているのかという疑問がしばしば出されるが，要するに，これは実際のインフレ率や予想インフレ率に日米差があるためである．日本のインフレ率は米国のそれよりも 2 から 3％低いと予想されている．それゆえ，両国のインフレ率が同時に下がる不況の局面では，日本がまずデフレに突入するのである．

　以上の考察が示すように，たとえ金融政策の主眼が，金融機関の経営安定化というバジョット的なものであったとしても，それを迅速に，積極的に展開すれば，デフレ期待の発生だけは回避することができるのである．

14　結論

　危機が発生してから，主要国の中央銀行は，金融機関の経営安定に主眼を置いた，バジョット的な政策を取ってきた．金融機関が危機の主役である限りにおいて，それは経済の安定化にも効果があった．だが，金融機関ではなく，国家が危機の主役となるドバイ・ショック，ギリシャ危機が起こってからは，中央銀行だけに依存する危機管理体制の限界が露呈された．他方で，住宅バブル崩壊の影響で金融機関の経営破綻が相次いだ米国において，いまだデフレの危険性が顕在化していない事実が示すように，たとえバジョット的な政策であっても，それを早期に，大々的に実行すれば，デフレ期待を一掃することは可能である．その意味において，米国連銀の金融政策は「ケインズ的」な意味での成功も収めたと言える．

参考文献

Adrian, T. and H. S. Shin [2008], "Financial Intermediaries, Financial Stability and Monetary Policy," proceedings of the 2008 Federal Reserve Bank of Kansas City Symposium at Jackson Hole, August.
Bagehot, W. [1873], *Lombard Street: A Description of the Money Market*, London: H. S. King.（宇野弘蔵訳 [1941],『ロンバート街——ロンドンの金融市場』岩波文庫）
Bernanke, B. S. [2010], "Monetary Policy and the Housing Bubble," speech given at the Annual Meeting of the American Economic Association, Atlanta, Georgia, Jan. 3.
Greenspan, A. [2007], *The Age of Turbulence: Adventures in a New World*, New York: Penguin Press HC.（山岡洋一・高橋裕子訳 [2007],『波乱の時代——わが半生とFRB』（上・下）日本経済新聞社）
James, H. [2001], *The End of Globalization: Lessons from the Great Depression*, Cambridge: Harvard University Press.
James, H. [2009], *The Creation and Destruction of Value: The Globalization Cycle*, Cambridge: Harvard University Press.
James, H. [2009], "Germany's Fiscal Follies," Project-Syndicate, July 3.
http://www.project-syndicate.org/commentary/james29/English
Kindleberger, C. [1973], *The World in Depression: 1929-1939*, Berkeley: University of California Press.
Schubert, A. [2006], *The Credit-Anstalt Crisis of 1931*, Cambridge: Cambridge University Press.

第6章　欧米中央銀行の金融政策の危機対応
——米国連邦準備制度と瑞国リクスバンク

小巻泰之　地主敏樹

要　旨

　世界金融危機のもと，各国はさまざまな対策を講じた．本章では危機発生源である米国の連邦準備制度と，危機に巻き込まれた欧州大陸の代表として瑞国リクスバンクという2中央銀行の金融政策対応を検討する．瑞国リクスバンクは，情報公開が乏しい欧州中央銀行の代わりとして検討対象とした．両行の政策決定を，決定時点におけるリアルタイム・データを用いた経済基調判断と，政策委員会の議事要旨のナラティブ分析を用いて吟味した．景気局面のずれや金融問題の評価の相違が顕著であるが，2008年央においては両行ともにインフレ警戒の度合いを高めていたことが見出された．この点は(市場金利スプレッドで調整した)テイラー・ルールによっても，当該時期における一時的な緩和不足として再確認された．両行の政策運営手法を比較すると，リクスバンクは危機下でもほぼ一貫した運営を維持しており，特に政策金利の「将来経路」予想の公表は有用であったと評価できよう．

1 はじめに

　今次の金融危機は世界的なものとなり，各国政府や中央銀行が対策を講じることとなった．本章では危機発生源である米国の連邦準備制度と，欧州スウェーデン（瑞国）のリクスバンクという2つの中央銀行の政策対応を検討し，比較を試みる．

　スウェーデンは小国であるが，欧州の事例として欧州中央銀行（ECB）ではなくリクスバンクを取り上げた理由は，その情報公開が先進的で金融政策決定の検討に適していることと，危機下の利下げタイミングや銀行中心の金融制度などが欧州中央銀行と類似しており，情報公開が乏しくて分析が難しい欧州中央銀行の代わりとして好適であることである．リクスバンクは，政策決定時点において利用可能であったデータや（政策金利の将来経路も含めた）経済予測を発表しており，政策情報公開に関しては，最先端を行く中央銀行のひとつであると考えられよう．さらに，リクスバンクの政策決定会議（総裁と副総裁からなる役員会）の議事要録（"Minutes"）も，他国と比べると詳細で，会議のメンバー個々の発言内容が明示されており，政策決定時点における考慮の内容がよく分かる．一方，米国連邦準備の政策決定会合（連邦公開市場委員会，FOMC）の議事要録はリクスバンクほどに明快ではないが，5年後に詳細な議事録が公開されるという制約があるので，議論内容を把握することはかなりの程度可能である．また，マクロ経済指標などのデータについては，フィラデルフィア連銀やセントルイス連銀において，リアルタイム・データベースが整備・公表されており分析しやすい環境にある．

　本章の構成は次のとおりである．第2節では，本章の分析対象である2007年から2009年の時期における両国経済の概要をまとめて，続く諸節への準備とする．第3節では，リアルタイム・データに基づいて，著者の1人（小巻）が編み出した手法（基調判断マトリックス）で，政策当局が直面していた経

済状況の可能な限りの再現を試みる．経済の諸側面のトレンドが変化する時が政策判断に重要なので，その時点を推定しようという試みでもある．続く，第4節では，FOMCと役員会の政策決定を，それぞれの議事要録に基づいて，時系列的にまとめていく．政策判断の理由として挙げられた議論内容をまとめるように心がけた．第5節では，テイラー・ルールを使って，両中央銀行を検討する．2008年半ばの一時的な緩和不足が顕著であった．第6節では，両中央銀行の政策の比較を行う．利下げ転換のタイミングは大きく異なるが，利下げ過程そのものはむしろよく似ている．ただし，金融政策運営手法としては，リクスバンクの方が格段に優れており，連邦準備のように危機下であたふたと種々の変更を加える必要がなかった．特に政策金利の「将来経路」予想の公表は有用であったと言えよう．最後に，日本のバブル崩壊時の経験と比較して，締めくくる．

2　検討対象時期の両国経済の概要

本節では，全体の分析の準備として，検討対象時期における米瑞両国の経済の推移の概要を見ておく（図表6-1～6-7）．基本的には，両国経済ともに2000年代はじめに景気後退局面となり，その回復から好況が続いて，本章の分析開始時点である2007年に入った．両国を比較すると，スウェーデン経済の方が米国経済よりも，景気の局面が少しずつ遅れることとなった．2000年代はじめの景気後退からの回復が遅れ，その後の好景気からの減速も遅れたのである．

2.1　米国経済

米国経済は，ITバブル崩壊後の失業率上昇も軽微なものに終わり，インフレ率の低下も1%余りで止まって，2004年には明確に反転していた．2007年に入るころまで好景気が続き，失業率は4%台半ばに低下し，インフレ率は2.5%前後にまで高まっていた．周知のように，地価はITバブル崩壊後も低下することなく，上昇を続けて2005年前後には10%を超える高率となったが，2006年夏から下落に転じていた．この間，政策金利は，ITバブル崩壊後の低金利水準から，2004年半ばに引き上げられ始めて，2006年半ばには

第6章 欧米中央銀行の金融政策の危機対応　321

図表6-1　政策金利

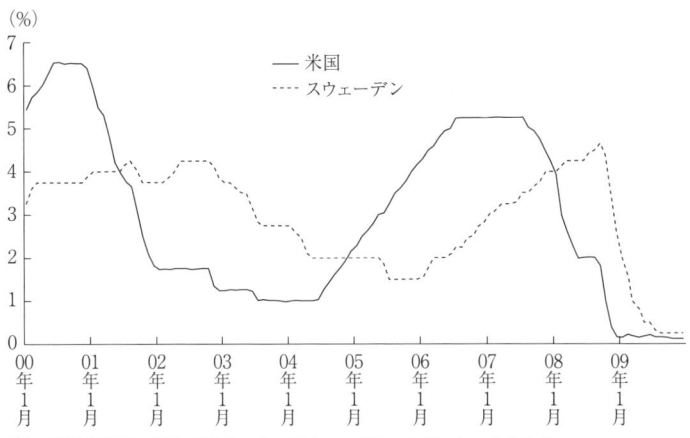

(%)

―― 米国
---- スウェーデン

注) 政策金利は，米国：FFレート，スウェーデン：レポ・レートとした．
出所) 米国連邦準備，瑞国リクスバンク．

図表6-2　インフレ率

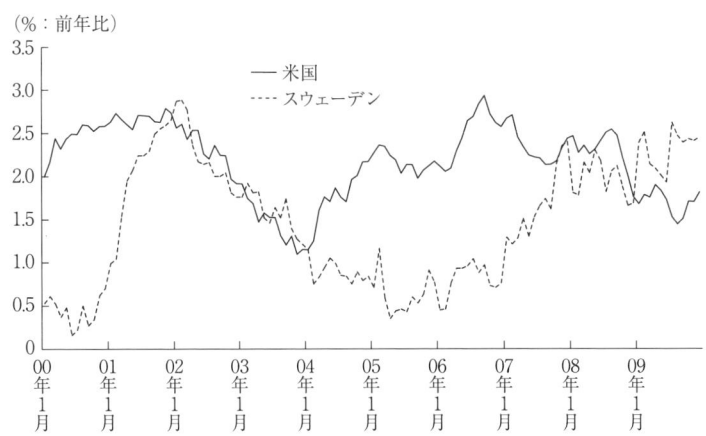

(%：前年比)

―― 米国
---- スウェーデン

注) インフレ率は，米国：食品エネルギー除きCPI（コアCPI），スウェーデン：CPIF（エネルギー除き）とした．
出所) 米国：Bureau of Labor Statistics・Bureau of Economic Analysis，スウェーデン：Statistics Swedenなど．

図表 6-3 原油価格（北海ブレント）

注）スポット価格の月平均値.

図表 6-4 失業率

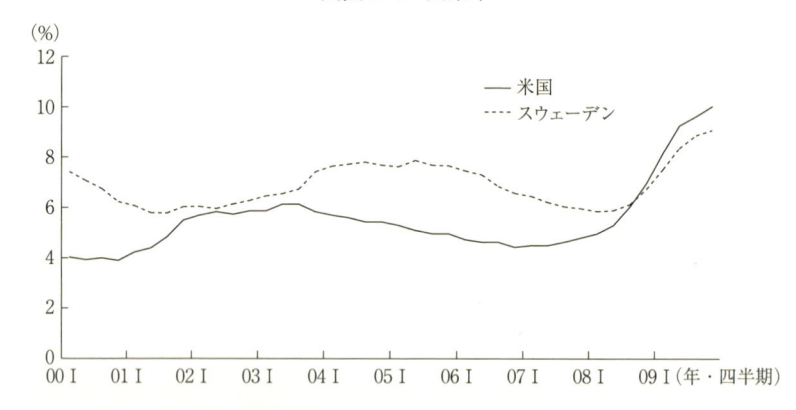

5.25％水準に到達して維持されていた．

　2007年に入るころには，失業率は緩やかに上昇を始め，インフレ率も少し低下してきていた．しかし，夏のパリバ・ショック後に利下げが進められると，国際商品市況が高まって，インフレ率は反転して2008年夏ごろには再び2.5％前後にまで高まった．地価は，2007年年初から前年比でマイナスに転じた．政策金利は，2007年秋から下げられ始めて，2008年夏前には2％に到達していた．実質金利もほぼゼロ水準となっていたことになる．

図表 6-5　実質 GDP

(％：前期比年率)

　　凡例：米国／スウェーデン

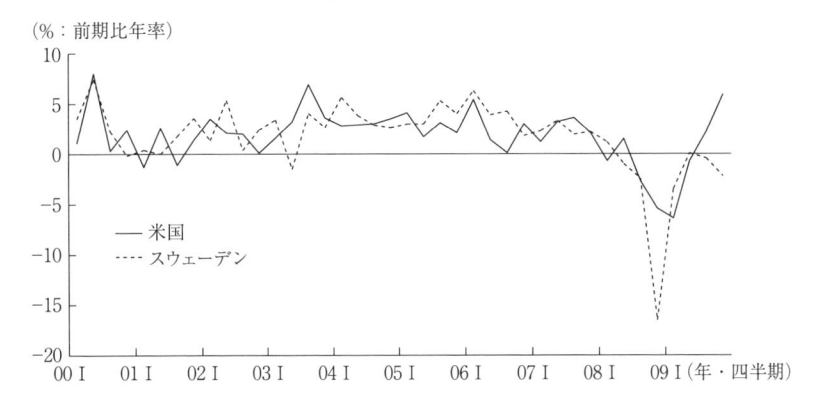

図表 6-6　地価

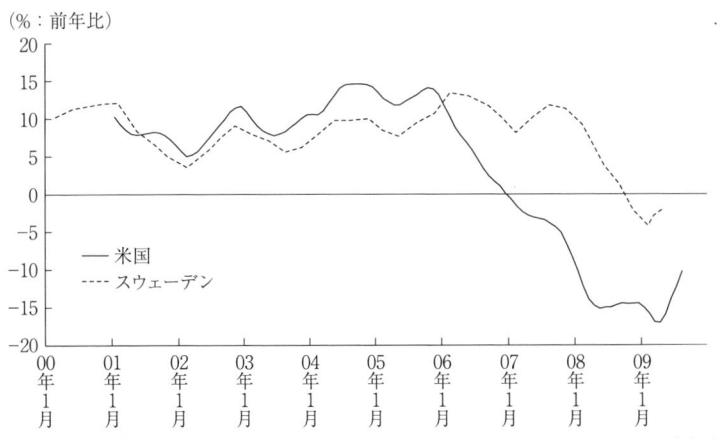

(％：前年比)

　　凡例：米国／スウェーデン

注）　地価は，米国：S&P Case-Shiller 20 Index，スウェーデン：Real Estate Price Index とした．

　リーマン・ブラザーズ証券破綻後の 2008 年秋からは，失業率が急上昇してインフレ率も急落し，地価の下落率は −15％前後に達した．政策金利も対応して急速に引き下げられて，2008 年末にはゼロ金利水準に到達し，実質金利は −1％以下となった．2009 年第 1 四半期は景況の悪化が続き，失業率も 10％を超えることとなった．しかし，年央には，地価の下落率が鈍化し，インフレ率も 1.5％ほどで下げ止まった．失業率の増加も鈍化し始めて，景気の反転が見込まれるようになった．この時期を通して，政策金利は，ゼロ水

図表 6-7　株価

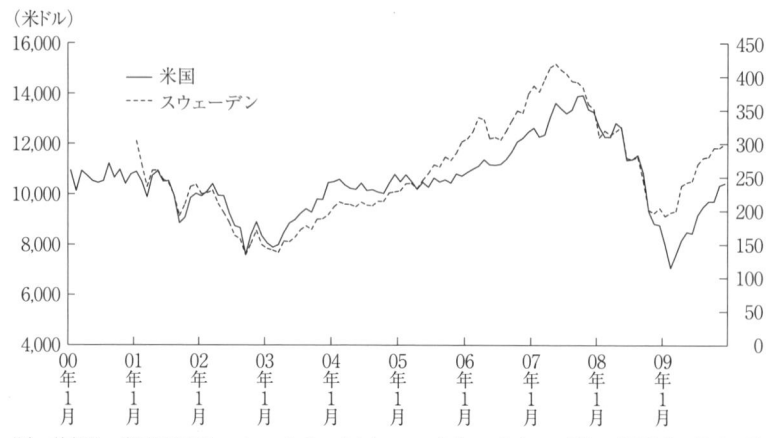

注）株価は，米国：NY Dow Jones Industrial Average Index, スウェーデン：OMX Stockholm 30 Index とした．

準で据え置かれた．

2.2　スウェーデン経済

スウェーデン経済は，2002年から2004年にかけて，失業率が増大して8％弱の水準にまで高まっていたが，2005年から緩やかに低下して2007年に入るころには6％余の水準となっていた．インフレ率も，2002年から2005年にかけて，3％弱から0.5％前後にまで低下したが，2006年から上昇を始めて，2007年に入るころには1％前後となってさらに高まりつつあった．経済状況に対応して，2002年から2004年にかけて政策金利は4.25％から2％にまで引き下げられ，その後2006年初頭から引き上げられて，2007年はじめには2％台半ばとなっていた．この間，地価は上昇を続けており，2003年から2005年にかけては5〜10％，2006年には10％を超える高率となっていた．

2007年もこの好景気が継続しており，失業率は6％弱の水準に向けて緩やかに低下し続ける一方で，インフレ率は加速して夏には1.5％前後となり，その後は国際商品市況急騰の影響もあって2.5％に近付いた．2008年半ばからは失業率は反転し始めて，インフレ率も2％前後にまでやや低下する．地価上昇も，2007年中は10％前後の水準にあったが，2008年になると10％を

切って鈍化傾向が明らかとなっていく．政策金利は，2007年から2008年9月まで小刻み利上げが継続されて4.75％の水準にまで引き上げられた．

リーマン・ショック後の2008年秋には，失業率がさらに高まって，2009年末に9％前後に近付いていく．しかし，インフレ率はあまり低下せず，2％台前半が続いていく．地価は－5％弱と下落に転じた．政策金利は急速に引き下げられて，2009年半ばにはゼロ水準に到達した．

3　経済環境の基調判断

本節では，2007年1月以降の米国とスウェーデンの経済環境の変遷について，リアルタイム・データを用いて振り返る．リアルタイム・データとは，政策判断や意思決定を行う各時点で利用可能なデータのことである．リアルタイムのデータベースについては，米国をはじめとする中央銀行で整備されてきており，データの利用は容易なものとなってきた．しかし，リアルタイム・データを用いた基調判断には2つの留意点がある．

第1に，一部のリアルタイム・データベースを除き，指標の公表日が記されていないことである．中央銀行の政策決定会合は月内の決まった時期に実施されるとは限らず，判断時にどのデータが利用可能であったのか単に公表月単位で収集されたリアルタイム・データベースを用いただけでは十分ではない[1]．

第2に，対象とする時期のずれの問題である．リアルタイム・データをもとに経済環境および金融政策の評価を行う場合，その評価時点で利用できるデータの対象月は異なる．例えば2007年1月のリアルタイム・データとは2007年1月の経済状況を示すデータのことを意味しない．2007年1月のデータとして整理されているものには，概ね2006年10月から12月時点の経済環境を示すデータが混在している．

本章では，データの公表日と金融政策決定会合開催日との関係について考

---

[1]　米国，英国などでは中央銀行によりリアルタイム・データベースが構築されているが，米国のArchivaL Federal Reserve Economic Data (ALFRED) を除き，多くのデータセットではその公表日まで記されていない．しかし，本章での基調判断では金融政策決定会合の前日時点で公表済みであるかどうかを区別する必要がある．この点で，現在のリアルタイムのデータベースは正確な意味でのリアルタイムではなく，利用においては留意を要する．

慮して，米国およびスウェーデンの中央銀行の金融政策決定会合が開かれる前日を基準とするリアルタイム・データを用いる．この基準で選ばれたデータは，金融政策決定時の利用可能な情報群と見ることができる．ただし，多くの月次統計は変動が大きく，単月の変動のみで判断することは困難である．そこで，基調的な判断を行うため，指標の判断基準を独自に設定することとする．

3.1 基調判断のルール

基調判断では経済指標を「好調」「保留」「不調」の3区分に分類する．基調判断に用いるデータはすべて金融政策決定会合開催前日時点で判明しているものである．金融政策決定会合の開催間隔が短い場合，新しい経済指標が判明していない場合もある．その場合には「情報変更なし」としている．

分類方法については，月次の指標は3カ月ルール，四半期の指標は2四半期ルールを用いる．3カ月ルールとは，データが3カ月連続で同一の方向の動きが継続した場合，変調の兆候と見なすものである．そこでさらに翌期のデータも同一方向（つまり4期連続）に動けば，さらに基調判断を変更させる．翌期のデータが異なる動きとなった場合，そこから3カ月同一方向の動きとなるまで基調判断を変更させない．ただし，CPIや稼働率のように指数の水準に意味があるものは別途追加的なルールを設ける．また，四半期の経済指標については，1四半期でも異なった動きとなった場合には基調の変調と見なし，さらに翌期も同一の方向の数値となった場合，基調判断を変更させる．仮に翌期のデータが異なる動きとなった場合，そこから2四半期同一方向の動きとなるまで基調判断を変更させない．さらに2四半期連続で同一の方向を示した場合，基調判断を変更する．

3.1.1 米国の基調判断のルール

米国連邦準備制度理事会が金融政策の決定に際して重要視する経済指標については，経済見通しで公開される4指標（実質GDP，失業率，PCE価格指数，コアPCE価格指数）を除き不明である．本章では経済調査機関のレポートなどで注目されている経済指標を取り上げることとした．インフレ指標につい

ては，多くの中央銀行が用いる CPI に加え，米国連邦準備が注目する PCE 価格指数を用いる[2]．

米国ではフィラデルフィア連銀やセントルイス連銀でリアルタイム・データベースが構築されている他，個別のデータに関する web サイトでアーカイブとして公表時のデータが利用可能である．個別景気指標とその判断ルールは図表 6-8 のとおりである．

3.1.2 スウェーデンの基調判断のルール

スウェーデンではリアルタイム・データベースは公式には構築されていない．スウェーデンの中央銀行リクスバンクでは，金融政策の決定に関する資料を *Monetary Policy Report* および *Monetary Policy update* として年 4 回程度公表している．また，注目する経済指標については一覧できる形で web 上でも公開されている（Economic and Financial data for Sweden）．本章ではこうしたリクスバンクが金融政策の決定で利用する資料集の中で採用されている経済指標を中心に用いる．

スウェーデンでは複数のインフレ指標および経済動向の予測に関するデータが充実している．インフレ指標については CPI 総合を基本に，モーゲージ金利および間接税・補助金を除いた CPIX，ここからさらに輸入財貨の変動を除いた CPIF がある．また，そこからエネルギーを除いた CPIF（エネルギー除き）などが公表されている．実質的には CPIF，CPIX などは CPI の内訳に過ぎないが，ヘッドラインの指標として公表することでインフレ圧力を多方面から観察していることを示している．

また，将来予測については GDP ギャップや雇用需給に関するギャップの予測を示すほか，消費者および企業マインドのサーベイ調査を "Forward looking indicators" として位置付け，将来予測を公開している．これは，リアルタイム・データと言えども，その時点で判明する経済指標は過去の動向を示すものであり，現時点の動向を判断するのは困難であるものではない．

---

[2] 米国では 2000 年 3 月の議会への半期報告（Monetary Policy Reports to the Congress）から，インフレ指標として CPI から PCE デフレータに変更された．この背景には，① PCE デフレータの方が消費支出を包括的かつ正確に捕捉できていること，CPI で指摘される指数バイアスの問題が解決できることなど指摘されている．

図表 6-8　米国の基調判断のルール

		基調判断指標		加工形態	基調判断のルール		
					好調	保留	不調
家計	民間消費	Personal consumption expenditures		S.A. 伸び率 (QA)	前期比プラス	2四半期ルール	
	個人所得	Personal income/Wage and salary disbursements		S.A. 伸び率 (Q)	前期比1.0%以上		
	小売売上高	Advance Monthly Retail Trade/Retail and Food Services, total		S.A. 伸び率 (Y)	前年同月比プラス	3カ月ルール	
	自動車販売	Advance Monthly Retail Trade/Motor Vehicle and Parts Dealers		S.A. 伸び率 (Y)			
	消費者マインド	Reuters/University of Michigan Surveys of Consumers		S.A. 伸び率 (M)	前月比プラス		
住宅	住宅投資	Gross private domestic investment/Residential		S.A. 伸び率 (QA)	前期比プラス	2四半期ルール	
	住宅着工許可件数	New Residential Construction/Housing Permits		S.A. 伸び率 (M)			
	住宅着工	New Residential Construction/Housing Starts		S.A. 伸び率 (M)	前月比プラス	3カ月ルール	
	新設住宅販売	New Residential Sales		S.A. 伸び率 (M)			
	ケース・シラー住宅価格	Case-Shiller Home Price/20-City Composites		S.A. 伸び率 (M)			
企業	設備投資	Gross private domestic investment/Nonresidential		S.A. 伸び率 (QA)	前期比プラス	2四半期ルール	
	生産指数	Industrial production/Total index		S.A. 伸び率 (M)	前月比プラス	3カ月ルール	
	稼働率	Capacity utilization/Total industry		S.A. 水準	80%以上		
雇用	非農業部門雇用	Nonfarm employment		S.A. 水準	前月比10万人以上	3カ月ルール	
	失業率	Unemployment rates/All workers		S.A. 水準	5.0%未満		
	週平均労働時間	Indexes of aggregate weekly hours		S.A. 伸び率 (M)	前月比プラス	3カ月ルール	
	平均賃金	Average hourly earnings, total private		S.A. 伸び率 (M)			
物価	CPI	Consumer Price Index for All Urban Consumers		S.A. 伸び率 (Y)	2.0%未満	3カ月ルール	
	コア CPI	All items less food and energy		S.A. 伸び率 (Y)			
	PPI	Producer Price Index for Finished Goods		S.A. 伸び率 (Y)			
	コア PPI	Except food and energy		S.A. 伸び率 (Y)			
	PCE	Personal consumption expenditures price index		S.A. 伸び率 (Y)			
	コア PCE	Except food and energy		S.A. 伸び率 (Y)			
金融	M2	Money Stock Measures M2		S.A. 伸び率 (Y)	6.5%以上	3カ月ルール	
	株価 (NYダウ)	Dow Jones Industrial Average		前日比変動の標準偏差(次回役員会開催までの期間)	0.5%以上	0.5以上、1.0未満	1.0以上
全体	GDP	Gross domestic product		S.A. 伸び率 (QA)	伸び率2.0%以上	2四半期ルール	
	ISM 製造業	Manufacturing ISM		S.A. 水準	50以上	3カ月ルール	
	ISM 非製造業	Non-Manufacturing ISM		S.A. 水準			

注：加工形態の記号は以下のとおり。
WA：Working day 調整済系列、SA：季節調整済系列、NSA：原系列、伸び率(Y)：前年同月比伸び率、伸び率(Q)：前期比伸び率、伸び率(QA)：前期比年率、伸び率(M)：前月比伸び率

その点，予測を示すことは将来だけでなく現時点の動向判断[3]に役立つものと言える．また，こうした予測をもとに，金融政策の先行きとしてレポ・レートの予測パスも公開され，中央銀行の政策判断が市場に伝わりやすい状況にある．基調判断に用いる景気指標の基調判断のルールは図表6-9のとおりである．

3.1.3 基調判断マトリックス

それぞれの国で注目されている経済指標を，前回の政策決定会合から当該の会合までに公表された指標をそれぞれの基準で3つの区分に割り当てたものが，基調判断マトリックスである．図表6-10は2007年1月30日開催のFOMC時に利用可能な経済指標の判断を試みたものである．住宅投資関連指標の多くが不調に位置付けられるものの，この時点ではサブプライム問題に対する他の経済活動への影響が小さいものであることが窺える．一方で，インフレ圧力の増加も窺える状況にある．このように基調判断マトリックスを用いると視覚的に経済活動の変化を判断できる．

本章では紙面の関係からマトリックスでの動きを時系列で整理したものを用いる（後出の図表6-11, 6-14）．ここでは視覚的な判断が可能なように，好調な状況を示す指標は「空欄」，保留を「〇」，不調を「●」としている．また，政策決定会合の開催間隔が短い場合，判断で必要とされる情報が更新されない場合もある．この場合は「→」と表記し，判断材料が前回と同様としている．

3.2 米国の経済環境

2007年以降の米国経済は，すでに住宅投資を中心に悪化していたところに，2007年夏場以降の金融市場不安，原油価格の高騰などから景気の悪化ペースが早まり，2008年9月のリーマン・ショック後急激な悪化となった（図表6-11）．インフレ率は2007年央以降に徐々に上昇し，2007年末以降原油価格高騰などからインフレ圧力が高まった．リーマン・ショック後は逆にマイナスの伸びとなるなど，インフレ圧力は急速に低下した．

---

[3] 現時点の動向判断は nowcast とされその手法開発も欧米を中心に進んでいる．

図表6-9 スウェーデンの基調判断のルール

		基調判断指標	加工形態	好調	基調判断のルール 保留	不調
家計	小売販売額	Retail sales	WA, 伸び率(Y)	5.0%以上		3ヵ月ルール
	時間当たり賃金(実質)	Average hourly earnings of manual workers in the private sector	NSA, 伸び率(Y), CPIで実質化	1.0%以上	0.0%以上, 1.0%未満	マイナスの伸び
企業	生産指数	Industrial production index	WA, 伸び率(Y)	1.0%以上		3ヵ月ルール
	鉱工業稼働率	Actual capacity utilisation	SA, 伸び率(Q)	2四半期連続プラス		2四半期ルール
雇用	失業率(15-74歳) 就業率(15-74歳)	Unemployment, 15-74 years Employment Rate	%水準, NSA, 前年開差	前年開差プラス		
	労働時間	Number of Hours worked	SA, 伸び率(Y)	2.0%以上		
物価	CPI CPIF CPIF(エネルギー除き) CPIX	Consumer Price Index Underlying Inflation	NSA, 伸び率(Y)	0.0%以上, 2%未満		3ヵ月ルール
	PPI(総合) PPI(国内)	Producer Price Index, overall (home sales + export price) Producer Price Index, home sales		0.0%以上, 3.5%未満 0.0%以上, 5.0%未満		
	地価(住宅用)	Real estate price	SA, 伸び率(Y)	0.0%以上, 6.0%未満		
金融	M3 M1	Money aggregate, M3 Money aggregate, M1	SA, 伸び率(Y) SA, 伸び率(Y)	5.0%以上, 15.0%未満 6.0%以上, 10.0%未満		3ヵ月ルール
	スウェーデン株価(OMXS) TCW	Stock Index, 1999年1月4日=100 Trade weighted exchange rate	前日比変動の標準偏差(次回ణ会開催までの期間)	0.3%未満 0.5%未満	0.3以上, 1.0%未満 0.5以上, 1.0%未満	1.0以上
全体	GDP GDPギャップ	Real GDP GDP Gap	SA, 伸び率(Q) SA, 乖離率	0.5%未満 0.0%以上		2四半期ルール
Foward looking indicators	消費者コンフィデンス 経営者マインド(製造業) 経営者マインド(建設業) 経営者マインド(小売業)	Household expectations of the future Confidence indicators for Manufacturing industry Confidence indicators for Construction Confidence indicators for Retail trade	%水準, NSA, 3ヵ月前比開差	開差プラス		3ヵ月ルール
	GDPギャップ(予測) 労働時間ギャップ(予測) 雇用者ギャップ(予測)	Estimated gaps for GDP Estimated gaps for Hours worked Estimated gaps for Employment	SA, 乖離率	先行き4四半期上昇		先行き4四半期下落

注) 加工形態の記号は以下の通り。
WA：Working day 調整済系列、SA：季節調整済系列、NSA：原系列、伸び率(Y)：前年同月比伸び率、伸び率(Q)：前期比伸び率

第6章　欧米中央銀行の金融政策の危機対応　331

図表6-10　2007年1月30日開催のFOMC時の基調判断マトリックス
2006年12月13日-2007年1月29日

		好調			保留			不調		
		発表日	対象期間	実績		発表日	対象期間	実績		発表日	対象期間	実績
家計	民間消費(1.前期比年率)	07/1/27	06/4Q	4.4								
	個人所得(1.前期比)	07/1/27	06/4Q	1.5								
	小売上高(前年同月比)	07/1/12	06/12M	6.0								
	自動車販売前年同月比	07/1/12	06/12M	1.6								
	消費者マインド(水準)	06/12/22	06/12M	97.1								
住宅	新設住宅販売(前月比)					07/1/26	06/12M	4.8	住宅投資(1.前期比年率)	07/1/27	06/4Q	−19.2
									住宅着工(前月比)	07/1/18	06/12M	4.5
									住宅着工許可(前月比)	07/1/18	06/12M	5.5
									ケースシラー(前月比)	06/12/31	06/12M	−0.4
企業	稼働率(水準)	07/1/17	06/12M	81.8	生産指数(前月比)	07/1/17	06/12M	0.4				
	設備投資(1.前期比年率)	07/1/27	06/4Q	−0.4								
雇用	失業率(水準)	07/1/5	06/12M	4.5								
	非農業部門雇用(増減数)	07/1/5	06/12M	+16.7								
	平均賃金(前月比)	07/1/5	06/12M	0.5								
	週平均労働時間(前月比)	07/1/5	06/12M	0.2								
物価	PPI(前年同月比)	07/1/17	06/12M	1.1	CPI(前年同月比)	07/1/18	06/12M	2.5				
	コアPPI(前年同月比)	07/1/27	06/4Q	1.8	コアCPI(前年同月比)	07/1/18	06/12M	2.6				
	PCE(前年同月比)	06/12/21	06/11M	1.9	コアPCE(前月同月比)	06/12/21	06/11M	2.2				
金融	M2(前年同月比)	07/1/25	06/12M	5.3								
	NYダウ(標準偏差)	06/12/13〜07/1/29		0.432								
全体	GDP(1.前期比年率)	07/1/27	06/4Q	3.5								
	ISM製造業(水準)	07/1/3	06/12M	51.4								
	ISM非製造業(水準)	07/1/5	06/12M	57.1								
政策決定会合	2007年1月30日〜31日。政策決定会合の開催期間(前回の翌日から今回の前日)を意味する。FF金利5.25%据え置き											

注： 1. 表の対象期間は、政策決定会合の開催期間(前回の翌日から今回の前日)を意味する。
　　2. GDP関連指標は四半期系列であるもの、2回にわたり順次改定が実施されることから、1：advance、2：second、3：thirdと表記した。

図表 6-11 米国の基調判断マトリックス(時系列比較表)

第6章　欧米中央銀行の金融政策の危機対応　333

		FOMC開催日	1/16	1/27	2/7	3/17	4/28	6/3	6/23	8/11	9/22	11/3	12/15
						2009							
家計		民間消費	○	↑	●	●	●	●	●	●	●	●	●
		個人所得	↑	○	↑	○	↑	●	●	●	●	●	●
		小売売上高	●	●	●	●	●	●	●	●	●	●	●
		自動車販売	●	●	●	●	○	●	●	●	●	●	○
		消費者マインド	●	↑	↑	●	●	●	●	●	●	○	●
住宅		住宅投資	●	●	●	●	●	●	●	●	●	●	●
		住宅着工許可件数	●	●	●	●	●	●	●	●	●	●	●
		住宅着工	●	●	●	●	●	●	●	●	●	●	●
		新設住宅販売	●	●	●	●	●	●	●	●	●	●	○
		ケース・シラー住宅価格		↑	●	●	●	●	●	●	○	○	●
企業		設備投資	○	●	●	●	●	●	●	●	●	●	●
		生産指数	●	↑	↑	●	●	●	●	●	●	○	●
		稼働率	●	↑	↑	●	●	●	●	●	●	●	●
雇用		非農業部門雇用	●	●	●	●	●	●	●	●	●	●	●
		失業率	↑	↑	●	●	●	●	●	●	●	●	●
		週平均労働時間	↑	↑	●	●	●	●	●	●	●	●	●
		平均賃金											
物価		CPI											
		コア CPI			●					●		●	
		PPI	●	↑			○			●			
		コア PPI					●			●			
		PCE											
		コア PCE											
金融		M2											
		株価 (NY ダウ)	●	↑	●	●	●	●	●	●	●	●	○
全体		GDP	●	↑	●	●	●	●	↑	●	●	●	○
		ISM 製造業	●	↑	●	●	○	●	↑	○	●	●	○
		ISM 非製造業	●	↑	●	●	●	●	↑	●	●	●	○

注: 表は「基調判断マトリックス」の推移を時系列に示したもの。記号は以下の状況を示す。
空欄：良好、○：基調判断困難、●：悪化、↑：金融政策決定会合開催時点で情報の更新がないもの

図表 6-12 米国における住宅着工戸数の推移

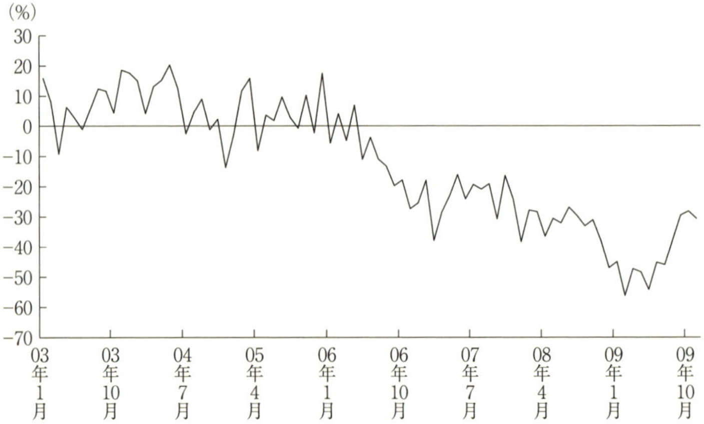

出所) 米国 Economics and Statistics Administration.

3.2.1 住宅関連指標は 2005 年末がピーク，ただし景気は好調を持続

2007 年 1 月時点ですでに米国の住宅投資は減少傾向にあった．住宅投資は 2005 年 10-12 月期より 5 四半期連続のマイナスであり，投資環境に悪化を受けて地価（ケース・シラー住宅価格）は 2006 年 8 月以降下落傾向にあった．住宅投資をさらに悪化させたのが 2007 年 8 月のパリバ・ショック以降である．世界的な金融市場の動揺により，2007 年 9 月の住宅着工件数が 119.1 万戸と 14 年振りに 120 万戸割れとなり，住宅市場がさらに悪化した（図表 6-12）．

しかし，雇用所得環境は好調を持続，失業率は 4.5% まで低下した．所得の増加を受けて消費は堅調に推移している．このような状況を受け，コア・インフレ率（CPI, PCE）は 2% 台前半とややインフレ基調にあったものの，重大な懸念に及ぶ水準ではなかった．

3.2.2 2007 年末以降は物価急騰，金融市場の不安定化

2007 年 5 月以降，インフレ圧力の高まりが見られるようになった．特に，原油価格などの国際商品市況の高騰を受けて，物価指数は 2007 年末以降急上昇することとなった．ただし，原油価格などを除くコア・インフレ率は 2% 台前半と落ち着いていた（図表 6-13）．FOMC の経済見通しでは，2007 年

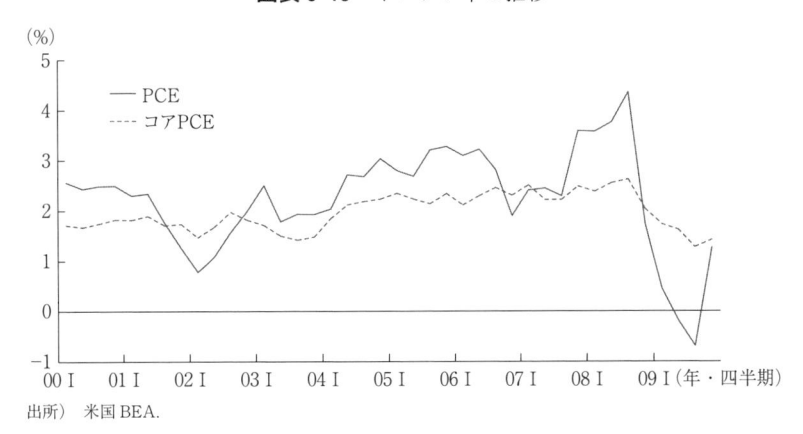

図表 6-13　インフレ率の推移

(出所) 米国 BEA.

10 月よりコア PCE 価格指数に加えて PCE 価格指数を追加した．この背景には原油価格の上昇の影響を判断する狙いがあると考えられる．また予測期間も 2 年間から 4 年間とされた．

一方で，株価のボラティリティの高まりでも確認できるように，2007 年 8 月のパリバ・ショック，2008 年 1 月には金融機関の決算，さらに 2008 年 3 月のベアー・スターンズ危機をめぐる思惑などから金融市場が不安定化した．インフレ圧力の増加や金融市場の不安定化を受けて，2008 年 1 月の消費者マインド（ミシガン大消費者コンフィデンス）は 1982 年 3 月以来の水準まで低下するなど，製造業・非製造業経営者のマインドの悪化が見え始めた．

ほとんど時期を同じくして，経済活動では非農業部門の雇用者数の鈍化，失業率の上昇など雇用環境は悪化し始め，自動車など耐久消費の悪化が始まった．GDP（2007 年 10-12 月期）は 0.2％と大幅減速し，国内経済の悪化が目立つようになってきた．

3.2.3　リーマン・ショック以降の急激な景気悪化，その後回復

2008 年 3 月以降，非農業部門の雇用者数が 2003 年 8 月以来 4 年半振りに減少に転じるなど，景気の悪化を確認できる．さらに，2008 年 4 月には企業マインドは製造業，非製造業とも 50 を下回り，景気後退入りを示すようになる．しかし，堅調な平均賃金を背景に消費の大幅な悪化は見られなかった．

その後も景気減速は続き，リーマン・ショック以降景気悪化のペースが早まったことが確認できる．失業率も急上昇し，2009 年 2 月以降には経済指標のほとんどが「不調」に位置されるなど，景気は急激に悪化した．一方，インフレ率は景気悪化を受けて，急速に低下し，CPI や PCE の伸びはマイナスになっている．

その後，住宅価格が前年比の下落率が 2009 年 1 月をボトムに減少に転じ，住宅着工戸数も減少ペースが落ちてきている．2009 年央ごろから製造業の景況感の回復など緩やかな景気回復が確認できる．

3.3 スウェーデンの経済環境

基調判断の推移表（図表 6-14）を見ても分かるように，2007 年以降のスウェーデン経済は，米国経済の変遷と比較して分かりやすいものとなっている．景気の拡張は 2007 年末ごろまで続き，拡張ペースはやや鈍化したものの，2008 年半ばまで景気拡張が続いたと判断できる．また，リーマン・ショック以前から景気は悪化傾向入りしている．

景気の拡張基調を受けて，2007 年以降中間需要部門を中心にインフレ圧力も次第に高まる状況にあった．そこに，原油価格高騰も加わり，2008 年以降最終需要部門を含めてインフレ圧力は急激に高まった．

2009 年に入ると消費者・企業のマインドは回復しつつあるものの，リーマン・ショックの悪影響の浸透から経済の悪化は継続している．

3.3.1 2008 年半ばごろまで景気拡張継続，2007 年末以降インフレ圧力急激に高まる

リクスバンクの GDP の予測を見ても分かるように，2008 年 9 月のリーマン・ショックまでマイナス成長の予測は見られない（図表 6-15）．リアルタイムで見ると GDP は 2008 年 4-6 月期（2008 年 9 月 12 日発表）にゼロ成長となり，その後の改訂でマイナス成長（2008 年 11 月 28 日発表）となっている．したがって，当時は緩やかな景気悪化を想定していたものと思われる．

一方，インフレ率は景気拡張基調を背景にリクスバンクの CPI の予測もリーマン・ショックまでは 2% 台と予測され，金融政策上，金融緩和できる状況にないことを示していた（図表 6-16）．特に，当初は PPI の上昇に見られる

第6章 欧米中央銀行の金融政策の危機対応　337

図表6-14　スウェーデンの基調判断マトリックス（時系列比較表）

		リクスバンク役員会開催日	2007 2/14	3/29	5/3	6/19	9/6	10/29	12/18	2008 2/12	4/22	7/2	9/3	10/8	10/22	12/3	2009 2/10	4/20	7/1	9/2	10/21	12/15
家計		小売販売額									○	●	●	●		●	●	●	●	●	●	●
		時間当たり賃金（実質）												●		●	●	●	●	●	●	●
企業		生産指数										●	●	●	↑	●	●	●	●	●	●	●
		鉱工業稼働率											●	●		●	●	●	●	●	●	●
雇用		失業率（15-74歳）															●	●	●	●	●	●
		就業率（15-74歳）															●	●	●	●	●	●
		労働時間															●		●			
物価		CPI							○	●	●	●	●	●		●	●	●	●	●	●	●
		CPIF								●	●	●	●			●		●		●	●	●
		CPIF（エネルギー除き）					○			○							●					
		CPIX	●	●	●	●	●	●	●	●	●	●	●	●								
		PPI（総合）	●	●	●	●	●	●	●	●	●	●	●	●	●	●	●	●	●	●	●	●
		PPI（国内）	●	●	●	●	○	●	●	●	●	●	●			●		●	●	●	●	●
		地価（住宅用）	●	●	●	●	●	○										●				
金融		M3								●	●	●			↑	●	●		●	●	●	●
		M1										●		○	●	○		●	●	●	○	○
		スウェーデン株価(OMXS)												↑			●		●			
		TCW												↑								
全体		GDP									●	○	↑	↑		●	●	●	●	●	●	●
		GDPギャップ									●	○	↑				●	●	●	●	●	●
Foward looking indicators		消費者コンフィデンス	●	●						●	●		●	↑	●	●	●	●	●	●	●	●
		経営者マインド（製造業）	●	●	●					●	●			↑	↑	●		↑	●		●	●
		経営者マインド（建設業）								○	○				↑		↑	↑				
		経営者マインド（小売業）								●	○	○			↑	●	↑					
		労働時間ギャップ（予測）								○	○	○			↑	○					○	○
		GDPギャップ（予測）								●	●	●		↑	↑	●				↑	●	●
		雇用者ギャップ（予測）									●	○			↑	●				↑	●	●

注）表は「基調判断マトリックス」の推移を時系列に示したもの。表中の記号は以下の状況を示す。
空欄：好調。○：保留。●：不調。↑：役員会開催時点で情報の更新がないもの

図表 6-15　GDP 予測の推移

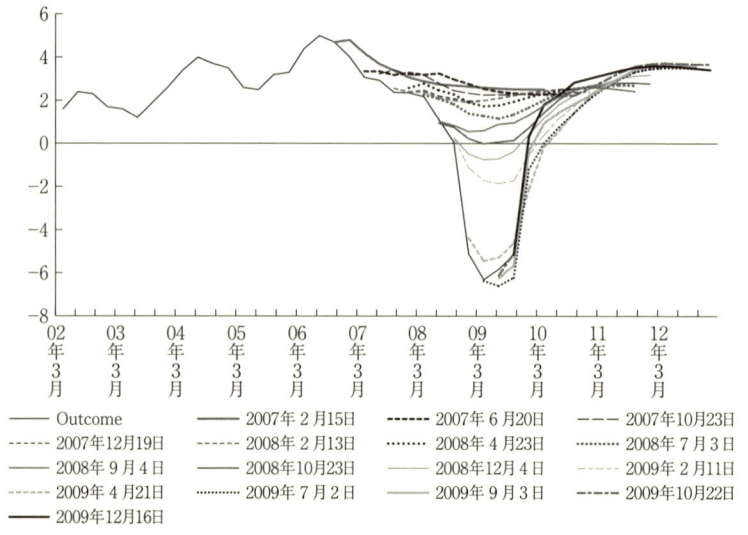

出所）瑞国リクスバンク *Monetary Policy Report* および *Monetary Policy Update* より作成．

図表 6-16　CPI 予測の推移

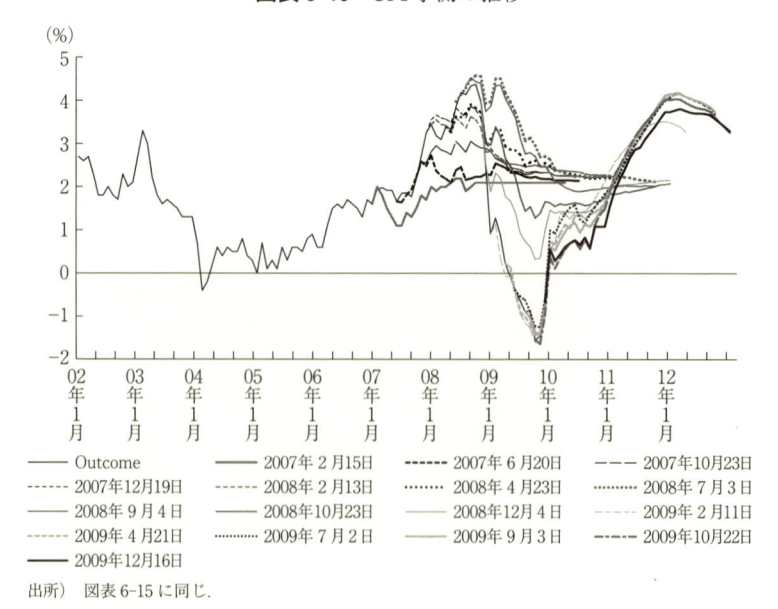

出所）図表 6-15 に同じ．

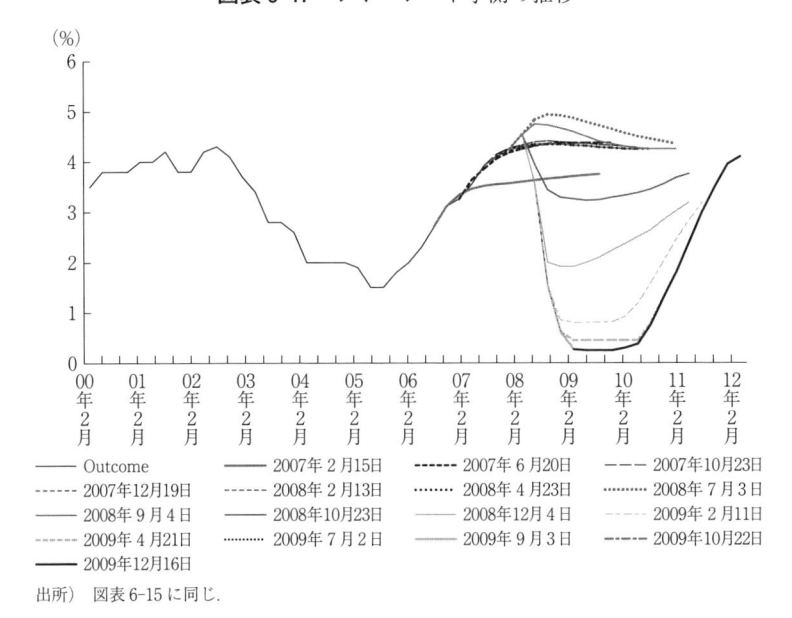

図表 6-17　レポ・レート予測の推移

凡例			
—— Outcome	—— 2007年2月15日	······ 2007年6月20日	− − − 2007年10月23日
----- 2007年12月19日	—— 2008年2月13日	······ 2008年4月23日	······ 2008年7月3日
—— 2008年9月4日	—— 2008年10月23日	—— 2008年12月4日	----- 2009年2月11日
—— 2009年4月21日	······ 2009年7月2日	—— 2009年9月3日	− − − 2009年10月22日
—— 2009年12月16日			

出所）図表 6-15 に同じ．

ように中間財を中心とするインフレ圧力は，2007 年末ごろから原油価格の高騰などの影響を受けて，最終需要財のインフレ圧力が高まり CPI 関連指標が軒並み不調に転じている．レポ・レートの予測も，こうした景気拡張，インフレ率の上昇を背景に高めの推移が予測されていた（図表 6-17）．一方，最終需要財のインフレ圧力の高まりなどを受け消費者マインドは悪化し，小売売上高など消費の悪化が見られていた．

3.3.2　リーマン・ショック後，景気は急激に悪化，2009 年末ごろも弱い回復にとどまる

リーマン・ショック以前から悪化傾向にあった景気は，2009 年初以降，稼働率の低下など生産活動が低迷や，これを受けた雇用面の悪化など，悪化ペースが早まった．その後も景気悪化は継続し，2009 年末時点でも GDP は 4 四半期連続でマイナスと依然弱い．ただし，2009 年 9 月ごろから，小売販売額の改善などから国内経済は回復の兆しが見られる．GDP の予測でも 2010 年以降の回復が示されるなど，やや明るさが見られる．これを背景に，

消費者マインドも改善傾向にある．インフレ率は，急激な景気悪化を受けて，マイナスに転じるなどインフレ圧力は弱い．このような景気回復の兆しなどを背景に，リクスバンクでは 2010 年秋以降の政策転換を見込んでいる．

4 金融政策決定のナラティブ分析

本節では，米国連邦準備制度と瑞国リクスバンクのそれぞれの金融政策決定会議の政策判断を，議事要録などの公表資料を用いて，調べていく．本文には，こうしたナラティブ資料に基づいて両中央銀行の政策判断局面を分類した内容と，金融危機の影響をどのように評価していたかの変遷を，まとめた．どちらも，リアルタイムでの判断内容であり，その意味で第 3 節の分析と対応している．なお，リクスバンクに関しては，議事要録においてかなり詳細な議事内容が記載されているので，その中から，特に興味深い内容も摘出した．

4.1 米国 FOMC の金融政策判断の局面
4.1.1 2007 年

第 3 節の分析で見たように，パリバ・ショックによってサブプライム問題が表面化するまで，この年の前半は，住宅分野のみ状況は悪化していたが，消費を中心に内需が高まって成長は持続し，インフレが懸念される景況であった．1 月から 6 月までの FOMC は，インフレ懸念を重視して，FF レートを 5.25％で維持した．検討対象期間の第 1 局面である．

パリバ・ショックを受けた夏が第 2 局面に当たる．8 月には，流動性供給面で中央銀行貸出の満期延長など一定の対策を理事会が講じて，公定歩合も 0.5％ポイント引き下げた．しかし，FOMC は，定例会合に加えて非定例の電話会合も 2 回開いて状況を注視していたものの，メインの政策金利である FF レートは変更しなかった．

9 月 FOMC からは FF レートの引き下げを開始するが，それに応じるかのように原油などの価格上昇が加速していき，インフレ懸念を引きずりながらも，サブプライム危機の悪影響が出るはずだということで，緩和を実施することとなった．第 3 局面である．この時点での利下げが，次節で検討する

リクスバンクを含む欧州諸国の中央銀行の政策行動との大きな違いとなった．年末の12月FOMCまで3回の利下げで，合計1%ポイント引き下げて，FFレートを4.25%とした．これらの利下げには，FOMCの全メンバーが賛成している．なお，12月下旬には，商業銀行向けの新たな貸出制度であるTAF[4]を創設し，海外市場にドルを供給するためにECBおよびスイス国民銀行とのSWAP協定も締結した．

4.1.2 2008年

この年の第1四半期は，景況と株価の悪化が続き，1月後半の2回と3月FOMCで大幅利下げを繰り返して，合計2%ポイント切り下げた．第4局面である．4月FOMCでも小刻み緩和を実施した結果，FFレートは2%にまで低下した．この局面での利下げには，インフレ懸念からの反対意見も表明されている．3月のベアー・スターンズ証券問題前後には，短期金融市場の中核であるレポ市場を助けるためのTSLF[5]と，商業銀行だけでなく投資銀行向けにも資金を供給するPDCFを創設した．TSLFとPDCFは次第に拡大されていくこととなる．

その後は，原油価格上昇に伴うインフレ懸念が高まったことと，景気の下振れリスクが縮小したとの評価によって，リーマン証券破綻後の9月FOMCまでFFレートは維持された．第5局面である．6月FOMCなどでは，金融市場の逼迫状況が部分的にせよ緩和されたことも認識されている．次の政策行動が引き締めへの転換になるだろうと，複数のメンバーが意見を表明している[6]．7月には，政府系住宅金融機関であるファニー・メイとフレディー・マック向けに貸出を行っている．8月FOMCでは，金融市場の逼迫が再び高まったことが報告された一方で，インフレ率の問題も高まってお

---

[4] 商業銀行が伝統的な中央銀行貸出を回避する傾向があるので，TAFを新設し，一定額を注入する形でオークション方式を採用した．
[5] エージェンシー債やエージェンシー保証MBSなどを抵当に国債を貸し出すことで，それらの証券を保有している金融機関が，レポ市場で国債を抵当にしてより容易に資金調達ができるように意図した．
[6] 即時利上げを説く少数意見もあったが，多数派のメンバーは，景気とインフレ双方の見通しは極めて不透明であり，次の政策行動の時期も方向も同様だと考えていた．そして，FFレートの据置きが決定された．状況は流動的なので，状況の進展次第では素早い対応が必要となり得ることも認識されている（6月FOMCの "Minutes," pp. 7-8）．

り，次の政策行動が引き締めとなると見るメンバーが増えた模様である．しかし，企業や家計が直面している金融状況から見て，現在の政策が過度に緩和的であるとは見なされず，多数派はFFレートの維持を支持した[7]．

リーマン証券破綻後の金融危機への対応は，直後の大手保険会社AIG救済への参加，海外中銀とのSWAP協定拡大から始まって，資金流出で窮地に陥ったMMFを助けるためのAMLFとMMIFF創設，機能不全に陥ったCP市場を助けるためのCPFF創設，TAF拡大と，10月にかけて続いていく．商業銀行以外の大手金融機関を救済するために，それらの銀行持株会社化を承認することも，9月のゴールドマン・サックスとモルガン・スタンレーへの適用から始まった．FDICは預金保険上限額を引き上げて，銀行の負債保証も行った．財務省によるTARPに基づいた金融機関への資本注入も開始された．

この第6局面にFOMCが進めた政策金利の引き下げは，10月上旬の非定例会合における国際協調利下げから始められ，10月と12月の定例FOMCを合わせて計3回の大幅利下げで，FFレートは0〜0.25％というゼロ金利水準にまで到達した．「しばらくの間」継続するだろうという表現が付けられて，一定の時間軸効果の実現が図られている[8]．その間，11月には中小企業や消費者向け貸出を増やすためにそれらの証券化商品を購入する資金を貸し出すTALFを新設し，さらに住宅金融市場を助けるためにエージェンシー債とエージェンシー保証MBSの直接大量購入（1,000億ドルと5,000億ドル）を発表した．中央銀行のバランスシート規模を拡大する量的緩和に，目標とした金融市場のスプレッドを低下させる効果を合わせた「信用緩和」がフルに展開され始めたのである[9]．流動性供給のためのPDCF，AMLF，

---

[7] 8月FOMCの"Minutes," p. 6.
[8] 「連邦準備制度は，持続可能な成長を再開して継続させるとともに物価の安定を維持するために，利用可能なすべての手段を用いる．特に，経済状勢が弱いので，FFレートを極めて低いレベルにしばらくの間 (for some time) 維持することができるであろうと，FOMCは予想している」（発表文，12月FOMCの"Minutes," p. 10）．
[9] 「今後のFOMCの政策の焦点は，公開市場操作やその他の手段を用いて，連邦準備制度のバランスシート規模を高水準に維持しながら，金融市場の機能を支えて経済を刺激することになるだろう．以前にもアナウンスしたように，連邦準備制度はエージェンシー債やMBSを大規模に購入して，住宅金融市場と住宅市場への下支えを提供する．状況が変化すれば，それらの購入額を拡大する準備もできている．FOMCは，長期国債の購入がもたらし得るメリットも検討している」（発表文，12月FOMCの"Minutes," p. 10）．

TSLF の拡大も続けられている．

4.1.3 2009 年

第 1 四半期は景況悪化が続いた．FF レートに関してはゼロ金利水準に到達しているので，FOMC ではいかにデフレ懸念の高まりを抑制するかに工夫が凝らされた[10]．第 7 局面である．インフレ目標の導入も検討されたが採用とはならずに，1 月 FOMC の経済見通しに（目標に近いものとしての）長期予測を導入することとし[11]，3 月 FOMC の政策発表文において超低金利を「長期間にわたって」継続することになるだろうと示して時間軸効果を強め[12]，さらには長期資産購入プログラムを拡大した．エージェンシー債とエージェンシー保証 MBS の購入額増額のみでなく，長期国債購入も決定している．日本銀行がゼロ金利に到達して実施した諸策に似た面が多い．この間，すでに導入された諸ファシリティの期限延長，MMIFF や TALF の拡大などが進められている．2 月下旬には，他の規制監督機関と共同で，大手銀行の健全性をチェックするストレステストの実施も発表している．3 月下旬には，財務省と連邦準備との役割分担を確認する声明[13]を発表して，連邦準備への信認確保にも努めている．他方で，商業銀行による公的資金の返済が始まった．

4 月 FOMC 以後の第 8 局面は，景気回復の兆候が見られ始めて，利子率

---

10) この点の重要性は，伊藤隆敏氏と星岳雄氏から示唆された．
11) 1 月 FOMC に付随する "Summary of Economic Projection" では，初めて "longer run projection（長期予測値）" が導入された．これまでは，FOMC メンバーの足元から 4 年間の予測をまとめていたのだが，インフレ率の予測が暗黙の目標値とも見なされる 2% に達しなくなったこともあり，直前（1 月 16 日）の電話会議でインフレ目標の導入を議論した折に提案された長期予測値を採用することになったらしい．長期予測値は，（政策目標に照らして）「適切な金融政策が実施され，かつ追加的なショックが生じなかった場合に，時間の経過とともに当該変数が収束していくであろうと予想される」値であると定義されている．FOMC が注目している個人消費デフレータのインフレ率は，2009 年に 0.3〜1.0%，2010 年に 1.0〜1.5%，2011 年でも 0.9〜1.7% にしかならないが，長期予測では 1.7〜2.0% とされている．なお，2009 年は，実質 GDP 成長率は −1.3〜−0.5% だが，失業率は 8.5〜8.8% と，10% を超えることとなったその後の展開を甘く見ていたことが歴然としている．
12) 「FOMC は，FF レートを 0〜1/4% に維持していくし，この極めて低い水準の FF レートを長期間にわたって継続するべき経済状況になるであろうと予想している」（発表文，3 月 FOMC の "Minutes," p. 9）．
13) Board of Governors of the Federal Reserve System and The Department of the Treasury, "The Role of the Federal Reserve in Preserving Financial and Monetary Stability," Joint Statement by the Department of the Treasury and the Federal Reserve, March 23, 2009.

も資産購入も変更なしに据え置かれることとなった．5月上旬には，ストレステストの結果が公表された．個別行毎の異なる結果が示されたこともあって結果への信認が高まり，金融不安は顕著に和らいだという[14]．その前後にもTALFの拡大が行われ，さらに6月には諸ファシリティと海外中銀とのSWAP協定の期限延長（2010年2月まで）も発表された．同時にTAFの枠は縮小されている．7月上旬には，官民共同でモーゲージ証券を購入するPPIPプログラムも発表された．TAFの枠は8月下旬にも縮小された．流動性危機が緩和されてきたのである．

秋以降は，第3節でも見たように，景気回復兆候が強まるが，金融政策に変更はなかった[15]．金融市場の状況はさらに改善が進んだので，11月半ばには中央銀行貸出の（延長されていた）満期が短縮された．また，長期資産購入プログラムに関しては，導入当初に設定した終了時期が近付いたので，市場にショックを与えずに終えるための施策[16]が講じられた．

4.2 米国連邦準備による危機波及効果の評価

リアルタイムでFOMCがこの波及効果をどのように評価していたのかは，興味深い．ただし，米国連邦準備の政策情報の公開は5年経過後までは制限されているので，現時点ではFOMC参加者の詳細な判断や議論内容は明らかではない．議事要録にまとめられた範囲内という限定付きとなるが，「FOMCの大勢が金融危機の波及効果をどのように評価していたのか」を，検討してみよう．リーマン証券破綻直後までは，実体経済への波及を過小評価していたことが明瞭である．

これまで見てきた政策判断の局面に応じてまとめてみよう．第1の局面は，2007年前半である．1月FOMCでは「住宅市場後退は潜在的波及効果も含めて下方リスク要因だが，その他の消費需要が強いので圧倒的ではなく，インフレ上振れリスクの方が重要」[17]と判定されている．3月FOMCのスタッフ予測では「原油高と株安およびサブプライム問題は今後もマイナス要

---

14) この点の重要性は，連邦準備制度理事会のEgon Zakrajsek氏から示唆された．
15) 政策スタンスの変更は，翌年2月の公定歩合引き上げで開始されることとなる．
16) 終了時期を少し先延ばししながら，その間に，購入額を漸減していくことにした．
17) 2007年1月FOMCの "Minutes," p. 22.

因となるが，住宅投資の減少が落ち着くにつれて，景気は潜在成長率に復帰するだろう」[18]．5月FOMCのスタッフ予測でも「住宅販売と住宅在庫のデータから，住宅市場の調整はこれまでの予測以上になりそうであると見ている．しかし，成長率は，これから高まって，08年には潜在率に復帰するだろう」[19]．6月FOMCのスタッフ予測でも「住宅投資は底打ちし，設備投資が高まり，……今年後半以後の成長率は高まる」[20] とされている．どれも，早期における住宅投資の底打ちと同年後半の景気加速を見込んでいる点が共通している．

　第2の局面は2007年夏である．パリバ・ショック後の8月FOMCでは，スタッフ予測の成長率予測値が「金融市場の悪化なども受けて引き下げられた」ものの限定的で，FOMC参加者は「住宅市場の調整過程のもとでも穏当な成長が続くだろう」[21] と，実体経済への波及をかなり楽観的に見ていた．

　第3局面は同年秋以後である．9月FOMCのスタッフ予測では「2008年通年の成長率も引き下げて，失業率もある程度上昇する」とされて，FOMC参加者も「商業銀行は大量の資産を自分のバランスシートに抱え込まざるを得ない」[22] とサブプライム問題の金融部門内における波及をかなり正確に把握している．それでも，10月FOMCのスタッフ予測は「08年成長率は潜在率をやや下回るが，09年には潜在率を少し上回るだろう」[23] と，楽観視していた．しかし，12月には，FOMC参加者が「11月の動揺再燃は住宅ローン関連資産の状況悪化を反映しており，……主要金融機関が被る損失を増大しかねない」[24] と見るようになった．金融部門内の波及効果を上方修正したわけだが，実体経済への波及にはあまり注目されていない．

　第4局面は2008年前半である．景気の下方リスクが顕著に高まったので，1月上旬に非定例の電話会議が開催されたが，プール（Poole, W.）総裁が「株価下落への対応と誤解されかねない」と利下げに反対した．1月下旬の定例FOMCのスタッフ予測では「08年前半は下方修正」されているものの，

---

18) 2007年3月FOMCの"Minutes," p. 8.
19) 2007年5月FOMCの"Minutes," pp. 7-8.
20) 2007年6月FOMCの"Minutes," p. 8.
21) 2007年8月FOMCの"Minutes," pp. 8-9.
22) 2007年9月FOMCの"Minutes," p. 11.
23) 2007年10月FOMCの"Minutes," p. 5.
24) 2007年12月FOMCの"Minutes," p. 5.

FOMC 参加者は「後半には回復開始……09 年から 10 年にかけて緩やかに回復」[25]と見ている．ただし，「高い不確実性」があることも認識されている．続く 3 月 FOMC は，ベアー・スターンズ証券救済後に開催された．スタッフ予測は「08 年を通して下方修正」とやや変更されているが，FOMC 参加者の大勢は「高い不確実性」を認めつつも「後半には回復開始……09 年から 10 年にかけて緩やかに回復」[26]という見方を変更していない．

第 5 局面は，同年 4 月 FOMC からで FOMC 参加者は「金融市場は全般的には改善……景気回復予想が強まった」と見ている[27]．林（本書第 7 章）も，このころから米国の直接金融経路がかなり回復したことを報告しており，6 月 FOMC のスタッフ予測では「08 年の成長率を上方修正……09 年には成長率が高まる」[28]とされた．なお，8 月 FOMC のスタッフ予測では「08 年後半と 09 年前半の成長率下方修正」と少し方向が変更されたが，「09 年後半には潜在率に復帰するだろう」という基本想定は変えていない[29]．リーマン・ショック後の 9 月 FOMC でも，スタッフ予測は「08 年後半据え置き」であるし，「08 年第 4 四半期から回復開始……10 年に潜在率復帰」すると見ていた[30]．実体経済への波及を極めて小さく見ていたことが分かる．

第 6 局面になると，10 月上旬の国際協調介入のための臨時会合で，ようやくに実体経済への波及が大きいと認識され始めている．10 月下旬の定例 FOMC のスタッフ予測では「08 年後半と 09 年および 10 年の成長率を引き下げ」たうえに，顕著な下方リスクを指摘している[31]．12 月 FOMC のスタッフ予測では「09 年後半に底打ち」して「10 年に緩やかに回復」すると見ている[32]．底打ちのタイミングが 9 月時点と比較するとほぼ 1 年遅らせられているので，大きな変更である．やはり顕著な下方リスクが認められている．

---

25) 2008 年 1 月 FOMC の "Minutes," p. 10.
26) 2008 年 3 月 FOMC の "Minutes," p. 5.
27) 2008 年 4 月 FOMC の "Minutes," p. 6.
28) 2008 年 6 月 FOMC の "Minutes," p. 5.
29) 2008 年 8 月 FOMC の "Minutes," p. 4.
30) 2008 年 9 月 FOMC の "Minutes," p. 5.
31) 2008 年 10 月 FOMC の "Minutes," p. 7.
32) 2008 年 12 月 FOMC の "Minutes," p. 6.

4.3 瑞国リクスバンクの金融政策判断の局面
4.3.1 2007年

2007年の前半は，インフレ率の水準そのものは未だ低いが，国内の好景気が続いて，労働市場逼迫が始まり賃金交渉も高めに決着して，ホーム・メイドのインフレ懸念からの利上げを進めた．第1局面に当たる．2月役員会で0.25％ポイント利上げしてレポ・レートを3.25％にした時には，半年以内に再度の小刻み利上げが想定された．6月役員会では，その利上げを実施するとともに，年末にはレポ・レートが4％になるように将来経路も引き上げられた．2008年にも追加の小刻み利上げが想定され，2010年までその水準での維持が予想されている（図表6-18(1)）．

同年夏にパリバ・ショックが生じて，サブプライム問題からの金融混乱で海外経済要因は弱含みに転じていくが，国内景気要因はさらに強まっていく．第2局面に当たる．年の後半は，両要因がほぼ相殺する形となって，将来経路は据え置かれた．夏前の6月に決定された将来経路をなぞるように，9月と10月の役員会で小刻み利上げを2回実行して，レポ・レートを4.0％に到達させた．第3局面である．

なお，この間にも政策情報の開示強化は進められている．レポ・レートの将来経路は，あくまでも約束ではなく予測であるという断り付きながら，この2月の会合以降公表されることとなった．さらに，"Minutes"においても，各メンバーの名前を伏せてその発言内容を要約していたのに，スヴェンソン（Svensson, L.）とウィックマン＝パラク（Wickman-Parak, B.）の両副総裁が参加し始めた6月会合以降は発言者名が明記されるようになった．

4.3.2 2008年

前半は，金融混乱よりも，07年後半からのインフレ率急上昇が重視された．2月の役員会で，小刻み利上げして4.25％にした．ここまでは前年6月の将来経路に沿った決定であった．第4局面である．ほぼこの水準を2010年にまで維持することが想定されている．

第5局面となる年央には，7月役員会で小刻み利上げと将来経路の引き上げを決定した．そして，リーマン・ショック直前の9月初旬の役員会でも小刻み利上げで4.75％としたが，将来経路には後の利下げが織り込まれること

図表 6-18 各役員会時点における将来経路の推移（四半期平均）

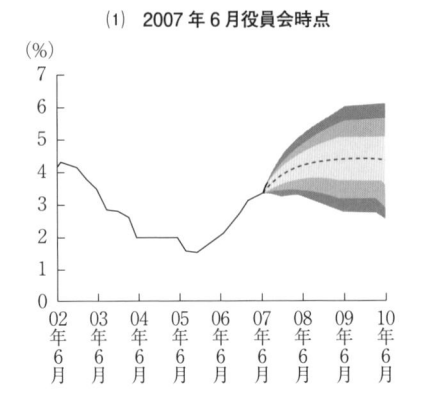

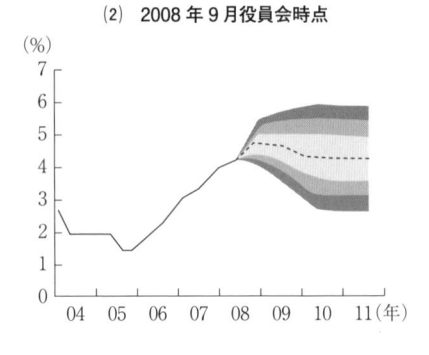

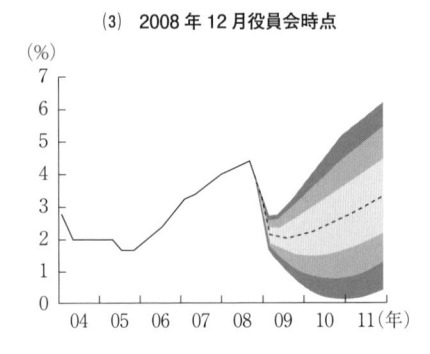

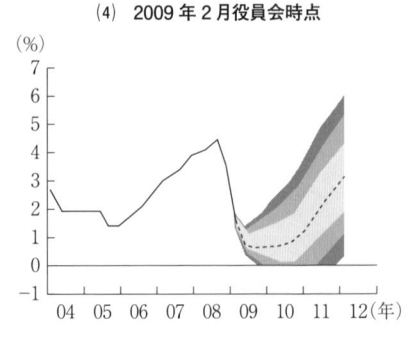

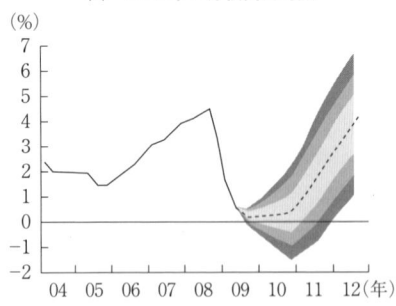

(1) 2007年6月役員会時点

(2) 2008年9月役員会時点

(3) 2008年12月役員会時点

(4) 2009年2月役員会時点

(5) 2009年7月役員会時点

出所）(1) *Monetary Policy Report* 2007: 2. Figure 1.
(2) *Monetary Policy Report* September 2008. Figure 1.
(3) *Monetary Policy Report* December 2008. Figure 1.
(4) *Monetary Policy Report* February 2009. Figure 1.
(5) *Monetary Policy Report* July 2009. Figure 1.

となった．将来経路の公表によって可能となった，複雑な政策行動である．この2回の政策決定には役員会で反対意見が出ている．

この後，第6局面には方向転換して，急速な景気悪化に対応して利下げしていく．10月初旬に国際協調で，下旬には定例役員会で，それぞれ0.5%ポイントずつカットして3.75%にまで引き下げた．なお，ECBはやや先行して，10月半ばに政策金利であるminimum bid rateを3.75%に下げているので，リクスバンクは追い付く形となった．BOEは，10月初旬の協調利下げで0.5%ポイント下げて政策金利であるbank rateを4.5%にしていたが，さらに11月初旬に1.5%ポイント下げて3%にまで低下させることとなる．

第7局面では世界同時不況に対応して，12月3日役員会の利下げは異例に大幅な1.75%ポイントとなり，レポ・レートは2%にまで低下し，将来経路も引き下げられた．2009年を通して2%水準を維持すると予想している（図表6-18(3)）．翌4日にBOEも1%ポイント下げてbank rateを同じ2%にしている．ECBは10日に0.75%ポイント下げてminimum bid rateを2.5%とし，翌年1月21日にさらに0.5%ポイント下げて2%に到達している．

4.3.3　2009年

年初は，世界同時不況の深化が進む第7局面の続きとなった．2月役員会でも，景気とインフレの予想以上の急落が続き，さらに1%ポイントという大幅切り下げが実施されて，将来経路も引き下げられた．2009年いっぱいだけではなく，2010年末近くまで1%水準で維持することを予想するようになった．

この後の利下げは，ゼロ金利制約に直面したものとなっていく．第8局面である．4月役員会では0.5%ポイントと大幅な利下げが実施されて，レポ・レートは0.5%になった．7月会合ではさらにゼロ金利に近付いて，小幅な0.25%ポイント切り下げとなった．やはり2010年末までの維持が予想されている．ゼロ金利制約で緩和不足となるので，銀行向けに満期の長い固定金利ローンを大量に提供することが決定された．一種の量的緩和であり，ECBの政策に倣ったものであった．9月と10月にも追加されて，計3回提供されることとなった．

第3節で見たように，9月会合ごろから回復兆候が次第に出てくる．第9

局面である．10月と12月の役員会では，深刻な不況からの回復途上なので低金利は据え置かれて，景気回復の進展と低インフレ予想とが相殺し合う形で，低金利を維持する将来経路も据え置かれた．

4.4 瑞国リクスバンクによる危機波及効果の評価[33]

スウェーデンの金融機関はサブプライム問題による直撃をほとんど受けなかったので，リクスバンクの置かれた状況は，連邦準備はもちろん，ECBやBOEとも異なるものであった．第1局面では，対岸の火事を観察しているような様子となった．07年3月の役員会では，「サブプライム問題の米国経済への影響を判断するのは難しい」[34]とか，「米国住宅金融市場の他の部分への波及は観察されない」などと，評されている．同年5月の役員会でも，「米国経済は予想よりも弱いし不確実性が高まっているが，欧州経済やアジア経済は予想よりも強い」[35]としたうえで，その米国経済に関しても「主に自動車産業と建設産業の問題であって，他は依然として好調」と指摘されている．なお，「国際金融市場も好調」だが，「エストニアとラトビアの状況は懸念される……1年ほど前のアイスランドと同じように，国際金融市場を動揺させるかもしれない」[36]と，後にスウェーデンの商業銀行を揺さぶるバルト諸国の問題に言及されている．6月の役員会では，「国際金融市場において長期金利が上昇しているが，主にインフレ懸念を反映してのことだろう」とイングヴェス（Ingves, S.）総裁が指摘し，「スウェーデンの住宅価格は再び上昇し始めた」ことをニーベリ（Nyberg, L.）副総裁が報告している[37]．当時は，GDP成長率が当面は3%余にとどまって，その後に2%余にまで緩やかに低下すると予想されていた．

第3局面に入ると，金融危機の欧州への波及が明確となっており，GDP成長率の予想経路は6月時点より少し引き下げられている．

同年9月の役員会では，ニーベリ副総裁が「金融市場動揺の流動性への影響と実体経済への影響とを区別しなければならない」とし，「前者に関しては

---

[33] 本節における引用は，すべて当該月の役員会の議事要録からのものである．
[34] 2007年3月役員会 "Minutes," p. 3.
[35] 2007年5月役員会 "Minutes," p. 2.
[36] 2007年5月役員会 "Minutes," pp. 2-3.
[37] 2007年6月役員会 "Minutes," p. 8.

数カ月で明らかになるだろうが，後者に関しては米国住宅市場の動向によって欧米で生じる不良債権の規模が問題なのに分からない．現時点で分かっている数字は対処可能な範囲にとどまっている」と論じている．イングヴェス総裁も「世界経済の実体面は依然好調だが，先行きの不確実性は高まっている」と，まとめている[38]．同年10月の役員会では米国と欧州経済の減速が明らかになっているが，ニーベリ副総裁は「スウェーデンへの金融面での波及は限定的で，借入費用が少し上昇し，株価のボラティリティが高まったぐらい」だとしたうえで，「スウェーデンの住宅価格の上昇率も鈍化し始めた」ことを指摘している[39]．12月の役員会では，「米英経済が予想以上に悪化しているし，金融市場の混乱が収まる代わりに悪化しつつあるので不確実性が高まっている」と認識されている．ニーベリ副総裁は，「判明している損失額では，欧州にまで動揺が広がっていることを説明できない」とし，「近年発展してきた複雑な金融商品や市場構造に関わるもので，……コンフィデンス危機が起きている……巨額の信用が市場から銀行に還流しており，資本不足を招いているので，……影響は2008年いっぱい続くかもしれない」と説明している[40]．

2008年に入っての第4局面では米欧大手行の巨額損失が注目された．08年2月の役員会では，ニーベリ副総裁が，「銀行間市場の流動性危機はかなり鎮静化した」が，「それ以外のほとんどの面で状況が悪化している……大手銀行の損失額が懸念され，……，金融危機と景気減速との悪循環が生じている」と報告した[41]．イングヴェス総裁も，「12月段階で米欧経済が以前の予測よりもやや減速すると判定されたが，……今やさらに下方修正された．米国住宅金融市場から米国および他国の実体経済への波及効果に関わる不確実性の高まりが，主因である」と述べるとともに，国際商品価格高騰に伴うインフレ懸念にも言及している[42]．4月の役員会でも，「大手行などの損失がまだ増加するのではないかと市場が見ているので，コンフィデンスがいまだ回復していない．……こうした不安定な状態では，市場の噂が大きな影響を持ち

---

38) 2007年9月役員会 "Minutes," p. 5.
39) 2007年10月役員会 "Minutes," p. 10.
40) 2007年12月役員会 "Minutes," p. 3.
41) 2008年2月役員会 "Minutes," p. 3.
42) 2008年2月役員会 "Minutes," p. 4.

得る……ノーザン・ロックやベアー・スターンズも急速に追い込まれてしまったのだ」と，ニーベリ副総裁は述べている．他方で，自国については，「スウェーデンの銀行はサブプライム関連証券にほとんど投資していないし，……信用収縮も起きていない」と報告している．ウィックマン＝パラク副総裁が，米国経済について「金融市場から実体経済への影響が明確になってきた……悪いニュースが続いている」と，説明している[43]．

　2008年央の第5局面になると，少し状況判断が変化している．7月の役員会では，「全体で4,000億ドルの損失が発表されて3,200億ドルの資本増強が行われたが……銀行間市場におけるコンフィデンスは回復していない」としながらも，「この冬の流動性懸念は，インフレの急騰がもたらすもの（利子率上昇と景気急下降および金融—実体経済間の悪循環）への懸念に取って代わられた」と，ニーベリ副総裁は指摘している[44]．そして，英国，アイルランドおよびスペインの地価下落に言及した後，エストニアとラトビアの問題を報告している．両国においては景気下降と経常赤字と2桁インフレに地価下落も加わっており，「スウェーデンの銀行は，エストニアの銀行部門の90%，ラトビアの銀行部門の50%を占めている．……スウェーデンの銀行の総貸出に比べると現地の貸出は10-15%しかないが，関係している銀行の株価と格付けはすでに低下している．……スウェーデンの銀行は他国の銀行よりも良好だが，その借入金利の国債金利とのスプレッドは1年前と比べるとほぼ0.5%ポイント高まっている……貸出金利上昇をもたらして，追加的な金融引き締め効果を持つだろうと」と論じている．それでも，イングヴェス議長は「経済成長への影響を除けば，スウェーデンの金融政策運営において，現在のところ，特段の考慮は不要であろう．何か起きても金融政策以外で対応すべきだろう」[45]とまとめている．

　なお，GDP成長率の予想経路は顕著に引き下げられている．これまでは，2%余の水準にむけて低下していくはずだったのが，08年後半から09年にかけては2%を大きく割り込むと想定されるようになった．

　米国におけるファニー・メイとフレディー・マックの救済後に開かれた9

---

43) 2008年4月役員会 "Minutes," pp. 3-4.
44) 2008年7月役員会 "Minutes," p. 3.
45) 2008年7月役員会 "Minutes," p. 5.

月の役員会では,「7月ごろでも収束するかもしれないという期待があったが,逆に晩夏になって悪化してしまった．……銀行間市場のスプレッドはさほど変化していないが,債券市場では銀行の借入金利が高まっている」と,ニーベリ副総裁が説明している[46]．他方で,複数のメンバーが国際商品市況の低下によって,「金融政策の判断がやや容易になった」ことも指摘している．スウェーデンの銀行に関しては,その発行する（保証付き）住宅ローン証券の金利スプレッドが国債に比して1%ポイントにまで拡大しているし,バルト諸国の状況が悪化していくにつれて,調達費用が上昇して貸出金利上昇につながることが懸念されている．GDP成長率の予想経路は,再び顕著に引き下げられた．08年後半から09年にかけては,1%を切るような成長率となると予想されている．

リーマン・ショック後の危機が明らかになってきた第6局面では,GDP成長率の予想経路は,再び大きく引き下げられた．09年半ばまでは,ほぼゼロ成長が続くと想定されている．

10月初旬の協調利下げの臨時役員会では,9月会合以降の期間に,銀行間市場の（3カ月物の）スプレッドが（スウェーデンを含む）欧州各国で2倍に,米国では3倍に跳ね上がっており,スウェーデンでも信用収縮が発生しつつある兆候が見られると報告されている．下旬に開催された定例の役員会では,「金融面では「動揺」ではなく「危機」が進行中であり,……実体経済に甚大な影響をもたらすことは明らかだ」[47]とニーベリ副総裁が述べ,「景気減速がすでに進行中だった米国とは異なり,他の国々の景気下降はより直接に金融危機に結びついている」[48]とローゼンバーグ（Rosenberg, I.）筆頭副総裁が述べている．イングヴェス総裁も,「これまでも金融市場の「動揺」が,特に大きな金融市場をもっている欧米諸国に対して,マイナスの影響をもたらすが,収まっていくだろうと予想されていた．今や,状況は大きく悪化して,「動揺」から「危機」へと変化したので,東欧やアジアなどにも影響が現れている．……皆が貨幣を保蔵しようとして,貨幣の流通速度が大きく低下している」[49]と,世界的な広がりに注目している（図表6-19）．

---

46) 2008年9月役員会 "Minutes," p. 3.
47) 2008年10月22日役員会 "Minutes," p. 4.
48) 2008年10月22日役員会 "Minutes," p. 7.

図表 6-19 各役員会時点における成長率予想の推移（四半期平均）

(1) 2007 年 6 月役員会時点

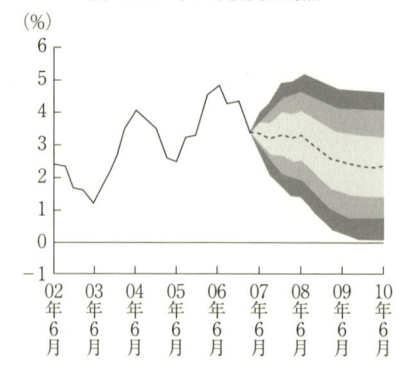

(2) 2007 年 10 月役員会時点

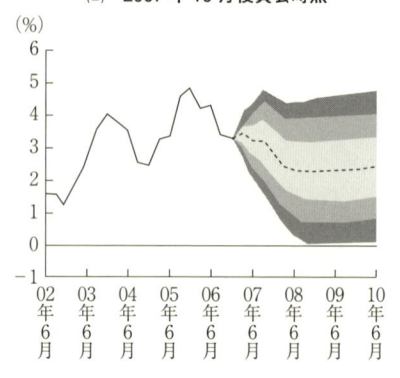

(3) 2008 年 7 月役員会時点

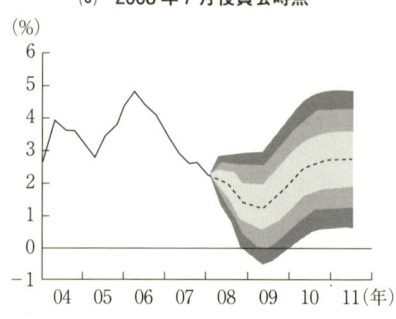

(4) 2008 年 9 月役員会時点

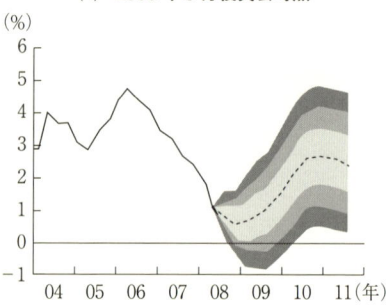

(5) 2008 年 10 月役員会時点

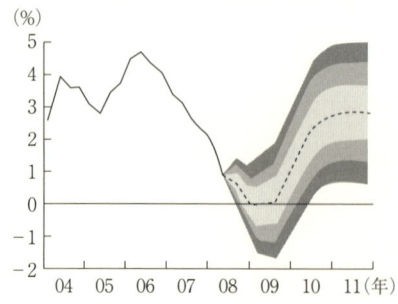

出所）(1) *Monetary Policy Report* 2007: 2. Figure 2.
　　　(2) *Monetary Policy Report* 2007: 3. Figure 2.
　　　(3) *Monetary Policy Report* 2008: 2. Figure 3.
　　　(4) *Monetary Policy Update* September 2008, Figure 3.
　　　(5) *Monetary Policy Report* 2008: 3. Figure 3.

4.5 瑞国リクスバンク役員会の政策議論

リクスバンクの議事要録には，発言者の個人名が記載されるようになっていることもあってか，興味深い議論が数多く収録されている．金融危機発生後の難しい局面が続くなかでの議論の一部を紹介しておきたい．「金融政策の常識が逆さまになる」という論点と，潜在 GDP の推定に関わる問題点と，柔軟なインフレ目標政策運営における「バランスのよい金融政策」に関する議論である．

2009 年 4 月の役員会で，スヴェンソン副総裁が「ゼロ金利制約が効いている状況では，金融政策に関わる考え方が逆さまになる」と，論じている[50]．ゼロ制約のもとで「金融政策の緩和度合いを決定するのは，①政策金利の将来経路，②政策金利と市場金利とのスプレッド，③インフレ予想，④実質為替レートである」として，もともと緩和不足に陥っているわけだから「スプレッドの上昇や，インフレ予想の低下，実質為替レートの増価を政策当局は回避しなければならない」と論じている．そして，「インフレ予想の低下と実質為替レートの増価は通常望ましいものなのに，現在は逆さまになっている」と言うのである．「伝統的な考え方に囚われてはならない．これは知的かつ教育的なチャレンジである」と主張している．円高とデフレ懸念に悩まされてきた日本経済にとってはさほど目新しくない論点とも言えそうだが，改めて「逆さま」であることを指摘されると，思考の整理に有用である．

2009 年 9 月の役員会では，エーベルグ（Öberg, S.）副総裁が「HP フィルターを用いたトレンドとして潜在 GDP を推定すると，深刻な不況が起きる以前から長期間にわたって，潜在 GDP が緩やかに低下することとなる．その結果として，危機前は大幅なプラスの GDP ギャップ，危機後は大幅なマイナスの GDP ギャップが発生していたこととなって，実感と合わない．むしろ，ショックの発生とともに，潜在 GDP も突然に急落したと想定すべきではないか？」と論じている[51]．理論分析はエーベルグ副総裁の意見に近く，自然利子率の突然の低下といった形で考察されていることが多い．しかし，実証分析においては事情が異なっている．日本で広く使われているマク

---

49) 2008 年 10 月 22 日役員会 "Minutes," pp. 8-9.
50) 2009 年 4 月役員会 "Minutes," pp. 8-9.
51) 2009 年 9 月役員会 "Minutes," pp. 18-19.

ロ生産関数方式では,ショック発生前に大きなプラスの GDP ギャップは現れないが,(マイナスの生産性ショックでも導入しない限り)ショック発生後も潜在 GDP はなかなか低下しないので,マイナスの GDP ギャップはトレンド方式よりもむしろ大きくなってしまう.バブル期のように「過剰」とも評価される設備投資が行われた場合は,それが生産関数に算入されて潜在 GDP を押し上げるので,なおさらのことである.

最後に,柔軟なインフレ目標政策における「バランスのよい政策」については,スヴェンソン副総裁が就任後に一貫して論じ続けている.2008 年 9 月の役員会では,「バランスのよい政策とは,適切なペースでインフレーションが目標に近付き稼働率も正常水準に近付くという意味で,インフレーションと稼働率の予測値が良好であること」と説明している[52].インフレ目標政策に関する評価としては,危機以前に一般的であった「"great moderation"をもたらした一因」とする高評価と,危機後に強まった「物価のみを重視した結果として,バブル生成や金融システムの脆弱性を看過してしまったのではないか」という批判が対照的である.スヴェンソン副総裁は,柔軟なインフレ目標政策の提唱者の 1 人として,政策運営の現場で,危機下でもその原則を貫くことの重要性を訴え続けている.2008 年 12 月の役員会で,「現状は非常にアブノーマルな状況だが,できる限りノーマルな金融政策を実施することが重要である.……できる限り上手く,インフレ率を目標値近くに落ち着かせ,稼働率をノーマルな水準近くに安定化させるように,利子率を設定し利子率経路を選択するという,フレキシブルなインフレ目標政策を実施することが必要なのである」[53]と,論じている.

その後も,ゼロ制約に直面した時期に,「バランスのよい政策」という基準に照らして,より強い利下げを主張し続けた.例えば,レポ・レートを 0.5% にカットした 2009 年 4 月には,それでは「インフレ率は目標値にかなり近いが,予測期間を通して稼働率は低水準にとどまることになるので,……バランスのよい金融政策とは言えない.バランスのよい金融政策は,インフレ率をややオーバーシュートさせても,稼働率を引き上げるように,より拡張的であるべき」だとして,0.25% までの引き下げを主張した[54].さらに,

---

52) 2008 年 9 月役員会 "Minutes," p. 15.
53) 2008 年 12 月役員会 "Minutes," p. 6.

0.25％への引き下げを実施した9月にも，ほぼ同じ論理で，0％への引き下げを主張したのである．どちらの場合も，他のメンバーは短期金融市場で問題が発生することを懸念して，彼の提案を却下した．

5　リアルタイム・データとテイラー・ルールを用いた金融政策の評価

本節では，これまで景気の基調判断および中央銀行の議事録から判断される政策決定について，金融政策ルールをもとに定量的な評価を行う．金融政策ルールとしてテイラー・ルールを用いる．テイラー・ルールは，操作手段である短期金融市場金利に関する以下の式によって表わされる（Taylor [1993]）．ただし，r_t は t 期における名目短期金利（中央銀行の操作目標金利），$\bar{r}_t$ は長期均衡における自然利子率，π_t は t 期におけるインフレ率，π^* はインフレ率目標値，y_t は t 期における需給ギャップ，y_t^* は需給ギャップの均衡水準とする．

$$r_t = \bar{r}_t + \beta(\pi_t - \pi^*) + \gamma(y_t - y_t^*)$$

テイラー・ルールでは，操作目標金利がインフレ率と需給ギャップの均衡水準からの乖離に依存して決定されるが，インフレ率と需給ギャップのウェート（パラメータ β, γ）の設定やリアルタイム・データの問題などが示されてきた．本章では，最適なパラメータを求めるのではなく，当時の金融政策がどのような要因で動いていたのかを判断するために，オリジナルなパラメータ設定（パラメータ β, γ をそれぞれ0.5とする）により計測する．

しかしながら，図表6-20（TED・TEKスプレッド[55]の推移）に見られるように，2007年8月以降，金融市場が不安定化し，市場金利が大きく上昇した．政策金利を引き下げても，実体経済に影響する市場金利は意図されたほどに

---

54)　2009年4月役員会 "Minutes," pp. 8-9.
55)　TEDスプレッドとは，3カ月物米短期国債（Treasury Bills）と3カ月物ユーロドル（Euro Dollar）LIBOR（ロンドン銀行間市場金利）との金利差のことで，Treasury Bills と Euro Dollar の頭文字を取って TED スプレッドと呼ばれている．金融市場が不安定な状況になると，Flight to Quality（質への逃避）が起こり，リスクの高い資産から信用力が高く流動性の高い資産にシフトすることから金利差が拡大する．なお，スウェーデン・クローナについては Swedish **K**rona から本章では TEK スプレッドと表記する．

図表 6-20 TED・TEK　スプレッドの推移

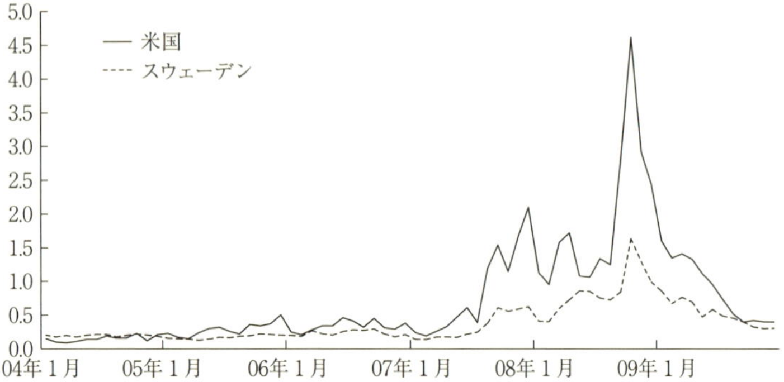

注）グラフは各国の3カ月物短期国債の金利とLIBOR3カ月物ユーロドル・スウェーデンクローナとのスプレッドを示す．
出所）米国連邦準備，瑞国リクスバンク．

低下しなくなったのである．こうした状況では，テイラー・ルールの計測値を金融政策に用いることは不適切と言えよう．ここでは，Taylor［2008a］にならって，短期国債の3カ月物金利（Treasury Bills）と銀行間取引の3カ月物金利とのスプレッド（*Spread*）をオリジナルのテイラー・ルール算出値から差し引いた値を計測することとする[56]．

$$r_t = \bar{r}_t + \beta(\pi_t - \pi^*) + \gamma(y_t - y_t^*) - Spread$$

また，本章を通じての問題意識は政策決定当時の状況をできる限り再現して評価を行うことにあることから，計測に用いるデータは両国ともすべてリアルタイム・データを用いる．

5.1　データの加工

金融政策ルールに用いるデータは実質GDP，物価指数，名目短期金利であり，GDPに合わせてすべて四半期データを用いる．

また，当時の政策決定では原油価格上昇による国内物価への影響が懸念されていたことから，エネルギー価格を除く物価指数を用いることにより，物価変動の影響を見ることにする．ただし，米国とスウェーデンでは金融政策

---

[56］ Taylorは，政策金利の（over-night indexed swap取引に基づいた）OISレートの3カ月物でスプレッドを計算しているが，本章ではデータの制約から短期国債金利を用いた．

図表 6-21 テイラー・ルールの計測に用いる変数

		米 国	スウェーデン
自然利子率	金　利 均衡水準の計算	FF レート	レポ・レート
		40四半期の中心移動平均	
需　給	均衡水準 ギャップ	実質 GDP	実質 GDP
		HP フィルターにより推計	
		実質 GDP と均衡水準との乖離率	
物　価	コ　ア 目標値 ギャップ	エネルギー, 食品価格除き PCE	エネルギー除き CPIF
		各物価指数の前年比伸び率の40四半期の中心移動平均値	
		物価指数 (伸び率) と目標値との乖離幅	
金　利	Treasury Bills LIBOR	3 カ月物短期国債 (T-bill)	3 カ月物短期国債 (T-bill)
		3 カ月物ユーロドル	3 カ月物ユーロ・スウェーデンクローナ

出所) 米国連邦準備・BLS・BEA, 瑞国リクスバンク・Statistics Sweden.

で重視される物価指数は異なっていることから，それぞれの事情に合わせる．

米国のテイラー・ルールでは，物価指数として FOMC のマクロ経済指標の予測対象である Price Index for Personal Consumption Expenditures (PCE) から食品およびエネルギー価格を除外したコア物価指数を用いて算出した．一方，スウェーデンについては CPI と CPIF (エネルギー価格除き) を用いる (図表6-21)．

5.2　推計結果

米国，スウェーデンについて金融政策ルールを適用すると，両国のインフレ圧力および景気悪化時期などの経済環境の違いもあるが，サブプライム問題の影響として金融市場での不安定圧力の違いが，金融政策の目標値と現実値との乖離につながっている．

5.2.1　米国

オリジナルなテイラー・ルールの場合には，GDP ギャップはリアルタイム・ベースでは 2007 年 1-3 月期よりマイナスに転じており，2007 年 1-3 月期以降緩和シグナルとなっている．しかし，インフレ圧力の増加からそのペースは緩やかなものとなっている．しかし，2007 年 7-9 月期以降，GDP ギャップの悪化からテイラー・ルールで示される緩和の水準は大幅なものとなっている．

図表 6-22 金融政策ルールと現実値（インフレ 0.5, GDP 0.5 の場合）

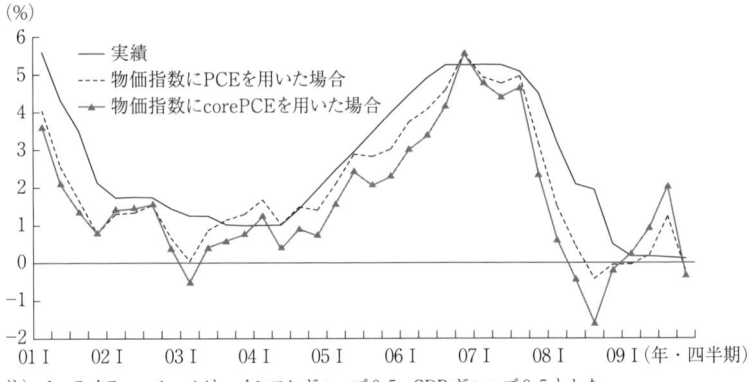

凡例:
― 実績
---- 物価指数にPCEを用いた場合
―▲― 物価指数にcorePCEを用いた場合

注） 1. テイラー・ルールは，インフレギャップ 0.5，GDP ギャップ 0.5 とした．
　　 2. 各時点発表のリアルタイム・データをもとに算出．
出所） 米国連邦準備・BLS・BEA などから筆者推計．

図表 6-23 金融政策ルールと現実値（インフレ 0.5, GDP 0.5 の場合）

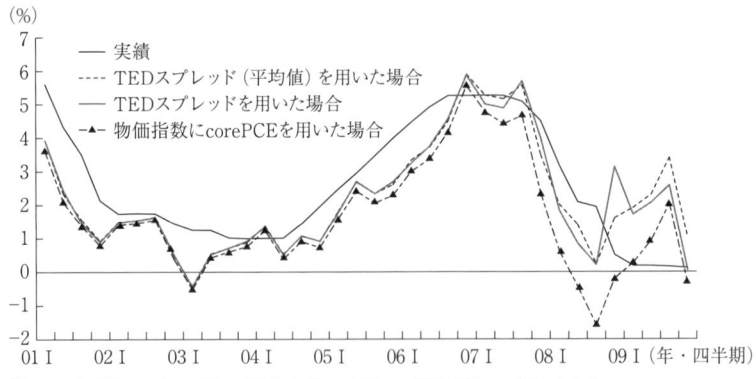

凡例:
― 実績
---- TEDスプレッド（平均値）を用いた場合
― TEDスプレッドを用いた場合
―▲― 物価指数にcorePCEを用いた場合

注） 1. テイラー・ルールは，インフレギャップ 0.5，GDP ギャップ 0.5 とした．
　　 2. 各時点発表のリアルタイム・データをもとに算出．
　　 3. TED スプレッド（平均値）は 5 四半期中央移動平均値で計測したもの．
出所） 図表 6-22 に同じ．

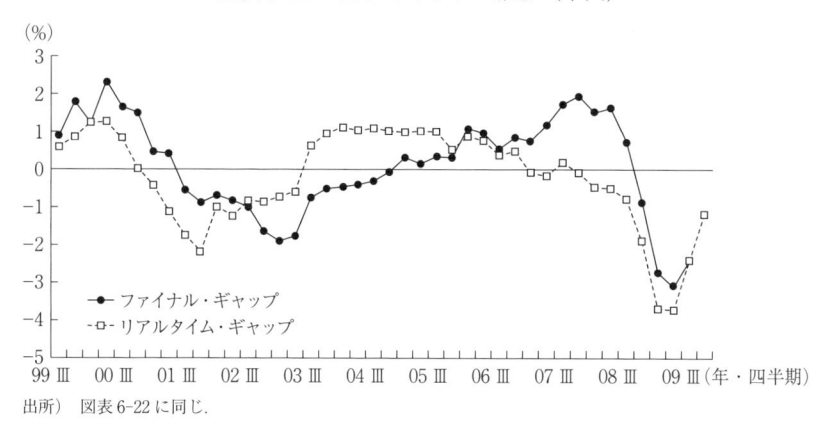

図表 6-24 GDP ギャップの推移（米国）

（グラフ：ファイナル・ギャップ、リアルタイム・ギャップ、1999年Ⅲ期〜2009年Ⅲ期）

出所）図表6-22に同じ．

　現実の金融政策では，2007年7-9月期以降緩和方向にあるものの，2008年4-6月期から7-9月期にかけて緩和ペースが鈍化している．この点はTEDスプレッドを考慮したテイラー・ルールでより明確に確認できる．

　TEDスプレッドを考慮したテイラー・ルールで判断すると，2008年半ばに2％ぐらいで金融政策をとどめたのは，目標として外れているのが明瞭と言える．この背景として，サブプライム問題から生じた金融危機の最中に，原油価格など国際商品市況が上昇するという異常事態が生じたのであり，それによって危機対応の政策行動が一時的に止まるということが生じたのではないかと推察できる（図表6-22, 23, 24）．

5.2.2　スウェーデン

　スウェーデンの金融政策ルールは，インフレをより警戒した金融政策が運営されたことを示している（図表6-25）．GDPギャップは2008年1-3月にマイナスに転じ，その後もマイナス幅を拡大させている．GDPギャップで見ると，米国よりスウェーデンの方がリーマン・ショック以前から景気悪化の程度は大きい．

　一方，CPIF（エネルギー価格除き）では，2007年10-12月期をピークに緩和を示しているものの，CPI総合では2008年7-9月期まで引き締めを示唆する状況にあった．現実の金融政策では2008年10-12月期以降緩和に転じて

図表 6-25　金融政策ルールと物価指数

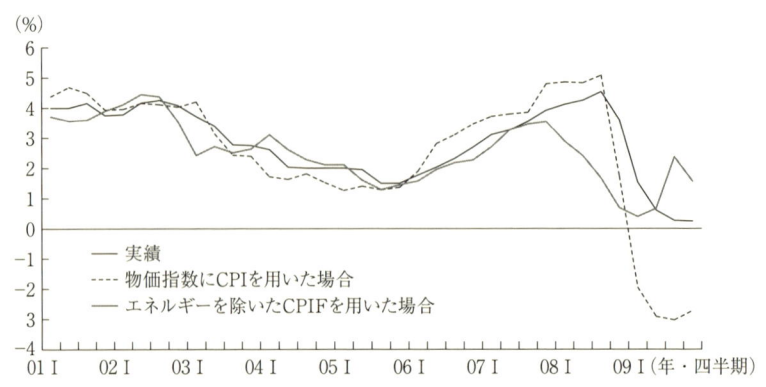

凡例：
― 実績
--- 物価指数にCPIを用いた場合
― エネルギーを除いたCPIFを用いた場合

注）1. テイラー・ルールでは，インフレギャップ0.5，GDPギャップ0.5とした．
　　2. 各時点発表のリアルタイム・データをもとに算出．
　　3. Finalは，Finalデータ（2010年3月発表）の時系列データをもとに算出したもの．
出所）瑞国リクスバンク・Statistics Swedenなどから筆者推計．

図表 6-26　金融政策ルールと物価指数

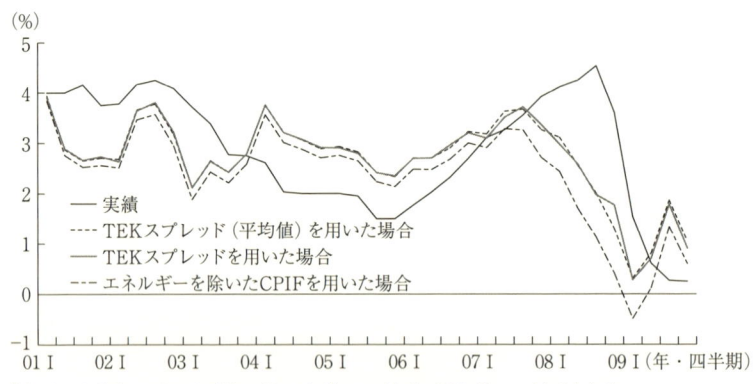

凡例：
― 実績
--- TEKスプレッド（平均値）を用いた場合
― TEKスプレッドを用いた場合
--- エネルギーを除いたCPIFを用いた場合

注）1. テイラー・ルールでは，インフレギャップ0.5，GDPギャップ0.5とした．
　　2. 各時点発表のリアルタイム・データをもとに算出．
　　3. Finalは，Finalデータ（2010年3月発表）の時系列データをもとに算出したもの．
出所）図表6-25に同じ．

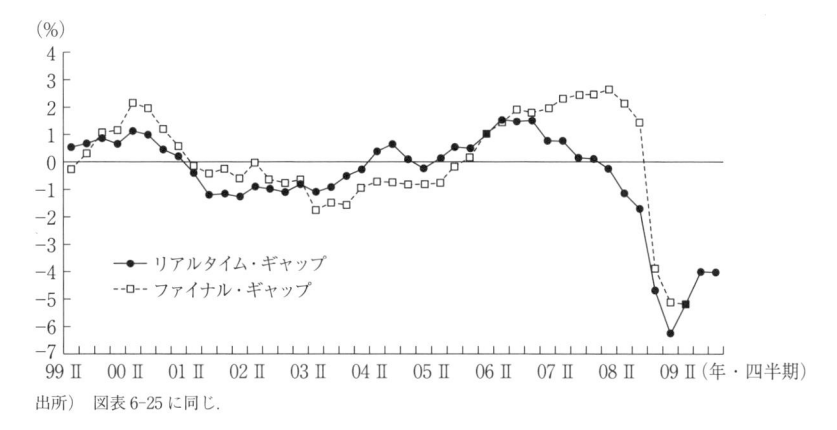

図表 6-27 GDP ギャップの推移（スウェーデン）

―●― リアルタイム・ギャップ
--□-- ファイナル・ギャップ

出所）図表 6-25 に同じ．

いる．原油価格高騰などを背景としたインフレ圧力の高まりを警戒する金融政策が取られたことから，金融緩和の転換に 1 年程度の遅れがあったと判断できる．

また，TEK スプレッドを考慮したテイラー・ルールについては，金融市場での不安定化が米国ほど大きくないものの，実際の政策金利との乖離がさらに大きくなることが確認できる．やはり，インフレ重視の金融政策であったことが窺える（図表 6-25, 26, 27）．

6　米国連邦準備と瑞国リクスバンクとの金融政策対応の比較

まず，利下げのタイミングの違いが顕著である．米国連邦準備の利下げ開始は 2007 年 9 月であるが，リクスバンクの利下げ開始は 2008 年 10 月はじめの国際協調利下げであり，その直前の 9 月はじめ（リーマン・ブラザーズ証券破綻直前）に最後の利上げを行っていた．この違いの原因としては，2 つのポイントが考えられよう．ひとつは，両国金融機関の痛み方の違いである．米国ではサブプライム・ローンの返済不能の波から，不良債権と関連証券損失が大きく膨らんで信用収縮が進行していくが，スウェーデンでは金融機関はサブプライム関連証券の保有も少なく（バルト問題を除けば）基本的に健全であり，信用収縮はほとんど起こらなかった．2 つ目は，景気局面に時間差

があったことであろう[57]．第3節の基調判断マトリックスを見ても，スウェーデンでは2008年9月まで雇用者数は増加しており，インフレ率も高かった．他方，米国では，インフレ率は高かったものの，住宅建設の減少から景気はすでに弱含んでおり，2007年8月には雇用に陰りが見えていたのである．

ただし，利下げプロセスを全体として見ると，類似点が多い．連邦準備は，異例の大幅利下げを何度も用いて，2008年12月に0～0.25％というゼロ金利水準まで下げ切った．15カ月で5％ポイント余の引き下げである．他方で，リクスバンクも大幅切り下げを多用して，2009年7月に0.25％と，やはりゼロ金利水準まで下げた．10カ月で4.5％ポイントの引き下げである．僅かな差異はあるが，ほぼ匹敵する急激かつ大幅な緩和であったと言えよう．

次いで，大きな共通点をもうひとつ指摘することができよう．それは，2008年半ばを中心とする時期に，インフレの上方リスクが高まったと判断されて，金融政策運営の判断において最重要ポイントとなったことである．その背景には原油をはじめとする国際商品市況の高騰があった．また，林（本書第7章）が指摘しているように，米国の直接金融市場の状況がかなり改善してきていた．米国連邦準備は，2007年から継続してきた利下げシリーズを4月FOMCの小刻み緩和で停止し，10月FOMCまで2％水準で据え置くこととなった．6月FOMCには利上げを主張する少数意見が提出され，8月FOMCでは次の政策行動が利上げに転換するという意見も強まった．ただし，9月FOMCはリーマン・ブラザーズ証券破綻後だったので，インフレ懸念は急速に低下していた．リクスバンクは小刻み利上げシリーズを継続して，リーマン証券破綻直前の2008年9月初頭にまで利上げを行った．政策金利の将来経路についても，2007年に複数回引き上げた後，その経路に沿った利上げをしていたが，2008年夏には最後の経路引き上げを実施している．ただし，リーマン証券破綻直前に役員会では，最後の小刻み利上げと同時に，早期の利下げを想定に入れた将来経路の引き下げも行っていた．

この国際商品市況の一時的な高騰が，金融政策運営を大きく左右した点は強調に値しよう．米瑞両国ともに，国際商品市況の高騰を一時的と見ていた

57）この点については，リアルタイムのGDPギャップがマイナス値に陥る時期も明確に異なった．

図表 6-28　状況判断と政策行動のまとめ

米　国

	時　期	状況判断	政策行動	コミットメント
2007	①前半	インフレ懸念	据置き	
	②夏	金融市場混乱	据置き＋流動性供給	
	③秋～冬	金融市場悪化	0.5＋0.25＋0.25％利下げ TAFと通貨SWAP	
2008	④前半	景況悪化	0.75＋0.5＋0.75＋0.25％利下げ	
	⑤年央	インフレ懸念	据置き	
	⑥秋～冬	金融危機＋景況悪化	0.5＋0.5＋0.75％利下げ＋準備預金付利	しばらくの間維持
2009	⑦年初	景況悪化＋デフレ懸念	据置き＋資産購入拡大	長期予測＋長期間維持
	⑧4月以降	景気回復兆候	据置き	長期間維持

スウェーデン

	時　期	状況判断＋リスク	政策行動
2007	①前半	好況＋インフレ懸念	緩慢な利上げ局面
	②年央	国内産インフレ懸念	小刻利上げシリーズ
	③後半	国際金融市場混乱＝国内産インフレ懸念	想定通りの小刻利上げ局面
2008	④前半	原油高インフレ懸念＞国際金融市場混乱	想定通りの小刻利上げ局面
	⑤年央	高インフレ重視 意見分裂	追加利上げ2回
	⑥秋	リーマン破綻直後の利下げ	0.5％×2回利下げ
	⑦年末	世界同時不況対応	1.75％利下げ
2009	～年初		1％利下げ
	⑧4月～7月	ゼロ金利へ	0.5％＋0.25％利下げ
	⑨秋～	回復兆候＋下方懸念	低金利維持

出所）　筆者作成.

が，エネルギー価格などを除いたコア指数も上昇していたので，利下げを進めるのは困難であったろう．米国の場合は，直接金融市場の状況改善もあって，それまでの利下げ（合計すると3％ポイント超）の累積効果が顕現するのを待つという面もあっただろう．さらに，インフレ率が顕著に変化する時期の予想インフレ率の計測は難しいが，名目金利を据え置いていても実質金利は低下していた可能性もあった．しかし，第5節で示したようにリアルタイム・データを用いたテイラー・ルールの計測では，金融市場の状況（TED/TEKスプレッド）を考慮しても，この時期の緩和不足が検出された．第4節のナラティブ分析では，両中央銀行ともにインフレを懸念していたことが明

らかであった．米国連邦準備は，自らの利下げが国際商品市場の投機をさらに促進する危険性も考慮したかもしれない．テイラー・ルールなどベンチマークからの乖離は，一時的である限りその影響は限定的であると通常は考えられるが，金融危機下での商品市況高騰という異常事態が金融政策運営をミスリードして緩和を遅らせたという評価もあり得るかもしれない．

　本章では焦点にしていないが，非伝統的な政策手段をともに利用した．米国連邦準備の場合は，米国が市場型の金融システムなので，諸金融市場が機能不全に陥ると，それらを個別に解決する必要に迫られた．その対応が，TAFやPDCFやCPFFといった諸流動性ファシリティである．そうやって短期の市場の中核部分を安定させながら，次第に長期の市場，特に住宅金融に直結する資産（エージェンシー債やエージェンシー保証MBS）の大量購入へと進んでいくこととなった．最終的には，長期国債の大量購入も実施した．両者の中間的なプログラムが，消費者ローンや中小企業向けローンから構成された資産担保証券の購入に融資するTALFであると言えよう．長期国債の購入を除けば，短期においても長期においても，ターゲットにした市場向けの資金供給や資産購入によって，その市場で異常に高まったスプレッドを低下させようとしたのである．これが「信用緩和」であった．他方で，リクスバンクの場合は，スウェーデンが銀行中心の金融システムなので，銀行向けの資金供給を進めることとなった．その中核は，欧州中央銀行に倣った，12カ月満期の固定金利ローンの大量提供である[58]．両中央銀行ともに，2009年でこうしたバランスシートの拡大をほぼ終えており，これからは「出口」を見据えていくことになる．

　次に，政策運営手法の違いについて，検討してみたい．リクスバンクは，インフレ目標＋将来経路明示＋「コリドー」（中央銀行預金利率と中央銀行貸出利率）方式で，ほぼ一貫している．上述したように，非伝統的な「量的緩和」の手段も銀行向けの貸出制度を部分修正しただけのものであった．他方で，連邦準備は，第3節で見たように，長期予測を導入し，政策発表文のリスク評価記述に腐心し（それでも市場の反応は想定どおりとは限らない），準備預金への付利を開始し，さらに諸流動性ファシリティの創設と大量の長期資産購

---

[58] 欧州中央銀行が合計額を無制限としていたのに対して，リクスバンクが合計額を明示的に限定していた点は，異なっている．

入と，変更がめまぐるしい運営となった．

マクロ経済をターゲットとした金融調整面では，リクスバンクの運営手法の方が格段に優れていたと評価できるのではないだろうか．インフレ予想をアンカーするためにインフレ目標をすでに発表によってしているので，長期予測は不要であった．さらに，政策金利の将来経路を発表しているので，リスク評価の文言を工夫する必要もなかった．コリドー方式も初めから導入済みであった[59]から，超低金利局面やその出口においても，政策金利のコントロールに有用である．米国連邦準備はインフレ目標制度を持たないままで，ほぼそれに近い運営にしようともがいてきたようにすら見える．非伝統的政策手段については，両国の金融システムが違ううえに，米国のシステムが世界的金融センターを擁していて遥かに複雑である以上，単純な比較は的外れであろう．しかし，危機前の米国の流動性供給制度が，自国の金融システムの現状に対応できていなかったことは批判されるべきであろう．

最後に，両国通貨の対外価値の変動についても触れておきたい．周知のように，米ドルは，サブプライム危機の発生後減価して，一時的には米国の輸出を増やし，景気の下支えとなった．しかし，リーマン・ブラザーズ証券破綻以後は，逆に急騰することとなった．他方で，スウェーデン・クローナは，リーマン・ショック後に減価した．第4節で見たように，リクスバンクの当局者たちは，この減価を危機時における小国通貨の宿命と受け取っていた．ただし，1990年代初頭の危機時とは異なり，スウェーデン自体は金融危機ではなかったので，大きな問題にはならなかった．この外為レートの変動は，両国ともに，国際商品市況の影響で進行中であったインフレ率の大きな上下動に，追加的な動学を加えることとなったのである．

7　おわりに

本章では，今次の金融危機における米国とスウェーデンの金融政策対応を

---

[59]　リクスバンクがレポ・レートの最終的な0.25%までの利下げを行ったときに，コリドーの幅（上下0.5%ポイント）を変更しなかったので，中央銀行預金利率がマイナスになって，注目された．しかし，この金利は，商業銀行が日々の準備調節に失敗した余分資金のみが預けられる部分に適用されるものであった．リクスバンクのAnders Vredin調査部長によると，「極めて残高が小さいもので，影響はほとんどなかった」とのことだった．

検討してきた．最後に，この節では，日本のバブル崩壊時の経験と両国の経験を比較してみたい．

日本では基本的にインフレが落ち着いた状態でバブル崩壊を迎えて，金融緩和に入ったが，今回はバブル崩壊と前後する時点で原油をはじめとする諸国際商品の大幅な値上がりが生じて，一時的にせよ，スタグフレーションの様相を呈することとなったのが，経済状況の大きな違いとして指摘できよう[60]．そのために，リクスバンクはリーマン・ブラザーズ証券破綻直前の2008年9月初頭においても利上げした．また，米国連邦準備の利下げも，2008年4月から9月まで滞った．リーマン証券破綻とその後の急激な金融危機を予見していなかったことは勿論だが，第5節で示したようにリアルタイム・データを用いたテイラー・ルールの計算値よりも，明らかに高止まりしてしまったのである．やはり，第4節で見たようにインフレ懸念があったからであり，利上げ予想すら高まっていたからの政策行動であったと言えるのではないだろうか．

よく知られているように，「ゼロ金利」水準とは言っても，日本の場合ほどの低水準に下げることはなく，その手前で非伝統的な政策手段を講じている点も，違いとして指摘できよう．日本の経験から学んだのだと言えるかもしれない．

また，日本の「ゼロ金利」政策や「量的緩和」政策では，超低金利を継続する条件を明示したコミットメントが脚光を浴びた．米国連邦準備は日本銀行に似たコミットメントを行っているが，ITバブル崩壊後に実施したのと同様に，「しばらくの間」とか「長期間にわたって」という曖昧な表現を再度利用している．リクスバンクは，ニュージーランドなど一部のインフレ目標採用国と同様に政策金利の将来経路を，「約束」するものではなく「予想」として，危機直前の2007年初頭から公表し始めていた．そこで，これを利用して，超低金利の継続予想期間を呈示することができたのである．コミットメントは不要であった．ただし，この将来経路への信認は，ゼロ金利水準到達とともに，弱まった．リクスバンクの幹部たちもこの理由を明らかにはでき

---

[60] 周知のように，この国際商品価格高騰については，連邦準備による金融緩和が低金利での資金調達を容易にして，投機を促進したという見方もある．実際，原油価格の高率での上昇は2007年の夏以後に生じている．

ていない.

　第4節で見たように,将来経路に関する議論は,次第に政策金利の調節と同等な重要性を占めていく.「今回の政策金利に関する決定には賛成だが,将来経路には反対だ」という投票行動が出てくるのである.また,以前に決定した「将来経路」に沿った,予定通りの利上げや利下げという政策行動も出現する.連邦準備の場合,強い金融緩和や引き締めから中立水準に戻る場合に(ほぼ)限定してこうした決定があり得るが,たいていの他の利上げや利下げは,状況判断の変化に対応したものとなりがちであり,市場もそのように解釈しやすい.市場とのコミュニケーションの手段としては,政策金利の将来経路の発表が明確に優れていると評価できるだろう.

　今次の金融危機発生に基づいて,物価安定のみを偏重するものとしてインフレ目標政策を批判する意見が見受けられるが,実際の政策運営はすでに先に進んでいる部分もあると言えるのかもしれない.

参考文献

地主敏樹 [2006],『アメリカの金融政策――金融危機対応からニュー・エコノミーへ』東洋経済新報社.
Federal Open Market Committee "Minutes," the Board of the Governors, Federal Reserve System, 2007-2009.
Riksbank, *Monetary Policy Report*, および *Monetary Policy Update*, 2007-2009.
Riksbank, "Minutes," Riksbank, 2007-2009.
Svensson, L., "Evaluating Monetary Policy," mimeo, to be published in Koenig and Leeson ed., *From the Great Moderation to the Great Deviation: A Round-Trip Journey Based on the Work of John B. Taylor*, September 2009.
Taylor, J. B. [1993], "Discretion versus Policy Rules in Practice," *Carnegie-Rochester Conference Series on Public Policy*, 39(1), pp. 195-214.
Taylor, J. B. and J. C. Williams [2008], "A Black Swan in the Money Market," FEDERAL RESERVE BANK OF SAN FRANCISCO WORKING PAPER SERIES, Working Paper 2008-04.
Taylor, J. B. [2008a], "The Costs and Benefits of Deviating from the Systematic Component of Monetary Policy," keynote address at the Federal Reserve Bank of San Francisco Conference on "Monetary Policy and Asset Markets," February 22.
Taylor, J. B. [2008b], "Monetary Policy and the State of the Economy," testimony before the Committee on Financial Services U.S. House of Representatives, February 26.

第7章 世界金融・経済危機における各国の政策とその効果

林 伴子

要　旨

　世界金融・経済危機において実施された，各国の金融システム安定化策，金融政策，財政政策を米国，欧州を中心にレビューし，金融，実体経済への効果について現時点での評価を行った．その結果，資本注入や銀行間取引の債務保証，流動性供給策などにより，短期金融市場やCP，社債などの直接金融については比較的早く改善し，危機以前の状況まで回復したが，MBSやABSをはじめとする証券化商品に係る市場（市場型間接金融）については，流動性は回復したものの，新規発行などの機能は回復していないことが分かった．また，間接金融については，消費者向け，企業向けとも貸出残高が減少するなど依然として信用収縮が続いており，金融政策のトランスミッション・メカニズムがこの部分についてはあまり機能していない可能性が示された．さらに，実体経済については，自動車買換え支援策も含め財政刺激策などの政策効果により最悪期は脱したものの，信用収縮などの下押し圧力から欧米諸国の回復のスピードは遅く，民間需要の自律性が乏しい状況が続いていることが示された．

本章の事実関係に係る部分の多くは，筆者が実質的な執筆責任者を務めた，内閣府［2008］，内閣府［2009a］，内閣府［2009b］に基づいており，これらの参考文献の執筆に参画した内閣府の参事官付スタッフに感謝したい．しかしながら，本章の意見にわたる部分はすべて筆者の個人的見解であり，筆者の所属する機関とは一切関係がない．

1 はじめに

2007年の夏以降，米国のサブプライム住宅ローン問題を契機に起きた住宅金融市場の混乱は，金融市場全体の混乱へと広がりを見せ，2008年9月の米国大手投資銀行リーマン・ブラザーズ破綻を契機として，地域的にも米国，欧州だけでなく，投資家の「質への逃避」と金融機関のデレバレッジの過程を通じて新興国へと拡大し，世界的な金融危機へと発展した．実体経済も，金融危機を背景とする信用収縮により，消費，設備投資など民間需要が世界中で急速に「蒸発」したため，生産や雇用が大幅に減少するなど顕著に悪化し，2008年秋には「世界金融・経済危機」，「大景気後退」(Great Recession)ないし「第2次世界恐慌の淵」[1] に陥った．

本章では，世界各国政府・中央銀行は，こうした状況に対しどのような政策措置を講じたのか，こうした政策の効果を現時点（2009年末）でどのように評価すべきかについて論じる．

本章で取り扱う政策は，今回の世界金融・経済危機に対する対応策，すなわち金融システム安定化策や景気の下支えのためのマクロ経済政策を対象とし，金融規制・監督体制の見直しをはじめとする危機の再発防止策については別稿に譲ることとする．なお，危機再発防止策は，危機対応策と密接な関係があり，タイミングを誤れば対応策の効果を減ずることにもなる．例えば，金融機関のバランスシート調整が進行するなかで危機再発防止のため金融規制の強化を進めることは，さらなる信用収縮を通じて実体経済の悪化につながりかねない．今回は立ち入らないが，その点で危機対応策と再発防止策のシークエンシングも重要なポイントである．

本章は，まず世界金融危機の発生と拡大の経緯を概観した後，米国，欧州

---

1) Council of Economic Advisers [2010].

を中心に金融システム安定化策，金融政策，財政政策について記述したうえで，金融，実体経済への効果について評価を行い，最後に今後の課題を述べる．

2 世界金融危機の発生と拡大の経緯

欧米の金融市場は，2007年8月に欧州大手金融機関BNPパリバ傘下の投資ファンドが償還凍結を発表したこと（いわゆる，「パリバ・ショック」）が契機となって，混乱の度合いを強め，その後も，同年12月の短期金融市場の流動性逼迫，2008年3月の米国大手投資銀行ベアー・スターンズの経営危機，JPモルガンへの吸収合併，同年7月の米国GSE（Government-Sponsored Enterprises：政府支援機関）の経営不安といった局面ごとに混乱が深まった．そして，2008年9月15日の米国大手投資銀行リーマン・ブラザーズの破産申請により，国際金融資本市場の緊張は一気に高まり，世界的な金融危機となった．

主要国の株価の推移を見ると，2008年9月中旬を転機として，それまでの金融機関株を中心とした株価の下落が金融機関以外へと広がり，市場全体の株価が急落するなど，主要国の株価指数は9月中旬以降だけで30％を超える下落を記録した．また，金融市場の混乱は，資金の流出という形で新興国にも波及し，株価が9月以降下落のテンポを速めるとともに，一部の国では通貨が大幅に減価するなど，新興国の金融資本市場にも大きな混乱が生じた．

今回の金融危機については，発端は米国のサブプライム住宅ローン問題であったが，それはあくまできっかけに過ぎず，根本の原因は，国際的な資金フローの拡大や新しい金融技術の発展に支えられて国際金融資本市場が急速に拡大するなかで，金融機関のビジネスモデルやリスク管理体制，さらには，金融規制当局における規制・監督体制が，新しい金融商品や金融イノベーションに十分対応できておらず，資産価格の下落に対し非常に脆弱な構造となっていたことにある．

今回の金融危機に至るまでの過程を見ると，2007年8月までを金融市場の「正常期」とすれば，パリバ・ショックが起きた同年8月から2008年9月中旬までが金融市場の「混乱期」，そして，リーマン・ブラザーズが破綻した同

年9月中旬以降が「金融危機」の時期と区分することが可能であると考えられる．9月中旬までの問題は，米国のサブプライム住宅ローン問題に起因する短期金融市場での流動性の低下や一部金融機関の経営不安の問題であったが，それ以降は，金融システム全体をゆるがす問題へと拡大した．以下では，主に，2008年9月中旬以降の金融危機の時期に焦点を当てて，金融市場の動向を概観する．

2.1 米国の金融危機

9月15日，それまで経営不安がうわさされていた大手投資銀行のリーマン・ブラザーズが連邦破産法第11条の適用を申請，同じく，大手投資銀行のメリルリンチも，米国大手商業銀行バンク・オブ・アメリカに買収されることが発表された．それまで，大手金融機関については，大き過ぎてつぶせない（too big to fail），また，他の金融機関との関係が密接なのでつぶせない（too interconnected to fail）ため，市場関係者の多くが漠然と破綻することはない（政府の救済がある）と考えていた．しかし，リーマン・ブラザーズの破綻により，大手金融機関についても，破綻のリスクがあることが強く認識され，金融機関はお互いの財務状況について急速に相互不信に陥っていった．その結果，短期金融市場は，資金が枯渇したり，大幅なリスク・プレミアムを付して取引される事態となった．

さらに，続いて9月16日に起こった米国大手保険会社 AIG の経営危機[2]は，同社が国際的なオペレーションを行っていたことから，その金融市場への影響が強く懸念され，また，同社が CDS（クレジット・デフォルト・スワップ）のプロテクションを幅広く提供していたことから，CDS に係るリスクが関心を集めた．AIG のような金融機関に対する信用不安の高まりは，市場全体におけるカウンターパーティ・リスクの認識を強めることとなった．

こうした金融機関の信用リスクの高まりについて，米国大手金融機関の株価の推移を見ると，株価は，金融市場の混乱の早い段階（2007年後半）から下落してきたが，9月に入ってリーマン・ブラザーズの経営不安が市場で高まると，投資家は資金を引き揚げるべく，株式売却を加速させた．とりわけ，

---

2) 連邦準備制度理事会（FRB）による緊急資金融資が行われた．

投資銀行の株価は，リーマン・ブラザーズの連想もあって，9月中旬にかけて急落し，政府の金融安定化策などを受け一時持ち直す時期もあったものの，10月以後も下落傾向が続いた．また，米国の主要金融機関のCDSスプレッドも，9月中旬にスプレッドが跳ね上がった．

カウンターパーティ・リスクや流動性リスクを表すTEDスプレッド（短期国債金利とロンドン銀行間市場金利（LIBOR）の金利差）についても，2007年8月のパリバ・ショック直後，同年末に資金調達不安が高まった時期や，2008年3月の大手投資銀行ベアー・スターンズの救済買収といった金融市場の混乱が高まりを見せた局面において拡大してきたが，2008年7月のGSE経営不安を契機に再度拡大に向かい，9月のリーマン・ブラザーズの破綻をきっかけに急拡大した．

さらに，米国では一般の家計が預金代わりとして使っているMMFについては，リーマン・ブラザーズの破綻を受けて一部のファンドが額面割れしたことを受け，多くのファンドに対して，投資家からの解約が殺到する事態となった．この結果，ファンドによる資産売却やファンドの廃止が相次ぎ，MMFの残高は2008年9月中旬に大幅に減少し，MMFからの資金に依存してきたホールセール・バンクの資金調達にも支障を生じさせた．

CP市場についても，MMFからの資金供給に依存していたこともあり，9月中旬以降，翌日物など極めて短い期間のCPを除いては，新規発行が困難な状態に陥った．CP発行残高の推移を見ると，9月中旬以降，FRBによるCPの直接買取制度が始まる10月下旬まで，残高が減少を続けており，この結果，金融機関だけでなく，事業会社も資金繰りに窮する状態となった．また，社債と国債の利回りのスプレッドを見ると，とりわけ，格付けの低い社債を中心に，9月中旬以降スプレッドが急速に拡大した．

このように，米国の金融市場においては，財務状況に対する疑念から，金融機関の間で相互の信頼が失われた状態に陥り，その結果，金融市場における流動性が著しく低下し，財務状況が健全な金融機関や事業会社も含め，資金調達が困難な状況に陥った．

2.2 欧州における金融危機

欧州においては，2007年8月のドイツIKB産業銀行への支援や2007年9

月の英国のノーザン・ロック銀行における取付け騒ぎ（その後2008年2月に一時国有化）などに見られるように，早い段階から，米国のサブプライム住宅ローン問題の影響を受け，一部金融機関の信用不安や金融市場の混乱が表面化していた．

2008年9月のリーマン・ブラザーズの破綻を契機にさらに事態は深刻化し，英国大手銀行HBOSのロイズTSBによる救済買収，ドイツ政府による大手住宅金融会社ハイポ・リアル・エステートへの支援，フォルティスやデクシアといった複数の国にまたがる金融機関への公的資金注入など，大手金融機関の経営不安や資金繰り困難の問題が次々と表面化し，欧州の金融機関のCDSスプレッドも，経営不安が表面化した金融機関を中心に，9月中旬以降急上昇した．また，LIBOR－OISスプレッドも，ユーロ建て，ポンド建てとも，9月中旬に急拡大した．

このように欧州においても金融危機が発生した要因としては，欧州自身が抱えていた問題と米国の金融危機の影響という2つに分けて考えることができる．

欧州各国自身が抱えていた問題としては，①欧州の金融機関においても，2000年代に入ってからの国際的な資金フローの拡大下において，リスクの適切な管理が行われていなかったこと，②米国の金融機関以上に高いレバレッジで投資が行われていたことなどから，金融機関の経営構造が資産価格下落に対して脆弱であったこと，③英国，スペイン，アイルランドなどにおいては，住宅バブル崩壊に直面し，金融機関がその影響を大きく受けたことなどが挙げられる（内閣府[2008]）．例えば，ユーロ圏の金融機関の総資産残高をGDP比で見ると，ユーロが発足した1999年には240％であったが，わずか8年後の2007年には330％とGDP比で見て90％近く高まっていた．ユーロ発足による金融市場の一体化により，ユーロ圏内の銀行の数はユーロ発足1年前（1998年時点）の8,361行から2007年の6,128行へと2,200行以上減少するなど，金融機関の間の競争も激化するなかで，多くの金融機関が不動産向けや中東欧などの新興国向けを含め貸出を急速に拡大し，レバレッジを高めていたことが分かる．

他方，欧州の金融機関の一部は，米国で組成されたMBSなどを大量に保有していた．米国の民間機関発行MBSのうち海外で保有されていたのは，

パリバ・ショック前の 2007 年 6 月時点で 5,940 億ドルであったが，その半分以上の 3,500 億ドルが欧州で保有されていた．このため，欧州は，米国のサブプライム住宅ローン問題の発生に伴う MBS の価格下落の影響を強く受けることとなった．

2.3 新興国への波及

新興国については，これまで経済が順調に拡大を続けてきていたことに加え，金融機関による米国の MBS などの保有は少なかったことから，米国発の金融危機の影響は限定的なものにとどまると見られていた．

しかしながら，金融機関の活動がグローバル化し，国際金融・資本市場の統合が進むなかで，欧米を中心とした金融危機の影響は，株価の大幅な下落や通貨の急落という形で，新興国にも広がった．

9 月 15 日以降の各国の通貨および株価の下落率を見ると，ハンガリー，ウクライナなど IMF の緊急融資の対象となった国においては，通貨，株価とも大幅に下落し，その他の国でも，韓国やブラジルにおいては通貨の下落が，ロシアにおいては株価の下落が著しいものとなった．

このような株価および通貨の下落の背景を理解するうえでは，「質への逃避」と「高レバレッジの解消」の 2 つがポイントである．金融危機の影響を受けて，欧米の金融機関の投資行動はリスク回避的になり，相対的にリスクの高い新興国の株式などから，先進国の国債などの安全資産へと「質への逃避」を行う動きが広がった．また，欧米の金融機関やヘッジ・ファンドは，高レバレッジを解消する観点から，新興国における保有資産についても規模を圧縮した．こうした欧米の金融機関の動きが，これまで新興国の活発な金融市場を支えてきた資金の流れを逆転させ，株価や通貨の下落をもたらしたと考えられる．

2.4 各国の実体経済の悪化

世界金融危機の拡大により，欧米を中心に実体経済は急速に落ち込んだ．米国経済はすでに 2007 年 12 月から景気後退期に入っていたが，リーマン・ショックを機に消費，設備投資，生産ともに急降下し，実質 GDP 成長率は，2008 年第 4 四半期に前期比年率 −5.4%，2009 年第 1 四半期に同 −6.4% と

戦後最大のマイナス成長が続いた．雇用も，2007年末から戦後最長の22カ月連続で減少が続き，減少のスピードも2009年1月には前月差77.9万人の減少となるなど急激なものとなった．失業率も，リーマン・ショック前の5％前後から急上昇し，2009年10月には10.1％と1980年代はじめのスタグフレーション期に匹敵する水準に達した．

欧州も，2007年秋から景気は後退していたが，2008年秋以降，生産や輸出を中心に急激に落ち込み，実質GDP成長率は2009年第1四半期にはユーロ圏で前期比年率－9.5％，うちドイツは同－13.4％，また，英国で同－10.2％と過去最大の減少を記録した．英国やスペイン，アイルランドなどでは，自国の住宅バブル崩壊の影響もあって景気の落ち込みは著しく，スペインの失業率は19％に達するなど雇用情勢も深刻化した．さらに，中東欧諸国は，西欧の金融機関からの借入が多い国を中心に厳しい景気後退に陥り，ハンガリー，ルーマニア，ポーランド，ラトビアなどはIMFやEUの支援を受けている．

このように金融危機の震源地である欧米諸国では，信用収縮により急速に実体経済が落ち込み，これが企業の破綻や家計向け信用の返済延滞など不良債権の増加を通じて金融機関のバランスシートを悪化させ，さらなる信用収縮につながるという，金融危機と実体経済悪化の悪循環という状況に陥りつつあった．政策当局者の間では，こうした金融部門と実体経済の負の連鎖構造（negative feedback loop）をいかに止めるかが重要な政策課題となった．

他方，アジアの国々は，金融システム面での影響は比較的軽微であったが，欧米向け輸出が急落し，内需の規模が大きい中国やインドを除き，2008年秋から2009年はじめにかけて多くの国々が大幅なマイナス成長に陥った．アジアでは，電気機械，輸送機械を中心に中国を軸とした域内分業が進み，最終需要地である欧米に輸出するというサプライ・チェーンが形成されていたため，輸出急減による実体経済への影響は大きかった．

3　各国における政策対応

世界金融危機が拡大するなか，各国は，金融システムの安定化，実体経済の悪化に対応するため，財政，金融その他の政策手段を総動員して対応を

図表 7-1　各国の金融

	個別金融機関への支援(バランスシートの改善等)		
	資 本 注 入	不良債権買取	保有資産の保証
米　国	「緊急経済安定化法」(TARP)に基づく資本注入を実施. **資本注入実績(09年11月時点):合計3,145億ドル(約30兆円)** ・資本注入プログラム　2,047億ドル ・AIG　698億ドル ・シティグループ(追加分)　200億ドル ・バンク・オブ・アメリカ(追加分)　200億ドル **公的資本返済(09年11月時点):合計709億ドル(約6.6兆円)** 大手金融機関19行に対し,ストレステストを実施,うち10行について合計746億ドルの資本増強が必要と発表.	不良債権買取のための「官民投資プログラム」(PPIP)を発表. **不良証券買取プログラム財務省の出資・貸出額:最大300億ドル(約2.8兆円)** FRBがAIGの不良資産を買い取るLLCに対する融資を実施. **融資額:525億ドル(約4.9兆円)**	シティグループおよびバンク・オブ・アメリカの保有資産に対して政府保証を実施. **保証資産額:4,190億ドル(約39兆円)** ・シティグループ　3,010億ドル ・バンク・オブ・アメリカ　1,180億ドル
ドイツ	「金融安定化法」に基づき,800億ユーロ(約10.2兆円)の資本注入枠を確保. **資本注入(下記2行の発表額):187億ユーロ(約2.4兆円)** ・コメルツ銀行　182億ユーロ ・アーレアル銀行　5億ユーロ	不良債権を金融機関から切り離すための「バッド・バンク」の創設を盛り込んだ法案が可決.	―
フランス	総額400億ユーロ(約5.1兆円)の資本注入枠を創設. **資本注入(発表額):合計215億ユーロ(約2.8兆円)** ・大手金融機関6行 　総額105億ユーロ(1回目) 　総額110億ユーロ(2回目)	―	―
英　国	総額500億ポンド(約7.2兆円)の資本注入策を発表. **資本注入(発表額):合計500億ポンド(約7.2兆円)** ・RBS　330億ポンド ・HBOS　115億ポンド ・ロイズTSB　55億ポンド ※RBSに対しては,必要に応じて60億ポンドの追加注入を実施することとされている.	―	「資産保護スキーム」により,金融機関の保有資産(資産担保証券等)に対して政府保証を実施. **保証資産額:5,850億ポンド(約84兆円)** ・RBS　3,250億ポンド ・ロイズTSB　2,600億ポンド

注)　この他,ECBがカバード・ボンド(金融機関が発行する担保付債券)の買取を実施することを発表(買取規模は600億ユーロ(約7.7兆円)).
出所)　各国政府,中央銀行などの公表資料より作成.

システム安定化策

融資	金融市場の機能回復			預金保護
	債務の保証	特定資産の買取		
FRBがAIGに対して有担保融資を実施. **融資枠：250億ドル（約2.4兆円）** ※当初の850億ドルから減額	FDIC（連邦預金保険公社）が金融機関が新規に発行する債務を保証. **事業規模：1兆4,000億ドル（約132兆円）**	FRBによるCP買取制度（CPFF），CPを買い取る金融機関等への融資制度（AMLFおよびMMIFF）を創設. **FRBのバランスシート上のCP残高：565億ドル（約5.3兆円）** ※09年8月19日時点 FRBが消費者・中小企業向けローンを担保とするABSの保有者に対して貸付を行う制度（TALF）を創設. **貸出規模：最大1兆ドル（約94兆円）** FRBによるGSE債およびGSE保証のMBSを買い取るプログラムを創設. **買取規模：最大1兆4,500億ドル（約137兆円）** FRBが長期国債の買取実施を発表. **買取規模：最大3,000億ドル（約28兆円）**	預金保護の上限を10万ドル（約942万円）から25万ドル（約2,355万円）に引き上げ. 決済用預金の全額保護.
ハイポ・リアル・エステートに対して融資を実施. **融資額：500億ユーロ（約6.4兆円）** ※なお，ハイポを念頭に金融機関の国有化を可能にする法律を制定.	政府が銀行間取引に対して，債務を保証. **事業規模：4,000億ユーロ（約51兆円）**	—	預金の全額保護を実施．実施前の法定保護上限は預金の90％（2万ユーロ（約260万円）を上限）.
—	政府が銀行間取引に対して，債務を保証. **事業規模：3,200億ユーロ（約41兆円）**	—	変更なし．現行は，7万ユーロ（約900万円）.
—	政府が金融機関が新規に発行する債務を保証. **事業規模：2,500億ポンド（約36兆円）**	BOEがCP，社債，中長期の英国債の購入を含む資産買取制度（APF）を発表. **買取規模：1,750億ポンド（約18兆円）**	預金保護の上限を3万5,000ポンド（約500万円）から5万ポンド（約720万円）に引き上げ.

図表 7-2　各国の財政刺激策

国名	規模（GDP比, %） 2008	2009	2010	合計	雇用・セーフティネット	有効需要創出	成長力強化
米国	1.1	2.0	1.8	4.9	・失業保険の給付期間延長の継続 ・フードスタンプ（食料引換券）の増額 ・メディケイド（低所得者向け医療保険）維持のための州政府への支援 ・年金受給者等への一時給付金の支給 ・高等教育支出の税額控除の拡大 ・奨学金の引き上げ ・教員のレイオフなどを防ぐための州財政安定化基金の設立	・所得税減税（勤労者1人当たり最大400ドルの減税） ・設備投資減税（特別償却の延長など）	・環境エネルギー対策（配電網の近代化など） ・科学技術振興策 ・医療情報のIT化促進 ・公共投資（道路、橋梁の近代化、高速鉄道への投資など） ・低燃費車への買換えへの支援
ドイツ	0.0	1.6	2.0	3.6	・職業訓練 ・時短労働への助成金給付期間拡大・社会保険料負担軽減	・所得税減税（最低税率の引下げ） ・児童手当（一時金の支給） ・医療保険料減税 ・設備投資減税 ・企業の資金繰り支援	・住宅改修への支援（省エネ化など） ・公共投資（学校、病院、道路など） ・地方政府による公共投資促進 ・環境対応の新車に対する自動車税の一時免除 ・環境対応車への買換え車への支援
フランス	0.0	0.7	0.8	1.5	・零細企業への雇用補助金 ・失業保険対象となっていない失業者への手当の支給	・中・低所得者の所得税減税 ・住宅取得支援（利子への補助） ・自動車産業支援（メーカーへの融資） ・子会社支援 ・企業の資金繰り支援	・住宅改修への支援（省エネ化など） ・公共投資（学校、道路、鉄道など） ・環境対応車への買換え支援
英国	0.2	1.4	−0.1	1.5	・公共住宅の建設 ・失業者の求職支援 ・職業訓練	・所得税の課税最低限の引上げ ・付加価値税（消費税）の一時的税率引下げ（17.5%→15%） ・中小企業向け貸出に対する政府保証	・公共投資（学校、交通、住宅など） ・旧型自動車買換支援 ・CO_2削減の設備投資促進
中国	0.4	3.2	2.7	6.3	・低所得者向け住宅建設 ・社会保障の強化（対象範囲、水準の引上げなど）	・自動車購入支援（車両取得税の半減、費村における買換え、購入補助金、全国における買換え購入補助金） ・家電購入支援（農村における購入補助金、9省・市における買換え補助金） ・商業銀行の与信出制限の撤廃	・公共投資（鉄道、道路など） ・企業の付加価値税減税（仕入税額控除の対象拡大） ・産業構造調整振興策（業界再編、技術革新など）

出所）規模については、IMF "Update on Fiscal and Financial Sector Measures" (2009年4月26日) による。

行った（図表7-1, 7-2, 7-3）．以下では，まず，2008年秋から年末にかけて行われた緊急的な金融システム安定化策を概観した後，米国，欧州，中国などの対応策について各国ごとに詳述する．

3.1　緊急的な金融システム安定化策の概観

2008年9月中旬のリーマン・ショック後，各国においては，金融危機の拡大を食い止め，金融市場を安定化させるため，緊急的な政策措置が次々と講じられた．これらは，①公的資本注入など金融機関のバランスシート改善のための措置，②金融市場の流動性回復のための措置，③預金者などの保護のための措置に大別できる．以下では，2008年秋から同年末に行われた措置を中心に概観する．

3.1.1　金融機関のバランスシート改善のための措置

金融機関のバランスシート改善の措置としては，日本の1990年代の経験に鑑みると，金融機関の資本増強のための資本注入と，金融機関の不良債権をバランスシートから切り離すための不良債権の買取が車の両輪と考えられるが，今回の金融危機では，欧米諸国では資本注入が先行して実施された．

(1)　金融機関への資本注入

今回の危機の過程においては，欧米の金融機関は，証券化商品などに係る損失により，自己資本を著しく毀損し，このことがさらなる信用不安の元となっていた．2008年秋時点の金融市場の状況では，金融機関による自力の増資努力にも限界があったため，米国では，2008年10月に成立した「緊急経済安定化法」に基づき，銀行および貯蓄金融機関など向けに総額2,500億ドルの資本注入を実施することが発表された．同年12月までに，主要銀行9行を含む53行に対し，優先株の取得により，1,615億ドルが注入され，AIGに対しても400億ドルの資本注入が実施された．その後も，シティグループやバンク・オブ・アメリカ，AIGや中小金融機関などに対して追加的な資本注入が行われ，09年11月までに3,145億ドルの資本注入がなされた．

また，欧州においても，ドイツで，金融安定化法に基づき800億ユーロの資本注入枠が確保され，フランスでも400億ユーロの注入枠が設定された．

図表 7-3　各国

	金融政策の目標	物価の見通し	政策金利	買入対象資産拡大
米国〈FRB〉	・雇用の最大化 ・物価安定 ・適切な長期金利水準 ※連邦準備法(Federal Reserve Act)の規定	・FOMC議事録で公表(年8回) ※当該年を含む3年先までおよび長期の見通し	0〜0.25% 2008年12月- ※FOMCの声明では、政策金利は「さらに長い期間(for an extended period)」妥当となる公算が大きいとしている。(2009年3月-)	・国債, CP および MBS の買入 ①国債:最大3,000億ドル ②CP(CPFF):565億ドル ③MBS:最大1兆4,500億ドル ・金融機関などに対する貸出 ①CPなどを買い取る金融機関等に貸出(MMIFF:最大5,400億ドル, AMLF) ②ABS・CMBSの保有者に貸出(TALF):最大1兆ドル
ユーロ圏〈ECB〉	・物価安定 [インフレ参照値] HICP上昇率「2%を下回りかつ2%近傍」	・ECB スタッフ見通し(四半期) ※当該年を含む2年先までの見通し	1.00% 2009年5月-	・カバード・ボンド買入:最大600億ユーロ
英国〈BOE〉	・物価安定と通貨の信認(Monetary Stability) [インフレ目標] CPI上昇率2% ・金融システムの安定性維持(Financial Stability)	・インフレーション・レポート(四半期)でファンチャートを公表 ※当該年を含む3年先までの見通し	0.50% 2009年3月-	・CP, 社債, ABS, シンジケートローンおよび中長期国債の買入:最大1,750億ポンド
カナダ〈カナダ銀行〉	・物価安定 [インフレ目標] CPI上昇率2±1%	・マネタリー・ポリシー・レポート(四半期)でファンチャートを公表 ※当該年を含む2-3年先までの見通し	0.25% 2009年4月- ※カナダ銀行は、インフレの見通し次第で、2010年2Qの終わりまで現行水準を維持するとしている。(2009年7月-)	—
スイス〈スイス国民銀行〉	・物価安定 [インフレ目標] CPI上昇率2%未満	・マネタリー・ポリシー・レポート(四半期)でインフレ見通しを公表 ※当該年を含む3年先までの見通し	0.00〜0.75% (中心値として0.25%) 2009年3月-	・スイスフラン建て社債の買入
スウェーデン〈リクスバンク〉	・物価安定 [インフレ目標] CPI上昇率2±1%	・マネタリー・ポリシー・レポート(四半期)でファンチャートを公表 ※当該年を含む3年先までの見通し	0.25% 2009年7月-	—

注) B/S の拡大は 2007 年 6 月末との対比で見た直近の倍率. スイスとスウェーデンは日銀資料による (*).
出所) 各国政府, 中央銀行等の公表資料より作成.

第7章 世界金融・経済危機における各国の政策とその効果

の金融政策

流動性供給拡充策		B/S 拡大	備考（政策スタンスの説明等）
オペなどの拡充	うち中銀間通貨スワップ		
・オペの頻度引き上げ，期間長期化 ・オペの適格担保拡大 （広範囲な投資適格級の資産など） ・オペの相手方拡大 （プライマリー・ディーラー（PDCF）など） ・債券貸付ファシリティ拡充 （ターム物証券貸与ファシリティ（TSLF））	・ECB，スイス国民銀行（07年12月，08年9月，09年4月） ・日本銀行，BOE（08年9月，09年5月） ・その他各国中央銀行（08年9-10月） カナダ，オーストラリア，スウェーデン，デンマーク，ノルウェー，ニュージーランド，韓国，ブラジル，シンガポール，メキシコ	2.3倍	信用緩和（Credit Easing）（バーナンキ議長は，FRBが保有する資産の構成や規模を変動させ，機能不全状態に陥った資産市場を回復させる一連の施策を「信用緩和」と呼んでいる．）
・オペの頻度引き上げ，期間長期化 （長期ターム物リファイナンシング・オペ） ・オペの適格担保拡大 （受入担保について，①ユーロ圏で発行されたドル・ポンド・円建て市場性資産，②一定の銀行の負債性証券，③保証付きの劣後債を追加） ・オペの相手方拡大 （オペ先に欧州投資銀行を追加など）	・FRB（07年12月，09年4月） ・スイス国民銀行（08年10月） ・デンマーク中銀（08年10月） ・スウェーデン・リクスバンク（07年12月）	1.5倍	ECBは，一連の施策について「量的緩和」ではなく，すでに実施してきた既存の支援策の拡充であり，また，特定資産の市場機能も回復させるため「信用緩和」と呼ぶこともできる，としている．
・オペの頻度引き上げ，期間長期化 ・オペの適格担保拡大 （3カ月物レポ・オペの対象としてABSを追加など） ・オペの相手方拡大 （非銀行金融会社などを追加） ・債券貸付ファシリティ拡充 （特別流動性供給スキーム，ディスカウント・ウィンドウ）	・FRB（08年9月，09年4月）	2.7倍	量的緩和（Quantitative Easing）
・オペの頻度引き上げ，期間長期化 （ターム物レポ・オペ） ・オペの適格担保拡大 （銀行引受手形，約束手形，CP，ABCP，社債，非モーゲージ貸付などを追加） ・オペの相手方拡大 （大口決済システムの直接参加者，短期金融市場・債券市場の大口参加者を追加）	・FRB（08年9月）	1.6倍	―
・オペの頻度引き上げ，期間長期化 （長期ターム物オペ）	・FRB（07年12月，09年4月） ・ECB（08年10月） ・ポーランド中銀（08年11月） ・ハンガリー中銀（09年1月）	2.2倍*	スイスフランの増価を防ぐため為替介入を行っている．
・オペの頻度引き上げ，期間長期化 （長期ターム物オペ） ・オペの適格担保拡大 （オペのカウンターパーティーやその関連企業が発行する担保付債券，銀行などが発行する証券を追加） ・オペの相手方拡大 （ファイン・チューニング・オペの対象先に係る要件を一時的に撤廃など）	・ECB（07年12月） ・FRB（08年9月） ・ラトビア中銀（08年12月） ・エストニア中銀（09年2月）	3.1倍*	09年7月，準備預金金利を−0.25％としマイナス金利を適用．

英国でも，大手金融機関 3 行に対し総額 500 億ポンドが注入されるなど，各国で取組が進められた．

こうした資本注入は，注入を受けた個々の金融機関の財務状況に対する懸念を軽減するだけでなく，金融市場全体の混乱を沈静化させるうえで，一定の効果を持ったものと考えられる．

(2) 金融機関からの不良債権の買取

欧米の金融機関は，証券化商品の価格の下落などに伴い多額の損失を被っていたうえ，今後の証券化商品の価格動向が不透明で，損失額の見込みが立ちにくいことが金融機関間の相互不信の原因ともなっていた．不良資産の買取は，①金融機関の保有する不良資産額を確定させるとともに，それらをバランスシートから切り離すことにより，金融機関相互のカウンターパーティ・リスクを減少させることに加え，②買取の過程を通じて，機能不全に陥っている各種資産市場における適正価格の発見にも寄与すると考えられる．

このような観点から前述の米国の「緊急経済安定化法」は立案され，最大 7,000 億ドルを用いて金融機関から不良債権を買い取ることが本来の立法趣旨であった．しかしながら，2008 年 11 月 12 日のポールソン (Paulson, H.) 財務長官の声明において，7,000 億ドルのうち，議会の承認なしで使用可能となっている 3,500 億ドルの使途については，当面，金融機関への資本注入を優先するという方針が示され[3]，不良債権の買取については先送りされた．結局，不良債権買取については，オバマ政権発足後の 2009 年 3 月に発表された「官民投資プログラム」(PPIP) の実現まで待つこととなった．

他方，2008 年 11 月の AIG への追加支援策においては，FRB により，AIG が保有する不良資産の買取を支援するためのファシリティが，TARP とは別に創設されている．このファシリティでは，AIG の住宅ローン担保証券 (RMBS) および債務担保証券 (CDO) を買い取る有限責任会社 (LLC) に対して，ニューヨーク連邦準備銀行が融資を行い，それを通じて支援することとされた[4]．

---

3) 緊急経済安定化法では，買取対象資産は，「住宅用もしくは商業用不動産ローンおよびその関連証券」とされている一方，財務長官は，金融市場の安定のために必要と判断される場合には，FRB 議長と協議のうえ，その他の資産を買い取ることができることとされており，実際には，財務長官には，優先株の買取をはじめ，広範な権限が与えられていると理解されている．

欧州では，ドイツにおいて，2008年10月に成立した「金融安定化法」において，必要があれば不良資産の買取ができることとされたが，同法を活用して買取を実施するという動きは現在のところ見られない．別途，2009年7月に成立した「バッド・バンク法」により，不良資産買取のスキームが設けられた．

3.1.2　金融市場の流動性回復のための措置

世界金融危機発生直後，短期金融市場の流動性が著しく低下した．欧米各国では，金融機関間の相互不信により，金融機関は短期金融市場からの資金調達に困難が生じ，また，調達できたとしても高いコストを支払わなければならない状況となった．これを放置すれば，健全な金融機関までもが流動性の制約により破綻するリスクがある．こうしたことから，各国中央銀行が流動性の供給を行うとともに，政府が金融機関の債務を保証することにより，金融機関の資金調達を支援した．

(1)　中央銀行による流動性の供給

2007年8月のパリバ・ショック以降，FRBおよびECB（欧州中央銀行）は，窓口貸出における貸出期間の延長や適格担保の範囲拡大などを通じて，短期金融市場への資金の供給を行ってきた．2008年3月には，FRBは，預金金融機関向けの貸出制度に加え，プライマリー・ディーラー向けの新しい貸付制度（PDCF：Primary Dealer Credit Facility）を創設した．さらに，FRBは，各国の中央銀行との間でドルのスワップ協定を締結することにより，各国におけるドル需要に対する対応も進めた．ECBは，2008年3月，長期ターム物リファイナンシング・オペ（LTRO：Long-term Refinancing Operation）の期間を通常3カ月物であったのを6カ月物に長期化した．

2008年9月のリーマン・ショック直後，さらに短期金融市場における資金が枯渇するなかで，FRBおよび欧州各国の中央銀行は，各種資産を担保とし

---

4)　なお，08年11月の大手商業銀行シティグループへの追加支援においては，財務省および連邦預金保険公社（FDIC）が，同行の保有資産3,060億ドル（約28兆円）に対して，政府保証を提供することとされ，これにより，不良資産の買取とは別の形で，資産の最大損失額が確定することとなった．

て引き受け，バランスシートを拡大させることを通じて，流動性の拡大を続けた．一時は，中央銀行が唯一の資金の出し手という状況であった．

また，FRBは，ドル・スワップ協定についても，ECB，BOE，スイス国立銀行および日本銀行へのドル資金の供給額を無制限に拡大するとともに，協定の相手を韓国，シンガポール，メキシコなどの新興国にも広げるなど，大幅に拡充した．

さらに，FRBは，新規発行が困難となっているCP市場やABS（資産担保証券）市場における流動性を回復するための取組を行った．2008年11月末には，住宅金融市場の改善のため，FRBが最大1,000億ドル（約9.3兆円）のGSE債（いわゆるエージェンシー債）の買取および最大5,000億ドル（約46兆円）のGSEが保証するMBSの買取を実施することとなった．

欧州では，2008年10月，ECBは，LTROについて固定金利で金額を無制限とし，2009年5月には期間をさらに6カ月から12カ月とした．また，2009年7月からは，最大600億ユーロのカバード・ボンドの買取を開始した．BOEも，2009年2月から国債，社債，CPなどの資産の買取を行った．

(2) 金融機関の債務の保証

上記の中央銀行による直接的な流動性の供給に加え，各国政府は金融機関の債務に保証をつけることにより，短期金融市場における金融機関相互の債務引受けを支援した．

米国では，FDIC（連邦預金保険公社）による預金保険下にある金融機関については，当該金融機関が手数料を支払えば，2009年6月末までに発行される新規の債務をFDICが保証することとした．また，同様に欧州でも，銀行間融資に対する政府保証制度が創設され，ドイツでは4,000億ユーロ，フランスでも3,200億ユーロの保証枠が設定された．また，英国においても，金融機関が新規に発行する債務に対し，政府が2,500億ポンドの保証をつけることとした．

3.1.3 預金者などの保護

金融危機の発生時においては，金融機関や金融システムに対する不安から，預金者が大挙して銀行から資金を引き出す行動（取付け）が起こる恐れがある．今回の金融市場の混乱の過程においても，2007年8月に英国のノーザ

ン・ロック銀行において，取付け騒ぎが発生したが，こういった預金取付けが広がると，決済や新規の貸出など，経済活動に不可欠な銀行機能が停止し，「金融危機」がさらに進んで，「金融恐慌」へと発展しかねない．

このため，各国においては，預金者の銀行システムへの信頼を維持するという観点から，預金保険の上限引き上げ措置が講じられた．米国では，これまで10万ドルとされていた預金保険の上限が，2009年末までの間，25万ドルへと大幅に引き上げられ，決済性預金についても，保護の上限額が25万ドルとされていたものを，2009年末までの間，全額保護することとされた．欧州でも，ドイツでは，それぞれ2万ユーロとされていた保護上限が撤廃され，全額保護にすることが発表された．また，英国では，上限が3万5000ポンドから5万ポンドに引き上げられている．

さらに，米国では，銀行預金と同様に安全な資産と見なされ，一般の家計が預金代わりとして使っていたMMFについても保護のための措置が講じられた．リーマン・ブラザーズの破綻以降のMMFの解約急増を踏まえ，米国政府は，2008年9月19日に，MMFへの保証制度の創設を発表した．この制度により，運用ファンドが保険料の支払いを行ったMMFについては，元本割れ時に損失が補てんされることとなり，MMFからの資金流出にも歯止めがかけられることとなった．

3.2 米国の政策対応

金融危機の継続と景気後退の急速な深刻化に対し，米国政府，FRBは，非伝統的な政策も含め前例のない規模で各種の政策を展開した．全体的な流れについて時間を追って見ると，2008年9月15日のリーマン・ショックを受けて，10月に米国政府は緊急経済安定化法を成立させ，同法に基づく資本注入など経営の悪化した個別金融機関への支援を断続的に行った．11月には大統領選挙が行われ，2009年1月20日，共和党のブッシュ政権からオバマ大統領による民主党政権へと交代した．オバマ政権は，2009年2月に包括的な金融安定化策を発表，また，同じく2月に大規模な財政刺激策として米国再生・再投資法を成立させ，減税や政府支出によって短期的に経済成長や雇用を下支えするとともに，中長期的な成長力の向上も視野に入れた方策を講じた．一方，FRBは，2008年秋，政策金利であるFFレートの誘導目標水準

を段階的に引き下げ，2008年12月には0～0.25％にまで引き下げた．併せて，非伝統的手段を用いて金融市場への流動性の供給を拡充するなど，政策措置の強化を行った．

以下では，米国政府，FRBが行った政策対応について，金融システム安定化策，金融政策，財政政策などに分けて詳述する．

3.2.1 政府による金融システム安定化に向けた取組

米国政府は，金融システムの安定化が景気回復への前提条件になると認識しており，経営不安に陥った金融機関に対する公的資本注入などの個別的措置が度々行われるとともに，金融システム安定化に向けた包括的な施策が実施された．

(1) 緊急経済安定化法に基づく取組

2008年10月3日，議会での審議難航の末，緊急経済安定化法（Emergency Economic Stabilization Act of 2008）が成立し，金融機関からの不良資産を買い取るための7,000億ドルのプログラム（TARP：Troubled Asset Relief Program）や，預金保険の補償範囲の一時的な引き上げなどの施策が講じられた（図表7-4）．

その後，TARPについては当初の目的である不良資産の買取には用いられず，金融機関への資本注入などに充てられることになった．同月28日には，資本注入プログラム（CCP：Capital Purchase Program）として，大手金融機関9行に対し総計1,250億ドルの資本注入が行われた．具体的には，シティグループ，JPモルガン，ウェルズ・ファーゴには250億ドルずつ，バンク・オブ・アメリカには150億ドル（その後100億ドル追加），ゴールドマン・サックス，モルガン・スタンレー，メリルリンチには100億ドルずつ，バンク・オブ・ニューヨーク・メロンに30億ドル，ステート・ストリートに20億ドルの資本注入を行った．さらに，11月14日には，USバンコープなど21行に対し計336億ドル，同月21日には中小地域金融機関23行に計29億ドルの資本注入を行った．また，12月31日にはシティグループへの200億ドルの追加資本注入を実施した．

2009年に入ってからも，CCPとは別に，バンク・オブ・アメリカへのさら

図表7-4　米国の緊急経済安定化法の概要（2008年10月3日成立）

1．不良資産の買取
- 金融機関が保有する不良資産買取プログラム（TARP）を創設．
- 主な買取資産は，08年3月14日以前に組成または発行された住宅・商業用不動産ローンおよびその関連証券．

2．買取権限の規模
- 財務省に，7,000億ドルのTARP実施のための権限を付与．
- 財務省は，直ちに2,500億ドルまで支出，大統領の判断により1,000億ドルの追加支出が可能．残りの3,500億ドルは，議会が不承認の決議をしない限り支出可能．

3．不良債権に対する保険の創設
- 財務省は，金融機関の不良資産に対する保証を行うためのプログラムを創設．

4．権限の終了
- 資産の買取および保証のための権限は，09年12月31日まで．ただし，議会の承認により1年間延長が可能．

5．監督機関の設置
- 本法の権限執行に関するレビューと勧告を行うため，FRB議長等で構成する監督機関（Financial Stability Oversight Board）を設置．

6．経営者報酬の制限
- 財務省が直接資産を購入する金融機関は，インセンティブ報酬，報酬返還，退職金などの経営者報酬基準を遵守．

7．納税者への利益還元
- 株価上昇を納税者に還元するため，財務省は，TARP参加の金融機関からワラント（新株引受権）を受け取る．

8．預金保険の補償範囲の一時的な引き上げ
- 2009年12月31日まで，預金保険公社（FDIC）などの預金保険の上限額を10万ドルから25万ドルに引き上げ．

出所）内閣府[2008]．

に200億ドルの追加資本注入，シティグループ保有資産への損失補償，政府が保有するシティグループの優先株の一部普通株への転換，大手保険会社AIGへの約700億ドルの資本注入など，経営不安に陥った金融機関に対して個別に支援が行われており，こうした支援やCCPによる中小金融機関への追加支援なども合わせると2009年11月までに合計3,145億ドルの資本が注入されている．

(2) 包括的な金融安定化策

政権交代後，2009年2月10日には，米国財務省から包括的な金融安定化策（Financial Stability Plan）が発表された（図表7-5）．同安定化策では，金融

図表 7-5 米国オバマ政権発足後の金融システム安定化策(2009 年 2 月 10 日発表)

1. **金融機関に対する査定と資本注入**
   - 包括的なストレステストの実施
     保有総資産額 1,000 億ドルを超えるすべての銀行に対し,包括的なストレステストを実施
   - 資本支援プログラム
     ストレステストを受けた金融機関は,資本注入を受けることが可能*

2. **不良資産買取のための官民投資ファンドの設立**
   金融機関から不良資産を買い取るため,5,000 億ドル規模の官民投資ファンド(将来的には 1 兆ドル規模に増額の可能性)を設立

3. **消費者・企業向け貸出促進策の拡充**
   FRB が実施予定のターム物資産担保証券貸出ファシリティ(TALF)** を拡充
   ・貸出総額の増額:最大 2,000 億ドル→最大 1 兆ドル
   ・対象範囲の拡大:商業用不動産ローンなどにも拡大

4. **透明性,説明責任の確保等**
   資本注入を受けた金融機関に対し,①貸出の保持・拡大のための計画などの提出,②住宅差押え緩和プログラムへの参加,③配当制限(1 株当たり四半期に 1 セントが上限),④経営者報酬の制限(年間 50 万ドル以下)などの実施を求める

5. **住宅の取得支援と差押え防止**
   - FRB による GSE 債および GSE 保証の住宅ローン担保証券(MBS)の買取(総額 6,000 億ドル)の継続による住宅金利の引き下げ
   - 中所得者層の保有住宅の差押え回避のために 500 億ドルを充当 など

6. **中小企業等への貸出拡大策**
   アメリカ中小企業局が保証する貸付の保証率引き上げ(75%⇒90%) など

注) *総資産額 1,000 億ドル以下の金融機関は,規制当局の査定で資本注入を受けることが可能.
  **FRB が消費者・中小企業向けローンを担保とする資産担保証券(ABS)の保有者に対して,貸付けを行う制度.
出所) 内閣府 [2009a].

機関に対する財務状況の検査(ストレステスト)と資本注入の実施,不良資産買取のための官民投資ファンドの設立,消費者・企業向けの貸出促進策の拡充,住宅の取得支援と差押え防止策などが重要な柱となっている.

(i) ストレステストの実施と資本注入

ストレステストは,資本注入の前提として,経済環境が現在想定されている以上に悪化した場合に,銀行が損失に耐えられるだけの余裕のある自己資本を有しているかどうかを検査する目的で実施された(図表 7-6).米国財務省および FRB は,2009 年 2 月 25 日にストレステストの実施と資本支援プログラム(CAP:Capital Assistance Program)の詳細を発表し,資産総額 1,000 億ドル以上の主要金融機関 19 行に対し,財務状況の検査を行うこととなっ

図表 7-6 米国のストレステストの概要（2009 年 2 月 25 日発表）

主要銀行に対し包括的なストレステストを 09 年 4 月末までに実施し, 資本注入を行うプログラム

1. **目的**
   予測より困難な経済状況となった場合, 銀行に耐えられるだけの自己資本のバッファーがあるかどうか, 金融監督当局が検査

2. **対象機関**
   保有総資産額 1,000 億ドル以上の大手銀行（19 行）*

3. **検査方法**
   ・今後 2 年間（09 年, 10 年）における銀行の将来の損失と当該損失の吸収に利用可能な内部資金を見積
   ・検査は 2 通りのシナリオ（標準, 悪化）に基づき実施
   ・監督機関は銀行幹部とも議論し, 必要な自己資本のバッファーを決定**

4. **検査実施期間**
   遅くとも 09 年 4 月末までに完了予定

〈参考〉検査の前提となる経済見通し （％）

	(1) 標準シナリオ		(2) 悪化シナリオ	
	2009年	2010年	2009年	2010年
実質経済成長率	−2.0	2.1	−3.3	0.5
失業率	8.4	8.8	8.9	10.3
住宅価格	−14.0	−4.0	−22.0	−7.0

注) 1. *これらの銀行が, 米国の銀行持株会社の総資産のおよそ 3 分の 2 を保有. **追加の自己資本バッファーが必要な銀行は, 米国財務省に十分な資本額に見合う転換優先株を発行. 米国財務省は資本支援プログラムに基づき, 資本注入. 6 カ月以内であれば市場からの増資も是認.
2. 表中の実質経済成長率および失業率の標準シナリオは, ブルーチップ等民間機関の見通し平均.
3. 表中の住宅価格は, ケース・シラー価格指数（10 都市平均）の 10-12 月期の前年比.
出所) 内閣府［2009a］.

た. ストレステストを受けた金融機関は, CAP を通じて財務省による資本注入を受けることができるという仕組みである.

ストレステストの結果は 2009 年 5 月 7 日に公表され, 2009-10 年において対象金融機関が被る予想損失額は, 全体で 5,992 億ドルと推定された（図表 7-7）. また, 対象金融機関 19 行のうち 10 行については, 合計で 746 億ドルの資本不足が指摘された. これらの金融機関は 2009 年 6 月 8 日までに資本増強計画を明らかにし, 同年 11 月 9 日までに資本増強を実行することを求められた. なお, 資本不足の判定において, 従来から銀行の自己資本の基準となってきた中核的自己資本（Tier 1）で 6％以上の自己資本の有無による判

図表 7-7 米国のストレステストの結果（2009 年 5 月 7 日発表）

- 09-10 年における**予想損失額は，合計 5,992 億ドル**
- 10 行で増資の必要があり，**増資必要額は，合計 746 億ドル**
- 増資の必要性を指摘された 10 行は，09 年 6 月 8 日までに資本増強計画を明らかにし，同年 11 月 9 日までに実行しなければならない．

各金融機関 19 行における増資必要額 （億ドル）

対象金融機関	増資必要額	（参考）公的資本注入額
バンク・オブ・アメリカ	339	450
ウェルズ・ファーゴ	137	250
GMAC	115	50
シティグループ	55	450
リージョンズ	25	35
サントラスト・バンクス	22	49
キーコープ	18	25
モルガン・スタンレー	18	100
フィフス・サード	11	34
PNC ファイナンシャル	6	76
JP モルガン・チェース	0	250
ゴールドマン・サックス	0	100
US バンコープ	0	66
キャピタル・ワン	0	36
アメリカン・エキスプレス	0	34
BB＆T	0	31
バンク・オブ・ニューヨーク	0	30
ステート・ストリート	0	20
メットライフ	0	0
合　計	746	2,086

注） 公的資本注入額は優先株などでの出資額．
出所） 内閣府［2009a］．

定に加えて，Tier 1 から優先株・優先出資証券などを除くコア Tier 1 で 4％以上の自己資本の有無による判定が行われた．これを受けて，金融機関は普通株式による増資も実施し自己資本の拡充を図っている．

（ⅱ） 不良資産の買取のための官民投資ファンドの設立

不良資産の買取策に関しては，2009 年 3 月 23 日に金融機関からの不良資産買取のための「官民投資プログラム」（PPIP：Public Private Investment Program）が公表された（図表 7-8）．同プログラムでは，不良資産の買取規模は 5,000 億ドル（将来的には 1 兆ドル規模に拡大可能）とされ，銀行のバランスシートから不良貸出債権を取り除くための官民共同出資の「不良貸出債権プ

図表 7-8 不良資産買取のための官民投資プログラム
(PPIP, 2009 年 3 月 23 日発表)

- 不良資産の買取規模：**5,000 億ドル（将来的には 1 兆ドル規模に拡大の可能性）**
  ※ 08 年 10 月に成立した緊急経済安定化法に基づく不良債権買取プログラム（TARP）の資金から 750-1,000 億ドルを支出

1．不良貸出債権プログラム（Legacy Loan Program）
- 銀行から不良貸出債権を買い取る官民投資ファンド（Public-Private Investment Fund）を創設
- 財務省が民間資本と同額の出資を行うとともに，FDIC（米国預金保険公社）が官民出資額合計の最大 6 倍までの債務保証を提供
- FDIC が官民投資ファンドの資金調達，業務等を監督
- 資産買取に当たっては，FDIC が入札を実施し，最高価格を提示した投資家がプログラムに参加（財務省による出資や FDIC の債務保証を受ける）

2．不良証券プログラム（Legacy Securities Program）
(ⅰ) ターム物資産担保証券貸出ファシリティ（TALF）の不良証券への拡大
- 資産担保証券（ABS）を購入する投資家に対する貸出プログラム（TALF）を，住宅ローン担保証券（RMBS），商業用不動産ローン担保証券（CMBS）等を含む不良証券（AAA 格に限る）の購入にも拡大

(ⅱ) 民間投資家と連携した不良証券投資ファンド
- RMBS，CMBS を含む不良証券（AAA 格に限る）を買い取る不良証券投資ファンド（Legacy Securities Investment Fund）を創設
- ファンドの運用を行うファンド・マネージャーを 5 社程度選定する予定（申請に基づき，09 年 5 月 15 日までに選定の予定）
- 財務省は民間投資家と同額の出資を行うとともに，出資額の 50％相当額の優先債務を引き受け（ファンド・マネージャーの要請により 100％まで拡大可能）

出所）内閣府 [2009a]．

ログラム」（Legacy Loan Program）と，FRB が実施する資産担保証券（ABS）貸出ファシリティにおける不良証券購入の拡大や民間投資家と連携した不良証券投資ファンドから成る「不良証券プログラム」（Legacy Securities Program）で構成されている．

2009 年 7 月には，不良証券投資ファンドの詳細が発表された．これによると，ファンドは買取対象を AAA もしくは同等の格付けが付与された商業用不動産ローン担保証券（CMBS）および住宅ローン担保証券（RMBS）とするとされた．そして，財務省が選定した 9 社の投資マネージャーが，民間投資家から最低 5 億ドルずつ株主資本を調達するとともに，財務省が最大 300 億ドルの出資または貸出を行うとされた．この発表に基づき，2009 年 10 月以降，7 つのファンドで総額 164 億ドル規模の買取ファンドが設定された．

3.2.2　FRB による取組

(1)　事実上のゼロ金利政策の実施

金融政策面では，FRB は 2008 年秋に 2 度の利下げを行ったが，急速に深刻化する経済情勢に対応するため，さらに同年 12 月 15，16 日に開催した連邦公開市場委員会（FOMC）の決定により，政策金利（FF 金利）の誘導目標水準を過去最低水準を更新する 0〜0.25％にまで引き下げ，事実上のゼロ金利政策に移行した（図表 7-9(2)）．

(2)　金融市場への流動性供給策

FRB においては，金融市場の機能回復のため，従来の伝統的な金融政策だけでなく，流動性の供給を行うなどの積極的な措置を講じた．2008 年 9 月の金融危機発生以前から，金融市場の混乱に伴う流動性の逼迫を受けて，窓口貸出における貸出期間の延長や適格担保の範囲拡大，プライマリー・ディーラー向けの新たな貸付制度（PDCF）を創設し，短期金融市場への資金供給を行ってきた．さらに，2008 年 9 月以降の金融危機を受けて，短期金融市場における流動性が著しく低下するなか，FRB は各種資産を担保として引き受け，バランスシートの拡大を通じて流動性の供給を拡大し続けた．また，CP や長期国債，GSE 債，MBS などの特定資産の買取措置や，ABS 市場の流動性回復のための措置（TALF）などを実施した．これらの結果，2008 年末には FRB のバランスシートは危機発生以前の 2 倍以上になった．

なお，FRB は，こうした流動性供給手段の拡大に伴う超過準備の大幅な増加を受けて，2008 年 10 月 9 日から，預金金融機関が連邦準備銀行に預け入れる準備預金（必要準備および超過準備）に対する付利を開始した[5]．超過準備に対する金利の付与は，金融機関が，市場において，連邦準備銀行から付与される金利以下の金利で取引するインセンティブを弱めることにより，市場金利の政策目標への誘導を容易にしつつ，市場への流動性供給の拡大を可能にするものである．

（ⅰ）CPFF

リーマン・ショック直後，CP の新規発行が困難になり，CP 市場が機能不

---

5) 準備預金に対する付利については，すでに欧州では実施されており，米国でも，もともと 2011 年 10 月 1 日から実施する予定であったが，緊急経済安定化法において，2008 年 10 月 1 日から開始することが可能とされた．

第7章 世界金融・経済危機における各国の政策とその効果　397

図表 7-9　FRB の金融政策

(1)　信用緩和策・流動性供給策

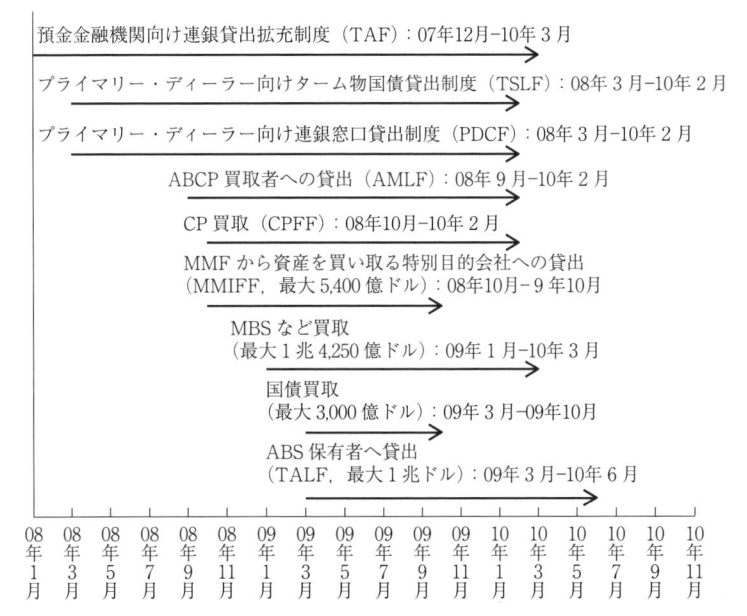

預金金融機関向け連銀貸出拡充制度（TAF）：07年12月-10年3月

プライマリー・ディーラー向けターム物国債貸出制度（TSLF）：08年3月-10年2月

プライマリー・ディーラー向け連銀窓口貸出制度（PDCF）：08年3月-10年2月

ABCP 買取者への貸出（AMLF）：08年9月-10年2月

CP 買取（CPFF）：08年10月-10年2月

MMF から資産を買い取る特別目的会社への貸出
（MMIFF，最大5,400億ドル）：08年10月-9年10月

MBS など買取
（最大1兆4,250億ドル）：09年1月-10年3月

国債買取
（最大3,000億ドル）：09年3月-09年10月

ABS 保有者へ貸出
（TALF，最大1兆ドル）：09年3月-10年6月

08年1月　08年3月　08年5月　08年7月　08年9月　08年11月　09年1月　09年3月　09年5月　09年7月　09年9月　09年11月　10年1月　10年3月　10年5月　10年7月　10年9月　10年11月

(2)　政策金利

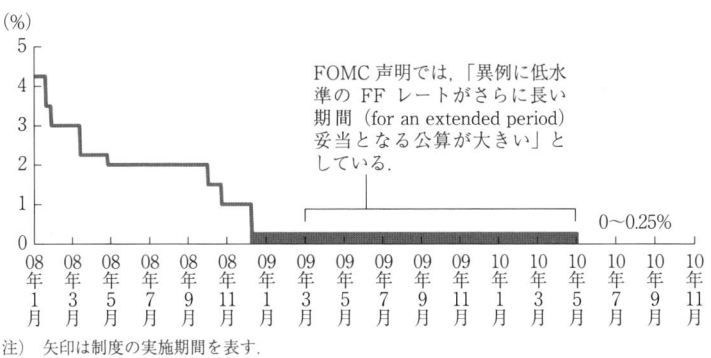

FOMC 声明では，「異例に低水準の FF レートがさらに長い期間（for an extended period）妥当となる公算が大きい」としている．

0～0.25%

注）　矢印は制度の実施期間を表す．
出所）　内閣府［2010］．

全に陥ったため，CP市場における流動性を回復するための取組が行われた．具体的には，FRBがCPを直接買い取る制度が創設され，2008年10月下旬から買取が開始された．2008年12月までに3,048億ドルの買取が実施され，この効果により，CPの発行残高は，10月下旬以降増加に転じ，CP市場の流動性は徐々に回復した．なお，CP市場の流動性向上策としては，この他，CPを購入する金融機関や特定目的会社にFRBが融資する制度が創設されている．

（ⅱ） TALF

ABS市場における流動性を回復するため，FRBは，2008年11月に，新規に行われた消費者ローン（自動車ローン，クレジットカード・ローン，学資ローン，ホーム・エクイティ・ローンなど）および中小企業向けローンを担保として発行されたABSの保有者に対して，最大2,000億ドルの融資を行う「ターム物資産担保証券貸出ファシリティ」（TALF：Term-Asset Backed Securities Loan Facility）を創設した．その後，貸出総額を2,000億ドルから最大1兆ドルまで拡大し，対象範囲も住宅ローン担保証券（RMBS）や商業用不動産ローン担保証券（CMBS）を含む不良証券の購入などにも拡大している．同スキームは2009年3月より実施されている．

（ⅲ） 長期国債の買取

2009年3月18日に公表されたFOMC声明において，金融市場の状況の改善を図るため，今後6カ月間で長期の米国国債を最大3,000億ドル買い取ることが発表された．この声明を受けて，市場ではFRBが実質的な量的緩和政策に踏み切ったとの見方から，米国国債（10年債）の利回りが一時的に約3％から約2.5％に急低下し，他の2年債，5年債，30年債についても同様に低下の動きを見せた．

（ⅳ） GSE債およびGSE保証住宅ローン担保証券（MBS）の購入プログラム

FRBは，住宅ローン市場を支えるため，2008年11月にGSE債およびGSE保証住宅ローン担保証券（MBS）の購入プログラムを創設している．具体的には，GSE（ファニー・メイ，フレディー・マックおよび連邦住宅貸付銀行）の債務を最大1,000億ドルまで購入することと，ファニー・メイおよびフレディー・マックが保証するMBSを最大5,000億ドルまで購入することを内

容としている．さらに，2009年3月には，GSE債の購入を最大2,000億ドルにまで拡大する措置（その後実際の購入ペースに合わせて1,750億ドルに減額）と，MBSの購入を最大7,500億ドル追加する措置が決定されている．これらの措置は，GSE債やGSE保証の住宅ローンに対するスプレッドを縮小させ，結果として低迷する住宅市場を支え，さらには，金融市場全体の状況改善にもつなげようという効果を目指したものである．

(3) 日本の量的緩和との比較

このように，FRBは，政策金利の変更といった伝統的な政策手段の枠を超えて，いわゆる非伝統的な政策手段（unconventional measures）に踏み込んだ金融政策運営を行った．こうした取組について，FRBのバーナンキ議長は，「信用緩和」（credit easing）と称し，01年3月から06年3月まで日本銀行において実施された「量的緩和」（quantitative easing）とは概念的にも異なるものであるとの説明を行っている（Bernanke [2009]）．すなわち，FRBの信用緩和は，日本の量的緩和と同様に，中央銀行のバランスシートを拡大させるものであるが，量的緩和が中央銀行の負債項目である準備預金の量を目標としていたのに対して，FRBの信用緩和は，貸出，CP，国債といったFRBが保有する資産の構成や規模を変動させる点で異なっている．このため，信用緩和においては，量的緩和における超過準備額のように単一の政策目標があるわけではなく，個々の信用市場の状況に応じて，貸出や資産の買取などの政策手段の選択や実施規模が決定されているというものである．

このようなFRBと日本銀行におけるアプローチの違いについて，バーナンキ議長は，学説上の意見の対立に起因するものではなく，日米のそれぞれの時点における金融市場を取り巻く状況の違いによるものであるとしている．米国においては，さまざまな資産市場においてスプレッドが広がるなど，市場が機能不全状態に陥っており，その回復に取り組む必要があったことから，信用緩和のような個々の資産市場に働きかけるアプローチが採用されたと考えられる．

また，連邦公開市場委員会（FOMC）の声明において，金融政策のタイム・フレームを示すような表現が盛り込まれるようになっている．具体的には，2008年12月のFOMCの声明において，「異例に低水準のFFレートがしば

らくの間（for a while）維持される公算が高い」との表現が盛り込まれ，さらに 2009 年 3 月の FOMC では「さらに長い期間」(for an extended period) 妥当となる公算が高いとの声明が公表された．これは，金融政策の将来の先行きについての市場の期待を形成し，より長期の金利水準に影響を与えることを意図したものと評価できる．ただし，日銀が量的緩和の際に行ったコミットメント[6] に比べると，明快なものとは言えず，実際，市場が示す利上げ予想時期を見ると，かなり大きく変動している．

3.2.3 住宅市場対策

今回の金融危機の一因となったサブプライム・ローンをはじめとする住宅ローン問題については，2007 年以降，住宅保有者のローン返済支援などの対策が講じられてきたが，民間主体の自主的な対応[7] が主だったものであったため実効が挙がらず，住宅ローン債務に係る差押え件数は急増，競売物件が一時は中古住宅市場の半分以上を占めたため，住宅価格も 2009 年秋まで下落が続いた．米国では，中古住宅物件が住宅販売戸数の 9 割を占め，新築住宅市場動向もこれに大きく左右される．このため，中古住宅価格の下落は新築住宅の在庫急増に直結し，2005 年には年率 200 万戸水準だった住宅着工件数も年率 50 万戸水準と 4 分の 1 に急減した．住宅価格は，住宅を保有する家計の資産価値を通じて消費や新たな住宅投資に影響するだけではなく，住宅ローン関連証券化商品などの不良資産の処理，金融機関のバランスシートの健全性回復とも関わる重要なポイントである．

リーマン・ショック直前の 2008 年夏には，住宅ローンの証券化事業などを通じて住宅保有を促進する GSE のファニー・メイおよびフレディー・マックが，MBS の価格下落と流動性の低下から経営不安に陥り，2008 年 9 月には政府管理下に置かれることとなった．さらに，住宅市場の調整テンポの加速を受けて，政権交代後，オバマ政権は，FRB による前述の GSE 債務および

---

[6] 量的緩和を消費者物価上昇率（前年比）が安定的に 0％以上になるまで継続すると確約したもの（「時間軸効果」）．
[7] 例えば，「HOPE NOW」（財務省，住宅都市開発省の呼びかけのもと設立された民間団体で，サービサーやカウンセラー，その他モーゲージ関連団体で構成）は，サブプライム住宅ローン債務者の救済策を作成し，借換えやローン条件見直しを推進したが，あくまでも民間団体による自主的な措置と位置付けられている．

MBS購入プログラムに加えて，2009年2月10日の金融安定化策において住宅対策をその柱のひとつとし，2月18日には住宅対策の詳細を発表した．この新たな住宅対策（Homeowner Affordability and Stability Plan）では，最大400〜500万人の住宅保有者に対するGSEを通じたローン借換え支援，GSEへの資本注入枠拡大やGSEが保証するMBSの買取の継続による住宅ローン金利の引き下げ支援，住宅ローンの条件緩和の支援など750億ドル規模の住宅所有者安定イニシアティブが打ち出された．

さらに，2009年11月5日には，住宅減税の期間延長（2009年11月末から2010年4月末へ）と拡充措置（従来の新規購入者に対する最大8,000ドルの減税に加え，5年以上の住宅保有者が住み替えを行う場合に最大6,500ドルを減税）が決定された．

3.2.4 財政刺激策の実施

急速な景気の悪化を背景に，2008年11月の大統領選挙では経済問題が最大の争点となり，新たな景気対策，金融安定化策に有権者の関心・期待が集まった．こうしたことから，大統領選および議会選挙に勝利した民主党においては，共和党政権下で2008年2月に策定された総額1,680億ドル規模の緊急経済対策法（Economic Stimulus Act of 2008）に続く，新たな景気刺激策の検討が進められた．オバマ大統領が就任（2009年1月20日）すると，1月26日には，景気刺激策となる米国再生・再投資法（ARRA：American Recovery and Reinvestment Act of 2009）の審議が早くも議会で開始された．同法は，上下両院の協議会を経て，2月13日に議会で可決，同月17日に大統領の署名をもって，オバマ大統領就任から1カ月弱という異例の早さで成立した（図表7-10）．

米国再生・再投資法は，総額7,872億ドル（GDP比約5.5％）におよぶ過去最大規模の景気刺激策であり，350万人以上の雇用の創出・維持，経済の急回復（jump-start），将来における成長力の引き上げなどを大きな目標に掲げている．その内容は，勤労者向け減税や設備投資減税，公共事業などの短期的な有効需要創出策だけでなく，失業保険などセーフティ・ネットの充実や，中長期的な成長力強化策として，環境エネルギー対策や科学技術振興策，医療情報IT化促進，道路，橋梁の近代化や高速鉄道への投資が盛り込まれた．

図表 7-10　米国の財政刺激策：米国再生・再投資法の内容

1. **環境・エネルギー対策**
   ・新しい電力供給網，先端的な電池技術，エネルギー効率化への取組
   ・再生エネルギーやエネルギー効率化のための税制優遇措置
   ・連邦政府ビル，住宅の断熱化，エネルギー効率向上など
2. **科学技術振興策**
   ・国立科学財団，NASA などにおける科学研究への投資など
3. **医療関連支出**
   ・医療情報の IT 化促進
   ・メディケイド（低所得者向け医療保険）維持のための州政府への支援など
4. **教育関連支出**
   ・教員のレイオフ等を防ぐための州財政安定化基金の設立
   ・高等教育支出の税額控除および奨学金の引き上げなど
5. **インフラ整備**
   ・道路，橋梁の近代化，公共交通，高速鉄道への投資など
6. **減税措置**
   ・労働者 1 人当たり最大 400 ドル（夫婦で 800 ドル）を減税
   ・特別償却の延長による新規設備投資の支援など
7. **経済的弱者への支援措置**
   ・失業保険の給付期間延長の継続
   ・フードスタンプ（食料引換券）の増額など

規模：総額 7,872 億ドル（約 72 兆円，GDP 比 5.5%）
　　　・内訳は減税 2,883 億ドル（約 37%），歳出増 4,989 億ドル（約 63%）
　　　・09 年度（09 年 9 月まで）に総額の 4 分の 1，10 年度（10 年 9 月まで）に総額の 2 分の 1 を執行する見込み．

注）本法には，いわゆる「バイ・アメリカン条項」が盛り込まれており，プロジェクトの実施に当たっては，米国内で生産された鉄・鉄鋼および工業製品の使用が義務付けられている（ただし，適用に当たっては，国際協定のもとでの米国の義務に整合的な方法で適用されるとの条件が付されている）．
出所）内閣府 [2009a]．

また，経済的な弱者への保護策として，失業保険の給付期間延長の継続やフードスタンプ（食料引換券）の増額なども含まれている．支出の内訳は，減税措置が 2,883 億ドル（約 37%），政府支出が 4,989 億ドル（約 63%）となっている（図表 7-11）．

このうち，2009 年度（2009 年 9 月まで）の実行額は 1,945 億ドルとなり，当初の予定額を上回る進捗となった．米国議会予算局（CBO）の推計によれば，今回の景気刺激策のうち，2010 年度は 3,994 億ドル，2011 年度には 1,344 億ドルが執行される見込みであり，2010 年度に総額の 2 分の 1 が執行される予

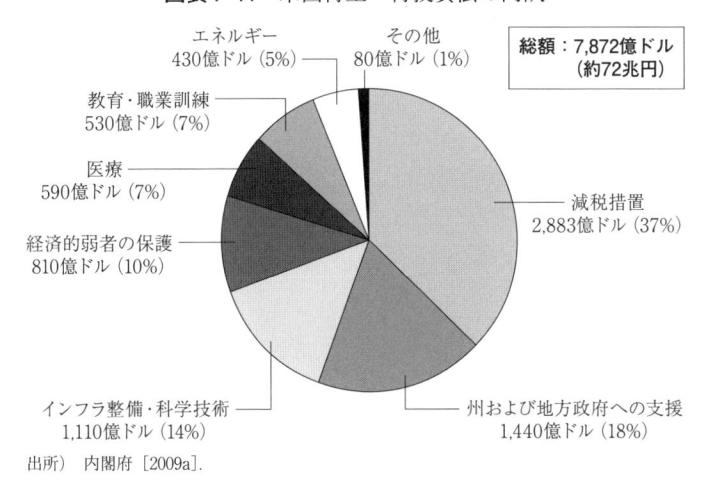

図表 7-11　米国再生・再投資法の内訳

- 減税措置　2,883億ドル（37%）
- 州および地方政府への支援　1,440億ドル（18%）
- インフラ整備・科学技術　1,110億ドル（14%）
- 経済的弱者の保護　810億ドル（10%）
- 医療　590億ドル（7%）
- 教育・職業訓練　530億ドル（7%）
- エネルギー　430億ドル（5%）
- その他　80億ドル（1%）

総額：7,872億ドル（約72兆円）

出所）　内閣府［2009a］．

定である．大統領経済諮問委員会（CEA）がまとめた項目別の支出状況を見ると，2009年度には個人向け移転支出（541億ドル），州財政支援（438億ドル），所得税減税（318億ドル）が先行して実施された．また，総額の約3分の1を占める政府投資については，2010年度にその支出が本格化すると見込まれている．

減税規模は，2009年度で約700億ドル，10年度で約2,100億ドルであり，他の施策と比較して大規模なものとなっている．このうち，所得税減税については，勤労者1人当たり最大400ドル（夫婦世帯で最大800ドル）となっており，2年間の総額では1,160億ドルが見込まれている．なお，この減税では，2008年春に実施された戻し減税のように減税額を一括して還付する方法ではなく，2年間にわたって，毎月所得税額を減らす（または還付する）方法が取られている．これにより，典型的な世帯では，2009年度は毎月65ドル以上受け取ることになる．2009年3月から，税の還付措置が開始された．

なお，2009年夏には自動車買換え支援策を実施し，消費の下支えとなった．自動車産業は，2007年後半から2008年夏の原油価格高騰に加え，厳しい景気後退により販売台数が年率1,600万台程度から900万台水準まで急減し，2009年4月にクライスラーが，2009年6月にGMがそれぞれ連邦破産法第11条を申請した．現在，再建に向けて米国政府およびカナダ政府などによる

支援が行われている．米国政府は，2009年7月から，燃費の悪い中古車を下取りにして，低燃費の新車に買い換える者に対して購入額の割引（3,500ドルまたは4,500ドル）を行う措置を実施し，当初予算額は10億ドルであったが，申し込みが殺到，8月6日には20億ドル増額し，30億ドルとした．8月25日には予定の予算額に達したため受付を終了し，約68万台分の買換えを支援した．

3.3 欧州の政策対応

欧州は，原油価格高騰による消費の減速を背景に2007年秋からすでに景気後退期に入っていたが，2008年秋の金融危機により，さらに景気後退が深刻化した．第1節で述べたように，欧州は，米国と並ぶ金融危機の震源地であり，危機直後には，金融機関の破綻と金融市場の機能不全に対応して，欧州各国政府は，金融機関への資本注入，銀行間取引への政府保証の付与など緊急的な対応を行い，金融システムの安定化を図った．その後の信用収縮に伴う景気後退の深刻化に対しては，金融，財政両面から景気下支えを行っている．金融政策では，ECBやBOEは，政策金利を大幅に引き下げるとともに，ECBはカバード・ボンド（金融機関が発行する担保付債券）の買取を行い，BOEは，国債やCP，社債の買取を実施するなど非伝統的な金融政策も採用した．財政では，EUにおける政策協調の枠組みのもとで，各国政府は裁量的な財政刺激策を打ち出した．以下では，こうした各国の施策について概観する．

3.3.1 金融システム安定化策

2008年9月以降，欧州で講じられてきた金融システム安定化策を見ると，資本注入，不良資産の買取，保有資産の保証，銀行間取引の債務保証などが行われている．こうした各国の一連の金融システム安定化策を合計すると，ユーロ圏でGDP比36.5％，EUでは同43.6％規模に達した（2009年9月時点）．

(1) **資本注入**

資本注入については，2008年10月以降，ドイツ（800億ユーロ），フランス

(400億ユーロ), 英国（500億ポンド）をはじめ各国で資本注入枠が設けられ, EU全体ではGDP比2.6%の規模に達した. また, このうち実際の注入額は同0.5%規模となっている.

英国政府は, 2008年2月にノーザン・ロック銀行を国有化[8], リーマン・ショック後の2008年10月には, RBSに200億ポンド, HBOSに115億ポンド, ロイズTSBに55億ポンドの資本注入を行った[9]. スイス政府は, UBSに60億スイスフランの資本注入を行い, フランス政府は, 2008年10月および2009年1月に大手6行（BNPパリバ, クレディ・アグリコル, ソシエテ・ジェネラル, クレディ・ミュチュエル, ケス・デパルニュ, バンク・ポピュレール）に計215億ユーロの資本注入を行った.

また, デクシアは, 2008年10月, ベルギー, フランス, ルクセンブルクの3カ国の政府により国有化され, フォルティスは, オランダ部門をオランダ政府が国有化した. 同じく2008年10月, アイスランド政府は, 国内の3大銀行（カウプシング, ランズバンキ, グリニトル）を国有化した.

さらに, 2009年に入ってからは, 英国政府は, 2009年11月, RBSとロイズ・バンキング・グループに対して, 312億ポンドの公的資金を追加注入することを発表した. 追加資本注入の大半はRBS（注入額：255億ポンド）に対して実施され, 政府の出資比率は84%に達する. なお, RBSは, 不良資産の損失見積額を超える損失の9割を政府が保証する資産保護スキーム（APS：Asset Protection Scheme）[10]にも参加している.

ドイツでは, 住宅金融大手のハイポ・リアル・エステートが経営難に陥り, 政府の金融安定化基金（Soffin）などから合計1,000億ユーロ（約13兆3,600億円）以上の信用保証などの支援を受けたが状況は改善せず, ドイツ政府は金融市場の安定化のため同社を国有化して再建することを目指した. 一時, 同社の大株主である米国の投資会社JCフラワーズが株式売却に反対したため国有化は難航したが, 結局, 2009年10月に同社は完全国有化された[11].

---

8) ノーザン・ロック銀行については, 英国政府は, 新規ビジネスを手がけるグッド・バンク（いずれ他の金融機関へ売却）と, 不良債権を抱えるバッド・バンクに分割する方法を提案し, 2009年10月, 欧州委員会は, 英国政府による再建プランは国家補助（State-aid）ルールに抵触せず市場をわい曲しないとして, 分社化による再建策を承認した.
9) ロイズはHBOSを買収し, 2009年からはロイズ・バンキング・グループとして発足した.
10) なお, ロイズも当初参加予定であったが, 結局参加しなかった.

なお，2009年5月，欧州銀行監督委員会（CEBS：Committee of European Banking Supervisors）が，EUの金融システム全体に対して共通のガイドラインやシナリオに基づいて第1回目のストレステストを実施した（図表7-12）．10月に発表されたテストの結果（域内22の大手金融機関が対象）では，標準シナリオにおいても，より厳しいシナリオにおいても，Tier1自己資本比率がバーゼルIIの定める4％を下回ることはなく，十分な資本のバッファーがあったとしている．このテストの前提となる経済指標は，国際機関の見通しと比べても厳しいものであり，保守的な前提を置いていると思われる．しかし，第1回目のテストの結果はあくまでもEU全体としてのものであり，個別機関の健全性については明らかにされておらず，すべての金融機関について必ずしも同様の結果が保証されているわけではない．なお，2010年5月のギリシャ財政危機後，91行を対象に第2回目のストレステストが行われた．その結果は7月に公表され，7行は増資の必要があるとされた．

(2) 不良資産買取

　不良資産の買取については，2009年2月，欧州委員会は，各国で金融機関の不良資産の切り離しを行う場合の共通指針を示し，金融システム安定策に対する加盟国の主権を認めながらも，欧州委員会がその枠組みを統一的な観点から審査することとなっている[12]．また，公正な競争環境を維持する観点から，公的介入前の完全な情報開示，買取対象となる資産の評価における統一性確保のガイドラインが示されている．

　各国の動きを見ると，ドイツでは，2009年7月に金融機関の不良債権をバランスシートから切り離すためのバッド・バンク法が成立した．しかしながら，同法のスキームでは，損失に係る最終的なコスト負担を連邦政府ではなく，各銀行や株主が負担するため，現時点では，制度の利用は進んでいない．

---

11) 2009年2月，ドイツ政府は，国有化に反対する株主に対する対抗措置として，金融機関が経営難に陥った場合に金融機関の株主から政府が強制的に株式を取得し，国有化できる仕組みを設けた．同時に，ドイツ政府は，ハイポ・リアル・エステートの株主総会に対して公的資金による増資を提案し，その後，同年6月の株主総会において，公的資金による増資が決定されたことより，政府出資比率が43.7％から90％にまで上昇し，同社は事実上国有化されることとなった．さらに，同年10月の株主総会では，JCフラワーズなどの少数株主を完全に締め出すことが採択され，この結果，ハイポ・リアル・エステートは完全国有化されることとなった．

12) 各国の不良資産買取策は，3カ月以内に当該金融機関の保有する不良資産の詳細な価格評価および経営再建策が示されることを条件として，6カ月間の期限付きで欧州委員会から承認が得られる．

図表 7-12 EU のストレステスト（2009 年に実施された第 1 回目）

1. **目的**
   特定の経済状況のもとで，EU の金融システム全体として，金融機関に十分な自己資本のバッファーがあるか検査を行う．個別行の資本不足額を調べるためではないとしている（個別行の検査は各国の金融監督当局の責任となっている）．

2. **対象機関**
   域内で国際的に活動する 22 の大手金融機関（これらの銀行が，EU の金融機関の総資産のおよそ 60％を保有）．

3. **検査方法**
   ・今後 2 年間（09 年，10 年）における損失と自己資本比率を試算．
   ・検査は 2 通りのシナリオ（標準，悪化）に基づき実施．

4. **検査結果**
   ・標準シナリオでは，金融機関の Tier 1 自己資本比率は，バーゼル II が要求する 4％を大きく上回り 9％超となった．
   ・悪化シナリオでも Tier 1 自己資本比率は 8％を上回った．潜在的な損失は 4,000 億ユーロ．

〈参考〉検査の前提となる経済見通し

		(1) 標準シナリオ		(2) 悪化シナリオ	
		2009年	2010年	2009年	2010年
EU27	実質経済成長率	−4.0	−0.1	−5.2	−2.7
	失業率	9.4	10.9	9.6	12.0
ユーロ圏	実質経済成長率	−4.0	−0.1	−5.2	−2.7
	失業率	9.9	11.5	10.0	12.5
米国	実質経済成長率	−2.9	0.9	−3.7	−0.3
	失業率	8.9	10.2	9.2	11.2
欧州	商業不動産価格	−13.0	−6.0	−17.0	−13.0
	住宅価格	−8.0	−5.0	−14.0	−15.0
米国	商業不動産価格	−15.0	−10.0	−25.0	−20.0
	住宅価格	−15.0	−10.0	−25.0	−20.0

注）表中の実質経済成長率，商業不動産価格，住宅価格は前年比．
出所）内閣府［2009a］．

なお，不良資産問題が深刻な州立銀行向けに別途のスキームが設けられている．アイルランドでも，2009 年 11 月に不良資産の受け皿となる資産管理公社（NAMA：National Asset Management Agency）の設立に係る法案が議会で承認されている．

全体として見ると，欧州では米国に比べて不良債権処理が遅れており，金融システムへの懸念が完全に払拭され，金融システムが正常化するのにはまだ相当の時間を要すると考えられる．例えば，IMF は，米国の金融機関は約

1兆250億ドルの潜在的な損失のうち約4割が償却や引当がされておらず未処理であるのに対し，欧州（ユーロ圏：約8,140億ドル，英国：約6,040億ドル）では，潜在的な損失のうち約6割が未処理であると指摘している（IMF [2009]）．

(3) 銀行間取引の債務保証

債務保証についてはドイツ政府が銀行間取引に対して4,000億ユーロの保証を行うほか，フランスでも3,200億ユーロを保証，英国では金融機関が新たに発行する債務について2,500億ポンドの保証が付されている．こうした債務保証の規模はユーロ圏でGDP比20.6%，EUで同24.7%の規模となっている．

3.3.2 金融政策

政策金利については，ECBは2008年9月に4.25%であった政策金利を段階的に引き下げ，2009年5月には過去最低水準となる1.00%にまで引き下げた（図表7-13(2)）．BOEも，2008年9月時点において5.00%であった政策金利を急速に引き下げ，2009年3月には1694年のBOE創設以来315年間で過去最低水準となる0.50%とした．

また，ECBは，長期ターム物リファイナンシング・オペ（LTRO）の期間を2008年3月にそれまでの3カ月から6カ月とし，さらに2009年5月からは12カ月に延長した．また，2008年10月から固定金利で金額を無制限とした．

さらに，ECBは，2009年5月に，カバード・ボンドの買取を発表し，買取規模は600億ユーロ，実施は7月からとした[13]．このほか，EIB（欧州投資銀行）をECBによる資金供給オペの対象とすることも発表した．EIBは欧州経済回復プランによる中小企業への融資や中・東欧支援で資金需要が高まっていると見られ，こうした活動を側面支援する狙いがあると見られる．なお，ECBは，ユーロ参加国の国債の引受を禁じるEU条約の規定（いわゆるノー・

---

13) カバード・ボンドは法的な根拠に基づいて金融機関が発行する担保付債券であり，住宅ローンや公共セクター向け貸出を担保として発行されることが多い．なお，ECBによる買取の対象となるカバード・ボンドは以下の要件を満たす必要がある．①ユーロ圏の金融調節において適格担保として認められていること，②原則として5億ユーロ以上の発行額があること，③原則としてフィッチ，ムーディーズ，スタンダード＆プアーズ，DBRS（Dominion Bond Rating Service）のうちひとつ以上の格付け機関からAAあるいはこれと同等の格付けを得ていること．

第7章 世界金融・経済危機における各国の政策とその効果　409

図表 7-13　ECB の金融政策

(1) 信用緩和策・量的緩和

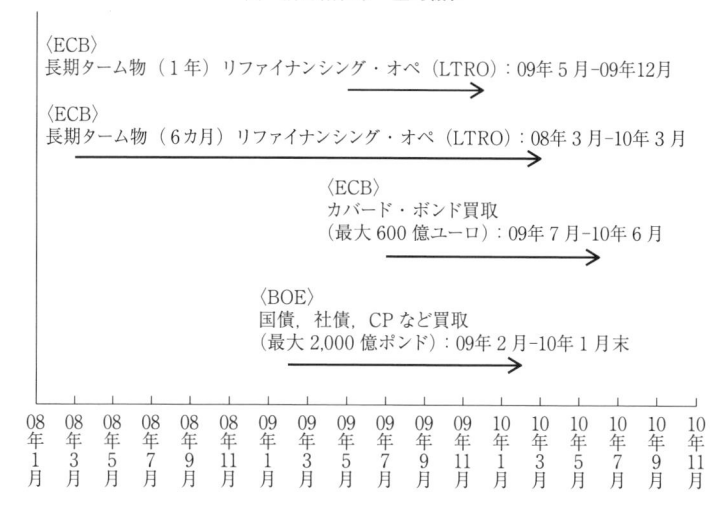

〈ECB〉
長期ターム物（1年）リファイナンシング・オペ（LTRO）：09年5月-09年12月

〈ECB〉
長期ターム物（6カ月）リファイナンシング・オペ（LTRO）：08年3月-10年3月

〈ECB〉
カバード・ボンド買取
（最大600億ユーロ）：09年7月-10年6月

〈BOE〉
国債，社債，CP など買取
（最大2,000億ポンド）：09年2月-10年1月末

(2) 政策金利

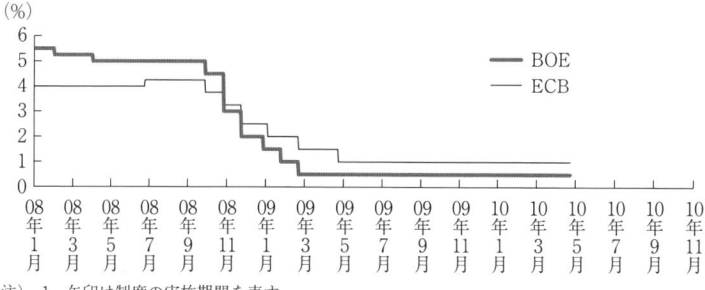

注）1. 矢印は制度の実施期間を表す．
　　2. ECB は，カバード・ボンドの買取などを「信用緩和」と呼ぶことができるとし，BOE は，国債などの買取を「量的緩和」と呼んでいる．
　　3. 10年5月10日，ECB は，ギリシャ財政危機を受けて，長期ターム物（6カ月）リファイナンシング・オペ（LTRO）の無制限供給オペなどの実施を再度決定した．
出所）ECB，BOE より作成．

ベイルアウト条項）により，国債の買取については2010年5月のギリシャ財政危機発生までは行わなかった．

また，ECB は，事実上無制限の流動性供給など，バランスシートの急激な拡大により通貨への信認が揺らぐとの懸念があったことから，2009年2月から流動性供給に用いる適格担保要件を厳格化[14]し，引き続き金融システム

の安定化に必要な流動性支援は続けるものの，バランスシートの拡大には一定の歯止めをかけていた[15]．

BOE は，2009 年 1 月に社債，CP などを買い取ることで金融機関や事業会社の資金繰りを支援する資産買取ファシリティ（APF：Asset Purchase Facility）を発表し，2 月から買取を実施した．3 月には対象を中・長期の国債にも拡大し（買取の上限枠は 1,500 億ポンド），8 月には買取枠を 1,750 億ポンドにまで拡大した．その後，11 月には，信用収縮や家計のバランスシート調整により景気回復は緩慢であることが予想されるため，中期的にインフレ目標を満たすためにはさらなる景気の下支えが必要との判断から，買取の上限枠を 2,000 億ポンドにまで拡大することを決定し，2010 年 1 月末に買取枠を使い切った．資産の買取は，BOE のインフレ目標との関係では，資産の買取によってマネタリーベースを増加させるとともに資産価格を下支えし，マネタリーベースの増加は銀行貸出を増加させ，資産価格の上昇は富の増加や借入制約の低下につながる．この結果，所得が増加し，支出が増加することで中期的にインフレ目標の 2％ を達成するというメカニズムになると BOE は説明している．なお，BOE は，今回の国債や社債の買取を「量的緩和」（quantitative easing）と呼んでいる．

スイスでは，スイス国民銀行（中央銀行）が，長期ターム物オペの長期化，スイスフラン建て社債の買入に加え，スイスフランの増価を防ぐため為替介入を行った．また，スウェーデンのリクスバンク（中央銀行）は，準備預金金利への －0.25％ のマイナス金利の適用を行った．

3.3.3 財政政策

EU 全体の財政刺激策の枠組みとしては，「欧州経済回復プラン」（EERP：European Economic Recovery Plan）がある．これは，2008 年 11 月 26 日に欧州委員会が提案し，12 月 11 日，12 日の欧州理事会で採択された．このプランは，2009 年，10 年を対象として，各国予算と EU 加盟国予算合計で総額

---

14) ①適格担保資産の分類を変更・担保価値引き下げ，②適格担保となる ABS の定義を限定（ECB へ ABS を担保として差し入れようとする金融機関に対し，当該金融機関がその ABS の発行機関や保証機関と「密接な関係（close links）」を有する場合には同 ABS を適格担保として受け入れない），③ABS の格付基準の厳格化等を決定した．
15) なお，その後 2009 年 3 月にも ABS と無担保銀行債の適格担保基準を厳格化している．

2,000億ユーロ（EUのGDP比約1.5%）規模[16]の裁量的財政政策を行うことを内容とするもので，裁量的財政政策に際して留意すべき原則として，「3つのT」（timely, temporary and targeted）が示されている．すなわち，裁量的財政政策は，需要減少時に迅速に実施すべき（timely）であり，過大な財政赤字が恒常化しないよう一時的な歳出増，減税でなくてはならず（temporary），政策対象は重点化すべき（targeted）という考え方である．

2008年秋，このEERPも踏まえながら，各国政府は相次いで財政刺激策を発表した．その総額はドイツ1,000億ユーロ，フランス284億ユーロ，イタリア800億ユーロ，スペイン490億ユーロ，英国600億ポンドなどとなっており，主要国だけで目標である2,000億ユーロを上回る規模となった．2009年から10年におけるEU全体の財政刺激策の規模は，2009年5月時点で，裁量的支出がGDP比約1.8%，ビルト・イン・スタビライザーの効果（同3.2%）を合わせると合計で同5%（約6,000億ユーロ）となっている．

裁量的財政政策の規模は各国の財政余力や金融危機による影響の度合いによって異なっており，例えば住宅バブルが崩壊したスペインや，外需の急落の影響を受けたドイツではGDP比3%程度の比較的大規模な支出を行っている．他方，イタリアのように財政刺激策こそ発表しているものの[17]，実体は既存の予算の組替えであり実際の財政負担はゼロに近いといった国もある（図表7-14）．

内容を見ると，①失業保険給付の増額，職業訓練，求職支援などの「雇用対策やセーフティ・ネットの構築」，②減税，一時金の支給，公共投資などの「有効需要の創出」，③省エネ化へ向けた住宅改修支援と低公害車への買換え補助や税制上の優遇措置など「中長期的な成長力強化」を主眼に置いたものの3つに分けられる．

また，これとは別途，欧州の多くの国々が自動車買換え支援策を行っている．例えば，ドイツでは，使用年数9年以上の車から一定の二酸化炭素ガス排出基準を満たす環境対応車への買換えに，廃車料の一部として2,500ユーロを補助するスキームを2009年1月から開始し，9月2日に申請件数が予算枠の200万台に達したため，申請の受付を締め切った．この支援策により，

---

16) EU予算300億ユーロ，各国予算1,700億ユーロからなる．
17) イタリア政府は，08年11月総額800億ユーロ（約12兆円）規模の財政刺激策を発表している．

図表 7-14 欧州の裁量的財政政策の規模

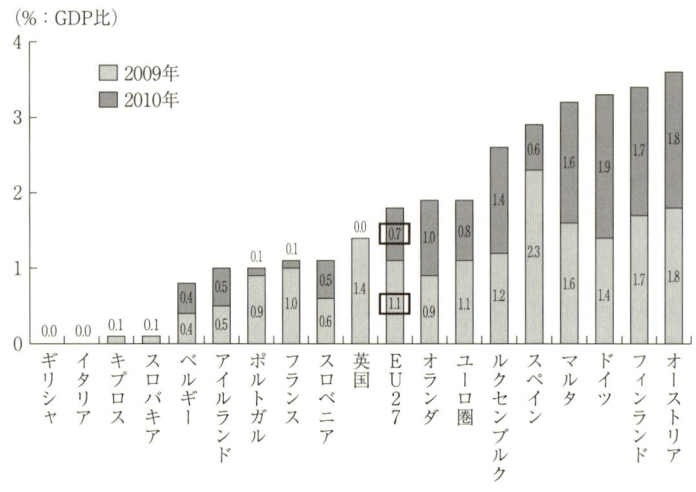

(％：GDP比)

凡例：2009年、2010年

国	2009年	2010年
ギリシャ	0.0	
イタリア	0.0	
キプロス	0.1	
スロバキア	0.1	
ベルギー	0.4	0.4
アイルランド	0.5	0.5
ポルトガル	0.9	0.1
フランス	1.0	0.1
スロベニア	0.6	0.5
英国	1.4	0.0
EU27	1.1	0.7
オランダ	0.9	1.0
ユーロ圏	1.1	0.8
ルクセンブルク	1.2	1.4
スペイン	2.3	0.6
マルタ	1.6	1.6
ドイツ	1.4	1.9
フィンランド	1.7	1.7
オーストリア	1.8	1.8

出所）内閣府［2009b］.

ドイツの自動車販売は大幅に増加し，2009年夏までの消費の下支えとなった．なお，ドイツの年間自動車販売台数は例年300万台程度であり，この200万台規模の買換え支援策が終了した後は，反動により販売は大幅に減少している．フランスや英国，イタリア，スペイン，オランダ，ギリシャなど多くの国で，類似のスキームを実施しており，2009年の欧州の景気下支えとなった．

なお，景気後退による税収減に加え，金融危機に対応するための各種の政策対応により，財政赤字は拡大している．財政赤字をGDP比3％以内に収めるとする「安定成長協定（Stability and Growth Pact）」との関係では，2008年10月15日，16日に開催された欧州理事会で，現在は安定成長協定で定められた「例外的な状況（exceptional circumstance）」であると認定し，財政赤字GDP比3％の超過を事実上許容することとした．しかしながら，金融危機前から財政赤字が著しい国や財政赤字の拡大が著しく看過できない計14カ国に対しては，2009年2月および10月に過剰財政赤字の是正を勧告しており，遅くとも2011年には財政再建を開始することで合意している．したがって，それまでに民間需要の自律的な回復があることを前提とした財政政策スタンスの設計となっていると言える．

3.4 アジアの政策対応

アジア地域の金融機関は，米国で組成された証券化商品の保有が少なかったため，金融面での影響は，貿易金融の停滞や韓国など一部の国の通貨下落を除けば，比較的限定的なものであった．しかしながら，2000年代のアジア地域の成長の源泉であった，欧米向けの輸出が急落したことから，生産をはじめ実体経済面で大きな影響を受けた．

実質GDP成長率を見ると，日本は，2008年10-12月期に前期比年率－10.0％，2009年1-3月期に同－16.6％と大幅なマイナスとなった．日本の輸出の6割は，輸送機械や電気機械など今回の危機により需要が世界中で急減した品目で構成されており，他方，輸入は原油や食料など直ちには減少しない品目であるため，純輸出の大幅な減少が実質GDPの急落につながった．中国も，輸出の急減により，2008年10-12月期に前期比年率で4.3％と急減速した[18]．韓国，台湾，シンガポール，タイなどの諸国でも，輸出が急減し，2008年10-12月期にそれぞれ前期比年率で2桁台の大幅なマイナスとなった．

これに対し，各国とも大規模な財政刺激策と金融緩和を行った．日本では，2008年10月30日，その時点では景気悪化を示す指標の多くは公表されていなかったが，「世界的な景気後退の兆しが強まっていること」，日本経済もこれに伴い「下降局面が長期化，深刻化するおそれがあること」から，国費5兆円，事業規模約27兆円の財政刺激策を決定し，その後も2008年12月，2009年4月にも財政刺激策を打ち出した．中国でも，2008年11月9日に，2010年末までの2年あまりで4兆元の投資を行うという大規模な財政刺激策を公表し，さらに自動車や家電の販売促進策を打ち出した．韓国，台湾，タイなどの国々も，消費促進も含め財政刺激策を発表した．こうした政策効果に加え，電子部品関連で急速に在庫調整が進んだことから，2009年はじめから春にかけてアジアの景気は持ち直した．日本，韓国，台湾などでは中国の内需向け輸出の急増も大きく寄与し，生産の回復を牽引した．中国の財政刺激策が周辺アジア諸国にも波及したと言える．

以下では，中国を中心に各国の対応策を概観する．

---

18) 中国人民銀行による試算．前年同期比でも6.8％と大幅に減速している．

図表 7-15 中国の新規貸出額とマネーサプライ

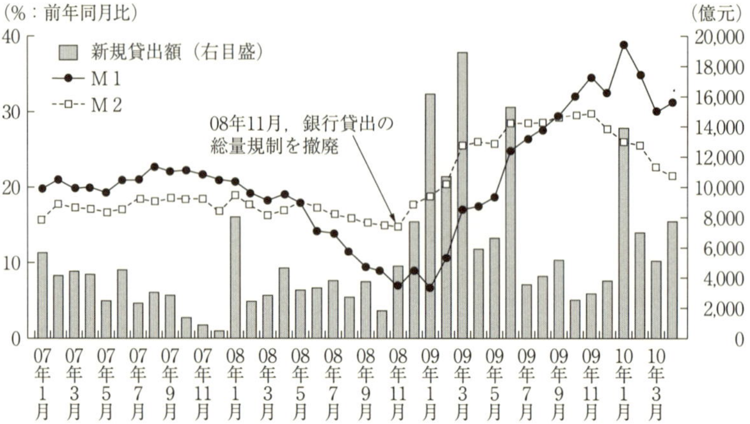

(出所) 中国人民銀行より作成.

3.4.1 金融政策

アジア地域では，景気後退を受けて，各国とも政策金利の引き下げなどの金融緩和を行った．特に中国については，2008年前半までは経済の過熱防止とインフレ抑制を経済政策の目標としていたが，景気拡大に陰りが見えてきたこともあって9月に政策金利の引き下げを実施するなど金融緩和に転じ，2008年11月には，財政・金融政策のスタンスを「積極的な財政措置」と「適度な金融緩和」に変更した．また，同じく11月に政策金利の引き下げに加え，銀行貸出の総量規制を撤廃し，銀行貸出は急増した．2009年3月の全国人民代表大会においては，2009年の新規貸出目標額を5兆元に設定したが，年前半には目標を達成，2009年全体では9.6兆元と目標のほぼ2倍の新規貸出が行われた（図表7-15）．

3.4.2 財政政策

各国とも世界的な景気後退と輸出の急減に対応するため，2009年秋に相次いで財政刺激策を発表した．

韓国では，2008年11月に，総額14兆ウォン規模（GDP比約1.6%）の総合経済対策（インフラ投資，中小企業支援などの財政支出：11兆ウォン，減税：3兆ウォン），2009年1月に約50兆ウォン（GDP比約5.5%）のグリーン・ニュー

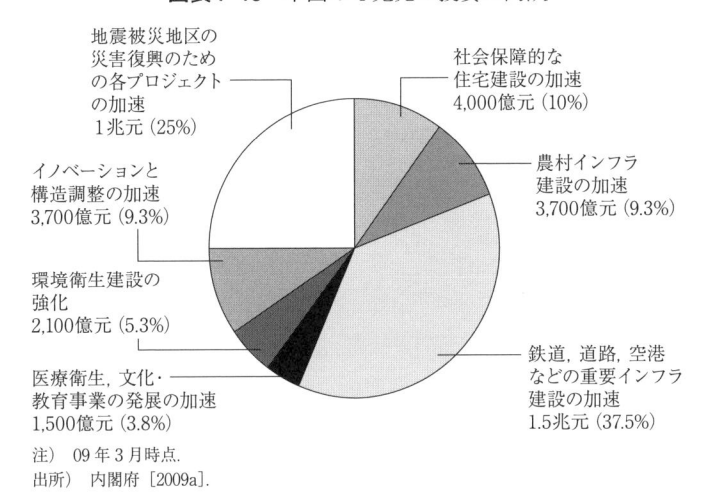

図表 7-16　中国の 4 兆元の投資の内訳

- 地震被災地区の災害復興のための各プロジェクトの加速　1兆元 (25%)
- 社会保障的な住宅建設の加速　4,000億元 (10%)
- 農村インフラ建設の加速　3,700億元 (9.3%)
- 鉄道，道路，空港などの重要インフラ建設の加速　1.5兆元 (37.5%)
- イノベーションと構造調整の加速　3,700億元 (9.3%)
- 環境衛生建設の強化　2,100億元 (5.3%)
- 医療衛生，文化・教育事業の発展の加速　1,500億元 (3.8%)

注）　09年3月時点．
出所）　内閣府 [2009a]．

ディールと称した環境に配慮した公共投資などの対策を実施し，3月には景気対策関連の補正予算を決定した[19]．台湾では，2009年から12年までの間，総額7,180億台湾元（GDP比5.8％）の財政刺激策を実行することとし，公共投資の拡大や消費券の配布[20]および所得税減税などを実施した．シンガポール，タイ，マレーシアにおいても，雇用対策や中小企業支援，公共投資などの多様な対策が行われた．また，韓国，台湾，タイ，マレーシアなどでは，内需刺激策の一環として自動車購入支援策を実施し，この結果，自動車販売が好調で，消費の増加に寄与している．

中国については，2008年11月，政府は，2011年末までのおよそ2年間に4兆元規模の投資を実施すると発表した（図表7-16）．4兆元のうち，中央政府負担分は1.18兆元，地方政府や民間企業などの負担分は2.82兆元とされている．対策の実施に当たっては，地方政府の財源不足を補うため，初めて地方債の発行が認められた[21]．

---

19)　グリーン・ニューディール政策には，08年11月の総合経済対策が一部含まれる．
20)　09年1月に，1人当たり3,600台湾元（約10,600円）の消費券を住民全員（所得制限なし）に配布．
21)　具体的には，地方債の発行を財政部（中央政府）が代理で行うことにより，2,000億元規模の資金を市場（個人を含む）から調達することとした．なお，地方政府では，これとは別途，「融資プラットホーム」として都市インフラ開発公社を設立し，ここが銀行融資を得て開発プロジェクトを実施することも盛んに行われている．

図表7-17　中国の自動車・家電購入促進策

	補助対象	実施期間	補助額等
小型車減税	●排気量1,600cc以下の小型乗用車の購入	09年1月20日-09年12月31日 ⇒**2010年末まで延長**	車両取得税を10%から5％に軽減（**2010年については7.5%**）
家電下郷 （家電の農村普及）	●農民が以下の9種類の家電を購入する場合①カラーテレビ（3,500元）、②冷蔵庫（2,500元）、③携帯電話（1,000元）、④洗濯機（2,000元）、⑤エアコン（壁掛け式2,500元、床置き式4,000元）、⑥湯沸かし器（電気1,500元、ガス2,500元、太陽エネルギー4,000元）、⑦コンピュータ（3,500元）、⑧電子レンジ（1,000元）、⑨電磁調理器（600元）（※括弧内は販売価格の上限） ⇒**販売価格の上限を大幅に引き上げ**	09年2月1日～2013年1月31日（4年間）（ただし、一部先行実施されていた地域については、11年または12年11月まで）	●販売価格の13% ●1世帯当たり2台まで
汽車下郷 （自動車の農村普及）	●農民が、旧式三輪車や低速トラックを廃車して、小型トラック、軽トラックを購入する場合 ●農民が、1,300cc以下の小型自動車、小型トラック、軽トラックを購入する場合	自動車：09年3月1日-12月31日 ⇒**2010年末まで延長** オートバイ：09年2月1日-13年1月31日	●販売価格の10%を補助（補助額の上限は5,000元） ●廃車費用の補助（三輪車2,000元、低速トラック、3000元） ●1世帯当たり1台まで
	●農民が、オートバイを購入する場合		●販売価格の13%（補助額の上限は650元） ●1世帯当たり2台まで
以旧換新 （自動車・家電の買換え促進） 自動車	●①使用期間が8年未満の小型トラック及び中型タクシー、並びに使用期間が12年未満の中型・軽トラック、中型乗用車（タクシー除く）、②「黄標車（一定の排気基準を満たさない自動車）」を、新車に買い換えた場合	09年6月1日-10年5月31日	●原則として同型車1台の購入税を上回らない金額（車種により3,000-6,000元）
以旧換新 家電	●①テレビ、②冷蔵庫、③洗濯機、④エアコン、⑤パソコンを対象に、古い家電を廃棄し、新たに購入する場合に補助 ●北京市、上海市、天津市、江蘇省、浙江省、山東省、広東省、福建省福州市、湖南省長沙市の9省市において試験的に実施（後日全国に普及予定） ⇒**実施地域を拡大**	09年6月1日-10年5月31日 ⇒**2010年6月以降も継続して実施**	●新たに購入する家電の販売価格の10% ●補助額の上限は、テレビ400元、冷蔵庫300元、洗濯機250元、エアコン350元、パソコン400元
省エネ製品恵民プロジェクト	●政府が定めるエネルギー効率を満たす省エネ家電（エアコン、冷蔵庫、洗濯機、薄型テレビなど10種類を予定）の生産企業に補助金を支給。企業は補助額を差し引いた価格で販売 ●販売価格の上限は、エアコンの場合で3,500～12,000元 ⇒**省エネ・新エネルギー車の普及推進の試験都市を拡大。さらに5都市で個人の同タイプ車の購入に対する補助金を試験的に導入**	●09年5月発表 ●当該省エネ製品市場のシェアが一定レベルに達するまで実施	●エアコンの場合で、性能により1台300-850元

注）　太字は、2009年12月9日に決定した延長・拡大策。
出所）　内閣府［2009b］。

また，消費刺激策として自動車と家電の購入促進策が行われている（図表7-17）[22]．当初は，農民を対象とする政策であったが（「家電下郷」，「汽車下郷」），2009年6月から導入された自動車，家電の買換え支援策（「以旧換新」）では，都市部住民も対象としている．自動車については，2009年1月から，排気量1,600cc以下の小型車の車両取得税減税が開始され，また3月から開始された「汽車下郷」においては，排気量1,300cc以下の小型車や小型トラック購入を補助金の対象とした．中国では自動車の取得が可能な所得層が増加していることもあり，自動車販売台数は急増，2009年に1,364万台と米国を抜いて世界第1位の市場となった．家電については，農村における家電購入に補助を行う「家電下郷」が実施され，冷蔵庫，カラーテレビ，洗濯機がいわば中国農村版「3種の神器」として急速に販売が増加している．これらの施策により，輸出の急減により積み上がった在庫が処理され，新たな需要も拡大し，輸出向け産業が多く立地する沿海部においても2009年春以降は生産が持ち直している．

2009年の中国は，こうした投資や消費刺激策により，欧米向け輸出急減を内需で補う成長の姿を実現した．すなわち，2009年の実質GDP成長率は8.7%であったが，純輸出は−3.9%とマイナスの寄与である一方，資本形成は8.0%，最終消費は4.6%とプラスに寄与した．

4 政策の効果

本節では，前節で述べた各種の対応策の結果，金融，実体経済の状況がどのように変化したか検討する．

4.1 金融

4.1.1 直接金融

短期金融市場，CP市場，社債市場などは，2008年9月中旬以降，一時は事実上の機能不全に陥ったが，前節で述べた中央銀行による流動性の供給や，銀行間取引の債務保証，さらには資本注入などにより，比較的早い時期に大

---

22) なお，一部の政策は2010年に入り拡大，延長されている．

幅に改善した．

　まず，短期金融市場については，比較的早くリーマン・ショック以前の状況に戻っている．例えば，2008年9月のリーマン・ショック直後に急拡大したTEDスプレッドを見ると，11月には縮小し，2009年5月末には0.5％程度と2007年8月にパリバ・ショックにより金融市場の混乱が始まった時期と同程度まで縮小している．2009年秋以降は0.15％前後とパリバ・ショック以前の低水準で推移している（図表7-18）．

　また，FRBが非伝統的金融政策として買取を実施したCPについて見ると，CP市場はリーマン・ブラザーズの破綻直後には発行残高がピーク時の65％まで大幅に減少したが，2008年10月にFRBが買取を開始した後持ち直した．2009年に入ってからは発行残高の減少が続いた[23]ものの，8月以降は再び増加傾向にある．また，CPスプレッドは，リーマン・ブラザーズ破綻直後に大幅に上昇したが，2009年に入り低下し概ね金融危機発生以前の水準に戻った（図表7-19）．CP市場が安定してきていることを背景に，FRBによるCPの買取残高は，2009年1月時点では3,500億ドル（CP発行残高の21％）

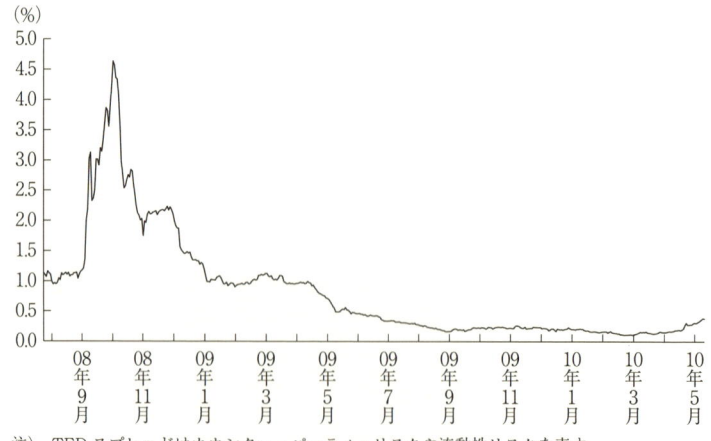

図表7-18　TEDスプレッド

注）　TEDスプレッドはカウンター・パーティ・リスクや流動性リスクを表す．
　　「LIBORユーロドル金利（3カ月）－米国債3カ月物」
出所）　Bloombergより作成．

---

23) CPの発行残高が減少した要因として，CPを手段とした資金調達が減少していることや企業の設備投資資金需要の減退などが挙げられる．

図表7-19　CPスプレッド

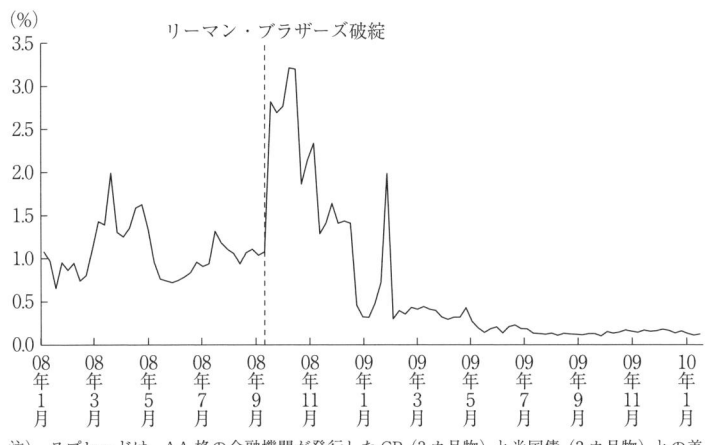

（注）　スプレッドは，AA格の金融機関が発行したCP（3カ月物）と米国債（3カ月物）との差．
（出所）　FRBより作成．

であったのに対し，11月時点では140億ドル（同1％）にまで減少した．こうしたこともあり，FRBは，2009年6月にこの制度の実施を2010年2月1日で終了すると発表した．

　社債市場についても，米国の社債と国債の利回りのスプレッドを見ると，2008年9月以降年末にかけて急激に拡大したが，2009年5月ごろには格付けの高い社債（AAやA）については，リーマン・ショック以前の水準に戻り，格付けの低い社債のスプレッドもパリバ・ショック以前までは戻らないものの徐々に低下してきている（図表7-20）．

　なお，国債市場においては，財政赤字の増大に伴い中長期国債の新規発行額が増加しており，例えば，2008年の月平均は858億ドルだったのに対し，2009年3月から同年10月末では月平均1,873億ドルに増加している．一方，市場での国債需要と供給のバランスに当たる応札倍率は安定しており，長期金利の水準も2〜4％のレンジで推移している．この間にFRBはすでに発行された中長期国債を2,969億ドル（月平均409億ドル）買い取っており，新規発行額の4分の1に当たる額，すなわち，月平均発行額の増加分の約半分に当たる額を市場から買い取っている．このため，国債買取によって間接的に新規発行の増加分の約半分が吸収され，市場の国債需給が良好な状況を保ち，

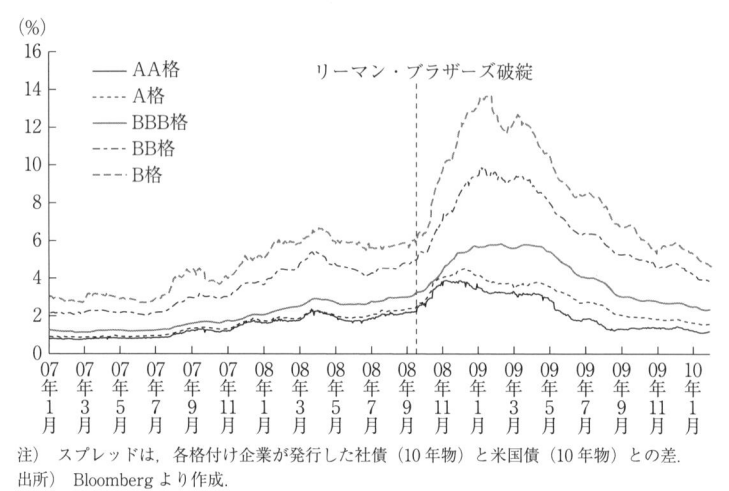

図表 7-20　社債のスプレッド

注）スプレッドは，各格付け企業が発行した社債（10年物）と米国債（10年物）との差．
出所）Bloombergより作成．

長期金利の上昇を抑制してきたとも言える（図表7-21）．なお，国債の買取に関しては2009年10月に終了したが，その後も金利や応札倍率については落ち着いた動きとなっている．

同様の傾向は，英国においても見られる．英国債市場を見ると，中長期国債の新規発行額は，2009年に入り月平均で160億ポンドに倍増している（2008年の月平均は83億ポンド）が，BOEによる毎月の国債の買取額はこれを上回っており，中長期国債の新規発行額を上回るペースで買取を行っている．国債市場の需給バランスを示す応札倍率も2倍程度で安定的に推移しており，長期金利の水準は2009年に入って3〜4％のレンジで安定している．こうした国債市場の安定には，BOEによる大規模な買取が寄与していると考えられる（図表7-22）．なお，BOEは国債以外の資産も買取の対象としているが，実際にはほぼすべてが国債（シェア約99％）であり，CPや社債の買取の規模は非常に小さい．

以上のように，各種資産の買取などの非伝統的金融政策のうち，CPの買取については，2008年末にかけての発行額の回復やスプレッドの大幅低下などCP市場に対するプラスの効果があり，これを通じて企業や金融機関の資金調達を支えたと評価できる．また，国債の買取についても，中長期国債の

第7章　世界金融・経済危機における各国の政策とその効果　421

図表 7-21　FRB の国債買取額と国債利回り，応札倍率

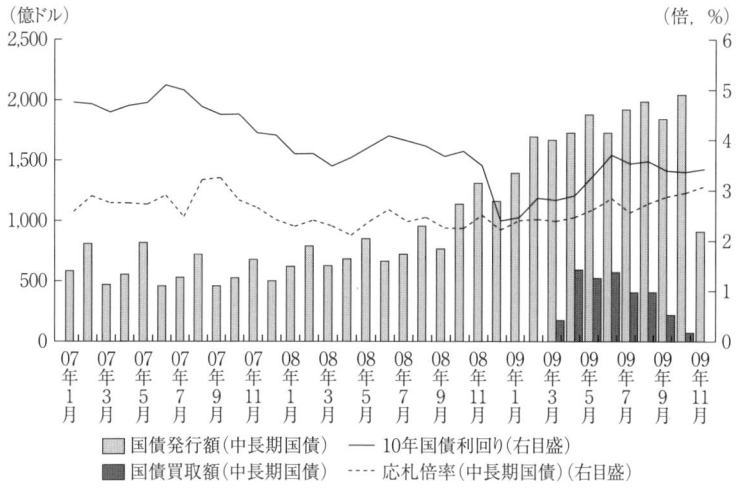

国債発行額(中長期国債)　　10年国債利回り(右目盛)
国債買取額(中長期国債)　　応札倍率(中長期国債)(右目盛)

注）　09年11月値は09年11月13日時点．
出所）　内閣府［2009b］．

図表 7-22　BOE の国債買取額と国債利回り，応札倍率

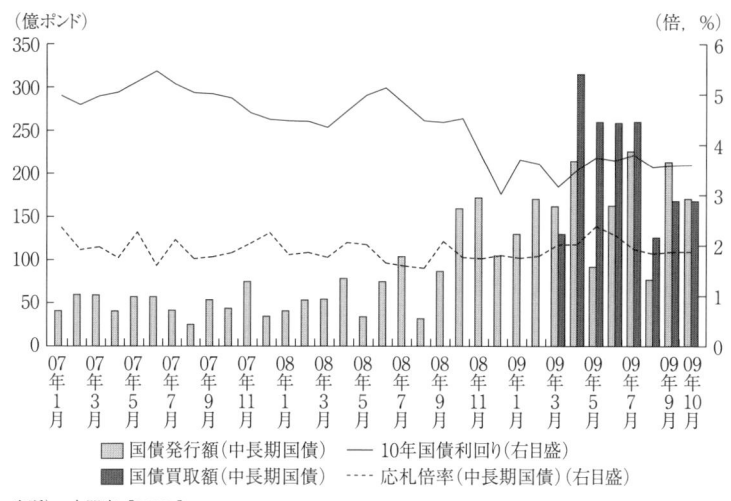

国債発行額(中長期国債)　　10年国債利回り(右目盛)
国債買取額(中長期国債)　　応札倍率(中長期国債)(右目盛)

出所）　内閣府［2009b］．

新規発行が増加する状況下において応札倍率が高水準を維持するなど，国債市場の需給に対して一定の下支えの効果を与えたものと考えられる．

4.1.2 市場型間接金融

　MBS の発行残高は 6 兆ドルを超え，国債をしのぐ規模となっており，米国政府と FRB は，住宅ローン金利引き下げのため，2008 年 9 月以降 MBS の買取措置を行っている．こうしたことから，MBS 市場では，GSE による新規発行が 2008 年後半を底に増加に転じている．FRB の MBS 買取額は増加傾向が継続しており，11 月時点では 7,748 億ドル（GSE の MBS 新規発行分の 47％）に達し，結果として，住宅ローン金利の安定に寄与したと評価できる．しかし，その他の機関による MBS の新規発行は直近においてもほとんど実施されていない（図表7-23）．

　ABS 市場においては，新規発行が 06 年の 1.2 兆ドルをピークに減少し，2008 年半ば以降はほとんど発行がない．ABS 買取を促進する制度である TALF が開始された 2009 年 3 月以降，11 月時点での TALF による貸出額は約 431 億ドル（ABS 新規発行額の 29％）となっている．また，先行きが懸念される CMBS に対する貸出額は，CMBS が TALF の対象となった 2009 年 6 月以降，約 65 億ドル（CMBS 新規発行額の 36％）となっている．新規発行額に占める割合が高いことから，TALF の効果を認める見方がある一方で，ABS の新規発行が本格的に回復していないことから，効果は限定的な範囲にとどまっているとする見方もある（図表7-24）．2009 年 8 月に FRB は，2009 年 12 月末としていた制度の終了時期を，ABS およびレガシーCMBS[24]を担保とする貸出については 2010 年 3 月末に，新規 CMBS については 2010 年 6 月末に延長することを発表した．

　以上見たように，MBS の買取は，住宅ローン金利の低下を通じて住宅市場の下支えの効果はあったものの，MBS 市場の回復には至っていない．さらに，ABS 市場への対策についても，新規発行は現状においてもほとんど行われておらず，市場が回復しているとは言えない．このようなことから，CP などの直接金融と異なり，証券化商品などの市場型間接金融に対する効果は，

24）　レガシー CMBS とは，2009 年 1 月 1 日以前に発行された CMBS を指す．

図表 7-23　米国 MBS の新規発行額

出所）内閣府 [2009b].

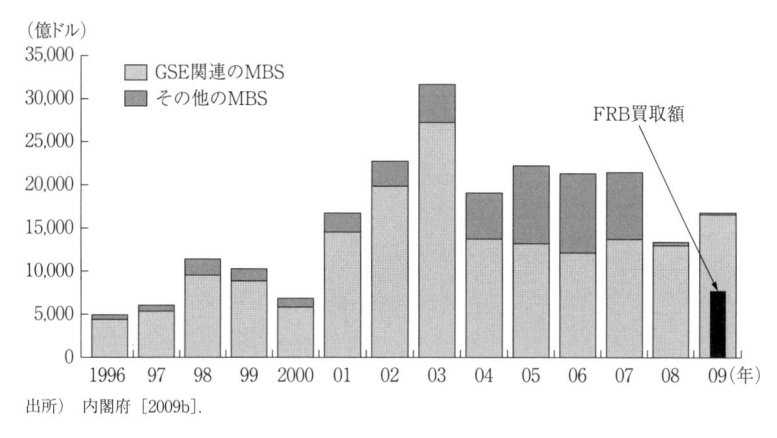

図表 7-24　米国 ABS の新規発行額

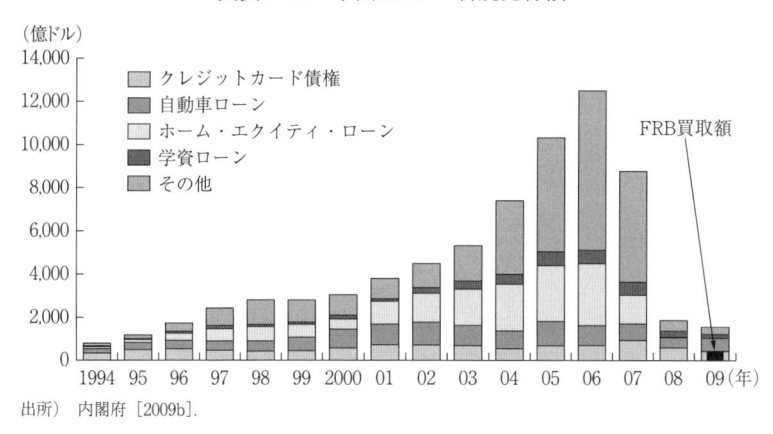

出所）内閣府 [2009b].

リスク管理や格付けに対する信認の問題を背景に証券化商品自体に対する信頼性が回復していないことや，住宅ローンなどの貸出需要が低下していることなどもあり，限定的な範囲にとどまっている．

4.1.3　間接金融

間接金融について見ると，欧米の金融機関の不良債権化率は高水準となっており，貸出態度は引き続き厳しく，欧米の銀行の貸出残高は減少傾向にあ

図表 7-25　米国・欧州の銀行貸出残高

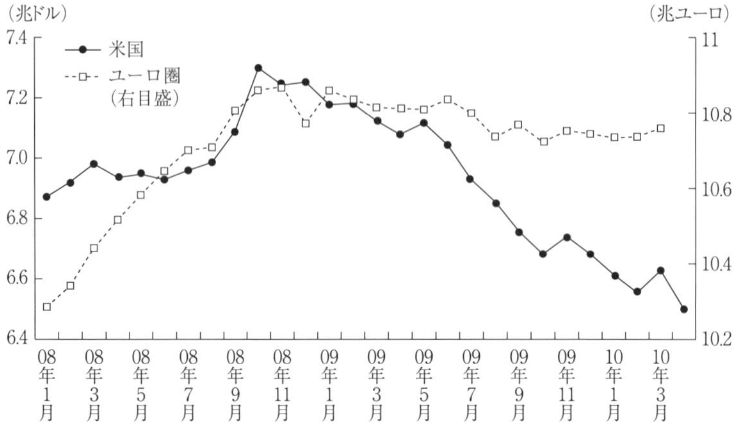

注）米国については，10 年 4 月以降，これまでオフバランスであった一部の資産および負債がバランスシート上に統合された．10 年 4 月の値は，その影響を差し引いた試算値．
出所）内閣府 [2010]．

る（図表 7-25）．信用収縮の継続により景気が低迷して企業収益や雇用が悪化すれば，企業の経営破綻の増加や家計向け貸出の返済の延滞により不良債権が増え，貸出態度がさらに厳しくなるといった悪循環に陥るリスクも依然として存在する状況にある．

まず消費者信用残高の推移を見ると，2009 年初に一時的な回復が見られたものの，2008 年秋の金融危機以降，総じて減少傾向が続いている．金融機関の貸出態度も，クレジットカード以外の消費者向けローン，クレジットカード・ローンのいずれについても厳格な姿勢を崩しておらず，依然として厳しい状況が続いている．また，金融機関別の消費者信用残高の動向を見ると，商業銀行による貸出は全体の約 3 分の 1 を占め（2008 年末：33.9％），金融会社が 4 分の 1 程度（22.2％），貯蓄金融機関および信用組合が 1 割程度（12.4％）となっているが，商業銀行については 2009 年 9 月には前年同月比でマイナスに転じ，金融会社，貯蓄金融機関および信用組合でも残高が大幅に減少している（図表 7-26）．なお，金融会社は商業銀行に次ぐ貸出規模を有しているが，商業銀行や貯蓄金融機関が預金を原資として貸出を行うのに対し，金融会社は市場性の資金に依存しているため，資金調達の面で不安定である．2008 年秋以降の金融市場の混乱のなかで，こうした機関の資金調達が

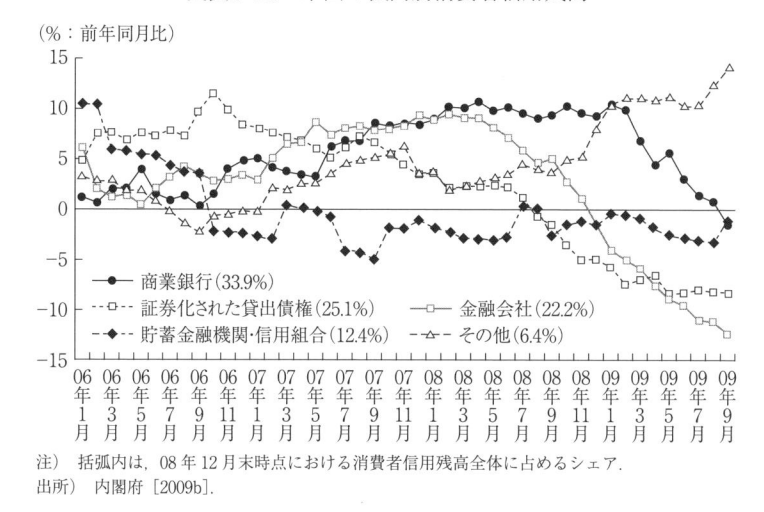

図表 7-26　米国の機関別消費者信用残高

(%：前年同月比)

- ●— 商業銀行(33.9%)
- ---□--- 証券化された貸出債権(25.1%)　—□— 金融会社(22.2%)
- -◆- 貯蓄金融機関・信用組合(12.4%)　—△— その他(6.4%)

注)　括弧内は，08年12月末時点における消費者信用残高全体に占めるシェア．
出所)　内閣府[2009b]．

困難となり，ローンの供給能力が低下していることも貸出の減少の一因となっている．一方，需要面においても，所得環境の悪化や家計のバランスシート調整の継続，厳しい信用環境を背景に借入が抑制されていると考えられる．なお，2009年平均の家計の貯蓄率は4.6%とリーマン・ショック以前の1～2%の水準から上昇しており，家計のローン返済の動きも反映していると考えられる．

また，企業向けの貸出（商業銀行による商工業向け貸出）の推移を見ると，2009年1-3月期以降前期比マイナスに転じており，減少幅は拡大傾向にある．景気後退と先行き不透明感から設備投資資金需要が減少していることに加え，商業銀行の不良債権比率の上昇や企業の破産件数増加から，貸出に対する慎重な態度を崩していないことも大きく寄与していると考えられる．

こうした傾向は，2010年はじめにおいても継続しており，例えば，FRBが2010年1月に行った銀行貸出担当者に対する調査（Senior Loan Officers Survey）を見ると，過去3カ月間で貸出態度を緩めたと回答する銀行はほとんどなく，大半の銀行は以前からの厳格な貸出態度を維持している．他方，企業や家計の貸出に対する需要が減少していると回答する銀行が増えており，資金の供給側，貸出側の両面から信用が収縮していることが分かる．

図表 7-27 FRB のバランスシート拡大と信用乗数

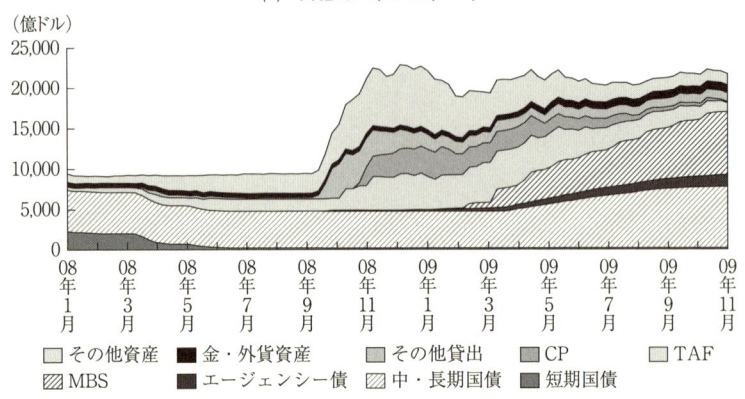

(1) FRBのバランスシート

凡例: その他資産／金・外貨資産／その他貸出／CP／TAF／MBS／エージェンシー債／中・長期国債／短期国債

注) 斜線の資産は長期性資産.
出所) 内閣府 [2009b].

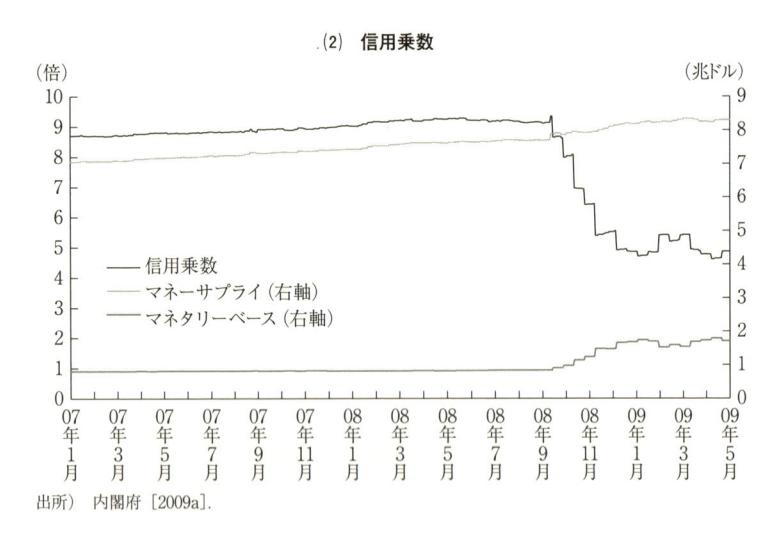

(2) 信用乗数

凡例: 信用乗数／マネーサプライ（右軸）／マネタリーベース（右軸）

出所) 内閣府 [2009a].

　以上のように，消費者向け貸出，企業向け貸出ともに間接金融については，信用の収縮が続いており，金融緩和の効果は必ずしも期待されたほどに現れていない．この背景には，資金の貸し手である金融機関が，多数の損失計上によるリスク許容度の低下などにより貸出態度を厳格化していること，資金の借り手である消費者や企業においても，過剰債務の圧縮などを理由に資金

需要が減少していることが考えられる．実際，2008年秋以降のFRBによる流動性供給策を受けて，米国のマネタリーベースは2倍に伸張しているのに対し，マネーサプライの伸びはマネタリーベースの伸びの範囲内にとどまったため，信用乗数は大幅に低下している（図表7-27）．金融政策のトランスミッション・メカニズムが十分に機能していないなかで，間接金融への効果はあまり現れていない．

同様の傾向は欧州でも観察され，家計向け，企業向けとも貸出残高は減少傾向にある．

4.1.4 金融機関のバランスシート調整の現状

リーマン・ショック後1年を経て，金融機関のバランスシートは二極化している．

米国を見ると，2009年の米国の主要金融機関の業績は，競争相手の再編や破綻により競争環境が緩和された状況下で，自己資本拡充に伴う増資や金融市場の回復を受けて，債券の新規発行引受業務を手がける証券引受部門や自己取引部門が過去最高水準の高収益となった．一方で，不動産担保貸出やクレジットカードなど個人向け貸出部門では，信用収縮と実体経済の悪化の影響から延滞率が上昇し，不良資産化が進行した．このため，多額の償却や引当金計上により業績は悪化した．結果として，市場部門に重点を置く旧投資銀行系の金融機関の収益は，大幅に改善する一方で，貸出に重点を置く商業銀行が主体の金融機関は苦境が継続することになった．

なお，2009年6月以降，米国では，民間部門による増資や政府保証のない長期社債の発行により，資本不足・信用不安が後退した金融機関では，公的資金の返済が本格化した（図表7-28）．2009年11月時点では，ストレステストにおいて資本が充足しているとされた主要金融機関8行を中心に，合計709億ドルの公的資金が返済された．一方で，業績が依然として低調である商業銀行に関しては，一部を除き公的資金の返済には至っていない．

また，住宅ローン債権に加え商業用不動産債権の不良資産化により，中小の地域金融機関の破綻が増大しており，2007年以降の破綻は合計178行，特に2009年は140件の破綻となった．FDIC（連邦預金保険公社）が問題視している金融機関数は，2009年9月末時点で552行となっており，FDICが預金

図表 7-28　米国金融機関の公的資金返済状況（2009 年 11 月）

(億ドル)

金融機関名	公的資本注入額	返済額	ストレステストでの増資必要額
JP モルガン・チェース	250	250	0
ゴールドマン・サックス	100	100	0
モルガン・スタンレー	100	100	18
US バンコープ	66	66	0
キャピタル・ワン	36	36	0
アメリカン・エキスプレス	34	34	0
BB＆T	31	31	0
バンク・オブ・ニューヨーク・メロン	30	30	0
ステート・ストリート	20	20	0
ノーザン・トラスト	16	16	ストレステスト対象外
その他	—	26	
合　計	3,145	709	—

注）　公的資本は，上記の金融機関以外にも，シティグループやバンク・オブ・アメリカなどの大手金融機関，多数の中小金融機関に注入されている．
出所）　米国財務省より作成．

保険の対象としている金融機関 8,099 行の約 7% を占めるに至っている．こうした中小地域金融機関の破綻は，カリフォルニア州やフロリダ州など，住宅バブルとその崩壊が著しかった地域や，イリノイ州のように自動車産業を抱え，地域経済全体が沈滞している五大湖周辺に集中している．これらの地域では，失業率が全国平均よりも高いなど実体経済の悪化も深刻化しており，実体経済の悪化がさらなる金融情勢の悪化をもたらすという悪循環が生じている．また，中小金融機関は商業用不動産債権の保有が多いが，商業用不動産価格の持ち直しは住宅価格に遅れており，この面からも中小金融機関のさらなる破綻が懸念されている．

欧州の主要金融機関の決算を見ても，同様に二極化の傾向が現れている．金融市場の回復からトレーディング業務などを中心として投資銀行部門は総じて持ち直しているが，不動産関連の不良債権を多く抱える銀行については，償却や引当金の積増しから 2009 年 4-6 月期も赤字を計上した．

このような状況は，比較的回復の早かった直接金融と，依然として信用収縮が進む間接金融の対照的な動きを反映していると考えられる．

以上見たように，各国において実施された金融政策や，資本注入や債務保証をはじめとする金融システム安定化策の結果，全体として金融機関の経営

環境が改善し収益が持ち直すなど，金融システムの安定化に対して相当程度効果があったと評価できる．他方，個別行を見ると，現在もなお資本注入が行われている金融機関の問題や，不良債権処理の遅れの問題などについては予断を許さない状況と考えられる．

4.2 実体経済

実体経済を見ると，政策効果により世界経済は2009年1-3月期の最悪期を脱し，まず2009年春ごろからアジア，特に中国を中心に持ち直しの動きが広がり，夏から秋にかけて自動車買換え支援策もあって米国，欧州経済も改善した．しかしながら，米国経済の回復スピードは過去の回復局面に比べて緩やかであり，欧州経済については，景気は下げ止まったものの，対策の効果の反動やソブリン・リスクに伴う新たな金融市場の混乱が生じており，景気の低迷が続いている．他方，中国は，2009年4-6月期から3四半期連続で実質GDP成長率が前期比年率11％台になるなど，内需を中心に拡大局面に入っており，周辺アジア諸国もその恩恵を受けて景気は回復しつつあり，欧米諸国とは対照的な動きとなっている．また，欧米諸国では，雇用情勢に改善が見られず，長期失業者が増加するなど，金融危機から雇用危機へと局面が移りつつある．以下，米国と欧州の実体経済の状況を観察し，裁量的財政政策をはじめとする一連の政策の効果を見る．

4.2.1 米国経済

米国経済について見ると，米国再生・再投資法に基づく減税などの下支えにより家計消費は持ち直しているが，10％前後に高止まっている失業率や消費者信用の減少など下押し圧力が強いことから，持ち直しのスピードは緩やかなものになっている．実質GDP成長率は2009年7-9月期からプラスに転じ，同年10-12月期には前期比年率5.9％と高い伸びになったが，大半が在庫投資の減少幅の縮小によるもので，実力を示す国内民間最終需要の伸びは1％台にとどまっている．

詳細に見ると，まず個人消費については，オバマ政権が2009年2月に成立させた米国再生・再投資法に基づく減税措置および個人向け移転支出は，景気後退を受けて所得環境が悪化するなか，消費の急激な悪化を一定程度抑制

する効果があったと考えられる．可処分所得（前年比）の動きを見ると，2008年半ば以降増加幅の縮小が続き 2009 年 5 月にはマイナスに転じたが，減税および移転所得の寄与拡大が雇用者報酬の減少の影響を相殺した結果，7 月以降は再びプラスに転じている．また，実質個人消費の動きを見ると，非耐久財消費およびサービス消費は 2008 年後半に大幅な減少が続いたが，2009年に入るとほぼ横ばいで推移し，2009 年半ばからは徐々に持ち直しに向かっている．この背景には，減税措置および移転所得による可処分所得の下支えがあったと考えられ，これらの措置がなければ可処分所得は大幅に減少していた．

耐久財消費については，自動車買換え支援策による自動車販売の増加により，2009 年 7-9 月期には前期比年率 20.1％と大幅に上昇した．この結果，自動車メーカーによる増産の動きや自動車販売店における雇用の増加などが見られ，自動車関連産業を中心にプラスの効果が波及した．自動車生産は，2008 年秋以降在庫調整を進め稼働率も 40％台に下げていたが，同支援策の実施により在庫が大きく減少したことから，在庫を復元するための増産も進められている．この結果，7-9 月期の実質 GDP 成長率（前期比年率 2.2％）に対する自動車部門の寄与度は 1.36％となり，自動車に支えられて危機後初めてプラス成長に転じたと言っても過言ではない．ただし，措置終了後の反動も大きく，経済に対する押上げ効果は一時的なものにとどまっている．

住宅市場については，財務省と FRB による措置の効果もあり，2009 年 10月には，GSE の MBS の利回りが約 4％と低水準となり，住宅ローン金利も，2008 年秋から急速に低下し，現在は歴史的な低水準にある．これに加え，住宅減税の効果もあって住宅取得環境は好転しており，住宅着工件数にもわずかながら持ち直しの兆しが見られる．しかしながら，住宅販売や住宅価格は下げ止まった後，横ばいとなっており，際立った回復は見られない状況である．住宅ローン延滞率や差押え比率は上昇傾向が続いており，住宅市場の調整圧力は依然として根強い．

設備投資は大幅に減少してきたが，2009 年秋ごろから下げ止まりの動きが出てきた．建設支出の動きを見ると，民間部門における投資が大幅に減少しているなかで，政府部門における投資が 2009 年 2 月以降総じてプラスに寄与し，建設支出全体の落ち込みを緩和している．

なお，米国の州・地方政府では，州法などにより均衡財政を義務付けられていることも多く，景気後退のなかで予算均衡を維持するために歳出削減や増税を余儀なくされる．このため，州・地方政府では，景気後退局面で財政を引き締めるというプロシクリカル（pro-cyclical）な財政政策運営となる傾向がある．米国再生・再投資法のなかに含まれている州財政支援措置は，こうした州・地方政府の歳出削減や増税が地域経済におよぼす影響を抑え，需要の下押し圧力を抑制しようというものである．この結果，2009年4-6月期の州・地方政府支出は，3四半期ぶりにプラスの寄与となったが，その後はマイナスが続いており，一部の州に見られる財政危機に象徴される州・地方財政の厳しい状況を反映していると考えられる．

雇用については，2009年1月には非農林雇用者数の減少幅が前月差77.9万人にも達したが，その後，このような最悪期は過ぎ，毎月の減少幅は大幅に縮小している．しかしながら，失業率は依然として10%近傍と高い水準で推移している．なお，大統領経済諮問委員会は，財政刺激策の実施により，2009年第4四半期までに150〜200万人の雇用が創出されたと推計している（CEA [2010]）．しかしながら，2007年12月の景気後退開始以来，2009年末までの2年間で800万人以上の雇用が失われており，「焼け石に水」の感もある．

このように，金融緩和に加え今回の財政刺激策の実施により，米国経済は最悪期を脱し，金融危機と信用収縮の悪循環を回避することができた．しかし，経済全体の落ち込みが非常に大きいため，GDPや生産など景気後退以前の水準には戻っていない．景気は上向いているものの，経済活動の水準が低いことが高い失業率に反映されている．

今後については，財政刺激策の大半が2010年度末（2010年9月末）までに実施されるため，2010年10-12月期以降は財政刺激策の規模縮小の影響が懸念される．2010年秋までに民間需要による自律的な回復の姿に移行できない場合には，景気が二番底を迎える可能性もある．

なお，景気後退による税収減と一連の対応策により，米国の財政は急速に悪化しており，2009年度から3年連続で連邦財政赤字が1兆ドルを上回る見通しとなっている．米国の財政の持続可能性は，ドルの信認，ひいては国際金融システムの安定性とも関わる問題である．2010年2月，オバマ大統領は，

2015年までに連邦政府の基礎的財政収支を均衡させる目標を掲げ，超党派による「財政責任と財政改革に関する国家委員会」を設置した．足元の景気下支えと，財政再建に向けた戦略づくりを同時に進めていく必要に迫られている．

4.2.2 欧州経済

　欧州経済は，自動車買換え支援策をはじめとする政策の効果に加え，税の累進構造や失業手当の給付水準から見て財政の自動安定化機能が比較的大きいこともあって，2009年夏ごろから下げ止まりの動きが見られた．実質GDP成長率を見ると，ドイツ，フランスでは2009年4-6月期から前期比プラス成長に転じ，英国も2009年10-12月期にはプラスに転じた．しかしながら，ドイツの自動車買換え支援策の終了による政策効果の反動もあって，消費は弱い動きとなっており，設備投資も回復が見られない．輸出は，好調なアジア向けを中心に増加しているが，EU域内貿易が約半分を占めるので，水準はリーマン・ショック以前に比べると8割程度に過ぎない．雇用については，ドイツでは操業短縮手当による雇用保蔵もあって失業率の上昇があまり見られないが，ユーロ圏全体ではほぼ10％に達し，スペインでは約19％と高水準で推移している．

　なお，前述のとおり，欧州では，通貨ユーロの信認を支える安定成長協定の存在に加え，高齢化の進展による財政の持続可能性への懸念から，財政悪化の問題が強く意識されている．このため，2009年10月には，EU経済財務相理事会（ECOFIN）は，出口戦略の枠組み作りを進め，各国は遅くとも2011年には財政再建に着手すること，また，赤字が著しい一部の国についてはそれ以前に財政健全化に取り組むことが正式に合意された．具体的には，2009年2月に，フランス，スペイン，ギリシャ，アイルランド，英国に対し，2009年10月には，ドイツ，イタリア，オランダ，ベルギー，オーストリア，ポルトガル，チェコ，スロバキア，スロベニアに対しても，過剰財政赤字の問題を指摘し，その後11月には上記のうちギリシャを除く13カ国に対して財政再建開始の時期と目標を示している．

　ギリシャについては，2009年10月の政権交代後，新政権が前政権時代の財政赤字に関する統計を大幅に下方修正し，統計に対する信頼性が損なわれ

たこともあって，12月にはギリシャ国債の格下げをきっかけに国債の利回りやCDSが急上昇するなど金融市場に混乱が広がった．2010年1月には，ギリシャ政府は，2012年までに財政赤字GDP比を2009年の12.7%から3%に削減する財政再建計画を欧州委員会に提出し，2月にはEU経済財務相理事会で計画の実行とそのための詳細な措置の提示を求める決議がなされた．しかしながら，市場の懸念は収まらず，結局，2010年5月には，IMFおよびユーロ参加国により1,100億ユーロのギリシャ支援策が実施され，さらに同様の状況にある南欧諸国へのコンテイジョン（伝染）を防ぐため7,500億ユーロの欧州金融安定化メカニズム（基金）が設けられることとなった．

各国でも，例えば，ドイツでは，2009年6月，憲法を改正して，平時には連邦政府の構造的財政収支を－0.35%以内に抑制し，また，州政府については，2020年以降，構造的財政赤字は許容されないという財政ルールを明記した．スペインでは，2010年7月からのVAT引き上げ（16%から18%へ），景気対策の一環として2008年に導入した400ユーロの個人所得税の減税措置を廃止するなどの措置を発表した．

このように，欧州では，景気はやっと下げ止まったところであるが，異例の財政拡大を転換させ，将来の財政再建計画を示す出口戦略の策定に向けた動きが活発化している．こうした出口戦略の策定自体は，市場参加者の期待の安定化を通じて，国債利回りの安定や通貨ユーロの信認の維持につながるものとして評価できる．しかしながら，多くの国の景気の現状と見通しから判断すると，出口戦略の実施，すなわち財政再建の開始については現時点では時期尚早であると考えられる．また，先行きの見通しについて下方リスクが高いことから，財政再建の枠組みには一定の柔軟性が必要である．

このように，欧米ともに一連の政策は，実体経済を最悪期から脱出させるのには成功したものの，消費や設備投資，住宅など内需の自律性には乏しい状況である．一方，財政状況は，金融危機と景気後退により急速に悪化しており，短期的な財政刺激による景気回復の必要性と長期的な財政の持続可能性確保をどのように両立させるかという問題に直面している．この点で出口戦略の策定は非常に重要であるが，策定の際には，今後の景気回復の見通しに照らして適切な財政再建開始のタイミングとペース，市場参加者から信頼を得られるような実現性の高い財政ルールや枠組み，下方リスク・シナリオ

が現実のものとなったときにも耐えられる一定の柔軟性が必要である．

　以上，今回の世界金融・経済危機に対応するための政策の効果を概観した．金融システムに関しては，各国において実施された金融政策や，資本注入，債務保証をはじめとする措置の結果，全体としては金融システムの安定化に対して相当程度効果があったと評価できる．他方，金融機関のバランスシート調整の過程にあることから，信用収縮は継続しており，この面からの回復は遅々としている．このことは，直接金融が比較的早く回復したのに対し，間接金融が依然として縮小していることに端的に現れている．このため，欧米諸国の実体経済は，財政政策や自動車買換え支援策による下支えにより持ち直しているものの，全体として回復の勢いは弱い．

　他方，中国をはじめとするアジア諸国は，欧米とは対照的な状況となっている．アジアでは，金融システムの問題が限定的で，危機の影響はもっぱら輸出の急減に現れた．金融緩和と財政刺激策によりアジアでは景気が回復し，世界的な大幅な金融緩和によるドルキャリー取引を通じた新興国への資金流入もあって，2009年半ばごろからは，株価や不動産価格，資源価格が実体経済の見通しから乖離して上昇する現象も見られ，一部ではバブルも懸念されている．このため，中国やインド，オーストラリアなどの国々では，2009年秋から2010年はじめにかけて，政策金利の引き上げ（オーストラリア，インド）や預金準備率の引き上げ（中国，インド）をはじめ，金融を引き締める動きが見られる[25]．

5　おわりに

　今回の世界金融危機については，発生当初には「100年に1度」と言われるほど，危機の大きさやその影響を懸念する声が高まった．1929年からの世界大恐慌と今回の危機における経済指標を比較すると，世界大恐慌では，米国の株価はピーク時から10分の1程度にまで下落し，実体経済についても，米国のGDPは実質で3割弱縮小し，失業率が25％にまで上昇するなど，大き

---

[25] このほか，中国では，窓口指導による銀行貸出抑制，手形による資金吸収が行われている．

な落ち込みを見せた．これに対し，今回の危機においては，株価下落のスピード自体は同様の速さであったが，下落率は4割程度にとどまった．実体経済も，2009年全体では多くの国でマイナス成長となったが，2009年末には持ち直している．こうした実体経済への影響の差異については，今後，さらなる研究が必要であるが，今回の分析で見たとおり，政策対応の違いが重要な説明要因のひとつと考えられる．世界大恐慌や1990年代の北欧や日本の経験などから導かれる過去の教訓や，G20をはじめとする国際協調の枠組みの存在も，各国の政策行動に一定の影響を与えた．

今回の危機への政策対応は，多くの教訓を残している．こうした教訓は，最終的には，今回の一連の世界金融・経済危機がすべて終息してからでないと吟味は難しいが，そのなかには，マクロ経済政策運営のあり方について，この20～30年間，半ば常識のように思われていた考え方に再考を迫るものもある（例えば，Blanchard et al. [2010]）．そのひとつが，裁量的財政政策のあり方である．

少なくともこの20年間，欧州をはじめ多くの国々の政策担当者の間では，景気後退については金融政策で対応し，財政は自動安定化機能を活用し，裁量的財政政策の使用は極力回避すべきという考え方が共有されていた．しかしながら，今回の危機の対応においては，各国政府ともGDP比2%あるいはそれ以上の規模の裁量的財政政策を打ち出し，これらの政策は結果としては景気の下支え，持ち直しに寄与した．ただし，これをもって単純に裁量的財政政策の復権と考えるべきではなく，むしろどのような点が有用性を高めたのかということを議論することが重要と考える．以下では，いくつか考えられる点を示す．

まず，第1に，なぜ今回の危機対応においては裁量的財政政策が有用だったのかという点がある．Blanchard et al. [2010] は，今回の危機で裁量的財政政策が正当化された理由として，①事実上ゼロ金利で非伝統的政策手段も用い，さらなる金融緩和の余地がほとんどなかったこと，②裁量的財政政策はタイム・ラグが長い点が欠陥であるが，今回の景気後退は長期化することが見込まれていたことを挙げている．しかしながら，この2点だけではないと考える．すなわち，③金融機関のバランスシートが傷んでおり，信用収縮のなかで金融政策のトランスミッション・メカニズムが効率的に効かないこ

と，④実体経済の悪化を放置すると不良債権増加を通じてさらなる信用収縮を招き，それがまた実体経済の悪化につながるという悪循環に陥る可能性があることという点が，より根本的に重要であったと考える．この③，④の点は，まさに金融危機特有の事象であり，こうしたことが予見される場合には裁量的財政政策が有用である可能性が高い．

第2に，裁量的財政政策を発動するタイミングが比較的早く，「フォワード・ルッキングな財政政策運営」となっていたことも功を奏した要因と考えられる．最も早かったのは，日本や中国などアジア諸国で，2008年10月あるいは11月の時点で財政刺激策を打ち出していた．これらの国々では，金融システムの問題が限定的だったこともあり，いち早く景気が持ち直した．他方，米国は2009年2月に7,872億ドルの財政刺激策を立案，EUも2008年12月に合意し，それから実行に移している．2008年10月あるいは11月の段階では，各国政府とも，9月半ばに起きた金融危機の実体経済への影響は，データの制約により十分に把握できていなかったはずである．実体経済を示す経済指標の集計，公表には，通常1，2カ月かかるから，直近のデータといっても1，2カ月前の経済情勢を示すものだからである．しかし，日本や中国は，足元の経済指標ではなく，先々の経済見通しに基づく政策運営，すなわちフォワード・ルッキングな財政政策運営を行ったものと評価できる．金融政策については，実施から効果の発現にタイム・ラグがあるため，通常，各国中央銀行ともフォワード・ルッキングな政策運営が行われている．財政政策は，議会の審議を経るなどの手続きもあり，金融政策以上にタイム・ラグが長い．裁量的財政政策を効果的に用いるためには，フォワード・ルッキングな政策運営が重要であると考える．

第3に，裁量的財政政策の内容にさまざまなイノベーションが見られたことである．各国とも，単純な減税や公共投資の増加にとどまらず，自動車の環境対応推進や省エネ家電の普及促進，スマート・グリッドの推進，R&D予算の増額など，将来の経済成長の芽となるような政策を財政刺激策のなかに盛り込んでいる．その点で，財政刺激策の立案は各国政府の知恵の競争でもあったと言える．特に，自動車販売促進策は，これまでにない「非伝統的な財政刺激策」として，今回の危機対応ではひとつのファッションとなった．政策により，全世界で少なくとも合計1,000万台以上の需要が創出され，欧

米諸国やアジアの景気を下支えした．世界の自動車の年間生産台数は約5,300万台であるから，いかに大規模に展開されたかが分かる．自動車産業は裾野が広く，波及効果が大きいうえ，高い環境基準を満たす自動車への買換え支援は環境政策としての名目が立ちやすい．このため，特定産業支援ではあるが，一般国民の理解が得られやすかったという事情も，世界的な展開を支えた要因である．もっとも，今後，反動減も広がっていくと考えられ，その有用性についてさらなる検証が必要であろう．

　以上のような要因から，今回の金融危機後の局面においては，裁量的財政政策は一定の有用性を発揮した．しかしながら，最終的な評価を下すのはまだ早い．金融システム安定化策や金融政策が出口戦略を実行しつつあるなかで，裁量的財政政策は，まだ出口戦略が実行されていない．日米欧ともに財政赤字の拡大とソブリン・リスクの高まりに直面しており，出口を安全に出るまでは，裁量的財政政策は成功だったとまでは結論付けることはできない．さらなる時間の推移と検証が必要である．

　今後，以上のような論点も含め，金融危機における裁量的財政政策のあり方，平時の景気後退との違いなど議論を深めることが有益と考える．

参考文献

内閣府［2008］,『世界経済の潮流　2008 II──世界金融危機と今後の世界経済』2008 年 12 月．
内閣府［2009a］,『世界経済の潮流　2009 I──世界金融・経済危機の現況』2009 年 6 月．
内閣府［2009b］,『世界経済の潮流　2009 II──雇用危機下の出口戦略：景気回復はいつ？出口はどのように？』2009 年 11 月．
内閣府［2010］,『世界経済の潮流　2010 I──アジアがけん引する景気回復とギリシャ財政危機のコンテイジョン』2010 年 5 月．
Bernanke, B. S. [2009], "The Crisis and the Policy Response," speech at the Stamp Lecture, London School of Economics, London.
Blanchard, O., G. Dell'Ariccia, and P. Mauro [2010], "Rethinking Macroeconomic Policy," *International Monetary Fund*, 2010.
Council of Economic Advisers to the President [2010], *Economic Report of the President*, February.
IMF [2009], *Global Financial Stability Report*, October.

索　引

ア
アイスランド　350
アイルランド　352
アウトプット・キャップ　156
アジア諸国の外貨準備　147
アジアの人口動態　146
アジアの貯蓄・投資バランス　145
安定成長協定（Stability and Growth Pact）　412
暗黙の信用補完　27

イ
以旧換新　417
イングランド銀行（BOE）　349, 388
インフレーション・ターゲッティング　18
インフレ懸念　351, 368

ウ
運用調達の期間ミスマッチ　24

エ
英国　352
エージェンシー債（GSE債）　38, 388
エージェンシー問題　84, 85, 87, 90
エストニア　350, 352

オ
欧州銀行監督委員会（CEBS）　406
欧州中央銀行（ECB）　319, 349, 388
オランダ病　112

カ
外貨準備　118
　　アジア諸国の——　147
カウンターパーティ・リスク　375
格付け機関　30, 78, 81
影の銀行システム（shadow banking system）　21, 22, 90
貸出態度　424
過剰貯蓄（Saving Glut）　15, 129
家電下郷　417
過度に緩和的な金融環境　12
カバード・ボンド　404
為替市場圧力（Exchange Market Pressure：EMP）　236
間接金融　423
　　市場型——　422
官民投資プログラム（PPIP）　344, 386

キ
危機対応策（再発防止策）　373
基軸通貨　43
汽車下郷　417
議事要録（"Minutes"）　319, 340
規制を利用した裁定行動（regulatory arbitrage）　75, 76, 98
基調判断マトリックス　329
機能主義（functional regulation）　95
逆ザヤ　296, 304–307, 309, 311
ギリシャ経済危機（財政危機）　57, 409
緊急経済安定化法（Emergency Economic Stabilization Act of 2008）　383, 390
銀行間市場　353
金融安定化策（Financial Stability Plan）　391
金融機関の債務保証　388
金融機関の破綻　427
金融工学　91
金融サービス監視委員会（Financial Services Oversight Council：FSOC）　100
金融システム安定化策　383
金融庁（日本）　97

ク

グラス＝スティーガル法　69, 74, 89
グラム・リーチ・ブライリー法（GLB 法，金融サービス近代化法 Financial Services Modernization Act）　74, 95
グリーンスパン（Greenspan, A.）　131
グレート・モデレーション（great moderation）　101
クレジット・デフォルト・スワップ（Credit Default Swap：CDS）　32, 71, 220, 375
グローバル・インバランス（資本収支の不均衡）　69, 109, 111
　　悪いインバランス　112

ケ

経営者の報酬（制度）　34, 83, 85
経常収支　114, 120
　　米国の――　115
ケース・シラー住宅価格指数　7
コア Tire 1　→中核的自己資本

コ

ゴールドマン・サックス　342
国際協調　342, 363
国際商品価格高騰　351, 364
国債の買取　398
コミットメント　368
コリドー　366
コンデュイット（Conduit）　23, 27, 75, 91

サ

最後の貸し手機能　54
財政金融政策の対応　49
財政刺激策　401
財政の維持可能性　155
財務省（米国）　342, 343
債務担保証券（Collateralized Debt Obligation：CDO）　71, 81
裁量的財政政策　411
サブプライム・ローン（サブプライム・モーゲージ）　11, 218
　　――を組み込んだ証券化商品　37
　　――問題　344, 345, 350, 352, 374
産油国　122
　　――の経常収支　122

シ

時間軸効果　342
時間軸政策　14, 52
資産買取ファシリティ（APF）　410
資産価格と金融政策　18
資産担保証券（Asset Backed Security：ABS）　388
システミック・リスク　47
実体経済　429
質への逃避（flight-to-quality）　137, 373, 378
自動車買換え支援策　403
支払い余力（solvency）の危機　282, 283, 285
資本支援プログラム（Capital Assistance Program：CAP）　392
資本注入　54, 342, 383
社債　417
住宅価格　120, 130
住宅（価格）バブル　7, 377
商業用不動産　428
商業用不動産ローン担保証券（Commercial Mortgage Backed Security：CMBS）　395
証券化商品　383
証券取引委員会（SEC）　74, 89, 95, 98
消費税増税　208
商品先物現代化法　32
情報の非対称性　44
将来経路　347, 364, 366, 368
新興アジア諸国（Emerging Asia）　48
信用緩和　53, 342, 366, 399
信用収縮　353, 363

ス

スイス国立銀行　388
スウェーデン・クローナ　367
スヴェンソン（Svensson, L.）　355, 356
スーパーシニア　29
スタグフレーション　368
スタンダード＆プアーズ　80
ストレステスト　344, 392
スペイン　352

セ

政策決定会議　319
脆弱性の指標（vulnerability indicators）　221
政府支援機関（GSE）　31, 374
政府負債 GDP 比　157
セーフティ・ネット　25, 47
世界金融危機　215, 373, 375
　　──のアジアへの伝播　221
世界の資金フロー　122
世界のベンチャー・キャピタリスト（World Venture Capitalist）　144
説明責任（accountability）　103
ゼロ金利　343, 368
潜在 GDP　355

ソ

ソブリン CDS　57
ソブリン危機　276, 284, 288

タ

ターム物資産担保証券貸出ファシリティ（Term Asset-Backed Securities Loan Facility：TALF）　32, 342, 398

チ

地価下落　352
中核的自己資本（コア Tier 1）　393, 394
長期金利の謎（Conundrum）　15, 131
長期資産購入プログラム　343
長期予測値　343, 366

直接金融　417
貯蓄・投資バランス　116, 118
　　アジアの──　145

ツ

ツイン・ピークス型規制　99, 103
通貨スワップ市場　43

テ

ディスインフレ傾向　59
テイラー・ルール　14, 20, 317, 320, 357, 365
テール・リスク　12, 34
デクシア　377
出口戦略　433
デット・マネタイゼーション　157
デレバレッジング（de-leveraging）　40

ト

取付け　39

ナ

ナラティブ分析　317, 340

ニ

認識ラグ　55

ノ

ノーザン・ロック　352, 377

ハ

バーゼルⅡ　32, 74
ハードランディング・シナリオ　111
バーナンキ・ドクトリン　100
ハイ・イールド債　10
ハイポ・リアル・エステート　377
波及効果　344
バッド・バンク法　387
バランスシート　342, 427
パリバ・ショック　322, 340, 347, 374
バリュー・アット・リスク　75
バルト諸国　350

ヒ

非伝統的（金融）政策　366, 368, 420
非伝統的資産の購入　53

フ

ファイアー・ウォール　69, 74, 89
ファニー・メイ　341, 352, 400
フィッチ　80
フェデラル・ファンド・レート（FF レート）　340, 342, 343
フォルティス　377
双子の赤字　127
不動産担保証券（Mortgage-backed Securities：MBS）　71, 377
不良債権買取　383
プルーデンス政策（規制）　70, 95, 98, 99, 102
フレディー・マック　341, 352, 400
ブレトン・ウッズⅡ体制　114

ヘ

ベアー・スターンズ　38, 219, 341, 346, 352, 376
ヘアカット率（担保の掛け目）　25, 43
米国債　132
米国再生・再投資法（American Recovery and Reinvestment Act of 2009：ARRA）　401
米国政府の住宅政策　31
米国の経常収支　116
米国の財政赤字　140
米国の対外純債務　142
米ドル　367
ヘッジ・ファンド　35, 91, 98

ホ

ホーム・バイアス　113

マ

マクロ・プルーデンス政策（規制）　100-103

マクロ経済スライド　204
マドフ（Madoff）・スキャンダル　83
マネーの本国回帰（Repatriation）　136
マネタイゼーション　200

ム

ムーディーズ　80

メ

名目金利のゼロ制約　51

モ

モルガン・スタンレー　342

ヤ

役員会　347, 349, 350, 351

ヨ

預金保険　389

ラ

ラトビア　350, 352

リ

リアルタイム・データベース　319, 325, 340, 357, 365, 317
リーマン・ブラザーズ（リーマン・ショック）　38, 219, 323, 341, 346, 353, 364, 374, 375, 378
利益相反　30
リクスバンク　317, 319, 410
リスク・プレミアム　37
流動性（liquidity）の危機　282, 283, 285
　市場——　43
　——補完　27
流動性ファシリティ　366
　CPFF　342
　PDCF　341, 387
　TAF　341
量的緩和　52, 342, 366, 368, 399

索引　443

レ

レバレッジ　12, 32, 266, 299, 309-311, 377, 378
　→デレバレッジング
レポ・レート　347, 349
レポ取引（市場）　17, 23
連邦準備制度　317, 319
連邦準備制度理事会（FRB）　74, 89, 96, 99, 100, 388
連邦預金保険公社（FDIC）　342, 387, 388

ロ

ロイズ TSB　377

A

ABCP（Asset Backed Commercial Paper）　38
ABS　→資産担保証券
AIG　39, 342, 375
AMLF　342
APF　→資産買取ファシリティ
ARRA　→米国再生・再投資法

B

BIS 規制改定　28
BIS 自己資本規制導入　27
BRICs　124

C

CAP　→資本支援プログラム
CDO　→債務担保証券
CDS　→クレジット・デフォルト・スワップ
coordination failure（協調の失敗）　35
CP　17, 376
CPFF　342
CRT（Credit Risk Transfer）モデル　23
CSE（Consolidated Supervised Entity）プログラム　32

D

de-leveraging（デレバレッジング，レバレッジ縮小）　40

E

EMP　→為替市場圧力
EU　120

F

FDIC　→連邦預金保険公社
FF レート　→フェデラル・ファンド・レート
flight-to-quality　→質への逃避
FOMC　340
FRB　→連邦準備制度理事会
FSA（英国）　97
FSOC　→金融サービス監視委員会

G

G7　128
GSE　→政府支援機関
GSE 債　→エージェンシー債

H

HBOS　377
HP フィルター　355

I

IMF　129
IT バブル　125

L

LBO（レバレッジド・バイアウト）　25
LTCM 危機　13, 45
LTRO　387

M

MBS　→不動産担保証券
MMF　24, 39, 42, 71, 72, 78, 80, 81, 342, 376, 389
MMIFF　342

O

OIS スワップ・レート　55
OTD（Originate to Distribute）モデル　23

P

PDCF　341, 387
PPIP　→官民投資プログラム
pro-cyclicality（景気循環を増幅させる効果）　35, 40, 42

R

RBS　405
regulatory arbitrage（規制を利用した裁定行動，規制回避）　6, 26, 32

S

Saving Glut　→過剰貯蓄
SIV（Structured Investment Vehicle）　23, 27, 76, 91
SPV　42
SWAP 協定　341

T

TAF　341
TALF　→ターム物資産担保証券貸出ファシリティ
TARP　342, 390
TED スプレッド　54, 376
Too Big To Fail（TBTF）　33, 87
triparty（3 者間）レポ　40
TSLF　341

執筆者紹介 （職名は 2010 年 4 月 1 日現在）

植田 和男（うえだ・かずお）　東京大学大学院経済学研究科教授
　東京大学理学部卒業，マサチューセッツ工科大学博士課程修了（Ph.D.）．ブリティッシュコロンビア大学経済学部助教授，大阪大学経済学部助教授，東京大学経済学部助教授，同教授を経て，2005 年より現職．その間，大蔵省財政金融研究所主任研究官，日本銀行政策委員会審議委員を務める．専門はマクロ経済学，金融論，国際金融論．
　著作に『国際マクロ経済学と日本経済——開放経済体系の理論と実証』（東洋経済新報社，1983 年），『ゼロ金利との闘い——日銀の金融政策を総括する』（日本経済新聞社，2005 年）ほか多数．

祝迫 得夫（いわいさこ・とくお）　財務省財務総合政策研究所総括主任研究官
増島 稔（ますじま・みのる）　内閣府経済社会総合研究所上席主任研究官
田中 吾朗（たなか・ごろう）　内閣府経済社会総合研究所研究協力者
白川 浩道（しらかわ・ひろみち）　クレディ・スイス証券株式会社チーフ・エコノミスト
伊藤 隆敏（いとう・たかとし）　東京大学大学院経済学研究科教授
竹森 俊平（たけもり・しゅんぺい）　慶應義塾大学経済学部教授
小巻 泰之（こまき・やすゆき）　日本大学経済学部教授
地主 敏樹（じぬし・としき）　神戸大学大学院経済学研究科教授
林 伴子（はやし・ともこ）　内閣府　参事官（海外経済担当）

世界金融・経済危機の全貌——原因・波及・政策対応

2010年11月5日　初版第1刷発行
2023年4月21日　初版第2刷発行

編著者————植田和男
発行者————大野友寛
発行所————慶應義塾大学出版会株式会社
　　　　　　　〒108-8346　東京都港区三田 2-19-30
　　　　　　　TEL〔編集部〕03-3451-0931
　　　　　　　　〔営業部〕03-3451-3584〈ご注文〉
　　　　　　　　　〃　　　03-3451-6926
　　　　　　　FAX〔営業部〕03-3451-3122
　　　　　　　振替　00190-8-155497
　　　　　　　URL　https://www.keio-up.co.jp/
装　丁————鈴木　衛
印刷・製本——株式会社加藤文明社
カバー印刷——株式会社太平印刷社

　　　©2010　Kazuo Ueda, Tokuo Iwaisako, Minoru Masujima, Goro Tanaka,
　　　Hiromichi Shirakawa, Takatoshi Ito, Shumpei Takemori, Yasuyuki Komaki,
　　　Toshiki Jinushi, Tomoko Hayashi
　　　Printed in Japan　ISBN 978-4-7664-1775-3

慶應義塾大学出版会

バブル／デフレ期の日本経済と経済政策 全7巻
[企画・監修] 内閣府経済社会総合研究所

- 第1巻　**マクロ経済と産業構造**
  深尾京司 編　　●4800円

- 第2巻　**デフレ経済と金融政策**
  吉川洋 編　　●4800円

- 第3巻　**国際環境の変化と日本経済**
  伊藤元重 編　　●4800円

- 第4巻　**不良債権と金融危機**
  池尾和人 編　　●4800円

- 第5巻　**財政政策と社会保障**
  井堀利宏 編　　●5200円

- 第6巻　**労働市場と所得分配**
  樋口美雄 編　　●5800円

- 第7巻　**構造問題と規制緩和**
  寺西重郎 編　　●4800円

表示価格は刊行時の本体価格（税別）です。